Wladimir Gelfand
Deutschland-Tagebuch 1945–1946

WLADIMIR GELFAND, geb. 1923 in Nowo-Archangelsk, Ukraine. Er war Jude, meldete sich im Frühjahr 1942 zur Roten Armee, nach der Entlassung im September 1946 Abitur und Studium der russischen Sprache und Literatur. Von 1953 bis zu seinem Tod im Jahr 1983 arbeitete Gelfand als Berufsschullehrer in Perm und Dnepropetrowsk.

ELKE SCHERSTJANOI, Historikerin, 1980–1991 an der AdW der DDR, seit 1994 wissenschaftliche Mitarbeiterin des Instituts für Zeitgeschichte München–Berlin, Forschungen zur ostdeutschen Nachkriegsgeschichte und zum deutsch-sowjetischen Verhältnis.

Wladimir Gelfand zieht Ende April 1945 mit der Roten Armee als Sieger in Berlin ein. Jung, gutaussehend, nie gewalttätig, schließt er Bekanntschaften mit der Zivilbevölkerung. Sein Tagebuch ist »rücksichtslos gegen jedermann« (Mitteldeutsche Zeitung). Es zeigt, daß die Begegnungen zwischen Deutschen und sowjetischen Soldaten nicht nur von Haß, Mißachtung und Vergewaltigungen geprägt waren.

Gelfand ist alles Militärische zuwider, das strikte Verbot privaten Umgangs mit Deutschen und selbständiger Erkundungen empört ihn. Nach dem mörderischen Kampf im Krieg will er endlich »Freiheit! Die Freiheit zu leben, zu denken, zu arbeiten, das Leben zu genießen.« Dieser Anspruch bringt ihn mit Vorgesetzten und Kameraden in Konflikt, die ihm Disziplinlosigkeit vorhalten oder ihn als Schöngeist abtun. Sein Vorhaben, Schriftsteller zu werden und einen wahrhaftigen Kriegsroman zu schreiben, kann Gelfand nach der Rückkehr in die Heimat nicht realisieren.

Elke Scherstjanoi schildert in ihrem Nachwort Gelfands Lebensstationen und seine langjährige widersprüchliche Auseinandersetzung mit den Kriegserlebnissen.

Wladimir Gelfand

Deutschland-Tagebuch 1945–1946

Aufzeichnungen eines Rotarmisten

*Ausgewählt und kommentiert
von Elke Scherstjanoi*

*Aus dem Russischen von
Anja Lutter und Hartmut Schröder*

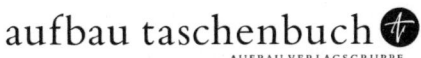

Mit 32 Photos und Faksimiles aus dem Nachlaß
von Wladimir Gelfand

ISBN 978-3-7466-8155-9

Aufbau Taschenbuch ist eine Marke der
Aufbau Verlagsgruppe GmbH

1. Auflage 2008
© Aufbau Verlagsgruppe GmbH, Berlin 2008
© Aufbau-Verlag GmbH, Berlin 2005
Umschlaggestaltung gold, Kai Dieterich
unter Verwendung eines Fotos von ullstein bild
Druck und Binden AALEXX Druck GmbH, Großburgwedel
Printed in Germany

www.aufbau-taschenbuch.de

Inhalt

Elke Scherstjanoi: Das Deutschland-Tagebuch des
   Wladimir Natanowitsch Gelfand (1923–1983) 7

Deutschland-Tagebuch 1945–1946 13

Elke Scherstjanoi: Ein Rotarmist in Deutschland 315

Anmerkungen 341
Dank 356
Editorische Notiz 357

Elke Scherstjanoi
Das Deutschland-Tagebuch des
Wladimir Natanowitsch Gelfand (1923–1983)

Leutnant Gelfand war anderthalb Jahre in Deutschland, von Januar 1945 bis September 1946. Es waren nicht die schönsten Jahre seines Lebens. Seit er 1942 Soldat im Großen Vaterländischen Krieg der Sowjetunion gegen Hitlerdeutschland geworden war, hatte es auch für ihn geheißen: »Auge um Auge, Zahn um Zahn«. Im Mai 1945 war der Feind geschlagen, und den jungen Ukrainer jüdischer Herkunft zog es nach Hause und ins zivile Leben zurück. Doch er mußte noch weitere 16 Monate in Deutschland dienen, die längste Zeit in der Transportabteilung einer Trophäenbrigade der sowjetischen Besatzungsmacht. Nach der Demobilisierung studierte er in seiner Heimat und wurde Lehrer.

Wladimir Natanowitsch Gelfand war einer von mehreren zehntausend Angehörigen der Roten Arbeiter- und Bauern-Armee (RKKA), die als Sieger in Berlin einzogen. Daß wir jetzt seine Geschichte kennenlernen können, verdanken wir in erster Linie seiner Schreiblust. Wie viele Altersgenossen verfaßte er als Schüler Gedichte und Artikel für die Schulwandzeitung. Von Jugend an schrieb er Tagebuch. Im Krieg diente sein Bedürfnis, Stimmungen und Erlebnisse festzuhalten, einem doppelten Zweck: Die Aufzeichnungen sollten authentische Quelle für eine spätere Verarbeitung der Kriegserlebnisse sein und – notgedrungen unter erschwerten Bedingungen – sein Ausdrucks- und Reflexionsvermögen fördern. Denn Wladimir Gelfand wollte Schriftsteller werden. Das Soldatsein sah er als eine außergewöhnliche Reifeprüfung an.

Während dreier Jahre an der Front, im Lazarett, bei Offizierskursen und auf endlosen Märschen füllte Wladimir Gelfand mehrere Hefte, Notizblöcke und lose Blätter mit Tagebucheintragungen. Manchmal waren es knappe Informationen und Stimmungsbilder, manchmal kurze Geschichten. Nicht selten überarbeitete und ergänzte er Notizen Tage später. Er verstieß damit gegen allgemeine Zensur-Bestimmungen in der kämpfenden Armee, aber niemand hinderte ihn daran. An keiner Stelle seiner Aufzeichnungen gab er zu erkennen, daß ihm der elementare Disziplinverstoß bewußt war.* Ganz selbstverständlich hielt er Begebenheiten, Gefühle und Überlegungen fest. Vorgesetzte wußten davon.

Zweifellos bot das Tagebuchführen Wladimir Gelfand seelischen Rückhalt, obwohl es zeitweise ein schwieriges Unterfangen war, mußte er doch mitunter mehrere Schulhefte mit sich herumtragen. Seine Aufzeichnungen wurden wiederholt vorübergehend beschlagnahmt oder von Kameraden entwendet und gelesen. Im August 1944 hielt er fest, wenn einer von ihnen Gelesenes oder Vermutetes gegen ihn benutzen wolle, könne die »Konfiszierung und sogar mehr« folgen. Deshalb beschloß er, kompromittierende Notizen zu vernichten, sobald es Anzeichen für eine Stimmung gegen ihn gab. Konsequent war er dabei nicht – zum Glück für die heutigen Leser seiner Aufzeichnungen.

Vor allem in den letzten Kriegsmonaten, die Wladimir Gelfand zum großen Teil als Offizier und Führer eines Granatwerferzuges in vorderster Linie erlebte, waren der Transport und die Sicherung der Skripte mit Risiken verbunden. Seiner unzuverlässigen Ordonnanz wollte Gelfand die Dokumente nicht anvertrauen. Gelegentlich blieben sie daher mit anderen Sachen in einem Stützpunkt liegen, während der Granatwerferzug Kilometer entfernt Stellung bezog. Um einem Verlust vorzubeugen, schickte Gelfand seine Unterlagen in Abständen an die Mutter im Hinterland zur Aufbewahrung.

Die Hinterlassenschaft füllt heute mehrere Koffer. Auch Tagebücher späterer Jahre sind darunter, angereichert mit einer Vielzahl privater Dokumente und Briefe. Gelfand schrieb nämlich nicht nur leidenschaftlich gern, er bewahrte auch allerlei auf: kleine Notizbücher, Ansichts- und Postkarten, Fotos, lose Zettel mit Zei-

---

* Die historische Forschung hatte in letzter Zeit wiederholt Anlaß, die Vorstellung zu korrigieren, in der Roten Armee hätte es keine Tagebuchschreiber gegeben. Nach Aussagen eines früheren Militärstaatsanwalts der 5. Stoßarmee, in der auch Gelfand kämpfte, war Tagebuchführen nicht grundsätzlich verboten. Die konkreten Zensurbestimmungen sind bis heute nicht bekannt.

chen und Zeichnungen, Briefumschläge, seltene Bücher und Zeitungsartikel, Quittungen, Bescheinigungen und Urkunden – alles Dinge mit vormaligem Nutz- und fortwährendem Erinnerungswert. Zu den wenigen »Souvenirs« aus den hier dokumentierten letzten stürmischen Tagen des Krieges gehört eine kleine Goethe-Büste, gerettet vor der Zerstörung durch marodierende Kameraden, die alles Deutsche zerschlagen wollten. »Genies können nicht mit Barbaren gleichgesetzt werden, und ihr Andenken zu zerstören ist für einen zivilisierten Menschen eine große Sünde und eine Schande«, schrieb Gelfand aus diesem Anlaß in sein Tagebuch.

Aus den Kriegsjahren blieben auch Entwürfe dienstlicher Berichte und Gesuche erhalten. Von einigen privaten Briefen, die Gelfand verschickt hatte, existieren Blaupausen. Andere haben Briefpartner ihm auf seine Bitte hin zurückgegeben. Von ihm verfaßte und seine Person betreffende Zeitungsartikel, meist aus den späteren Berufsjahren, klebte er sorgsam in eine Mappe. Bearbeitungsspuren deuten darauf hin, daß er seine Notizen durchsah und ordnete, geringfügig ergänzte und korrigierte. Auf diese Weise entstand über Jahre eine bemerkenswerte Sammlung privater Zeugnisse vom Lebensweg eines Sowjetbürgers, dessen Kriegs- und Nachkriegserlebnisse von besonderem Interesse sind.

Viele Jahre lang hielt Wladimir Gelfand an einem großen Vorhaben fest: Er wollte einen Kriegsroman schreiben. Er war sich sicher, daß er über einzigartiges Material verfügte und eine ganz besondere Sicht auf den Krieg vermitteln konnte. Sein Buch sollte anders, wahrhaftiger werden als die – wie er sie nannte – »hilflosen«, »dilettantischen« Beschreibungen in Scholochows Roman »Sie kämpften für die Heimat«, der in den fünfziger Jahren entstanden war. Während langer Arbeitsjahre als Lehrer brachte er jedoch nur wenige Artikel und kurze Geschichten zustande. Den Berichten seiner Frau zufolge verschob er das Schreiben schließlich auf die Zeit nach der Pensionierung. Doch er starb bereits mit 60 Jahren, als er noch im Beruf stand.

Danach übernahm sein Sohn Vitali die Sammlung, restaurierte und vervollständigte sie. Als er 1995 nach Deutschland auswanderte, kehrten die einst in Berlin verfaßten Aufzeichnungen an den Ort ihrer Entstehung zurück.

Das »Deutschland-Tagebuch« stellt eine postume Zusammenführung von Tagebucheintragungen, Briefen und Dokumenten aus der Zeit von Januar 1945 bis September 1946 dar. Sämtliche Notizen, die überliefert und als zusammenhängender Text verständlich sind, wurden vollständig übernommen. Aus der umfangreichen Korrespondenz Gelfands mit den getrennt lebenden Eltern und anderen Verwandten, mit Freunden und Kameraden von der Front wurden Briefe ausgewählt, die das Bild vom Soldaten der Roten Armee, Sieger und Besatzer in Deutschland durch weitere Einblicke in den Offiziersalltag ergänzen und tieferen Aufschluß über die Persönlichkeit des jungen Mannes geben. Aus Wladimir Gelfands Dokumentensammlung – das meiste davon existiert als Entwurf oder Blaupause – fanden vor allem Zeugnisse dienstlicher Konflikte Aufnahme ins »Deutschlandtagebuch«.

Rund 80 Prozent seiner Aufzeichnungen notierte Gelfand als fortlaufendes Tagebuch in Heften oder Schreibblöcken, die übrigen auf losen Blättern unterschiedlichen Formats und Materials. Gelegentlich führte er zwei Hefte parallel. Gelfand nutzte hin und wieder auch leer gebliebene Seiten für spätere Notizen. Unterbrechungen bzw. die spätere Wiederaufnahme von Eintragungen machte er nicht immer hinlänglich kenntlich. Die Schreibumstände erlaubten ihm eine streng chronologische Anlage des Tagebuchs wohl nicht, diese mußte vielmehr im Zuge der Sichtung und Kommentierung nachträglich hergestellt werden. In der Regel begann Gelfand einen Eintrag mit dem Datum und nannte den Ort der Niederschrift. Fehlen diese Angaben, wurden sie, soweit möglich, ergänzt.

Neben aktuellen Ereignissen und momentanen Empfindungen hielt Gelfand im Tagebuch auch Erinnerungen und Gedanken über zurückliegende Geschehnisse fest. Einige dieser Texte verdichtete er zu Kurzgeschichten und kennzeichnete sie als solche. Häufig sind Vorgänge in den Rückblenden nicht datiert, doch erschließen sich viele Zusammenhänge aus dem Kontext.

Die Sprache des jungen Wladimir Gelfand war ein Gemisch aus Alltagsrede, Zeitungsrussisch, ein wenig Soldatenjargon und einer Literatursprache, die bei ihm oft ältlich und gestelzt wirkt. Vor allem in lebensphilosophischen Betrachtungen neigte er zu ausladenden und pathetischen Formulierungen, strapazierte große Worte wie »Seele« und »Schicksal«. Seine Sätze quellen über von Adjektiven und komplizierten Adverbialkonstruktionen. Grammatische Unebenheiten, seltsame Metaphern und unklare Bilder lassen oft rätseln, ob hinter einer ungewöhnlichen Wendung eine Anspielung steckt oder ob sie Unbeholfenheit und Eile geschuldet ist. Bei der Übersetzung wurde versucht, möglichst große Authentizität zu wahren und zugleich auch das verständlich zu machen, was einst hastig und planlos festgehalten wurde und nicht für Fremde bestimmt war.

Mit diesem Tagebuch liegt ein erstes authentisches Zeugnis vom Kriegsende 1945 in Deutschland aus der Perspektive eines Rotarmisten vor. Es besticht durch die Thematisierung bislang kaum erörterter Phänomene, etwa von Problemen des Zusammenhalts der Truppe und der Disziplin beim Einmarsch in Deutschland, und durch die Intimität der Wahrnehmungen und Wertungen. Auch 60 Jahre nach den Erlebnissen des Offiziers der Roten Armee Wladimir Natanowitsch Gelfand dürften viele seiner Aufzeichnungen die Deutschen stärker beschäftigen als die »Russen«, zumindest stärker als die offiziellen Verwalter postsowjetischer Kriegserinnerungskultur. So weit konnten wir noch nie in die Gedankenwelt eines Siegers vordringen.

Im Januar 1945 leitete die Roten Armee mit den Angriffen auf Ostpreußen, Pommern und Schlesien die letzte Etappe des Großen Vaterländischen Krieges gegen Hitlerdeutschland ein. Mehr als drei Millionen sowjetischer Soldaten wurden für den Kampf um den »endgültigen und vollständigen Sieg« neu formiert und ausgerüstet. Südlich von Warschau stand am Fluß Pilica die 301. Schützendivision der 5. Stoßarmee Generaloberst Bersarins zum Angriff bereit. Der 21jährige Leutnant Wladimir Gelfand befehligte im 1052. Schützenregiment einen Granatwerferzug.

Deutschland-Tagebuch 1945–1946

13. 1. 1945
Wir stecken ganz schön in der Tinte, wie man so schön sagt. Es gibt buchstäblich keine Rettung vor dem Gegner. Er läßt unaufhörlich seine Granaten auf uns niederprasseln und bereitet wohl große Operationen vor.

Unsere Verteidigung ist mit Waffen aller Art sehr reich bestückt. Der Feind ist um einige Male schwächer als wir und wird unserer Artillerievorbereitung zweifellos nicht lange standhalten, doch ist davon auszugehen, daß er die ersten 20 bis 30 Minuten das Feuer noch erwidern wird. Beiß die Zähne zusammen, Iwan!

Heute hat er uns eingeheizt. Der Granatwerfertisch war ganz von Splittern übersät, aber es sind alle am Leben geblieben.

14. 1. 1945
4.50 Uhr morgens. Draußen herrscht noch undurchdringliche Finsternis, und der Fritz setzt uns mit wütenden Angriffen zu. Das Herz schlägt bis zum Hals, und die Gedanken finden keine Ruhe. Es ist die Hölle: Ringsum donnern die Geschosse, heulen, pfeifen und bellen, und du sitzt da, zwischen Leben und Tod, und kannst nur warten, wie das Schicksal, das ja schon einige Male in dein Leben eingegriffen hat, entscheiden wird.

Das Licht erlischt mit jedem Geschoß, das explodiert. Erde rieselt auf mich nieder – auch sie hängt wie ein grauer Alptraum über meinem Kopf, die Schicht ist 50–60 Zentimeter dick. Ich bin rechts von der Feuerstellung in einem Tunnel, der einen, allerhöchstens anderthalb Meter lang ist. Der Ausstieg in Richtung der feindlichen Linien ist äußerst gefährlich. Über mir schwebt das Damoklesschwert bedrohlicher als je zuvor. Wir sind in Sichtweite des Feindes, und seine wütendsten Angriffe gelten unserer Stellung und füllen unsere Herzen mit verzweifelter Beklemmung. Die Soldaten fluchen – ihnen ist fürchterlich zumute. Ich jedoch schweige und zeige nicht, daß ich Angst habe, denn ein Offizier muß eiserne Nerven bewahren.

Unsere Artillerievorbereitung hat noch nicht begonnen, ihre Zeit kommt um 5.00 Uhr, wie es scheint.

Ich habe mir die Karte mit den deutschen Verteidigungsstellungen angeschaut. Es ist unglaublich, aber unsere Kräfte sind dreimal so stark! Gestern ging ich auf Anforderung des Kommandeurs vom benachbarten Schützenbataillon, das wir zeitweise unterstützen, zur sechsten Kompanie. Dort sind nach einem feindlichen Artillerieangriff vier Männer tot. Sie liegen mitten in den Verbindungsgräben, verdreckt, blutüberströmt. Es ist keine Zeit, sie zu bergen.

Unsere Granatwerfer haben sich in vorderster Front in einer dichten Linie aufgestellt, die Granatwerfer der ganzen Armee! Davor, 20 Meter etwa, die 45er Artillerie[1], ebenfalls in einer Linie. Hinten die 76-mm-Geschütze. Und noch weiter hinten ... Was soll man da noch sagen. Ich habe jede Menge »Katjuschas«[2] gesehen, außerdem Granatwerfer vom Typ »Iwan der Schreckliche«, auch »Mudischtschew«[3] genannt; ich sah eine riesige Menge Panzer, selbstfahrende Kanonen und überhaupt, was gab es da nicht alles in unserer Verteidigung! – Und trotzdem wird der Feind vorerst keine Ruhe geben: Auch er hat viel Artillerie, und es ist sehr schwierig, sie auszuschalten. Dieser Durchbruch wird bedeutender und wichtiger als alle vorherigen, da der Gegner sich hier über ein halbes Jahr befestigt und sowohl Gerät als auch Truppen herangezogen hat.

Vor uns liegt ein kleiner Fluß, den werden wir forcieren müssen. Es gibt nur leichten Frost, der Schnee ist sogar geschmolzen. Vor uns liegt eine Eisenbahnlinie, auch die müssen wir nehmen.

Man hat Frühstück gebracht. Reichlich. Es ist heiß, schmeckt aber nicht; es ist ohne richtige Zutaten, Fett oder Fleisch. Eine Suppe aus Weizen oder Perlgraupen – mir hängen diese Graupen dermaßen zum Hals heraus, daß ich sie nicht einmal erwähnen will, man muß hier mit allem möglichen rechnen.

Wieder ein Angriff, das Licht ist ausgegangen. Ich schreibe im Dunkeln, und die Geschosse dröhnen, heulen wütend, höhnen. Nein – bellt nur! Wenn das Licht wieder an ist, wird man sehen, wer das Nachsehen hat. Mit Licht ist einem auch leichter ums

Herz. Und obwohl die Explosionen nicht verstummen, Erde und Hände beben, die Gedanken springen und der Verstand irre wird, die Luft pfeift und heult und Hunderte unförmiger, scharfer Splitter auf einen niederprasseln – ich schaffe es trotzdem, mich zusammenzunehmen und zu schreiben.

Wieder ist das Licht ausgegangen. Der Deutsche hat wohl unsere Pläne durchschaut, oder, was noch wahrscheinlicher ist, die Verräter und Überläufer haben es ihm preisgegeben. Von denen hat es viele gegeben. Ich werde die Petroleumleuchte anzünden, was soll's.

Der Angriff hat sich nach rechts verschoben und ging [...]* dann weit zur Seite. Offensichtlich der letzte, denn er schwappte über die ganze Verteidigung wie eine Meereswelle, und das letzte Donnern war schon sehr weit weg. Neues Feuer ist nicht mehr zu hören, nur die MGs geben vereinzelt lange Salven ab.

Immer noch dunkel. Der Deutsche ist dumm, doch nicht so sehr, daß er seine Feuerstellungen durch nächtliches Granatwerfer- und Geschützfeuer preisgeben würde. Deshalb hat er wohl Ruhe gegeben und wartet auch auf den Sonnenaufgang und den Beginn unserer Artillerievorbereitung.

An die Stelle dieses fürchterlichen Orkans ist ein leichtes Lüftchen aus Kugeln getreten, die ab und zu über unsere Köpfe hinwegpfeifen. Die sind für uns harmlos.

Ich bin müde. Die ganze Nacht bin ich kein einziges Mal eingenickt, obwohl ich doch nichts Richtiges gemacht habe. Hätte ich doch wenigstens ein paar Briefe geschrieben. Ich will endlich ein bißchen schlafen. [...]** Immer wieder rede ich mir einfach zu, vielleicht wird sich alles richten. Ich werde erst dann richtig aufatmen, wenn wir den Deutschen von hier vertrieben haben. Eine so offene und gefährliche Verteidigungsstellung wird es wohl nicht noch einmal geben.

Der Deutsche ist ein Vollidiot und feuert. Soll er doch. Unsere Beobachter werden anhand der Blitze seine Feuerstellungen ausmachen, und dann werden unsere Kanonen dort alles ausradieren.

* Unleserliches Wort.
** Es folgt ein unleserlicher Satz.

Wir werden es wohl leichter haben, denn vielleicht werden die Batterien, die hierhergefeuert haben, dann sofort vernichtet. Und wir werden gerettet sein.

15. 1. 1945
Zweiter Tag der Kämpfe. 14 bis 15 Kilometer von unserer ursprünglichen Position. Ein unglaubliches Artilleriefeuer, schwächer jedoch, scheint mir, als 1943 bei Nowa Petrowka.

18. 1. 1945
Den fünften oder vierten Tag unterwegs – der Weg zum Angriff. Im Dorf […]*.

19. 1. 1945
Belewa.
    Hier ist sehr viel Beute verstreut. Rundum lodern Brände. Die Deutschen haben die Lager angezündet und versucht, alles Wertvolle zu vernichten. Es gelingt ihnen jedoch nur selten.
    Unterwegs sah ich die ersten Löschtrupps mit Spezialmaschinen, die eilig versuchten, Beute und einfache Häuser zu retten.
    Unsere Slawen haben ganz schön zugelangt. Laufen mit vollgefressenen Bäuchen umher. Haben eimerweise Eingemachtes, Speck, Honig usw. ergattert.
    Ich habe mir das Allerwichtigste beschaffen können – Papier. Jetzt habe ich etwas, worauf ich schreiben kann. Bleistifte habe ich jede Menge, gute Kopierstifte, beste Qualität. Ich habe 80 polnische Złoty gefunden und davon Süßigkeiten gekauft. Gleich nach den Kämpfen haben die Läden wieder geöffnet. Der Deutsche ist gestern bei Tagesanbruch abgezogen.
    Die Polen sind geizig und habgierig. Sie verkaufen zu hohen Preisen, jedoch nicht alles. Wodka, Wein und Lebensmittel horten sie, weil sie steigende Preise erwarten. Nicht mal ein Stück Brot geben sie einem umsonst, für alles muß man pieniądze** hinlegen.

---

*   Ortsbezeichnung unleserlich, vermutlich Wizen.
** Polnisch – Geld.

Die Männer und die Jugendlichen sind fast alle zu Hause. Die Polen wollen nicht in der Armee dienen. Die Städte hier sind klein, aber hübsch und recht belebt.

In den Wäldern sind viele Soldaten des Gegners. Sie werden zu Hunderten eingefangen. So wurden gestern mehr als 200 Mann an uns vorbeigeführt. Einige Male mußten wir uns zu einem Abwehrring zusammenschließen, um mit versprengten Überresten feindlicher Truppen zu kämpfen.

Der Kompaniechef ist ein Rotzbengel, nicht mehr und nicht weniger. Auf Schritt und Tritt hat er was auszusetzen, selbst wegen der kleinsten Kleinigkeit. Seit ich bei der Kompanie bin, habe ich mich von Anfang an diszipliniert verhalten und streite nicht mit ihm wie die anderen, denn selbst die Soldaten gehorchen ihm nicht. Er hat die Disziplin in der Kompanie völlig schleifen lassen, fürchtet sich vor Karpienko und Schikin, sie spielen für ihn die erste Geige, und überhaupt herrscht ein unvorstellbares Durcheinander in der Kompanie. Bei Schikin waren zwei Männer zurückgeblieben – mehrere Tage lang waren sie verschwunden. Mir waren zwei Männer einige Stunden lang abhanden gekommen, tauchten dann aber wieder auf, doch er drohte mir sofort: »Ich erschieß dich im nächstbesten Gefecht.« Er enthob mich meines Postens. Na und? – dachte ich mir und fuhr mit einem Wagen voraus. Ich fuhr weit vor meine Marschkolonne und traf dort auf den Bataillonskommandeur. Er war sternhagelvoll. Ich gab ihm von meinen Bonbons ab und fragte nach der Marschroute. Er hatte selbst keine Ahnung.

19. 1. 1945
Mein lieber Papa!
Ich lebe, bin gesund und stehe ständig im Gefecht. Unser Durchbruch war so mächtig und erfolgreich, daß der Fritz Reißaus nimmt und wir ihn gar nicht einholen können. In den Wäldern und Dörfern sind jede Menge feindlicher Soldaten und Offiziere verstreut. Mit denen müssen wir oft kämpfen, und wir vernichten sie.
Also, bleib gesund. Ich küsse Dich herzlich. Wladimir

21. 1. 1945
Das Dorf Rusztów, rechts von der Straße nach Kutno.

Bis Kutno sind es nicht mehr als 10 Kilometer. Ich habe beschlossen, mit den Soldaten hier über Nacht zu bleiben. Der Oberleutnant von der Sanitätsabteilung des Regiments hatte schon vorgestern zuviel getrunken, war vorausgeritten und ist offensichtlich irgendwo hängengeblieben. Obwohl ich vorgestern nacht noch mein Regiment mit einem der vorbeifahrenden Wagen hätte einholen können, blieb ich bei den Männern und fuhr auf dem Fuhrwerk mit, da ich sonst ein schlechtes Gewissen gehabt hätte, 20 Soldaten ihrem Schicksal zu überlassen – sie könnten womöglich ihre Einheit nicht finden, zurückbleiben und dann als Deserteure gelten.

Gestern, als ich hinten in der Kolonne marschierte, bogen die Männer zweimal in einen Weg ein, der völlig von unserer Marschroute wegführte. Mein Zug war dort ohne Kommandeur, aber ist das meine Schuld? Der Hauptmann wird sein Vorgehen selbst zu verantworten haben, schließlich hatte er mich meines Postens enthoben, weil in meinem Zug Tscherpenko und Derjabin zwei Stunden lang zurückgeblieben waren, und dann meinem Gehilfen Kotow das Kommando über den Zug übertragen.

In diesem Dorf bin ich sehr gut aufgenommen worden. Der Besitzer des Hauses, in dem wir uns einquartiert haben, hat bei den Deutschen lange als Knecht gearbeitet, sein Haus ist unversehrt geblieben. Die übrigen Polen, die ins Protektorat evakuiert wurden, das sich von Łowicz nach Osten erstreckte,[4] haben ihre Höfe verloren. Ihre Häuser wurden zerstört, in die neuen zogen Deutsche ein – die Deutschen hielten das für ihr eigenes und nicht für polnisches Gebiet und siedelten dort Leute ihrer <Herrenrasse> an. Wir haben also jetzt schon Gebiete durchquert, wo Deutsche gelebt haben. Es gibt hier mehr Reichtum als in den östlichen Regionen, wo die Deutschen bis zum Letzten geplündert haben. Die eigene Wirtschaft hatten die Kolonisatoren aber nicht mehr wegschaffen können, und sie haben deshalb eine Menge Hühner, Schweine und anderes hinterlassen.

Ich habe die Soldaten zu zweit und zu dritt in den Quartieren untergebracht. Die Besitzer von einem der Häuser sind gerade erst nach vierjähriger Abwesenheit zurückgekehrt und haben eine reiche Hinterlassenschaft der Deutschen vorgefunden. Die Soldaten fragten lebhaft, versuchten alles in Erfahrung zu bringen und bestellten dann bei den Besitzern ein üppiges Abendessen. Die Polen schlachteten ein paar Hühner, brachten Sauerkohl, und die Soldaten förderten ihrerseits nach intensiver Suche Wodka und Tomaten zutage. Die Besitzer waren verblüfft: »Wir haben ja selber noch gar nicht gewußt, daß so etwas da ist! Aber ihr habt das ja gleich ausfindig gemacht.«

Die Deutschen hatten starke Befestigungen ausgehoben. Die ganze Bevölkerung wurde zur Arbeit mobilisiert. »\Schnell, schnell, der Russe wartet nicht!\« So haben die Deutschen die Leute angetrieben, erzählen die Polen.

Die Brücken, die Post, das Telegrafenamt, […]*, die Eisenbahn – all das haben die feindlichen Truppen unzerstört hinterlassen, so heftig wurden sie gejagt.

Man erzählt, daß hier eine Rußlanddeutsche aus der Gegend von Nikolajew gelebt hat. Die hatte das Sowjetland und das Leben dort gepriesen, hatte aber Angst, man würde sie dafür büßen lassen, daß sie Rußland verlassen hat. Die Deutschen haben ihren Sohn in die Armee eingezogen, und das hat sie auf der anderen Seite der Front gehalten. »Ich wäre längst zu den Unsrigen gelaufen«, sagte sie und meinte damit die Russen.

Bereits 1941, als die Deutschen noch Siege feierten, war ein Deutscher öffentlich erschossen worden. Dieser war wohl ein weitsichtiger Mensch und hatte seinen Landsleuten offen gesagt: »Rußland werden wir nicht besiegen.« Er wurde als Verräter erschossen und verbrannt. Die Deutschen waren damals satt, zufrieden und marschierten, ja flogen voran. Jetzt, so erzählen die Einwohner, sind sie panisch auf dem Rückzug, völlig entkräftet und entmutigt. Ein junger Fritz kam ins Quartier, ließ sich schwer auf einen Stuhl sinken und seufzte: »Ich kann nicht mehr laufen, lieber geh ich in Gefangenschaft«, und fing an zu weinen.

Die Deutschen sind jetzt zu Fuß auf dem Rückzug. Sie haben es schwer, wohl noch schwerer als wir 1941. »Die Deutschen sind

---

* Unleserliches Wort.

vom Nordwesten umgangen worden und die Rückzugslinien sind abgeschnitten«, erzählen die Polen. »In Kutno haben sie alles stehen- und liegengelassen und sind dann geschlagen und gefangengenommen worden.«

Die Bewohner sprechen kein reines Polnisch. Ihr Polnisch ist von einzelnen deutschen Phrasen und Wörtern durchsetzt. Polnisch zu sprechen war hier verboten.[5]

Ich habe eine Wlassow-Zeitung[6] gelesen, was für ein Witz. »Das Jahr 45 wird zu einem Wendepunkt der Geschichte werden. In diesem Jahr werden wir siegen!« sagt dieser widerliche General, der sich verkauft hat. Dr. Goebbels drückt sich interessanter aus, von dem gibt es dort ebenfalls einen Artikel. Er schreibt: »Unsere Feinde behaupten, Hitler sei krank, doch das ist eine Lüge. Der Führer hat einen starken Geist, und hierin ruht die Kraft der deutschen Armee.« Es ist zum Totlachen, so grotesk und naiv erfunden ist das!

Ein gewisser Bardonin offenbart sein verräterisches Wesen in Gedichten. Wie arm ist doch die Sprache all dieser Hunde. Und die wollen noch Russen sein?! Die sind schlimmer als die Deutschen! Was kann es denn Widerlicheres geben als Verräter des eigenen Vaterlandes?

Der Morgen bricht an. Es ist halb sieben Ortszeit. Wir machen uns fertig. Zum erstenmal, seit ich in Polen bin, habe ich Huhn gegessen, Kakao getrunken und mich gut in einem Bett erholt.

Wir müssen weiter. Die Hausherren sind gute Leute, füttern uns, als wollten sie uns mästen, sagen, daß wir ja unterwegs seien und ordentlich essen müßten. Das {Danke} macht schon die Runde. »Wir werden es leider nicht sehen, #wie# er dort krepieren wird, der Schweinehund!« sagte der Hausherr zu seinem Sohn, und wir sind froh, daß wir gut aufgenommen wurden.

Der Unterfeldwebel und die Soldaten, die bei mir waren, priesen die Verpflegung und die Uniformen um die Wette, unsere Technik und unsere Waffen, das Land – das riesige Territorium, die Leute, die Armee, und ich stimmte mit ein und fügte hinzu, daß auf jeden unserer Soldaten 15 kommen, die im Hinterland für ihn arbeiten, 5 für die Versorgung mit Nahrung und 10 für die Waffen. Die Polen äußern sich fast liebevoll über Rußland und sind von seiner Mächtigkeit begeistert.

Rusztów, Żnin, Krzyżanów, Zygmunt Domański.[7]

Später Abend. Brzeziny ist ein Dorf in der Nähe der Stadt Władawa. Hier hat man uns erneut gut aufgenommen.

Ich übernachte heute bei der Kompanie, mein Zug und das Fuhrwerk aber sind in Kutno geblieben, um die Pferde zu beschlagen. Der Hauptmann hat sich schrecklich gefreut, mich zu sehen, und mir als erster die Hand gereicht, nach den Streitereien, die wir hatten. Zum erstenmal sprach er wieder wie früher mit mir. Die Sache war die, erzählten die Männer, daß der Major meinetwegen Rybkin ordentlich die Leviten gelesen und befohlen hatte, mich um alles in der Welt noch an diesem Tag ausfindig zu machen und ihm darüber Meldung zu erstatten. Durch meine unerwartete Rückkehr hatte ich den Hauptmann aus seiner unangenehmen Lage befreit. Ich machte dem Major Meldung. Der sagte nichts, fragte nur wegen der Pferde, wo sie sind und was für welche wir bekommen hatten.

Kutno habe ich nur flüchtig zu Gesicht bekommen. Habe nur eine Kirche und die anliegenden Häuser gesehen. Der Rest der Stadt war in dichten, undurchdringlichen Nebel gehüllt. Dann mußte ich auch schon links abbiegen. Die Kirche war sehr groß und schön, sie hat mir sehr gefallen.

Die Deutschen haben in der Stadt derart viel Beute verstreut, daß das schon in allen Dörfern der Gegend Tagesgespräch ist. Die Leute haben Angst vor Soldaten – die Deutschen haben sie völlig eingeschüchtert – und verstecken sich, trauen sich nicht, auf Beutejagd zu gehen. Alles Deutsche, bis auf ein paar Kleinigkeiten, bleibt für uns.

Das Benehmen der Soldaten ist unerhört. Nicht nur, daß sie stehlen und die Pferde wegnehmen, sie bringen es sogar fertig, die Wohnungen zu durchwühlen und Fahrräder und anderes Eigentum zu rauben, Schweine, Kühe usw. Die Leute, die uns von ganzem Herzen freundlich gesonnen sind, begegnen uns nach diesen Raubzügen mit Mißtrauen, ja manchmal feindselig. Ich bin

gegen dieses Partisanengehabe bei der Roten Armee, vor allem gegenüber der einheimischen Bevölkerung.
 Die Augen fallen mir zu, ich muß schlafen.

[Ende Januar 1945, Entwurf für einen Rapport]
An den Kommandeur
des 3. Schützenbataillons,
1052. Schützenregiment
Major Boizow

Ich möchte Sie bitten, mir dabei behilflich zu sein, jene meinen Fähigkeiten und meinem Rang angemessene Stellung wieder einzunehmen, die mir öffentlich und unrechtmäßig durch den Kompaniechef genommen wurde.
 Bereits in den ersten Tagen nach meiner Ernennung zum Zugführer in einer Granatwerferkompanie im 3. Schützenbataillon des 1052. Schützenregiments hat mich der Zustand der Disziplin und das Fehlen einer einheitlichen Kommandostruktur in der Einheit verwundert.
 Der Zugführer Leutnant Karpienko hat im Unterstand Soldaten versammelt und einen regelrechten Wettbewerb ausgerufen, bei dem Spitznamen für den Kompaniechef, Hauptmann Rybkin, gefunden werden sollten. Karpienko erklärte: »Er ist ein Windei, ein tumber Maulesel [...]*. Von ihm kann man keine normale Anweisung erwarten. Praktisch leite ich die Kompanie, oder?« wandte er sich an die Soldaten. Die Anwesenden nickten zustimmend. Ich machte eine Bemerkung, aber [...]**.
 Als ich den Zug übernommen habe, stand die Einheit ja in intensiver Übung. Es war die Vorbereitungsphase für bevorstehende Angriffe. Doch wegen der mangelnden Organisiertheit und der Undiszipliniertheit der Mannschaften in der Kompanie war die intensive Nutzung dieser Zeit für eine effektive Ausbildung der Soldaten und Kommandeure kaum möglich.

---

* Zwei Zeilen unleserlich.
** Eine Zeile unleserlich.

In der Kompanie herrschen Feindseligkeit und Mißgunst unter den Soldaten. Streit und grobe Flüche sind weiterhin an der Tagesordnung, da sie von niemandem unterbunden werden. Niemand macht sich darüber Gedanken, wie ein gutes kameradschaftliches, einträgliches Kollektiv geschaffen werden kann, eher ist das Gegenteil der Fall. Mit dem Mangel an Einmütigkeit und gegenseitigem Verständnis unter den Offizieren fängt es an. Die Zugführer stellen sich gegen den Kompaniechef, und dieser schreckt vor ihnen zurück und ist ängstlich, anstatt seine alleinige Kommandogewalt zu demonstrieren. Es ist mehrfach vorgekommen, daß Leutnant Karpienko in Anwesenheit der Soldaten Anweisungen Hauptmann Rybkins aufgehoben hat.

Diebstahl und Betrug sind zu einer Tradition geworden. Bereits in den ersten Tagen meines Dienstes in der Kompanie wurde ich zu meinem Erstaunen der Tatsache gewahr, daß dem Kompaniechef Chromlederstiefel und Kleidertaschen mit Wäsche und anderem Inhalt entwendet wurden. Der Verdacht fiel auf Leutnant Karpienko, der es trotz stark steigender Wodkapreise fertigbrachte, tagtäglich betrunken zu sein, obwohl er dafür nicht das nötige Geld hatte. Als die Kompanie auf einer Übung war, zu einem Zeitpunkt, als das Verschwinden der Sachen noch nicht bemerkt worden war, wurde ich zufällig Zeuge, wie der Leutnant zweimal in jenen Unterstand ging, wo sich die Sachen des Kompaniechefs befanden.

Einen Tag vorher wurde mir das Brot, das ich erhalten hatte, gestohlen. Einige Tage später wurden in einem anderen Unterstand eine Fellmütze mit Ohrenklappen und eine Wattejacke gestohlen. Die Diebstähle in der Kompanie setzten sich danach unvermindert fort. Es werden keine Gegenmaßnahmen unternommen, im Gegenteil – als ich einmal einen erbeuteten Stoffmantel, den ich unterwegs aufgelesen hatte, auf einen Wagen legte, nahm Leutnant Karpienko ihn in meiner Abwesenheit eigenmächtig an sich und versoff ihn, woran er den Hauptmann teilhaben ließ, welcher mich seinerseits vor allen Leuten beschimpfte: »Zeig's nicht auch noch, daß du ein Dummkopf bist! Sei ruhig, ich hab's satt ...« Dies geschah schon unterwegs, während des Vormarsches. Bereits vorher, einen Tag nachdem die Sachen von Hauptmann Rybkin verschwunden waren, hatte Leutnant Karpienko bei den Männern meines Zuges eine öffentliche Razzia veranstaltet. Er öffnete ohne meine Erlaubnis die Taschen der Soldaten, entdeckte bei dreien Speck und Konserven und organisierte eine regelrechte Protestversammlung, auf der er selbst nahezu der einzige Redner war: »Jetzt seht ihr, warum ihr nicht genug Lebensmittel habt! Warum die Suppe dünn ist und nicht alles, was euch zusteht, in den Topf gelangt! Es sind diese Diensthabenden« – dabei zeigte er auf mich –, »Arbeiter und Köche, die euch bestehlen! Sie gehören auf der Stelle erschossen! Pfui, Schweine! Diese Schurken!« schrie er und erregte damit die Aufmerksamkeit der Soldaten aus den anderen Kompanien.

Am Tage vor diesen Vorkommnissen hatte ich Dienst in der Küche gehabt. Im Verlauf des Tages kamen verschiedene Kommissionen der Armee, auch der Division, doch sie konnten keine Fehlbestände bei den Lebensmitteln feststellen. So waren also die Anschuldigungen und die ganze Inszenierung, mit der ich in die Sache hineingezogen werden sollte, eindeutig eine Provokation, um von Karpienko den Verdacht abzulenken, er hätte etwas mit dem Verschwinden von Lebensmitteln, irgendwelchen Sachen und einem Zeltmantel zu tun. Ich hatte die Sache im Auftrag des Kompaniechefs aufklären sollen.

Bis zuletzt habe ich die Autorität und das Ansehen des Kompaniechefs eifrig gestützt, habe in meinem Zug und, so gut es ging, in der Kompanie kategorisch untersagt, den Hauptmann als »Bengel«, »Jünglein« und »willensschwach« zu bezeichnen, wie das offen und schamlos geschieht. Wie kein anderer Zugführer habe ich seit meinem ersten Tag bei der Kompanie alle Anweisungen des Kommandeurs widerspruchslos ausgeführt, obgleich der Hauptmann, anstatt meine Initiative zur Stärkung seiner Autorität aufzugreifen, mir im Gegenteil noch Steine in den Weg legte und mich hinderte, wenigstens bei mir im Zug Disziplin, Ordnung, Freundschaft und Kultur herzustellen.

Er und Leutnant Karpienko, ohne den sich der Kommandeur meiner Ansicht nach seine Position an der Spitze der Kompanie nicht vorstellen kann, diese beiden haben alles darangesetzt, meine Autorität zu untergraben und die Disziplin in meinem Zug zu zerrütten. »Ich erschieße dich«, schrie mich der Kompaniechef vor den Soldaten an, als sich einer meiner Soldaten vom Fuhrwerk entfernt hatte. »Im nächstbesten Gefecht erschieß ich dich.«

Einmal, das war noch vor dem Durchbruch, bat ich den Kompaniechef, sich darum zu kümmern, daß an die Hauptkampflinie, wo ich als einziger aus dem Bataillon mit meinem Zug an der Feuerstellung stand, warmes Essen in Isolierbehältern gebracht werde. Daraufhin schimpfte er wieder los und nannte mich vor den Männern einen Idioten. Ein anderes Mal, als ich eingenickt war, und mein Gehilfe Oberfeldwebel Kotow und Richtschütze Derjabin zur Seite gegangen waren, wo sich in 15 Meter Entfernung von der Feuerstellung die Granaten befanden, drohte mir der Kompaniechef mit Erschießen und überschüttete mich vor meinen herbeigeeilten Untergebenen mit den gröbsten Flüchen.

[Ende Januar 1945]
Dorf Świątkowo (unweit der Städte Janowiec und Żnin)

Die hiesige Übernachtung kann ich als gelungen bezeichnen, obwohl ich schlecht geschlafen habe, weil ich mir die Füße ziemlich wundgelaufen hatte (und sie weh taten) und unter der Daunendecke schwitzte. Wie können die Polen bloß so schlafen? Da ist einem doch unerträglich heiß. Die Häuser sind aus Stein. In dieser Gegend sind die Leute unvergleichlich freundlich, sie haben viel Leid erfahren und empfangen uns wie die Ihrigen, und wir leben hier wie zu Hause in Nikolajew oder Odessa und besser als in Rostow – dort stehen die Leute vor dem Nichts.

Die Kolonialherren haben bei ihrer Flucht alles stehen- und liegenlassen: Pferde, Vieh, Besitz. Unser Regiment ist zur Transport-Einheit geworden, denn praktisch die gesamte Infanterie ist jetzt beritten. Der Regimentskommandeur hat gesagt, er genehmigt es für eine Zeit, daß die Männer reiten, doch beim nächsten Kampf wird wieder alles beim alten sein, da bei der begrenzten Mannschaftsstärke nicht alle beritten sein können – wer soll denn dann kämpfen?

Wir leben vom Beutegut, Wodka gibt es im Überfluß. In jedem Dorf, bei jedem der deutschen Kolonisatoren gab und gibt es weiterhin eine Schnapsbrennerei. Die Leute trinken ganz ordinäres

Destillat bis zum Vollrausch. Viele verbrennen sich die Innereien, doch das hält sie nicht ab. Ein Soldat hat sich damit vergiftet und ist gestorben.

Mama schreibt, ich solle ihr ein Päckchen schicken. Ich werde mich unbedingt darum kümmern, aber wie unangenehm, daß sie mich daran erinnern mußte, ich hätte selbst darauf kommen sollen. Und es ist wie bei Ehrenburg: Das deutsche Gretchen schreibt ihrem Mann: Schicke mir Gamaschenhosen.[8]

Olja* erzählt eine interessante Geschichte, wie die Mädels dort zusammen Neujahr gefeiert haben und zu sechst hinter einem jungen Studenten her waren, der an sich zwar nicht besonders hübsch war, aber in Ermangelung eines besseren dennoch zupaß kam. Und der hat dann Reißaus genommen, was für eine Groteske! Auf meinem Gesicht bleibt ein Schatten von Genugtuung und Entzücken. Das sieht den stolzen Löwinnen gar nicht ähnlich. Hatten sie sich nicht für etwas Besseres gehalten, hatten sie sich nicht für klüger als alle anderen gehalten, und jetzt erniedrigen sie sich so vor jedem dahergelaufenen Kerl, solange er wenigstens ein kleines bißchen Mann ist. »Du darfst aber nicht denken, daß wir jetzt alle häßlich sind«, rechtfertigt sich Olja für dieses Malheur.

Unser Vorrücken ist von großer Bedeutung. Wir (das 1052. Regiment) haben uns besonders hervorgetan. Alle Offiziere wurden für eine Auszeichnung vorgeschlagen.

Bin jetzt, vor dem Marsch, auf einer Parteiversammlung. Thema: Die Ergebnisse der Kämpfe und die Aufgaben der Parteiorganisation für die Zukunft. Der Bataillonskommandeur Major Boizow hielt einen Vortrag zu diesem Thema. Jetzt, auf dem Marsch, fehlen bei Schikin und Karpienko 12 Mann, und auch Karpienko selbst ist weg. Der Bataillonskommandeur warnt in seiner Ansprache, daß man wegen des Abhandenkommens von Soldaten Auszeichnungen verlieren könnte.

Mein Füller schreibt schlecht, ich mache mit Bleistift weiter.

Bis Posen sind es noch 90 Kilometer. Die jungen Frauen schenken uns ihre Aufmerksamkeit und begrüßen begeistert ihre Befreier. Gestern hat mir ein polnisches Fräulein einen Strauß

---

* Seine Cousine und Briefpartnerin Olga.

Schneeglöckchen geschenkt, und ich habe ihn lange an meinem Herzen gehalten.

Gestern, so erzählte der Bataillonskommandeur, sind die Männer in eine Brennerei gegangen und wurden dabei von bewaffneten Deutschen angegriffen, unsere [Soldaten] waren aber von Einwohnern rechtzeitig gewarnt worden. Zwei Deutsche sind tot, der Rest ist in alle Richtungen geflüchtet.

Ich schreibe im Dunkeln und in Eile.

25. 1. 1945
Liebe Mamotschka!
Ich befinde mich an der deutsch-polnischen Grenze[9]. Wir marschieren täglich vorwärts. Von Marschall Shukow haben wir Danksagungen für unsere erfolgreichen Kampfeinsätze erhalten. Ich habe wenig Zeit, aber ich bin guten Mutes – unser Vormarsch ist nicht aufzuhalten.

Grüße Olja und Onkel Ljussja von mir. Sie sollen schreiben. Ich küsse Dich. Wowa.

Das Päckchen werde ich schicken, sobald es die Situation erlaubt. Wir haben rund 350–400 Kilometer zurückgelegt. Denk nur, wie viel das ist!

26. 1. 1945
Es ist noch dunkel. Jetzt sind wir auf dem Vormarsch. 50 Kilometer müssen wir marschieren. Heute werden wir in Deutschland sein.

27. 1. 1945
Das Dorf ... drei Kilometer vor der deutschen Grenze, das sich an dem recht breiten und wasserreichen Fluß ...[10] entlang erstreckt.

Es ist schon hell. Wir haben zwei Stunden geschlafen, nicht mehr, und wieder geht's jetzt weiter. Die Läuse belästigen uns immer mehr. Sie werden immer dreister, leben, vermehren sich, eine schlimme Sache, und es riecht schon nach Benzin[11], wie Karpienko meint. Der hat sich übrigens wieder eingefunden, er hatte uns überholt, war hierhergekommen und hatte sich zwei, drei Tage niedergelassen, Marmelade, Kompott und Hühner gehortet und uns mit einem üppigen Beutemahl empfangen. Diesmal habe auch ich getrunken. Ich konnte mich nicht zurückhalten und trank die beiden Gläschen Schnaps, die mir eingeschenkt wurden. Ich habe sie so stark wie möglich mit Wasser verdünnt. Der Schnaps war schwach, aber ich wurde dennoch betrunken. Schikin und Karpienko besoffen sich wie die Schweine.

28. 1. 1945
Deutschland. 38 Kilometer seit dem letzten Nachtlager (gestern). Damit haben wir in zwei Tagen 90 Kilometer geschafft. Deutschland hat uns unwirtlich empfangen, mit Schneegestöber, heftigem Wind und leeren, fast ausgestorbenen Dörfern. Die Leute hier, die Deutschen, fürchten den Zorn des Russen. Sie fliehen und lassen all ihr Hab und Gut zurück.

Bereits in Polen sind wir Leuten mit einem »P« und mit weißroten Streifen auf den Ärmeln begegnet und mit ebensolchen Zeichen auf der Brust. Jeder möchte unbedingt versichern, daß er Pole ist, und ich bin überzeugt, daß sich gut die Hälfte der Deutschen in polnische Farben gehüllt hat.[12]

Die Grenze erreichten wir an einem sehr breiten, wasserreichen Fluß, auf der anderen Seite nichts als Wälder und Hügel. Durchschnittenes Gelände. Nicht weit von Berlin. Deutschland steht in Flammen, und es stimmt einen irgendwie froh, diesem bösen Schauspiel beizuwohnen. Tod um Tod, Blut um Blut. Mir tun diese Menschenhasser, diese Tiere, nicht leid.

Wir haben hier drei schlafende Deutsche aufgestöbert. Alle waren noch ganz jung. Sie hatten furchtbare Angst, zitterten und sagten: {kaput}.

30. 1. 1945
Man gibt uns keine Zeit auszuruhen. Heute kamen wir um 5 Uhr hier an, und um sieben mußten wir schon wieder hoch, also konnte ich gerade mal zu Abend essen, dann war die Ruhepause auch schon vorbei. Es gibt natürlich niemanden, auf den ich deswegen sauer sein könnte. Jeder unserer Schritte ist von größter historischer Bedeutung. Deswegen darf man nicht an Ruhepausen denken.[13]

Die Bewohner sind fürchterlich verschreckt. Als wir ankamen, hoben sie alle die Hände und fragten voller Angst: {ales kaput, ales kaput?}. Bei ihnen hat man alles auf den Kopf gestellt und alles Brauchbare mitgenommen. Der Luxus der Einrichtungen ist kaum zu beschreiben, der Reichtum und die Erlesenheit dieser Sachen sind überwältigend. Unsere Slawen werden Augen machen!

Niemand verbietet uns, den Deutschen das zu nehmen und zu zerstören, was sie zuvor bei uns geraubt haben. Ich bin überaus zufrieden. Nur der sinnlose Radau von Hauptmann Schikin und insbesondere Karpienko gefällt mir nicht. Gestern zum Beispiel hat Rybkin eine Büste von Schiller zerschlagen und hätte wohl auch Goethe vernichtet, wenn ich ihn diesem Narren nicht aus den Händen gerissen, mit Lappen umwickelt und weggepackt hätte. Genies können nicht mit Barbaren gleichgesetzt werden, und ihr Andenken zu zerstören ist für einen zivilisierten Menschen eine große Sünde und eine Schande.

Karpienko ist ein Idiot im wahrsten Sinne des Wortes. Er scheint sich wohl heute, wie auch jeden Tag, bis zur Besinnungslosigkeit zu besaufen und schießt, wenn er betrunken ist, mit jeder Waffe, die ihm gerade unter die Finger kommt; er bewirft uns mit allem, was er greifen kann. Ich bekomme dabei das meiste ab, aber obwohl er dann sehr schwach ist, kann ich mich doch nicht entschließen, die Konfrontation mit ihm zu suchen, da ich nicht an seine Vernunft glaube. Heute aber gerieten wir aus nichtigem Anlaß in Streit, und ein großer Tontopf, Geschirr usw. zerschellte an der Wand. Karpienko hatte mich damit verfehlt. Ich wundere mich, wie […]* er damit durchkommt, denn er hat selbst Rybkin geschlagen, auch den Kompaniechef und andere.

Habe mich mit Geld eingedeckt, 70 000 (!) deutsche Mark. Sie werden ja nicht vom Markt verschwinden und später noch nützlich sein. Zwischen dem deutschen Geld fand ich auch zehn sowjetische Rubel.

---

* Unleserliches Wort.

2. 2. 1945
Sind in einen Luftangriff geraten. Die deutschen Habichte nagen unersättlich an unserer Kolonne. Die Männer schwärmten seitwärts aus, und auf der Straße blieben nur der Troß und die Fuhrleute. Die Kolonne mußte anhalten und steht nun schon eine halbe Stunde.

3. 2. 1945*
Ein Wald an der Oder. Habe mein Tagebuch zurückgelassen.
Wir bewegen uns in Richtung Fluß, wo gerade sehr schwere Gefechte stattfinden. Über unseren Köpfen kreisen die feindlichen Jäger und aus ihren großkalibrigen Maschinengewehren peitschen Explosivgeschosse in manchmal langen, öfter aber kurzen Salven.

Ich komme nicht zum Ausruhen. Nachts war ich damit beschäftigt, die Taschen von überflüssigem Beutekrempel zu befreien – man kann ja nicht alles mitschleppen.

Habe Briefe von Mama, Olja, Soja und Sascha bekommen, aber ich komme buchstäblich nicht dazu, zu antworten – die Zeit! Sie wird jetzt wie die Luft in Milligramm gemessen.

Die Deutschen haben Angst, sind feige. Irgendwie sind sie alle dumm und beschränkt, wie Götzen, was ich bei all dem, was ich früher von ihnen dachte, nicht im geringsten erwartet hätte.

Jede Menge Reichtum. Die Polen laufen zerlumpt herum, fast schon elendig. Bin vielen russischen Mädchen begegnet, sie waren fast Landsleute (aus der Gegend von Kriwoi Rog), aber ich schaffte es nicht, mich mit ihnen länger zu unterhalten, wir mußten weiter.

Der Abend naht. Ein warmer, fast sommerlicher Tag, erstaunlich, mitten im Winter. Der Schnee, der kniehoch gelegen hatte, ist fast völlig weggetaut, und die Felder sind jetzt etwas grüner. Es gibt hier übrigens nicht so viele Felder. Prächtige, dichte dunkelgrüne Fichtenwälder ziehen sich als richtige Forste hin, erstrecken sich über das {schöne Vaterland}, wie die Deutschen ihr Land gern nennen.

---

* Diese Notiz befindet sich auf einem losen Blatt.

4. 2. 1945
Abend. Der Gegner hat uns mit seinem Widerstand völlig mürbe gemacht. In den Schützenkompanien ist jetzt die Hälfte der Mannschaften kampfunfähig.[14]

Im Keller ist es heiß und stickig, das Haus brennt; der Feind hat es in Brand geschossen. Das Dach ist fast abgebrannt, die Decke ist jedoch stabil, sie ist aus Stein. Der Feind wütet fürchterlich. Seine Schützenpanzer und Panzer dröhnen unaufhörlich. Die Panzer sind nah dran. Sie werden von unseren »40-Pud-Kanonen«[15] beschossen.

5. 2. 1945
Zum zweiten Mal während der Offensive hat uns Marschall Shukow gedankt. Die letzte Nacht war sehr wichtig für uns und die gesamte Front. Wir haben den Brückenkopf gehalten, an dem am Vortag fast die gesamte 248. [Schützendivision] auf der Strecke blieb, ohne ihn halten zu können. Unser Regiment hat sich wieder hervorgetan, wir wurden erneut hervorgehoben und beim Oberkommando erwähnt.

Heute bin ich auf Beutesuche in ein Häuschen im Niemandsland gegangen, und dort hat sich etwas Neues, für mich ganz Bedeutsames ereignet, wobei mir das Schicksal so deutlich wie nie zuvor gezeigt hat, daß es mir gewogen ist.

6. oder 7. 2. 1945
Bis Berlin sind es 70 Kilometer und bis zum Ende des Krieges ... noch weit, wie es scheint. Die Deutschen leisten nicht nur Widerstand, sondern sind sogar in der Lage, uns aufzuhalten (einige Tage schon treten wir auf der Stelle) und uns unersetzbare Verluste zuzufügen. Wenigstens die Hälfte der Mannschaften ist in diesen Tagen in die Fänge des Todes geraten, hat Verwundungen oder Quetschungen erlitten.

Es ist ein unbeschreiblicher Alptraum, und nichts anderes. Gestern gab es in diesem halbzerstörten Keller, in dem ich jetzt sitze, acht Verwundete (durch eine Granate). Heute wurden zwei Flakschützen getötet, einer schwer verwundet, auch ein Sanitäter und ein Soldat der Granatwerferkompanie wurden verwundet. Und das auf einem nur 150 Meter breiten Frontabschnitt. Und was sich erst bei den Schützen abspielt? Gestern saß ich vom Abend bis zum nächsten Morgengrauen bei ihnen auf der Protze und habe dabei zehntausendmal mein Leben verflucht. Ich war klitschnaß und zitterte am ganzen Leib.

Die Erdhütte, die ich einen halben Tag lang als eine Art Tunnel im Bahndamm ausgehoben hatte, ist unter den einschlagenden Geschossen eingestürzt, und es war mein Glück, daß ich in dem Augenblick meinen Kopf und meinen Rumpf hinausgestreckt hatte, sonst wäre ich unter dem Eis und der Erde erstickt und von der Liste der Lebenden gestrichen worden. Die Beine konnte ich nur mit Mühe frei kriegen, und das Gehen tut jetzt sehr weh. Bloß gut, daß sich der Fritz nicht mit seinem Rückzug beeilt, sonst wüßte ich nicht, wie ich ihn verfolgen könnte.

Die Scheune des großen deutschen Bauernhofes, wo ich eben erst den ganzen Schrecken des Artillerie- und Granatwerferangriffs durchgestanden habe, brennt. Hier spielte auch ein »Wanjuscha«[16] mit, und in der Nähe ist ein deutsches Flugzeug abgestürzt, und zwar mit solcher Kraft und Wucht, daß sich alles rundum in Qualm und Staub hüllte und es drinnen finster wie die Nacht wurde. Schikin kam angelaufen, schnappte sich, was er erwischen konnte, und soll jetzt im Keller unter dem zweistöckigen Haus sein, wo er das Gerücht streute, daß hier, in diesem Keller, eine Granate eingeschlagen sei. Er ist ein fürchterlicher Feigling; wurde Berichten zufolge mit dem Orden des Vaterländischen Krieges ausgezeichnet. So läuft es halt. Und wo bleibt die Wahrheit? Und die Gerechtigkeit? Schließlich halten wir alle unsere Köpfe hin, riskieren was, sind zusammen, kämpfen zusammen. Doch die einen, wie Karpienko etwa, setzen ihr großes Maul ein, und die anderen, vom Schlage Schikins, kommen mit gemeiner List und Heuchelei durch. So ist die Wirklichkeit, und so sind die Leute.

Major Lapkin wurde gestern schwer verwundet. Kotow auch. Mein Nagant[17] ist verschwunden. Der Major hat ihn mir am Abend vor unserer Ankunft hier abgenommen, er meinte, ich sei betrunken, und Kotow, dem er den Nagant übergeben hatte, hat ihn zusammen mit dem Halfter jemandem gegeben, als er verbunden werden mußte.

[Februar 1945, Entwurf für einen Rapport]
An den Kommandeur des 3. Schützenbataillons,
1052. Schützenregiment
Major Boizow

Kommandeur des Granatwerferzuges
3. Granatwerferkompanie
Leutnant Gelfand

Rapport
Hiermit beantrage ich beim Bataillonskommando, daß Unterfeldwebel Iwan Petrowitsch Below wegen Unverbesserlichkeit und Zersetzung der Disziplin in der Roten Armee in die Strafkompanie versetzt wird.

Bereits während der Schulung, als er im 2. Zug stand, hat Unterfeldwebel Below sich derart gehen lassen, daß er vom Kommandeur zum dritten Mann der Besatzung gemacht, auf der Komsomolversammlung als Gruppenorganisator abgesetzt und wegen unerlaubten nächtlichen Entfernens vom Posten aus dem Komsomol ausgeschlossen wurde.

Als Below in meinen Zug versetzt wurde, sagte er mir, man habe ihn im 1. und 2. Zug drangsaliert und ungerecht behandelt, und er sei eigentlich ein pflichtbewußter und disziplinierter Soldat. Also gut, entschied ich: »Ihre Vergangenheit kenne ich nicht, die interessiert mich nicht, hier bei mir werden Sie ein neuer Soldat sein, und je nachdem, wie Sie sich führen, werde ich Sie dann beurteilen.«

Gleich am nächsten Tag nach unserem Gespräch jedoch schlief Below auf seinem Posten ein, führte eine Anordnung des Besatzungskommandeurs nicht aus und beging eine ganze Reihe von Disziplinverstößen.

In der nachfolgenden Zeit hat sich das Verhalten des Rotarmisten Below nicht nur nicht gebessert, sondern ist in vielerlei Hinsicht geradezu unzumutbar geworden. Insbesondere auf dem Marsch, nach dem Durchbruch durch die deutschen Stellungen bei Warka [an der Pilica], und so weiter bis zum heutigen Tag. So erdreistete sich Below, den Führer des 2. Zuges, Leutnant

Schikin, nur mit dem Nachnamen anzusprechen und über eine Anordnung des Leutnants Karpienko zu lachen und sie zu mißachten.

Während seines Dienstes hier am linken Oderufer verging kein Tag, an dem Below nicht auf seinem Posten einschlief oder die Feuerstellung während des Beschusses verließ. Below ignoriert den Kommandeur seiner Besatzung, verhält sich mir gegenüber anmaßend und zersetzt durch sein Verhalten die Disziplin im Zug.

Die einzige Sorge Belows gilt dem Schlaf und dem Essen. Da er mit einer gewissen Nachsichtigkeit durch einige Offiziere der Kompanie rechnen kann, ist Unterfeldwebel Below dermaßen verkommen, daß er kaum noch einen menschenwürdigen Anblick bietet: Er ist schmutzig und verlottert, und keiner der Soldaten nimmt ihn wegen seiner Undiszipliniertheit und Schlampigkeit noch als Unteroffizier wahr. Die Soldaten und Gefreiten schämen sich wegen Below und begegnen ihm mit Abscheu. Doch weder Gespräche noch Bestrafungen zeigen bei diesem Menschen eine Wirkung, und sein Verhalten ist nach wie vor empörend.

9. 2. 1945
Rybkin ist ein kleiner Bengel. Wieder hat er mich aus dem Zug entfernt, erhob gestern sogar vor den Soldaten die Hand gegen mich und bellte wüste Flüche. Ich fing keinen Streit an, sagte nur, daß ich von ihm nichts Zivilisiertes und nie im Leben etwas Besseres erwartet hätte. Er macht bereits auf den ersten Blick den Eindruck eines rotznäsigen Raufboldes, eines Bengels, den man verprügelt hat, der es aber nicht lassen kann und immer wieder Streit sucht. So ist sein Gesicht, sein Verhalten und seine Denkweise.

Ich habe ihm niemals etwas Böses getan, habe immer seine Autorität unterstützt und war überhaupt anfangs ganz auf seiner Seite, doch dann ..., was für eine schreiende Undankbarkeit hat mir Rybkin erwiesen, und wie grausam hat er meine Loyalität und mein Vertrauen mißbraucht.

Gestern rief er mich zu sich.

»Warum kommen Sie nicht hierher?« fragte er.

»So ist es ruhiger«, antwortete ich. »Ich ziehe es vor, mich von Unannehmlichkeiten und unnötigen Gängeleien fernzuhalten.«

»Warum erstatten Sie mir nicht über den Zustand des Zuges Bericht?«

»Sie hatten keine Meldungen von mir angefordert.«

»Ach so, ja?! Heute nacht kommen Sie zehnmal vorbei und machen mir Meldung. Verdammte Scheiße.«

»Genosse Hauptmann, vergessen Sie nicht, daß ich Offizier bin; ich erwarte zwar von Ihnen nichts Besseres – doch hüten Sie sich davor, mich vor den Soldaten so zu beschimpfen.«

»Du bist ein Idiot, das ist es. Fütterst mich mit gelehrten Wörtern. Dich zu erschießen wäre gar nichts.«

»Genosse Hauptmann, Sie haben meine Autorität bereits zur Genüge untergraben, und ich bitte Sie, mich nicht mehr mit unanständigen Worten zu beleidigen.«

»Ich habe deine Autorität untergraben?« Und er ging wie ein rauflustiger Bengel mit den Fäusten auf mich los. Zweimal schlug er mir ins Gesicht und fing an, mich aus dem Keller herauszustoßen, ging dann weg, verstummte, kam nach einigen Minuten zurück und befahl mir, zum Zug zu gehen.

Ich ging. Aber ich war noch nicht bei meinem Keller angekommen, als Rybkins Melder angelaufen kam und Unteroffizier Tscherpenko holte. Der war bald wieder zurück.

»Was gibt's?« fragte ich.

»Das werden Sie gleich erfahren. Dritter Zug zu mir!« Die Soldaten kamen. »Vom heutigen Tag an ist Leutnant Schikin unser Zugführer, und Sie«, wandte er sich an mich, »hat der Hauptmann aus der Kompanie entfernt.«

Ich stand mit rotem Gesicht, aufgebracht, und hätte Tscherpenko am liebsten aus Leibeskräften eins aufs Maul gegeben, doch beherrschte ich mich und ging schweigend davon.

Seitdem wurden meine Ehre, mein Rang und meine Menschenwürde von den Soldaten regelrecht verhöhnt, was aller Wahrscheinlichkeit nach vom Kompaniechef und von Karpienko betrieben wurde.

13. 2. 1945 [Entwurf für eine Kurzgeschichte]
Wie Ruhm errungen wurde
Oberleutnant Besussow wurde bereits beim Durchbrechen der feindlichen Abwehrstellungen an der Weichsel verwundet.

Das Regiment hatte sich hervorgetan. Unser Bataillon hatte zusammen mit dem zweiten und ersten in zwei- oder dreitägigen Gefechten (ich erinnere mich nicht mehr genau) einen Brückenkopf am anderen Ufer des Flusses Pilica verteidigt. Die Schützen, die MG-Schützen, die Panzerbüchsenschützen, die 45er-Artilleristen und wir, die Granatwerfertruppe, saßen alle in einem Schützengraben, der einzigen Deckung vor dem feindlichen Feuer. Das war der einzige Schutz, der uns geblieben war. Einen zweiten Schützengraben wollte der Feind um nichts in der Welt aufgeben, und hinten, bis ganz zum Fluß, gab es auf 500 bis 700 Metern keinen Fleck, der nicht vom Feind bestrichen wurde.

Die gesamte Artillerie und alles Gerät waren auf dem Ostufer der Pilica konzentriert, und die Bataillone hatten keinen direkten Anschluß zu den unterstützenden Einheiten. Das ließ unsere Lage kritisch erscheinen. Der Feind beherrschte die Gegend, hatte Artillerie und die berüchtigten »Wanjuschas« parat, die uns mit ihrem unentwegten Aufheulen und den dann folgenden Explosionen zermürbten. In 100 bis 200 Metern Entfernung dröhnten ununterbrochen die Panzer. Die Sturmgeschütze kamen bis unmittelbar an unseren Schützengraben heran.

16. 2. 1945
Es heißt, es gibt ein Frankfurt an der Oder und noch eins am Main ... Und es gibt Läuse! ... Unglaublich, wie viele es geworden sind, seit ich in Deutschland bin! Weder in Polen, noch in Bessarabien oder bei uns in Rußland hatte ich so viele Läuse. Jetzt sind es dermaßen viele, daß sie meinen Körper bevölkern wie Ferkel einen deutschen Hof: Es gibt kleine und große und richtige Prachtexemplare; einzeln und in Kolonnen, ... die fressen mich noch auf ... Es ist völlig unerträglich, sie auf dem Körper zu haben, sie sind für mich eine härtere Probe als die Kämpfe. Man möchte einfach nur schreien und sich vor Pein die Haare aus-

reißen. Mein ganzer Körper ist voller blauer Flecke von den Bissen dieser gemeinen, gefährlichen Insekten.

Die Wäsche habe ich seit Dezember '44 nicht mehr gewechselt. Sie ist ganz dreckig und reißt schon – die Läuse zernagen sie, und auf dem Körper bleibt nur klumpige Watte.

Wir stehen in Quartier. Die Soldaten haben alle Wohnungen abgesucht und haben keine geeignete Wäsche zum Wechseln gefunden. Der Oberfeldwebel hatte für die ganze Kompanie Wäsche zugeteilt bekommen, doch als die »Wanjuschas« losfeuerten (er befand sich gerade beim Oderdeich), ließ er alles stehen und liegen, verdrückte sich, weitab vom Fuhrwerk – währenddessen wurde die ganze Wäsche geklaut.

Ein Dampfbad ist nicht drin – wir haben andere Sorgen. Unser Brückenkopf ist sehr klein, aber überaus wichtig für die gesamte Entwicklung der Kämpfe. Deshalb wird von uns verlangt, ja wir wurden sogar gebeten (Bersarin, Shukow), den eroberten Brückenkopf um jeden Preis zu halten.

Das Wetter hier ist launisch. Es regnet fast jeden Tag, es gibt keinen Schnee, und der Boden ist nichts als tiefer Schlamm. Es ist warm wie im Frühling. Auf der Oder ist das Eis gebrochen und hat den Übergang weggerissen. Die Trümmer sind stromabwärts davongetrieben. Die Verbindung zum rechten Ufer ist unterbrochen. So sind unsere Träume und Hoffnungen dahin, unser Wunsch, schon bald vorzurücken und im Einsatzgebiet in Stellung zu gehen, um Berlin in einem Schwung einzunehmen und die Hitlerschen Horden endgültig zu zerschlagen. Am Anfang wäre das alles leicht zu machen gewesen, die Deutschen hatten sehr wenig Leute und wenig Kriegsgerät, vor allem aber wenig Leute.

Doch jetzt hat der Feind frische Reservedivisionen aus Frankreich hierhergeworfen, und die Lage ist deutlich schwieriger geworden. Es wird schwer werden, wieder einen Durchbruch zu schaffen, und Gott weiß, wer von uns bis Berlin am Leben bleiben wird.

Gestern sind zwei erschossen worden, die sich selbst verstümmelt hatten. So hatte ich nach dem Dienst in der Nacht auch noch den ganzen Tag mit den Gerichtsverfahren zu tun. Während meines Dienstes wurde der eine von ihnen, der Soldat Kolzow aus unserer [...]*, in den Bataillonsstab gebracht. Der Oberadjutant befahl mir, die ganze Nacht auf ihn aufzupassen: »Sie haften mit Ihrem Kopf, wenn der verschwindet.« Wir haben wenige Leute. Mir war zwar eine Wache zugeteilt, aber die stand im Hof, und so mußte ich den Verbrecher persönlich bewachen und konnte mich keinen Schritt entfernen. Wenigstens wurde er gleich morgens verurteilt und hinter dem Schuppen unseres Hofes erschossen. Sonst könnte es noch soweit kommen, daß man sich seinetwegen verantworten muß und, wenn es der Teufel will, selbst noch auf die Anklagebank kommt, und dann noch wegen so was!

Der andere war ein Leutnant (!). Ich hatte noch nie gehört, daß ein Offizier sich aus Feigheit selbst verstümmelt hat. Die linke Hand hat er sich durchschossen. Er war noch jung, trug den Rotbanner-Orden und die Medaille eines Verteidigers von Stalingrad. Die Auszeichnungen wurden ihm abgenommen und sein persönliches Eigentum konfisziert, seiner Familie wurden alle Vergünstigungen entzogen, und er wurde wie ein Hund erschossen.

Weder der eine noch der andere haben mir leid getan, aber das Erlebnis selbst ging mir zu Herzen. Besonders im letzten Augenblick, als der Kommandeur dem Geleit befahl: »Auf den Heimatverräter, Feuer!« Der hatte die Augen fest zugekniffen, war ganz zusammengekrümmt, und schon durchschlugen ihm drei Kugeln aus den Maschinengewehren den Kopf. Er stürzte zu Boden, und sein Blut spritzte in Strömen hervor.

Später gingen die »Vorgesetzten« sich ihre Auszeichnungen abholen. Man stelle sich nur vor, was für eine Ungerechtigkeit! Wir haben zusammen die Schlachten durchgestanden, haben in gleichem Maße die Härte der Kämpfe erfahren, wobei Rybkin und Schikin die halbe Zeit »krank waren«, und die werden jetzt mit dem Orden des Vaterländischen Krieges ausgezeichnet – und ich gucke in die Röhre! Dabei hatte ich im Brückenkopf als erster aus unserer Kompanie und unserem Bataillon vor allen anderen in vorderster Front die Feuerstellung übernommen. Fünf Tage hielt ich mit meinen Granatwerfern aus, bis kurz vor dem eigentlichen

---

* Unleserliches Wort.

Sturm das Bataillon und die Kompanie an der Protze auftauchten. Keinen einzigen Mann habe ich bis zur Oder verloren.

17. 2. 1945
Denke oft über mein jetziges Leben nach. Nun, woran mangelt es mir jetzt? Ich habe viel Papier, auch die Zeit läuft mir nicht davon, ich habe Stift und Tinte. Schreib, mein Freund, nutze die Gelegenheit. Zwei Dinge jedoch behindern meine Arbeit, lenken meine Gedanken und Wünsche ab und quälen mich unerträglich: die Läuse und die Kälte.

Auch mit dem Essen steht es besser denn je: Überall läuft Vieh herum, wälzt sich, brüllt, blökt, grunzt, leidet und geht an allen Ecken und Enden in den Gefechten zugrunde. So steht da jetzt ein Pferd, verwundet an Vorder- und Hinterbein, lehnt sich auf zwei Beinen ans Haus, wankt, als würde es jeden Augenblick fallen, und aus seinen Augen fließen große, schmutzige Tränen. Vielleicht denkt es irgend etwas und ist wohl dennoch ganz von Sinnen vor Kummer und Trauer.

Anderswo war eine armselige Kuh, an Rücken und Kopf getroffen, in einen flachen Graben gefallen und weinte laut und durchdringend – Muh! Muh! Muh! Ein dummes Schaf warf sich auf der Stelle hin und her, schwenkte dann den Kopf, blökte klagend – Mäh! Mäh! – und fiel in Todeskrämpfe.

Fleisch gibt es hier viel, man muß [die Tiere] nicht schlachten, die Deutschen erlegen täglich genug davon. Von morgens bis abends werden Kartoffeln und Speck gebraten. Man ißt nicht, man speist, und alle sind so wählerisch und scheuen den Dreck, daß man die Krieger von der Weichsel kaum wiedererkennt, so sehr hat sich alles verändert, seit wir in Deutschland sind.

19. 2. 1945
Heute nehmen wir eine neue Stellung ein, auf offenem Feld. Lebt wohl, ihr engen, aber warmen Keller und Dachböden, die ihr eigens dafür stehengeblieben wart, daß wir uns aufwärmen konnten. Lebe wohl, Wärme. Jetzt wird uns auf lange Zeit wieder die feuchte, kalte Erde in ihren unwirtlichen Wänden aufnehmen.

Nach den unglückseligen Gefechten vom 12. [Februar] sind bei uns nur wenige Kommandeure übriggeblieben. Karpienko sagt, daß es jetzt nur noch zwei Zugführer in der Kompanie geben wird. Rybkin wird versuchen, mich bei der Gelegenheit loszuwerden, und ich könnte leicht wieder in der Schützenkompanie landen.

Karpienko, Schikin und Rybkin sind ausgezeichnet worden – mit dem Orden des Vaterländischen Krieges. Ich habe keinen einzigen. So sieht sie aus, die ganze Wahrheit und Gerechtigkeit des Krieges.

21. 2. 1945

Wieder haben wir eine Feuerstellung auf dem Oderdeich eingerichtet, doch morgen oder übermorgen werden wir wohl auf die ganz offene Ebene vorrücken. Wir haben Befehl, eine Feuerstellung auszuheben.

Letzte Nacht haben sich die Deutschen über Lautsprecher gemeldet. Im Namen der Schufte, die in Kriegsgefangenschaft sind, wandten sie sich an alle Mannschaften und Offiziere, wobei sie uns als »Genossen« bezeichneten. Die Deutschen kennen die Nummern unserer Divisionen, 301 und 248, und sie haben sogar Namen und Ränge der Divisionskommandeure genannt, auch die einiger Regimentskommandeure, von zwei Offizieren aus unserer Division und von zweien aus der 248., von Hauptmann Blochin und selbst von Leutnant Starzew. Die Soldaten, die an jenem unheilvollen 12. [Februar] gefangengenommen wurden, haben alles ausgeplaudert, und die Deutschen wissen jetzt über uns Bescheid. […]*

Vorgestern kämpfte auf der linken Flanke ein Frauenbataillon. Es wurde völlig aufgerieben, und die gefangenen deutschen Miezen erklärten sich zu Rächerinnen ihrer gefallenen Männer. Ich weiß nicht, was man mit ihnen gemacht hat, aber man sollte sie ohne Erbarmen hinrichten. Unsere Soldaten schlagen vor, diese Schurkinnen durch die Geschlechtsorgane zu pfählen, doch ich würde sie schlicht und einfach liquidieren.

Am anderen Ufer der Oder gab es ebenfalls ein Gefecht. Wie sich herausstellte, hatten sich deutsche Einheiten, bestehend aus

---

* Vier unleserliche Worte.

zwei Infanterieregimentern und in Begleitung von Panzern, auf der Linie »Warschau–Berlin« bewegt. Sie waren auf dem Rückzug, wußten nicht, daß wir schon da sind, und stießen unerwartet auf unsere Verbände. Es kam zum Gefecht. Die Deutschen wurden vernichtet und zum Teil gefangengenommen.

Gestern fühlte ich mich krank. Rybkin hat sich in einem kleinen Haus niedergelassen, und auch Karpienko hält sich dort auf. Rybkin traut sich nicht, ihm etwas zu sagen, mir jedoch (ich habe gestern vorbeigeschaut) befiehlt er geradewegs und kategorisch: »Zur Feuerstellung: Marsch!«

In der Nacht befahl mir Rybkin per Telefon, die Männer zur Arbeit zu führen. Als ich meinte, ich sei krank, wiederholte er den Befehl, und ich mußte ihn in seiner Residenz aufsuchen.

»Komm mal mit!« wies er mich an und führte mich ins Nebenzimmer. »Sanitäter, miß ihm die Temperatur!« Der setzte das Thermometer.

Ich war fassungslos und fühlte mich gedemütigt. Ich erlebe es zum erstenmal, daß ein Offizier derart behandelt wird, und dann noch von solch einem ... Wenn er wenigstens Bataillonskommandeur wäre, doch selbst dann würde man das als Beleidigung auffassen und als ein Zeichen des Mißtrauens mir gegenüber, doch so, wie der Fall jetzt liegt, ist sein Verhalten einfach unerhört. Was für ein dummer und garstiger Bengel.

26. 2. 1945

Die Reibereien mit Rybkin haben wieder angefangen. Die Sache ging bis zum Regimentskommandeur (provisorisch Stanko) und bis zum Ermittler, der unsere Angelegenheit bearbeitete. Rybkin hat einen Rapport geschrieben, woraufhin ich zum Regimentskommandeur bestellt wurde. In dem Rapport hatte Rybkin mich verleumdet. Heute habe ich meinen Rapport geschrieben und die unerhörten Lügen Rybkins widerlegt.

Der Regimentskommandeur versprach, ein Urteil zu fällen, doch wegen dieser Vorkommnisse werde ich schon den zweiten Tag von allen in Ruhe gelassen. Ich bin in ständiger Anspannung, erwarte irgendwelchen Ärger – die Leute sind böse und schmieden Ränke, Gerade Rybkin tut sich dabei besonders stark hervor.

Von Karpienko weiß ich's nicht, der hat im Augenblick an nichts was auszusetzen, er ist ganz von seinem Ruhm eingenommen, zeigt jedem seine Brust mit den drei Orden und einer Medaille, schreibt oder läßt andere Kurzberichte über sich für die Zeitung schreiben, erzählt von seinen Heldentaten und ist überhaupt ganz mit seiner Popularität beschäftigt.

Ich versuche, ihm weniger zu begegnen und nicht mit ihm aneinanderzugeraten – mit den beiden auf Kriegsfuß zu stehen ist gefährlich, sosehr auch ihr Verhalten meinem Herzen zuwider ist.

Kein Zweifel, Rybkin ist ein dummer Bengel, mit anderen Worten: ein possierliches kleines Kätzchen, das zeigen will, daß es eigentlich ein Löwe ist. Karpienko ist verschlagen und geschickt, schafft es in Worten, aber nicht mit seinen Taten, alle davon zu überzeugen, er sei im Krieg unersetzlich und unübertrefflich. Ich habe ihn im Kampf gesehen, und obwohl ich weiß, daß er kein Feigling ist, bin ich überzeugt, daß er seine Haut immer und überall retten wird, und sei es auf Kosten seiner Genossen, die er nur soweit wahrnimmt, wie sie beim Bataillonskommandeur und den anderen höheren Vorgesetzten Ansehen genießen. Von Rybkin sagt er, der sei ein Waschlappen, er habe ihn völlig an der Leine. Das stimmt, da bin ich ganz seiner Meinung.

Jetzt muß ich mich vor Streit mit ihm hüten, auch wenn er jeden Tag zu den Männern sagt: »Ich bin doch kein Gelfand!« Ich schweige jedoch, als ob ich nichts merken würde, aber tatsächlich tut es weh, daß diese Null, dieses Scheusal nur durch Orden, die er weiß Gott wofür erhalten hat, und durch aufgeblähten Ruhm Schönheit und Größe erlangt hat.

Ich habe in den Gefechten am 12. [Februar] mehr geleistet, mich kennen mehr Leute und mehr haben eine gute Meinung von mir, doch verhinderte meine Bescheidenheit, daß ich Ruhm ernte, und Karpienko hat allerorten von seinen Taten getönt und gefragt, den einen ehrfürchtig, den anderen fordernd: »Na, wie bin ich?« Und alle antworteten bestätigend: »Nicht schlecht«, wobei ihn manche nachäfften: »Und wie war ich?« Immerhin antworteten darauf einige von ihnen, wenn auch nicht alle: »Gar nicht schlecht« Alle anderen stimmten in Karpienkos Lied mit ein, um gut dazustehen.

Wir haben einen neuen Politstellvertreter des Bataillonskommandeurs, einen Leutnant. Ohne Orden. Solche Leute mag ich, solange sie auch Fronterfahrung haben. Er ist also ein aufrechter und bescheidener Kerl, und deshalb hat man ihn auch nicht gemocht. Ich, zum Beispiel, wurde ja auf Anweisung des Oberkommandos (wie alle Offiziere) dreimal für einen Orden vorgeschlagen und habe bislang keinen einzigen bekommen. Es ist klar, daß ich hier derjenige mit den wenigsten Auszeichnungen bin, obwohl ich mich in den Gefechten so stark eingesetzt habe, besonders am 12. 02. 1945, als praktisch alle, auch Karpienko, sich in den Kellern versteckten und dort per Telefon Helden waren, während ich oben alle Kräfte unserer Verteidigung leitete, die Granatwerfer, die Schützen, und mich sogar um die Versorgung der Verwundeten kümmerte. Und wie viele sind vor meinen Augen gefallen, blutend, mit abgerissenen Beinen, Armen, aufgerissenem Bauch, der zusammen mit Splittern und den Gedärmen herausquoll – ein fürchterliches Bild! Doch ich nahm es kaum wahr, sondern sah vorn die angreifenden Deutschen und Panzer, vielleicht 50 Meter von mir entfernt, und das war eindrücklicher als alles andere. Ich war nicht feige, lief nicht vor den Geschossen davon, und das Schicksal hat mich bewahrt, obwohl ich auf dem mit Leichen und Tierkadavern bedeckten Hof herumlaufen mußte, der mit Splittern und Schutt übersät war, von Geschossen und Granaten durchsiebt und in Rauch und Asche gehüllt.

Alexej Tolstoi ist gestorben.[18] Was für ein schmerzlicher Verlust so kurz vor dem Ende des Krieges. Romain Rolland starb einen Tag vor Silvester[19], und Alexej Tolstoi einen Monat, bevor die Leiden der Menschen und die Verbrechen der Hitlerleute, über die er so viel in seinen scharfzüngigen und anklagenden Artikeln und Erzählungen geschrieben hat, ein Ende finden werden. Der Tod hat uns ein großes Herz entrissen und die ungeachtet seines hohen Alters junge, leidenschaftliche Seele Tolstois. Seine Frau, ich habe sie auf einer Photographie gesehen, ist jung, schön und dem Schriftsteller in großer Liebe ergeben. Sie tut mir leid. Noch mehr aber tut es mir um die Literatur leid, die einen kolossalen, seit dem Tode Rollands mit nichts zu vergleichenden Verlust erlitten hat.

A. Tolstoi ist einer meiner Lieblingsschriftsteller und nach Gorki wohl der größte Meister des literarischen Wortes. Daß das

ZK der KPdSU(B) und der Rat der Volkskommissare der UdSSR seinen Tod bekanntgaben, zeigt die Bedeutung, die unsere Regierung und unsere Partei der Bolschewiki diesem Schriftsteller beimessen.

Heute oder vielleicht morgen werden wir von hier abziehen. Wir werden wohl von einer anderen Armee abgelöst. Genaues ist nicht bekannt, doch bringen unsere Männer jetzt Tag und Nacht Granaten ans andere Oderufer. Merkwürdige Sache, da selbst überzählige oder erbeutete Gewehre nicht abtransportiert werden dürfen und sie jetzt Granaten geladen haben. Das belastet uns doch bloß beim Übersetzen. Wäre es nicht besser, ihnen unsere Granaten zu geben und diejenigen, die uns am anderen Ufer ablösen, geben uns dann die gleiche Menge zurück?

Gestern ist ein Boot mit Leuten und Granaten gekentert. Sechs Mann sind in der Oder baden gegangen und neun Kisten Granaten im Fluß versunken. Wie dumm und wie leichtsinnig ist das alles.

Wir werden anscheinend abgelöst, weil wir zu wenig Leute haben, und auch, so scheint mir, weil die Deutschen Gefangene verhört und dadurch von uns erfahren haben.

Beim Gegner lassen sich keine Frauen mehr blicken, seit wir einer von ihnen den Körper mit einem Pfahl durchstoßen und sie nackt zu deutschen Stellungen zurückgebracht haben. Es ist jedoch nicht ausgeschlossen, daß sie wieder auftauchen.

Heute hat der Deutsche die ganze Nacht Artillerievorbereitung betrieben und im Abschnitt des 3. Regiments seine Aufklärung losgeschickt. Wie das ausgegangen ist, weiß ich noch nicht.

Briefe habe ich heute keine geschrieben und gestern nur ein paar Worte an Mama und an Papa. Ich habe nicht mal genug Zeit, mich zu versorgen und auszuruhen – kein Wunder, daß jetzt mein Magen streikt, worunter ich sehr leide.

In den letzten Tagen habe ich wertvolle und kluge Briefe von Nina K., Lena M. und von Olja Sch. bekommen, ich habe aber keine Zeit, vernünftig zu antworten, und auf andere Art kann ich ihnen nicht schreiben, vor allem Lena nicht, die tiefsinnige und gedankenvolle Briefe schreibt. Ira Lebedewa, Olga Michailowna und den anderen sollte ich unbedingt einen schönen und herzlichen Brief schreiben, doch die Zeit, hol sie der Teufel, wie schnell zerrinnt sie zwischen den Fingern, wenn du sie aufhalten möchtest.

Ich habe ein Päckchen an Mama geschickt. Dreimal habe ich es neu gepackt und vernäht, weil es hieß, ich hätte es nicht richtig zugenäht und beschriftet. Ich habe den Wert mit 3000 Rubeln angegeben, vielleicht kommt es ja tatsächlich unversehrt an. Vor allem bete ich für die Briefe, daß sie unbedingt ankommen, denn Krempel läßt sich immer wiederfinden, obwohl auch der an der Heimatfront bestimmt von großem Wert ist.

Olja habe ich 250 Rubel geschickt, mehr hatte ich in diesem Monat nicht übrig, da ich geliehenes Geld zurückgezahlt habe, und ich habe 1200 Rubel Schulden.

Es ist schon dunkel. Man hört das Rattern und den Lärm der Motoren. Auf der Brücke wird auf Hochtouren gearbeitet. Tag und Nacht und unter feindlichem Beschuß arbeiten die Männer ununterbrochen am Bau der Oderbrücke. Die Deutschen schicken ihre Schrapnelle und Kartätschen, doch die Brücke wird fertig werden.

Im Befehl des Oberkommandierenden heißt es, das Offizierskorps solle in den nächsten Tagen die Mannschaften auf Gefechte auf großstädtischem Terrain vorbereiten. Das hat doch was zu bedeuten! Wir werden offenbar abgezogen, damit wir frische Kräfte schöpfen und an anderer Stelle vorstoßen können, wenn nicht sogar nach Berlin – schließlich sind wir eine Stoßarmee!

Ach, fast hätte ich's vergessen: Unsere Division hat den Suworow-Orden 2. Klasse bekommen [20] und wurde, so wird erzählt, für den Rotbanner-Orden und den Rang einer Gardedivision vorgeschlagen. Da wird Oberst Antonow wohl befördert werden! Der Held! Obwohl ihn viele wegen seiner Strenge und Schrulligkeit nicht mögen, vielleicht auch, weil er Zigeuner ist. Es gibt ja immer noch Leute mit nationalistischen und chauvinistischen Vorurteilen. Persönlich kenne ich den Oberst nicht so gut, obwohl ich ihm mehrfach begegnet bin und viel über ihn gehört habe.

Am Brückenkopf ist es jetzt ruhiger. Sturmgeschütze haben zu uns übergesetzt – bald werden wir eine Brücke haben. Die Baltische und die Ukrainische Front sind näher gerückt, der Keil in Richtung Berlin ist breiter geworden, und hinter uns,[21] in Posen und einigen anderen Städten, sind die eingeschlossenen Verbände des Feindes vernichtet worden. In unserem Rücken haben wir also jetzt Ruhe, dadurch sind Kräfte frei geworden und wir haben mehr Gerät und Munition.

International gibt es ebenfalls Veränderungen: Die Türkei hat Deutschland den Krieg erklärt,[22] Beneš ist nach Košice umgezogen,[23] und de Gaulle hat ein Treffen mit Roosevelt abgelehnt.[24] Arciszewski und Co. wurden durch das Abkommen der großen Drei (Alliierten) von der internationalen Bühne geworfen[25] und schreien Zeter und Mordio über die Ungerechtigkeit der Verhandlungen und […]*. Die Deutschen loben sie übrigens dafür und stimmen in die Klagen mit ein. So weit gehen sie also, diese niederträchtigen Emigranten. Ich erinnere mich in diesem Zusammenhang an die Couplets von W. Dychowny (in der der »Krasnaja Swesda«): »Bunter Zeisig, wo bist Du bloß gewesen?«[26]

[Frühjahr 1945] Rapport**
Hiermit möchte ich sie auf die Unwahrhaftigkeit und maßlose Ungerechtigkeit der Beschuldigungen hinweisen, die Hauptmann Rybkin in einem Rapport vom 24.02. d. J. gegen mich vorgebracht hat.
1. Niemals habe ich mich auf dem Schlachtfeld von meinem Zug entfernt oder dem Kampf entzogen, ganz im Gegenteil:
a) Beim Durchbrechen der feindlichen Verteidigungsstellungen an der Weichsel wurde ich (einige Tage vor dem Sturm und bevor die vollständige Kompanie bei der Feuerstellung eintraf) zusammen mit der Besatzung und dem Führungstrupp abkommandiert, das System der feindlichen Feuerstellungen, das Einschießen und die Befestigungsarbeiten zu studieren. Mein Aufenthalt dort war von häufigen Artillerieangriffen begleitet; wir waren gezwungen, tagelang ohne Nahrung, Wasser usw. auszuharren, während die Granatwerferkompanie und das ganze Bataillon noch einige Kilometer von der Hauptkampflinie entfernt waren.
Beim Durchbrechen der feindlichen Stellungen an der Weichsel

---

* Vier unleserliche Worte
** Undatierter handschriftlicher Text ohne Adressaten.

kann mein aktiver Einsatz im Gefecht von niemandem geleugnet werden.

b) Der Brückenkopf an der Pilica wurde von meinen Männern ebenso standhaft und aufopferungsvoll gehalten wie von den Soldaten der anderen Züge, und ich befand mich unentwegt an der Spitze meines Zuges.

c) Hier, an der Oder, nach über 570 Kilometern Marsch, auf dem ich keinen einzigen Mann verlor und niemand aus meinem Zug zurückblieb (was man von der Kompanie als Ganzes nicht sagen kann – 14 Mann sind zurückgeblieben, von denen drei bis heute nicht zur Kompanie zurückgekehrt sind), habe ich unter Einsatz meines Lebens für das Halten des Oder-Brückenkopfes gekämpft, und über meinen persönlichen Einsatz in den Gefechten vom 3. und 12. [Februar] können die vielen Teilnehmer an diesen Kämpfen, Offiziere, Unteroffiziere und Soldaten, die noch kampffähig sind oder nach einer Verwundung im Kompanie- oder Bataillonslazarett unserer Division oder der 248. Schützendivision behandelt werden, genauer und besser als ich berichten.

2. In der ersten Staffel, was praktisch ebenfalls »Kampf« bedeutet, habe ich die Befehle stets vollends ausgeführt, so daß auch die zweite Beschuldigung gegen mich in keiner Weise der Wirklichkeit entspricht.

3. Ich habe niemals einen strengen Verweis mit Verwarnung erhalten, und Hauptmann Rybkin kann seine provokatorischen Lügen durch keinerlei Unterlagen oder Zeugenaussagen belegen, etwa eine »Entfernung vom Gefecht« mit einer hierfür so unangemessen leichten Bestrafung.

4. Der letzte Punkt, der in dem Rapport angeführt wird und der noch am ehesten der Wahrheit entspricht – die Frage der Schanzarbeiten –, ist durch eine Vielzahl erfundener Angaben Hauptmann Rybkins entstellt: Nämlich derart, daß die Arbeit von mir nicht begonnen und die eigens für die Verbringung der Bohlen abgesandten drei Männer praktisch mit leeren Händen zurückgekehrt seien. Tatsächlich jedoch waren die zwei Soldaten, die das Material vorbereiten sollten und von Hauptmann Rybkin befehligt wurden, eingeschlafen, ohne uns mit Material versorgt zu haben.

Dadurch war ich gezwungen, dem Kompaniechef über den Rotarmisten Gaidenko die Lage der Dinge zu melden und zusammen mit zwei Soldaten und Feldwebel Lasarjew auf die Ergebnisse dieser Meldung zu warten.

Erschöpft von den tagtäglichen Nachtarbeiten (von allen Offizieren der Kompanie war ich der einzige, der während der gesamten Arbeiten anwesend war und sie leitete – die übrigen ruhten sich währenddessen aus) und der politischen Erziehungsarbeit mit den Mannschaften am Tage (während der Arbeiten hatte ich nie mehr als zwei Stunden Ruhezeit pro Tag), war ich eingenickt und wieder aufgewacht, als ich die Frage des Kompaniechefs hörte: »Und wo ist Gelfand?«, worauf ich mich unverzüglich meldete. Anstatt jedoch den Grund für unseren Aufenthalt in dem Stall zu ermitteln und, wenn nötig, die Schuldigen zu bestrafen, und zwar durch die in der Disziplinarpraxis der Roten Armee üblichen Maßnahmen, ging er auf mich los und schlug mir mit den Fäusten auf den Kopf und ins Gesicht (vor den Soldaten), und dann, als ich mich, durch eine solche Behandlung entrüstet, zum Bataillonskommandeur aufmachen wollte, schoß er mit der Pistole auf meine Beine, was er in seinem Bericht an den Bataillonskommandeur verschwieg, während er mich geradezu als Saboteur bezeichnete, der die Arbeit verweigere und auch die Soldaten hierzu angestachelt habe. Er schrieb in seinem Rapport, ich hätte meinen »Unwillen« zur Arbeit unter den klimatischen Bedingungen – dem Regen – erklärt.

Ich möchte hervorheben, daß Hauptmann Rybkin bei der Befehlserteilung den zwei Soldaten, die die Materialien vorbereiten sollten, gesagt hat: »Wenn ihr fertig seid, legt euch schlafen!«, während er mir befahl, ihnen nach Beendigung der Arbeit keine Erholung zu gestatten, sondern sie zur Ausrüstung des Beobachtungspostens zu schicken.

Ebenso halte ich es für notwendig, Sie davon in Kenntnis zu setzen, daß Hauptmann Rybkin mir und anderen wiederholt ins Gesicht geschlagen hat, worauf er von einigen Offizieren des 3. Schützenbataillons und dem Kommandeur des Granatwerferzuges, Leutnant Karpienko, verprügelt wurde und seine Versuche, handgreiflich zu werden, unterließ. Allein mir gegenüber setzte er angesichts meiner Duldsamkeit seine ungesetzlichen Handlungen fort.

Am 9. Februar verprügelte er mich vor den Augen der Soldaten (fast ohne jeden Anlaß und ohne jede Schuld meinerseits). Am gleichen Tag und schon vorher hatte er mehrfach verkündet: »Im nächsten Gefecht erschieß ich dich!« Übrigens hat er nicht nur mir mit Erschießen gedroht. Die Besatzungs- und Zugführer wie auch die Soldaten waren wegen der wüsten Flüche, die Hauptmann Rybkin hemmungslos über sie ausschüttete, entrüstet und sind es auch weiterhin.

Leutnant Wladimir Gelfand
Kommandeur des Granatwerferzuges

27. 2. 1945
Karpienko versucht mich zu überreden, den Rapport direkt an den Regimentskommandeur zu richten. Kann sein, daß er einfach eine Falle baut, denn er sagt, gestern sei beim Bataillonskommandeur meine Kampfbeurteilung angefordert worden, und der habe es auch nicht versäumt, sie abzuschicken. Kann aber auch sein, daß er Rybkin mit meiner Hilfe einsargen will, was ja sehr liebenswürdig von ihm wäre. Wie dem auch sei, ich muß mich auf alles vorbereiten und schreiben, schreiben, solange ich noch Gedanken und die Gelegenheit dazu habe.

Heute habe ich einen Melder aus dem Neunten getroffen, aus dem gleichen, in dem ich so lange als Granatwerfer-Schütze und dann auch als Schütze unter Palko gedient hatte. Es sieht so aus, als würde man uns ablösen, und wir gehen ans andere Ufer, um unsere Mannschaften aufzufüllen.[27]

1. 3. 1945
Das Schicksal wollte es offenbar, daß der große, eigentlich so langersehnte Tag* für mich unbemerkt und verlogen verlief. Den halben Tag habe ich eine Uhr »schusiert«. Das Wort »schus«** ist erst vor kurzem in Umlauf gekommen, und niemand weiß, von wem

---

* Wladimir Gelfands 22. Geburtstag.
** Umschreibung für schachern.

es erfunden wurde. Offensichtlich ist es zusammen mit dem Beutekrempel zu uns gelangt, der, ohne das, was »schus« beschreibt, nicht aufbewahrt, sondern als unbrauchbar wegworfen würde. Das Wort »schus« ist kein Hochrussisch und hat einen überaus unangenehmen Klang, es werden bei uns aber noch viel schlimmere Worte für bare Münze genommen, wie es so schön heißt.

Beim »Schusieren« bin ich schon kein Neuling mehr. Seit ich meine erste Uhr erworben habe, sind Dutzende defekter Uhrwerke durch meine Hände gewandert. Meine ersten vier Uhren, die ich in relativ intaktem Zustand fand, haben schnell den Besitzer gewechselt, und seither habe ich, mit einer Ausnahme, keine gute Uhr mehr gefunden. Heute habe ich eine recht gute Wahl getroffen, ich fand eine Uhr, die ging, aber keine Zeiger hatte.

Ein Wetterchen haben wir heute, das ist völlig außer Rand und Band! Morgens trübe, dann Regen, dann Sonne bis zum Abend und abends wieder Regen; und jetzt stürmt und gießt es, daß es einem schon beim Gedanken daran eiskalt über den Rücken läuft. Der 1. März ist immer so rastlos, stürmisch und voll unerwarteter Wendungen gewesen. So ist es kein Zufall, daß ich diesem Tag so ähnlich bin, an dem ich nach dem Willen der Vorsehung geboren wurde.

Rybkin treibt seinen Schabernack weiter. Wie ein Kind fällt er einen an, ohne Grund, und mit den gnadenlosesten Flüchen. Heute schien es ihm, als habe mein Soldat Golenko das Zweibein nicht gereinigt. Und schimpfte los: »Verdammte Scheiße, was sitzt du hier rum, bist etwa ... und das Waffenteil ist nicht auf Vordermann?!« Ich antwortete nur, daß man das gleiche auch wie ein normaler Mensch und ohne die gnadenlosesten Flüche sagen kann. »Na, jetzt zischle bloß nicht rum!« bellte er mir hinterher, als er aus der Scheune ging, die uns schon den zweiten Tag als Quartier dient.

So kann man nicht leben. Dieses Lied muß ein Ende haben, und zwar endgültig und so bald wie möglich. Alle Offiziere sind ausgezeichnet worden, allen wird Ehre und Achtung entgegengebracht, und ich ernte auf so undankbare Weise überall nur die Bosheit und den Hohn dieser geistlosen Menschen.

»Lieber Genosse Hauptmann, Sie kennen so viele Worte. Heute haben Sie gesprochen, daß es eine Freude war, Ihnen zuzuhören. Ihre Rede hätte man geradezu als Resolution nehmen können«, sagte mir der Soldat Derjabin auf ukrainisch, ohne den leisesten Hauch von Schmeichelei. »Die anderen blöken nur rum, und das war's dann. Wie können Sie denn zulassen, daß die Sie dermaßen unter ihrer Fuchtel haben?«

Derartiges wurde mir mehrfach gesagt, doch weiß ich selbst keine Antwort darauf. Diese Rybkins, Schikins und Karpienkos sind alle nur Abarten von Feiglingen, Schwätzern und Heuchlern. Alle negativen Eigenschaften sind in diesem Dreiergespann vereint, und wenn dem einen eine schlechte Eigenschaft fehlt, so findet sie sich unbedingt bei einem der anderen.

»Ich möchte ja keine Lobeshymne anstimmen«, ließ sich Schikin ganz unbescheiden vernehmen, »doch Karpienko hat als Kommandeur ...« —

2. 3. 1945
Ich ertrage es weiterhin, obwohl ich nicht weiß, wohin meine duldsame Haltung gegenüber derart unerträglichen Zuständen, wie sie tagtäglich in unserer Kompanie zu beobachten sind, führen wird. Rybkin geht mit allen Spielarten der Gemeinheit und Dreistigkeit vor, und zwar auf breiter Front, und er läßt sich dabei weder von Gewissensbissen noch Anstandsregeln auch nur im geringsten aufhalten. Meine Passivität hat es ihm erneut erlaubt, mich von meinem Posten zu entfernen. Ohne mein Wissen, ja geradezu hinter meinem Rücken hat er Schikin, Karpienko und seiner gesamten Ordonnanz erklärt, meine Männer wären jetzt Schikin unterstellt. Als diese Schritte jedoch nichts fruchteten und die Männer weiter meine Anordnungen ausführten, rief er alle zu sich und befahl ihnen, meinen Anweisungen auf keinen Fall zu gehorchen. Daraufhin hat Golenko mir heute verkündet, daß er für mich kein Essen mehr bekommen wird, und als er bemerkte, daß ich schreibe, nahm er meine Hefte, legte sie zur Seite und meinte dreist, auf ukrainisch: »Ich schmeiß' die Blätter weg, die siehst du nie wieder.«

Übrigens greift Hauptmann Rybkin noch zu anderen Finten. Heute, zum Beispiel, als die Danksagungen des Genossen Stalin verkündet wurden und ich meinte: »Ich hätte jetzt gern ein paar Bratkartoffeln«, hörte Rybkin diesen Satz im Vorbeigehen und gab ihn in entstellter Form lachend an Karpienko weiter: »Gelfand meint, daß er lieber Bratkartoffeln essen würde als den Dank Stalins zu erhalten.« Und nach einigen Stunden hörte ich diese verdrehte Geschichte bereits aus dem Mund von Oberleutnant Starzew. So können aus einer Verleumdung große Unannehmlichkeiten entstehen, denn so etwas kann als feindliche Propaganda ausgelegt werden.

Es schneit. Heute morgen und bereits in der Nacht, gegen Ende des 1. [März], setzte ein Schneesturm ein. Rundum ist alles zugeschneit. Der Winter, von dem die ganze Zeit nichts zu sehen war, ist jetzt da, merkwürdigerweise im Frühling. Tagsüber kam jedoch die Sonne hervor, strahlte, und der Schnee taute schnell. Und jetzt hat es wieder geschneit, alles ist weiß.

Ich habe noch so viel zu schreiben, und der Tag neigt sich schon seinem Ende zu, ich werde es nicht schaffen. Drei Tage schon schreibe ich keine Briefe. Habe wertvolle Zeilen erhalten, die ich beantworten sollte.

Der Parteigruppenorganisator Promakin hat mich gebeten, für die Redaktion etwas über die Gefechte am 12. [Februar] zu schreiben. Den Artikel würde er dann unterschreiben. Die Rapporte müssen ausgefeilt und ins reine geschrieben werden, und dann sind da noch die Gedichte, es gibt also jede Menge Arbeit.

Es ist kalt. Der Frost raubt die Hälfte meiner Kräfte und meiner Wünsche, doch das Leben fordert: Schreib! und ich muß mich seinem Willen beugen. Der Postmann wird bald die Post bringen, und ich muß die Briefe fertig machen.

4. 3. 1945
Ein Brückenkopf am westlichen Oderufer.[28] Nachts haben wir den Fluß überschritten (das Wasser ging uns ständig bis zu den Knien). Es regnete. Der ganze Schnee ist geschmolzen. Die Felder sind von tiefem Schlamm bedeckt, durch den wir waten mußten. Das Laufen fiel schwer. Die Stiefel gingen aus dem Leim, in ihnen gluckten Wasser und Schlamm.

Bis zur Dunkelheit wurden wir von MGs, Artillerie, Flugzeugen und nicht zuletzt von Panzern beschossen. Alles, so schien es, hatte sich als schweres Hindernis vor uns aufgetürmt. Der Fluß war [noch] so gut zugefroren, daß nach uns die Wagen mit den Munitionsvorräten übersetzen konnten. In der Nacht hat ein Fuhrwerk meine Tasche gebracht, in der die Tagebücher waren, und die Briefe, die ich fertig gemacht hatte. Bis zur Dunkelheit brachte ich meine Gedanken im Tagebuch zu Papier oder spielte Mundharmonika, um mich von der Schwermut zu befreien.

Die Soldaten sind unerträglich geworden, beleidigen mich schamlos, wobei sie mit der Nachsicht von Rybkin und insbesondere von Karpienko rechnen können. Es fällt mir schwer zu kommandieren, obwohl ich noch nie so wenig Soldaten hatte – sechs Mann.

Mitten in der Nacht gelangten wir auf eine gute Landstraße. Auf ihr kamen wir leicht und zügig voran, sie war trocken und eben, alle spürten die Erleichterung. Hinter uns ratterte ein Wagen. Plötzlich ertönte das Kommando: »Runter von der Straße, zur Seite!«, und im gleichen Augenblick ertönte ein Schuß, dann noch einer, ein dritter. Jemand wurde verwundet. Wir kamen zur Besinnung, sammelten uns, kehrten auf die Straße zurück, und die Panzerbüchsenschützen eröffneten das Feuer. Es war ein deutscher Schlepper, der einen beschädigten Panzer am Haken hatte. Er war leicht und unerwartet durchgekommen und hatte uns durch seine Dreistigkeit überrumpelt. Es war schon zu spät, als unsere Männer das Feuer eröffneten, und es konnte letztendlich nur ein Wagen aufgehalten und zur Strecke gebracht werden, bei uns aber waren einige Leute verwundet, weil sie dem Feind vor die Kimme geraten waren. Ein bißchen später dann gelangten wir auf einen abgelegenen Hof mit zwei Wohngebäuden, wo wir Stellung bezogen.

Die Nacht verlief ruhig. Bis zum Sonnenaufgang ist kein einziger Schuß mehr gefallen, so daß wir kaum glauben konnten, daß der Feind in der Nähe war. Kaum hatten wir ein Gehöft erreicht, sagte einer der Vorgesetzten: »Durchsucht die Häuser!« Die MG-Schützen von Hauptmann Mursambajew und einer seiner Zugführer gingen in eines der Häuser. Sie nahmen Lampen, stöberten überall herum, suchten Beute. Ich folgte ihnen, hielt in einem der Zimmer inne, zündete ein Streichholz an und fand zwei Kerzen.

Nachdem ich sie angezündet hatte, durchsuchte ich den Schrank. Ich fand einen Füllfederhalter, ein Kartenspiel in einem Etui, eine Uhr und ein silbernes Uhrenarmband. Ich erzählte von meinem Fund. Die Uhr war stehengeblieben, und ich vermutete, daß sie kaputt war. Bald kamen Major Iljin, der Stellvertreter des Regimentskommandeurs für allgemeine Fragen, und auch unsere beiden stellvertretenden Bataillonskommandeure Lapkin und Hauptmann Kostjakin. Mursambajew prahlte damit, daß ich eine Uhr gefunden hätte, der Major forderte, ich solle sie ihm geben. Ich beschloß, ihm jene zu geben, die ich vorher gefunden hatte, bei der der Stift zum Aufziehen fehlte. Er nahm sie, schaute sie sich an und schüttelte den Kopf.

»Das ist eine andere«, mischte sich Mursambajew ein, »er hatte eine Armbanduhr.«

»Gib die Uhr her! Wie kannst du es wagen, deinen Vorgesetzten zu betrügen!? Her mit der Uhr!«

Ich wurde verlegen, wollte mich nicht widersetzen, da ich mich eh schon im letzten Stadium der Rechtlosigkeit befand.

5. 3. 1945
Heute wurden Orden überreicht. Der Oberfeldwebel und Derjabin erhielten einen Orden für den Durchbruch.

13. 3. 1945
Am deutschen Brückenkopf am rechten Oderufer, der bei uns auch »Blinddarm« genannt wird. Das Gelände hier ist durchschnitten, und obwohl der Brückenkopf nicht groß ist, 2,5 bis 3 Kilometer, ist es schwer, den Feind von dort zu vertreiben, da er dort auf riesigen und steilen, gründlich befestigten Anhöhen sitzt.

Uns steht Marineinfanterie gegenüber, die Bataillone von 400 Mann Stärke aufbietet, ein ernstzunehmender Gegner. Unsere Slawen haben übrigens verkündet, daß sie auf den Zustand der Divisionen pfeifen und jeden Feind verjagen würden, weil sie Stalins Kämpfer sind. Das klingt nicht schlecht, doch kann es bei mangelnder Wachsamkeit auch anders kommen, und dann sind solche Worte nichts als leere Prahlerei. Unseren Vorgängern hier ist ja so eine Geschichte passiert, als die Deutschen sie von diesem Abschnitt zurückdrängten und andere Einheiten die Situation unter großen Opfern wiederherstellen mußten.

Wir haben erstaunliches Glück. Jedesmal übernehmen wir die Stellung von Einheiten, die bereits geschlagen wurden, und werden dann zu Helden gegen einen Feind, der in den Gefechten mit unseren Vorgängern ebenfalls schon dezimiert wurde.

Es ist bereits dunkel. Ich reihe beim Schreiben die Worte aufs Geratewohl aneinander.

»Einer, den das Leben verdorben hat«, dachte ich heute laut nach einem langen Gespräch mit Karpienko und nachdem ich ihn genau beobachtet hatte. »Was bin ich?« fragte er unerwartet. Und ich freute mich, daß mir zur Beschreibung seines Charakters der richtige Gedanke gekommen war.

[Mitte März 1945, Entwürfe für zwei Kurzgeschichten]
Warum ich mich zum Kartenspiel setzte

Einmal hatte ich Karpienko 200 Rubel gegeben, damit er ein Päckchen für mich bezahlt. Er nahm das Geld, und als ich zwei Tage später nachfragte, ob er das Päckchen bezahlt habe, bekam ich eine Bestätigung zur Antwort. Nach einiger Zeit stellte sich überraschenderweise heraus, daß Karpienko das Geld für sich behalten hatte, denn mein Päckchen war nicht aufgegeben worden und das Geld logischerweise auch nicht bezahlt.

Karpienko ist ein großer Liebhaber des Kartenspiels. Tagelang spielt er mit Schikin, Rybkin und Co. Karten, streicht dabei Tausende ein, gewinnt also große Summen. Als ich einmal erfuhr, daß er 16 000 gewonnen hat, forderte ich seine Schulden zurück. Er zahlte sie trotzdem nicht zurück, sondern versuchte, mich als großen Geizhals und kleinlichen Menschen hinzustellen. Bald danach war er aber richtig reich geworden, hatte 24 000 gewonnen und spielte den Großzügigen – er gab mir öffentlich meine 200 Rubel zurück und warf mir dabei höhnisch Geiz vor.

»Setz dich und spiel mit!« stichelte er. »Oder bist du zu feige?! Hast wohl Angst um dein Geld!«

»Nein, mir geht's nicht ums Geld«, entgegnete ich, »aber es ist mir peinlich, mein Gewissen durch Kleingeld zu belasten, durch die Kleinigkeiten, von denen du immer redest. Ich mag Kartenspielen nicht, und habe auch noch nie Karten gespielt, jetzt aber werde ich spielen, auch wenn ich im voraus weiß, daß ich verlieren werde, weil ich nicht einmal die Regeln kenne.«

Der Kampf um den Gewinn ging los. Jeder der Compagnie wollte als erster gegen mich gewinnen. Gemäß der Rangordnung nahm sich Rybkin als erster meiner an. Er nötigte mich, wobei er meine fehlenden Regelkenntnisse ausnutzte, anstelle der 300 Mark, die ich verloren hatte, 600 an ihn zu zahlen (das haben mir die anderen Teilnehmer dieser »Taschensäuberung« erst später erzählt), bis ich insgesamt 2 500 Mark auf diese Weise verloren hatte, die Hälfte von dem, was ich in diesem Monat verdient habe. Dann lösten ihn die anderen ab, Karpienko, Schikin. Bis zum Abend hatten sie mich in der Mangel, bis ich ihnen freiwillig die letzten Hunderter meines Soldes herausgegeben hatte.

So opferte ich im Namen der Gerechtigkeit meine »Katze«, wie bei den hiesigen Kartenspielern die Geldtasche genannt wird. Völlig vergebens. Es hat niemanden etwas gelehrt, niemandem genutzt und nur eine noch größere Welle des Spotts mit sich gebracht. Und ich war der Dumme.

Auszeichnungen und Ausgezeichnete
Einmal, als ich zum Durchkämmen des Waldes abkommandiert war, begegnete ich einem Oberfeldwebel nichtrussischer Nationalität auf einem Fahrrad. Ich hielt ihn an und fragte ihn nach den Papieren für das Fahrrad, bekam jedoch nur eine dumme Bemerkung als Antwort: »Wenn du besoffen bist, geh und schlaf dich aus! – sagt unser Divisionskommandeur immer.« Ich wurde ärgerlich und verlangte von dem Oberfeldwebel, daß er sich wie ein guter Rotarmist benehmen und sich keine Dreistigkeiten gegenüber einem Offizier erlauben solle.

Er wiederholte seine Antwort und stieß einen Pfiff aus. Daraufhin kam eine große Gruppe Soldaten und Unteroffiziere zum Vorschein (ungefähr 15 Mann), die sich dann um die Wette über mich lustig machten, und der Oberfeldwebel ging ganz dicht auf mich zu, blickte mir streng ins Gesicht und sagte warnend: »Weißt du, wer ich bin?«, nannte seinen Namen, und jemand aus seinem Gefolge rief: »Er ist Held der Sowjetunion!«

»Sehr bedauerlich, daß Ihr Titel Sie nicht hat erziehen können, falls Sie seiner überhaupt jemals würdig waren«, sagte ich, und als ich sah, daß ich nicht verstanden wurde, ging ich aus dem Weg, um so mehr, als sie alle bewaffnet waren und ich nur zwei Mann dabeihatte.

Den Namen des Oberfeldwebels habe ich wirklich in der Liste derjenigen gefunden, die mit diesem in unserem Land so ehrenvollen Heldentitel ausgezeichnet wurden, aber was hat er doch für ein widerwärtiges Benehmen!

[Mitte März 1945, Entwurf für einen Rapport]
An den Leiter der Politischen Abteilung
Oberstleutnant Kolomejzew

Hiermit möchte ich Sie auf das unzulässige Verhalten des Kompaniechefs Hauptmann Rybkin gegenüber seinen Untergebenen, den Zugführern, Besatzungsführern sowie der gesamten Truppe der Einheit hinweisen, das die Disziplin in der Kompanie auf ein überaus niedriges Niveau sinken ließ. Hauptmann Rybkin mißachtet die Zugführer, kümmert sich nicht nur nicht um die Stärkung ihrer Autorität gegenüber den Untergebenen, sondern untergräbt diese sogar systematisch und tritt den Stand und die Ehre der Offiziere bei jeder Gelegenheit mit Füßen.

Hauptmann Rybkin hat Offizieren und Unteroffizieren in Anwesenheit von Untergebenen mehrfach mit Erschießung und anderen Repressionen gedroht, die in den meisten Fällen nicht im geringsten berechtigt waren.

Es gibt in der Kompanie keinen Soldaten, Unteroffizier oder Offizier, der nicht schon einmal von Hauptmann Rybkin mit den unflätigsten Flüchen beschimpft worden wäre.

Hauptmann Rybkin schlägt seine Untergebenen nicht selten ins Gesicht. In einem Fall wurde ich öffentlich aus dem einzigen Grunde verprügelt, daß ich ihn gebeten hatte, mich nicht vor den Soldaten zu beleidigen und meine Autorität nicht durch obszöne Flüche und Drohungen zu unterminieren. Ein anderes Mal schoß er mit der Pistole auf mich.

Wenn er selbst abwesend ist, schickt Hauptmann Rybkin seinen Melder Sastenkas, damit dieser die Zugführer kommandiert und uns Anweisungen gibt, und achtet diesen mehr als jeden anderen der Offiziere.

Am Brückenkopf an der Oder erschien Hauptmann Rybkin einige Tage lang nicht bei der Kompanie, wohnte in einem Häuschen 500 Meter von unserer Feuerstellung entfernt, verbrachte seine Zeit mit Trinken und Kartenspiel, und als dem Bataillon in der Nacht zum 12.02. der Kampfbefehl gegeben wurde, »erkrankte« Hauptmann Rybkin plötzlich (am nächsten Tag wurde er wieder gesund, nach dem Übergang in die 2. Staffel) und blieb mit seinem Melder hinter den Linien.

Ein anderes Mal hat Hauptmann Rybkin in einem seiner Rapporte (es muß angemerkt werden, daß es in der Kompanie keinen Offizier gibt, über den Hauptmann Rybkin nicht einen Rapport oder eine Beschwerde geschrieben hat) auf verleumderische Weise erklärt, ich hätte im Gefecht meinen Zug verlassen und mich vom Felde entfernt und dafür einen »strengen Verweis mit Verwarnung« (!) erhalten. Dies war in Wirklichkeit niemals der Fall, und alle alten Soldaten und Kommandeure des Bataillons können besser als ich von meinem Verhalten im Gefecht berichten. Könnte nicht diese Lüge hinter der Tatsache stehen, daß ich keine einzige Auszeichnung für meine Teilnahme am Durchbruch an der Weichsel, den Übergang über die Oder und die Verteidigung des Oderbrückenkopfes erhalten habe, ungeachtet der Anordnung des Divisionskommandeurs über eine zweifache Auszeichnung des gesamten Personals des 3. Schützenbataillons mit Regierungsauszeichnungen und ungeachtet meines aktiven Einsatzes in diesen Kämpfen.

Gegenüber den Soldaten und den niederen Kommandeuren verhält sich Hauptmann Rybkin noch gröber und unwürdiger. Für ihn gibt es keinen Unterschied zwischen einem Feldwebel und einem Soldaten – alle werden gleichermaßen von ihm beschimpft, bedroht und bestraft, während sich der Kompaniechef in keinster Weise um die Männer kümmert. Die Männer laufen zerlumpt und in abgetragener Kleidung herum, obwohl in der Kompanie gute Sachen vorhanden sind, [...]* ist nur schwer aufzuzählen. Das ist

---

* Unleserliches Wort.

auch der Grund, warum die Mannschaften der Kompanie vor einer ganz aktuellen Frage stehen: Wann wird es in der Kompanie endlich eine wirkliche militärische Ordnung geben, strenge Armeedisziplin und einen anspruchsvollen, fürsorglichen, allein verantwortlichen Kommandeur?

[Zwischen 10. und 19. 3. 1945]
In zwei Tagen habe ich zwölf Briefe bekommen, ein Rekord. Die meisten von Mama und Papa. Von den übrigen sind jeweils zwei von Tante Ljuba, Sjoma und Tante Anja, und jeweils einer von Nina K. und Tina L. aus B. im Gebiet A.

Überhaupt sind die Ereignisse durch höchst unterschiedliche Phänomene miteinander verwoben. Gestern zum Beispiel flogen ganze Wolken englischer Flugzeuge über uns hinweg. In Staffeln von 30 bis 50 Flugzeugen. Der Tag war heiß, fast wie im Sommer, sonnig, und der Himmel war weiß gefleckt von Flugzeugen, die im dunkelblauen Luftraum funkelten. Es röhrte plötzlich am Himmel, und weiße Streifen durchzogen ihn kreuz und quer, denn von überall schwebten die ruhigen schlanken Vögel daher, und es war eine Freude, in den Tagen unseres Triumphes ihren majestätischen Flug zu beobachten. »Da kommt noch eins hinterhergeflogen«, rief Karpienko und zeigte in eine andere Richtung, und wir alle sahen einen langsam in der Luft gleitenden #Storch# oder Kranich und lachten.

16. 3. 1945
Lieber Papa!
Ich antworte nun zum dritten Mal auf Deinen Brief vom 17. 2. Ich schreibe geschwind, da ich weiß, daß Du ungeduldig auf meine Briefe wartest. Herzlichen Dank für Deine Glückwünsche zu den Erfolgen an der Front. Vor einigen Tagen, am 1. März, habe ich meinen 22. Geburtstag gefeiert. Unterwegs und in aller Stille, als ich vom Marschieren ganz müde war. Hier ist schon Frühling. Die Sonne wärmt, und mir ist nicht kalt. Ich stehe im Anmarsch auf Berlin. Ich gehe fest davon aus, daß ich dorthin gelange und auf einem der höchsten Gebäude der Stadt die Flagge des Sieges hissen werde. Bleib also gesund, mach Dir keine Sorgen – unser Wiedersehen ist

nicht mehr fern. Schau nur, wie die Frühlingssonne strahlt – das Glück lächelt uns also zu!
Ich küsse Dich. Wowa.

20. 3. 1945 Mohrin [Entwürfe für zwei Kurzgeschichten]
Wer da? Kommen Sie doch rein!
Tock-tock, hörte ich und wachte auf. Jemand klopfte an die Plane.
»Ja, ja!« rief ich, den Kopf immer noch unter dem Mantel. Keine Antwort, und es kam auch niemand in die Erdhütte. Ich nahm an, ich hätte mir das nur eingebildet, und versuchte wieder einzuschlafen, aber wieder weckte mich ein mysteriöses, dreifaches »tock-tock-tock«.
»Wer ist da?« fragte ich. Wieder keine Antwort. Was soll's?! Wahrscheinlich erlaubt sich da jemand einen Spaß. Bitte schön! Ich mache jedenfalls nicht auf!
Dann, nach einiger Zeit, die Pause war genauso lang wie beim ersten Mal, hörte ich wieder dieses lästige »tock-tock-tock«. »Nun kommen Sie schon herein!« rief ich ungeduldig, warf den warmen Mantel ab und lief nach draußen. Es war kein Mensch zu sehen. Verwirrt blieb ich stehen und lauschte.
Plötzlich hörte ich wieder deutlich jenes Geräusch, das mich auf nun schon gewohnte Weise geweckt hatte, jetzt gab es keinen Zweifel mehr. Bestürzt beeilte ich mich, wieder in meinen Unterstand zu kommen. Über meinem Kopf pfiffen die Kugeln, und es war ein altbekanntes »tock-tock-tock« zu hören, denn es ratterte ein feindliches Maschinengewehr in kurzen Salven, und es klang so ähnlich, als wenn jemand an eine festgezurrte Plane klopft.

»Oh kutje, kutje, kutje!«[29]
Feldwebel Andropow ist eingetroffen. Während des Marsches war er zurückgeblieben und hatte eine Menge Abenteuer erlebt, war erst eine Zeitlang bei den motorisierten Schützen gewesen, dann jedoch bei der Spionageabwehr gelandet, die sich ein bißchen »um ihn kümmerte« und ihn schließlich zu unserem Bataillon schickte, allerdings in die Schützenkompanie. Jetzt ist er zu uns zu Besuch gekommen, und ich habe seine Geschichte mit Interesse angehört:

Bei den Gefechten um die Stadt Bernlichen* stand er plötzlich von Angesicht zu Angesicht einem Frauenbataillon des Gegners gegenüber, das einen Gegenangriff unternahm. Zu dieser Zeit hatten sich unsere Landetruppen bereits gut eingegraben und sahen dem Vorrücken des Feindes ruhig entgegen. Als sie die Frauen erblickten, begannen die Herzen der Soldaten schneller zu schlagen. Es wurde jedoch kein Feuerbefehl gegeben.

Die Frauen gingen in geschlossenen Schützenketten, eine, dann eine zweite, eine dritte, und schossen aus Maschinenpistolen. Die vierte und letzte Kette bestand ausschließlich aus Männern. Unsere verhielten sich still. Die Frauen wurden dreist und beschossen beharrlich unsere Infanterie. Sie kamen ganz dicht heran und schienen schon am Ziel zu sein. Doch plötzlich setzte in ihrem Rücken ein heftiger Kugelhagel ein. Von den Flanken her ertönte das peitschende Trällern unserer MGs. Die Getöteten fielen wie Garben, und die gemischten Reihen der »Krieger« sanken langsam, schwerfällig zu Boden. Von den Flanken feuerten die MGs unentwegt auf den Feind, und die Frauen warfen, vor Angst und Panik wie besessen, die Waffen weg und versuchten, in einer Straße der Stadt Deckung zu finden, wo sie jedoch in sichere Hände gerieten. Unsere Soldaten empfingen sie mit Freude, Haß und Triumph. Und die unglückseligen »Kriegerinnen«, von denen viele keine 17 Jahre waren, rissen die Augen auf und heulten: {Oh Kutje, Kutje, Kutje!}

Bitterlich klagte eines der jungen Soldaten-Mädchen wieder und wieder: {Oh Kutje, Kutje!}, und ihre schönen Augen leuchteten von smaragdenen Tränen der Reue.

Die Schützen rechneten zügig ab. Die Gefangenen wurden in drei Gruppen geteilt.

1. Russinnen, von denen gab es zwei. 2. Verheiratete und jene, deren Männer oder Verwandte in der gleichen Einheit wie sie dienten (einige meldeten sich von selbst: »Mein Mann ist Offizier!«). 3. Mädchen.

Nur die dritte Gruppe der Gefangenen wurde dabehalten. Die

---

* Gelfand hat den Ortsnamen später ergänzt, vermutlich ist Berneuchen gemeint.

Russinnen, die nicht älter als 19 waren, wurden nach einem Verhör als erste erschossen.

Aus der dritten Gruppe wurde die »Beute« über die Häuser und Betten verteilt, und dort wurden einige Tage lang mit ihnen Experimente angestellt, die auf Papier nicht wiederzugeben sind. Die Deutschen hatten Angst; den jüngeren widersetzten sie sich nicht, und sie flehten diese an, daß sie mit ihnen schlafen sollten, um bloß den Schändungen durch die älteren Soldaten zu entgehen. Zu dieser glücklichen Altersgruppe gehörte auch Andropow. Er wählte sich die Allerjüngste und nahm sie mit, um mit ihr zu schlafen. Doch als er sie bedrängte, sein grundlegendes Anliegen zu befriedigen, schüttelte sie den Kopf und flüsterte verschämt: {Das ist nix gut}, ich bin doch noch Jungfrau. Die letzten Worte stachelten unseren Helden noch mehr an, er bedrängte sie noch stärker, seine Wünsche zu erfüllen. Sie weigerte sich noch eine ganze Zeit, bis er die Pistole zog. Da wurde sie still und zog zitternd ihre Gamaschenhose herunter. Er fragte sie, ob sie wisse, was »Bumsen« sei. Eine ganze Weile verstand sie ihn nicht, antwortete dann immer nur {gut machen}. Da gab er mit einem Nicken zur Pistole den Rat: »nur {gut machen} und auf keinen Fall anders!« Und sie hatte verstanden, klammerte sich fest an ihn und bewegte sich ihm immer wieder entgegen. So arbeiteten sie einmütig und kamen ans Ziel. Er spürte, daß etwas zerriß, das Mädchen schrie auf und stöhnte {Oh Kutje, Kutje, Kutje!} Sie konnte sich aber bald zu einem Lächeln zwingen.

Er gab ihr Zivilkleidung, ein Kleid, zum Anziehen, und sie ging nach draußen zu ihren Leidensgenossinnen, fröhlich und unschuldig.

[20. 3. 1945. Mohrin]
Am Mittag rief Rybkin mich und Karpienko zu sich. Er war höflich und wohlwollend. Er bat uns, Platz zu nehmen, und begann zaghaft, sein Anliegen vorzutragen.

Ich bekam die Aufgabe, die gesamten Schanzarbeiten zur Einrichtung der Stellungen zu leiten, dafür wurde mir das gesamte Personal der Einheit zur Verfügung gestellt. Ich hörte mir an, was er zu sagen hatte, ging zu mir, las die Briefe noch einmal und dachte darüber nach, wie ich sie beantworten könnte, während ich auf die Männer wartete, die mit Schikin im Dampfbad waren, um sich zu waschen. Ich bin nicht nachtragend. Nachdem Rybkin so freundlich gewesen war, bekam ich geradezu ein schlechtes Gewissen wegen meines Rapports, den ich gestern an den Leiter der Politabteilung geschickt hatte, und weil ich vorgestern Karpienko geholfen hatte, ((einen ähnlichen)) zu verfassen und ebenfalls dorthin zu schicken.

Ein wenig später machte ich mir noch mal Vorwürfe, als ich vor meiner Abfahrt auf eine Dienstreise erfuhr, daß Karpienko fünf Tage Arrest bekommen hat, und als ich dann bei einem Versorgungszug des Bataillons dem lächelnden Rybkin begegnete. Aber es war bereits zu spät, und jetzt kann ich nichts mehr machen.

Die Sache ist die, daß während meiner Abwesenheit eine Kommission kommen soll, die alles untersuchen wird, und weiß Gott, was man mir dort anhängen wird. Ich hätte nicht so voreilig sein sollen, denn Schikin ist ja außen vor geblieben und wird wohl wieder ohne jeden Kratzer davonkommen. Aber ich will jetzt nicht daran denken.

Tiefe Nacht. Mohrin ist wie ausgestorben, wenn man von der Kommandantur und den Stützpunkten am Rande der Stadt absieht.

21. 3. 1945 Neudamm
Ich hatte Glück. Mußte nur fünf Kilometer zu Fuß wandern. Den Rest fuhr ich im Wagen mit. Heute habe ich 30 Kilometer geschafft, bin jetzt in Neudamm.

Eine mittelgroße Stadt, viele viergeschossige Häuser. Es gibt asphaltierte Straßen, die anderen haben Kopfsteinpflaster. Überall Spuren der Kämpfe und der Verwüstung. Einige Gebäude sind bis auf die Grundmauern zerstört, einige sind unversehrt oder manchmal zur Hälfte beschädigt. Die Türen stehen sperrangelweit offen, die Fensterscheiben liegen zersplittert auf dem Boden, überall Schutt und Asche.

In einem Haus stieß ich auf die Leiche einer häßlichen alten Frau und erschauderte vor Entsetzen. Sie lag wie ein Stück Holz in einem zerfledderten Bett und sah aus wie der Tod höchstpersönlich, so wie er manchmal dargestellt wird als sieche und furchterregende Alte oder als Hexe mit Besen. Ich schlug schnell die Tür zu, ging hinaus und spuckte angewidert aus. Ich ging um das Haus, öffnete eine Tür auf der Rückseite und erstarrte. Wieder eine Leiche, ein alter Deutscher. Ich floh aus diesem finsteren Haus, und der Wind pfiff mir wütend hinterher, ließ Türen schlagen und die Fenster klappern, Federn wirbelten umher, und die Wipfel rauschten.

Den Deserteur Ostapin habe ich nicht gefunden. Ich fragte in der Kommandantur nach und suchte in den Listen des Reserveregiments der Sonderabteilung.

Im Wald hinter der Stadt gibt es viele Artillerieeinheiten. Ich ging bis an den Waldrand, ein Stückchen in den Wald hinein, und sah Armeefahrzeuge und Mannschaftswagen, viele, kaum auf einen Schlag zu zählen. Daneben arbeiteten deutsche Kriegsgefangene. Ihnen geht's hier nicht schlecht – genug Essen, leichte Arbeit, und auch die Nachtlager sind nicht übel. Sie sagen es auch selbst. Fritzen der verschiedensten Altersgruppen und in ganz unterschiedlicher Montur – im Anzug, mit Hut oder ganz in Uniform. Ich schaute sie mir lange an und beschloß, nicht weiterzugehen. Jemanden zu finden, der sich in dieser Einheit illegal aufhält, ist schwierig, unter den Tausenden von Leuten hier.

Ich kehrte in die Stadt zurück. Der Kommandant gab mir eine Bescheinigung, damit ich Essenmarken für die Kantine bekomme. Mit der Bescheinigung ging ich los, allerdings zur falschen Stelle, und bekam dank der Einfalt der Köche ein gar nicht übles Mittagessen in einer mir nicht zustehenden Kantine. Ich wollte beinahe schon in der Offizierskantine der Garnison zu Abend essen, doch hielt mich mein Gewissen zurück, und ich versuchte dann, meine Kantine ausfindig zu machen.

Hier gibt es Mädchen. Sehr sympathische, doch die eine von ihnen hat hängende Brüste, und bei der anderen stimmt irgend etwas ganz und gar nicht, auch wenn sie eine ziemlich gute Figur hat, wie man so sagt. Ich raspelte ein bißchen Süßholz, kam aber nicht weiter voran. Die Nacht brach zu früh herein – die Mädchen hatten es eilig, schlafen zu gehen, und schlossen die Kantine. Wir mußten uns voneinander verabschieden.

Mein Finger quält mich. Allerlei Gedanken beunruhigen mich, und das Leben enttäuscht immer mehr.

Habe Starzew getroffen. Er ist im Lazarett. Drei Orden schmücken seine Brust. Er stolziert wie ein Pfau herum und erzählt allen, wie furchtlos er gekämpft hat. Das kann man nicht bestreiten, das heißt, man kann nicht die Rechtmäßigkeit der Regierungsauszeichnung bestreiten, doch wer nicht dabeigewesen ist, der kennt nicht die ganze Wahrheit und kann sich irren. Sollen sie doch, die Dummköpfe! Für mich aber ist es bitter, und dieser Gedanke, der mich nicht losläßt, quält meine Seele. Was soll ich machen? Bei wem soll ich Wahrheit und Gerechtigkeit suchen? Gott gibt es nicht, und außer ihm kann niemand wissen, was ich durchgemacht habe. Rapporte, auf die pfeift man für gewöhnlich überall. Oh Schicksal! Warum habe ich so nutzlos gelitten? Die Heimat, für die ich soviel durchgemacht habe, für die ich so oft mein Leben riskiert habe – ob sie meine Gedanken und mein Leiden verstehen wird? Wird sie meinen Kummer stillen können? Mein Gott, sie weiß doch nichts von mir, ich habe mich doch keinen Deut im Leben hervorgetan, und über das Regiment, die Division hinaus kennt mich niemand. Weh mir, und gnadenlose Schande über mich!

Mädchen in Zivil schauten aus einem Fenster. Ich sah genauer hin, und schon waren sie verschwunden. Als ich näher heranging, kamen sie aus dem Haus, überquerten stolz die Straße und versteckten sich im Eingang eines großen dreistöckigen Gebäudes. Ich blieb stehen. Ihre sympathischen Gesichter und die Kleider hatten meine Aufmerksamkeit erregt. Sind das wirklich Deutsche? dachte ich, ich war ja noch nie einem schönen {Frejlin}[30] begegnet.

Die Mädchen sprangen plötzlich auf die Treppe heraus, schauten sich lächelnd um und versteckten sich dann wieder. Ich lief zu dem Gebäude, aber es war zu spät. Als ich die ersten Stufen der Treppe hochging, schlug im zweiten Stock eine Tür zu. So wurde ein verlockendes kleines Abenteuer überraschend unterbrochen, noch bevor es eigentlich begonnen hatte.

Später ging ich noch einmal dorthin. Tastete in der Dunkelheit nach den Türgriffen, öffnete eine Tür nach der anderen. Doch überall fand ich mich nur in Zimmern wieder, die nach Medikamenten rochen und vom Weiß der Laken und Stoffe strahlten. Nirgends war jemand zu sehen. Ich hatte dieses vergebliche Unterfangen satt und ging in den Raum, den mir die Kommandantur zugeteilt hat. So habe ich diese beiden Mädchen nicht wiedergesehen.

22. 3. 1945
Irrtum! Heute morgen, als ich mich schon zur Abfahrt aus der Stadt fertigmachte, sah ich in den Fenstern des Gebäudes einige interessierte weibliche Figürchen, die mich aus der Operationsabteilung des Krankenhauses (im Erdgeschoß) anlächelten. Es waren hübsche Mädchenköpfe darunter, und ich ging direkt zum Fenster im Erdgeschoß und spürte die entzückten Blicke der Mädchen.

»Seid ihr nicht die, die gestern hier aus dem Eingang hervorgeschaut haben?«

»Ja, das waren wir.«

Ich erzählte, wie ich sie danach im Haus gesucht hatte. Eine ältere grauhaarige Majorin ging vorbei und lächelte uns Jungen über das ganze Gesicht zu.

Ich empfahl mich bei den Mädchen, ging und winkte ihnen zum Abschied zu. Sie winkten erfreut zurück, und eine von ihnen krönte unseren Abschied mit einer Kußhand.

Ich verließ die Stadt zufrieden und stolz auf mich und meine Jugend. Ja, das Schicksal hat es gut mit mir gemeint und mich sehr wohl mit Aussehen und Verstand bedacht. Aber mein Charakter verdirbt den ersten Eindruck und bringt meine Umgebung dazu, sich von mir abzuwenden. Und aus diesem Grunde habe ich kein leichtes Leben in dieser Welt, deshalb werde ich auch oft ungerechterweise und ohne Grund von meinen Genossen beleidigt.

23. 3. 1945
Heute gab es eine Truppenschau. Der Divisionskommandeur kam und schritt das gesamte Regiment ab, wobei er jeden, vom einfachen Soldaten bis zum Offizier, genau musterte. Er ist ein kleiner, untersetzter, schwarzhaariger, grimmiger Mann. Flucht abscheu-

lich. Direkt vor der Truppe überschüttete er den Nachrichtenchef des Regiments, einen Hauptmann, mit den derbsten Flüchen und drohte, ihn zum Zugführer zu degradieren. Mich überging er, obwohl ich ohne Mantel war und keine Sterne auf meinem Uniformhemd hatte – ich hatte zwei zusätzliche Knöpfe angenäht und unterschied mich überhaupt von den anderen.

Nach der Truppenschau, die mit den Übungen fast den ganzen Tag gedauert hatte, hielt der Kompaniechef eine Komsomol-Versammlung ab. Lyssew bat mich, eine Resolution vorzubereiten. Ich schrieb eine, und Rybkin baute dann seinen gesamten Bericht darauf auf. Sie hat ihm gefallen.

Auch ich war auf der Versammlung anwesend und nahm an den Debatten teil, redete frei daher, jedoch sehr eindrücklich, und selbst Sastenkas (Rybkins Melder) nannte meine Stellungnahme einen Vortrag. Ich widersprach ihm, denn natürlich lag er falsch damit. Ich hatte wenig gesprochen, aber im Vergleich zu Rybkins Geschwafel zur Sache und folgerichtig – so entstand dieser Eindruck.

Nach der Versammlung hatte ich einen Streit mit Karpienko wegen der Schulterklappen, die der Hauptfeldwebel mitgebracht hatte. Nachdem Karpienko und Schikin sie durchforstet hatten, blieben mir nur die unbrauchbaren. Ich sagte ihm das offen, doch Karpienko wurde hitzig, beschimpfte mich unflätig und warf seine Schulterklappen auf den Boden. Jetzt rede ich nicht mit ihm, obwohl er sich mit mir gutstellen will und Versöhnung sucht.

Die Offiziersclique spielt gerade Karten. Mursambajew ist hier. Er erzählt, seine Soldaten seien entrüstet, daß ich für den 12. [Februar], wo sie mich im Kampf gesehen hatten, nicht ausgezeichnet wurde.

24. 3. 1945

Ein Vertreter des Armeekorps hält gerade eine Vorlesung – »Die Beschlüsse der Krimkonferenz«.[31] Er spricht nicht schlecht, jedoch zu angespannt und zu sehr im Zeitungsstil. Er berichtet nichts Neues, und die Vorlesung ist nicht besonders interessant.

28. 3. 1945
Komme gerade von einem Konzert eines Armee-Ensembles, mit dem ich jetzt übrigens in der Kantine der Verwaltungs- und Wirtschaftsabteilung zu Mittag esse. Ich bin jetzt bei der Division und verstehe immer noch nicht den Grund, warum ich hier bin.

Im Regiment sagten sie, ich würde zur Reserveübung geschickt. Im Bataillon hat man mir überhaupt nichts gesagt und mich nur angetrieben, sofort die Sachen zu packen, und ich bin nahezu Hals über Kopf hierhergehetzt. Hier gibt es Unterleutnants, frisch aus dem Lehrgang. Jung, gesund, in neuen […]*.

29. 3. 1945, Bärwalde[32]
Im Quartier bei einem Mitarbeiter der Redaktion, einem Hauptmann. Auch ein Major aus der Armee ist hier, ebenfalls ein Pressevertreter, und, so scheint es, ein angesehener, denn selbst der Leiter der Politabteilung verfolgt jedes seiner Worte aufmerksam. Der Name des Majors ist Sch[…]**.

Ich habe offen über mein Leben erzählt, sogar von den sehr intimen und heiklen Seiten, von den Frauen und meinem Verhältnis zu ihnen. Er und der Hauptmann hörten mir aufmerksam zu, teilnahmsvoll, und gaben mir viele nützliche Ratschläge – sie haben zweifellos mehr Lebenserfahrung als ich.

Major Sch[…] erzählte ebenfalls von seinem Leben, von der Liebe und seiner Geliebten, über seine Frau und über die Schriftsteller. Ich hörte ihm mit Interesse zu, doch wurde ich in meiner Aufmerksamkeit von diesem unerträglichen Schmerz am ganzen Körper gestört – sie sind wieder da, die kleinen Teufel.

Der Hauptmann bot mir an, bei ihm zu übernachten. Tiefe Nacht, die Wachen halten einen an, das ist riskant. Ich habe das Angebot angenommen und bringe jetzt noch meinen Tag zu Papier, und dann schlafen!

1. 4. 1945
Letzte Sitzung des Gerichts über die Banditen aus der Bande von

---

* Unleserliches Wort, vermutlich: Uniformen.
** Unleserlich.

Leutnant Nadir. Vorher waren nicht so viele Leute da, doch jetzt, wo das Urteil erwartet wird, ist der Saal überfüllt. 23 Mann stehen vor Gericht. Bis auf zwei waren sie alle an den Raubzügen und Überfällen auf verschiedene Betriebe und Armeestützpunkte beteiligt. Es gibt ziemlich viele Parteimitglieder in der Bande; die Banditen sind alles andere als ungebildet, und dennoch hatten sie anfangs versucht, ihre Taten damit zu erklären, daß sie ungewollt vom rechten Weg abgekommen seien und es niemanden gegeben habe, der sie wieder auf den Weg der Wahrheit zurückgeführt hätte.

4. 4. 1945 Nacht. Bärwalde
Bereits zu Beginn meines Aufenthaltes in Bärwalde war ich in die Redaktion gegangen und hatte meine Gedichte vorgestellt. Hauptmann Scherstobitow, der Assistent des Redakteurs, war sehr liebenswürdig. Es stellte sich heraus, daß er ebenfalls schreibt. Die Gedichte gefielen ihm, und er fragte, ob ich einige für die Redaktion abschreiben könne.

Am nächsten Tag, als ich zu ihm kam, war ein angesehener Journalist von der Armee da, ein Major. Hauptmann Scherstobitow stellte mich dem Journalisten vor: »Das ist er, der Autor jener Gedichte.« Es gab verschiedene Bemerkungen, Lob und Komplimente. Bis spät in die Nacht saß ich im Gespräch und blieb über Nacht bei Scherstobitow in der Redaktion.

Am Morgen, als der Major noch schlief, weihte mich Hauptmann Scherstobitow in seine literarischen Pläne ein. »Sehen Sie, mich beschäftigt gerade ein Lied über unsere Division. Das ist eine schwierige Sache. Hätten Sie nicht Lust, zusammen mit mir das Lied zu schreiben?«

Ich nahm das Angebot an. Und als der Major aufgewacht war, sagte Hauptmann Scherstobitow zu ihm: »Weißt du, ich möchte ihn mit dem Divisionskommandeur bekanntmachen und ihn sogar dort einführen. Wir werden das Lied über die Division zu zweit schreiben.«

7. 4. 1945
Lieber Papa!
Du irrst, wenn Du denkst, ich würde Dir nicht schreiben. Ich

schreibe täglich. Und wenn Du längere Zeit keine Briefe erhältst, dann gib nicht mir die Schuld und mache Dir keine Sorgen um mich. Ich lebe, bin gesund, und mir wird nichts zustoßen. Ich habe Dir 450 Rubel geschickt. Und jetzt bereite ich ein Päckchen für Dich vor, aber es ist nicht einfach, gute Sachen aufzutreiben.
Ich küsse Dich herzlich. Dein Wladimir.

9. 4. 1945 Bärwalde. Mitten in der Nacht.
[Entwürfe für zwei Kurzgeschichten]
Mädchen
Das Lazarett der x-ten Armee ist hierhin verlegt worden. Alles Mädchen. Den ganzen Tag gab es in der Gegend, wo unser Quartier liegt, Trubel und Hektik. Die Neuankömmlinge suchten Federbetten, Betten, Laken, Decken (es gibt leider sehr wenig Bettzeug hier – alles Notwendige ist bereits seit langer Zeit in Gebrauch) und fanden nur altes Zeug. Einige Visiten galten auch unserem Gehöft; wir erwischten zwei Frauen beim Stöbern auf dem Dachboden. Wir redeten mit ihnen. Die Jungs kamen ganz schön in Fahrt und wollten die beiden länger aufhalten, um sie kennenzulernen – es gab ja Aussichten! Auch ich dürste nach Liebe zu zärtlichen Geschöpfen, aber diese hier zogen mich nicht an – sie waren zu groß und nicht schön. Ich lud sie dennoch der Geselligkeit halber zu mir aufs Zimmer ein. Sie lehnten ab, doch als sie hörten, daß ich Gedichte schreibe, folgten sie meiner Einladung. Hinter ihnen stürmte die gesamte Truppe meiner lauten Jungs in Unterleutnantsuniform in mein Zimmer, einige der jungen Offiziere sind wirklich zu ausgelassen und schlecht erzogen.

Meine Einrichtung besteht aus einem mit Papieren übersäten Tisch, einem Schrank mit drei abschließbaren Fächern, der bis oben hin mit Taschen, Papieren und anderem Krempel vollgestopft ist, und zwei Spiegeln, einer davon mannshoch. Rundum Portraits, vor allem von Frauen, und geographische Karten. Am großen Spiegel, dem mannshohen, habe ich eine nackte Frau mit dem Rücken [...]* zum Betrachter angebracht. Jeder, der unwill-

---
* Unleserliches Wort.

kürlich in den Spiegel blickt, schaut auch auf den Rücken der Frau mit dem schönen Körperbau.

»Sie ist es, die mich inspiriert«, sagte ich, als die Jungs mich als Schreibenden vorstellten.

Die Mädchen lächelten errötend und schüttelten den Kopf. »Ihr versteht es einfach nicht zu leben, Männer! Es gibt hier so viele prächtige Tische usw. Könnt ihr euer Zimmer denn wirklich nicht gemütlicher machen?«

Ich antwortete, daß mir diese Einrichtung gefällt und es so für mich am gemütlichsten ist.

Nachdem ich meine Gedichte vorgetragen hatte, bat mich eines der Mädchen im Range eines Oberfeldwebels des Sanitätsdienstes darum, ihr mein Gedicht »Der Pfad« zum Abschreiben zu geben, versprach, vorbeizuschauen, und ging dann zusammen mit ihrer Freundin.

Die Zeit verging. Ich arbeitete an dem Lied, an dem der Divisionskommandeur etwas auszusetzen hatte und das er anders geschrieben haben wollte, als ich plötzlich Frauenstimmen und fröhliches Lachen hörte. Ich spähte hinaus – es waren die gleichen, die dagewesen waren, und viele andere, darunter auch schöne.

»Mädchen, heitert mich auf, ihr lacht so schön, und ich bin traurig.«

Sie antworten irgendwas, und das ganze Gespräch ging in die üblichen Scherze über, auf die ich mich schon nicht mehr einlassen wollte. Trällert nur, ihr Schwälbchen, dachte ich, und setzte mich wieder an das Lied.

Träume am See
Am Abend machte ich mich auf ins Kino, »März, April«[33]. Eilte als erster in den Zuschauersaal, um mir rechtzeitig vor Beginn der Vorstellung gute Plätze zu sichern. Es waren wenige Leute da, und ich wollte in Gesellschaft eines Mädchens sein. Ich bat einen Hauptmann, drei Plätze freizuhalten, und eilte aus dem Saal zum See. Dort war es schön, wie zu Hause auf einem Boulevard. Die Häuser und die Gegend weckten den Wunsch nach Liebe und nach Träumen. Direkt am See erblickte ich zwei Mädchen, eines mit Kopftuch und eines mit einer Kubanka[34].

»Na, Mädchen? Ihr seid wohl nach Bärwalde zum See gekommen, um ein wenig zu träumen?« fragte ich, um gleich darauf mit Nachdruck vorzuschlagen: »Laßt uns ins Kino gehen, Mädchen!« Sie drehten sich erstaunt zu mir um.

»Ich meine es ernst, Mädels, einen Film im Kino anzusehen wird euch guttun, außerdem wird er nicht weit von hier gezeigt, und ich habe für euch zwei Plätze freigehalten.«

Die Mädchen waren überrascht und erfreut, doch die natürliche Schüchternheit gebot ihnen eine gewisse Unentschlossenheit. Sie berieten sich lange und wollten inständig gebeten werden. Schließlich – welch ein Glück! – waren sie einverstanden, bekamen jedoch auf dem Weg zum Kino immer wieder Zweifel und kalte Füße.

Der Wachsoldat wurde auf ihre Ängstlichkeit aufmerksam, und ihm wurde klar, daß sie nicht aus unserer Einheit waren. Er fragte, von welcher Einheit sie seien, und ich kam ihrer Antwort zuvor, nannte die Nummer der meinigen, doch die Mädchen weigerten sich glattweg, ins Kino zu gehen. Ich mußte mich von ihnen verabschieden. Drückte beiden die Hand. Sie waren schön, besonders die mit der Kubanka ...

»Kommt zum See, dann träumen wir zusammen und können uns kennenlernen, ich lese euch meine Gedichte vor, und es wird euch nicht langweilig werden.«

»Wir kommen unbedingt«, antworteten sie. »Wir lieben Gedichte und Erinnerungen an Vergangenes«, sagte die andere.

Ich lief zum Klub. Es waren schon viele Leute da, doch der Hauptmann hatte noch einen Platz für mich freigehalten. Den Streifen hatte ich schon gesehen. Interessant war für mich nur die Chronik der Konferenz von Teheran.

Gegen Ende des Films bemerkte ich, daß in meiner Nähe zwei wunderbare weibliche Gestalten saßen, ein Platz wurde frei, und ich beeilte mich, dies für eine Bekanntschaft auszunutzen. Von der anderen Seite kam ein anderer Liebhaber von Abenteuern herbeigeeilt, die Mädchen antworteten jedoch: besetzt. Aus einem Gespräch wurde nichts – der Film ging zu Ende, und Majore, Hauptmänner usw. übernahmen die Mädchen. Ich zog von dannen.

Gestern sah ich die »Hochzeit des Figaro« nach Beaumarchais.

Es waren viele Frauen und hohe Offiziere da. Auch der Befehlshaber der 47. Armee war anwesend.

10. 4. 1945, 15.00 Uhr
Lebe wohl, Bärwalde! Um fünf fahren wir nach Küstrin.
Komme gerade aus dem Theater. Habe zum zweiten Mal die »Hochzeit des Figaro« in der Aufführung eines Moskauer Ensembles gesehen, sie spielen schlecht, weil sie es zu vielen Leuten recht machen wollen. Übrigens hatte es mir nicht die Inszenierung angetan, sondern ein Mädchen Namens Tossja, neben der ich saß und die ich während der ganzen Vorstellung umarmte und an mich drückte. Sie hinderte mich nicht daran, doch ich hatte es eilig.
Ach, ich habe mich vertan! Ich werde diese Seite überspringen und dann weitererzählen – dieses Blatt ist anderen Notizen vorbehalten.[35]

12. 4. 1945
Endlich in Küstrin. Habe es heute inspiziert. Eine große, jedoch bis auf die Grundmauern zerstörte Stadt. Stellenweise sind Keller ganz geblieben, selten das Erdgeschoß der riesigen Gebäude – eine Antwort auf Stalingrad, wenn auch eine milde, denn in Stalingrad waren selbst die Keller dem Erdboden gleichgemacht worden. Die Deutschen haben sich alle Mühe gegeben, ihre verbrecherischen Ideen umzusetzen.
Küstrin erstreckt sich weit, und die vielfältige Form und Größe der Gebäude verleihen der Stadt Ähnlichkeit mit einem gigantischen, ausgestorbenen Ameisenhaufen, der durch Wind und Hitze zusammengebröckelt ist. Die Straßen beginnen zu grünen. Die Natur – nein, die stirbt niemals und wird den Blick des Menschen immer mit ihrer frischen Pracht erfreuen. Es ist nicht ihre Schuld, daß ihren üppigen Gemächern unersättliche, nach Blut und Niedertracht dürstende Ungeheuer entsprangen, die nun die Städte und Dörfer ihrer Heimat mit ewiger Schande besudelt haben.
Ich habe wohl an diesem einen Tag, den ich hier verbringe, ein Viertel der Stadt abgelaufen. Mit eigenen Augen konnte ich mich davon überzeugen, wie massiv und befestigt die feindlichen Stellungen an den Zugangswegen und in Küstrin selbst waren. Riesige

betonierte Keller, von mehreren Reihen Stacheldraht umzogen. An den Kellergängen gab es mächtige MG-Nester, aus denen man nach allen Seiten schießen kann und die mit guten Schießscharten ausgestattet sind. In den Gebäuden und Kellern selbst gab es prall gefüllte Sandsäcke verschiedenster Größen. Von einem Gebäude zum anderen führen schlangenförmige Gräben, die in der Militärsprache »Verbindungsgräben« heißen.

All dies hat die Räuber nicht gerettet. Ich habe die Leichen vieler Deutscher gesehen, die den verdienten Tod fanden unter den Trümmern der Gebäude, in all den Zimmern und Kellern, welche die Schrecken des Blutvergießens, das hier stattfand, in sich aufnehmen mußten.

So steht es jetzt um dich, Küstrin. Ich erfreue mich nicht an deinen Ruinen, begrüße aber deinen Fall aus vollem Herzen und mit einem Lächeln. Du hast ihn verdient, du gemeine Heimstatt gemeiner Räuber! Du hast ihn verdient, Festung der Leiden, Festung der Schrecken und der Gewalt gegen die Menschheit, Festung des Blutes und der Tränen, die so erbarmungslos und gerecht von unseren Geschützen und Bomben zerstört wurde. Ich liebe die Schönheit, die Frische, das Leben, doch bin ich froh, in dir neben der Schönheit auch ((Häßlichkeit)) zu sehen.

13. 4. 1945 Brückenkopf hinter der Oder, westlich von Küstrin
Gerade ist mit der Post die für mich tragischste und bitterste aller Auslandsmeldungen eingetroffen: Roosevelt ist tot. Wie sehr habe ich ihn immer wegen seines einnehmenden Wesens, seiner klugen Art und seiner außerordentlichen Beliebtheit bei den Amerikanern geschätzt und geachtet, durch die er über der gesamten amerikanischen Politik und allen Politikern der antidemokratischen Opposition stehen konnte. Allein er hat es vermocht, der amerikanischen Politik eine scharfe und gründliche Wendung gegen den Faschismus und die Reaktion zu geben und die amerikanischen Bürger dazu zu bringen, sich von all den großen und kleinen antisowjetischen Verleumdern und nationalen Abtrünnigen abzuwenden, die das zivilisierte Amerika zu den alten Gesetzen einer sklavischen, unmenschlichen Existenz zurückbringen wollten.

Roosevelt ist einer der größten Amerikaner und ein außergewöhnlicher Mensch, und darin liegt seine riesige Kraft und Größe. In den letzten Jahrzehnten hat es im Ausland keinen Größeren und Machtvolleren gegeben.*

In einer seiner letzten, überaus populären Reden hat Roosevelt die Welt gleichsam auf diese tragische Nachricht vorbereitet, indem er sagte, man müsse sich jetzt auf Unerwartetes aller Art vorbereiten.

Die gesamte Politik der USA ruhte in den letzten Jahren auf Roosevelt. Roosevelt ist der Triumph der amerikanischen Demokratie, ihr Maßstab und ihr Gesicht. Im Ausland kommt ihm niemand gleich, und der Engländer Churchill kann sich mit dem genialen Roosevelt in keiner Weise messen. Er ist mit diesem an Verstand, Größe und Beliebtheit – sei es nun weltweit oder im eigenen Volk – nicht zu vergleichen.

Wer wird Roosevelts Nachfolger? Welche Züge wird das politische Gesicht Amerikas (ich sage mit Bedacht nicht nur USA) jetzt annehmen? Wird der politische Kampf der Demokraten mit der Reaktion mit neuer Schärfe wieder aufgenommen, und wie wird er dann ausgehen? Es gibt jetzt viele Befürchtungen, doch es gibt auch beruhigende Momente, die sich aus den erfolgreichen militärischen Operationen an der Front unserer Verbündeten ergeben. Der Reaktion wird es schwerfallen, das Rad der Geschichte zurückzudrehen, ganz gleich, welche verschlungenen Wendungen diese auch nehmen mag; und der Tod des Präsidenten Franklin Delano Roosevelt, sosehr er auch weltweit und für jeden ehrlichen Menschen Trauer und einen Verlust bedeuten muß, wird auf unseren großen, siegreichen Vormarsch zum Glück, zur Größe, zum Leben keine Auswirkungen haben.

Ewiges Gedenken Roosevelt, jenem ausländischen Staatsmann, den ich am höchsten verehre. Ich neige mein Haupt in tiefster Trauer um diesen Verlust.

---

* Im Original sind vor und nach dem folgenden Absatz zwei Zeilen leer gelassen.

14. 4. 1945

Den ganzen Tag arbeitete ich an den Einträgen ins Kriegstagebuch der Division.[36] Unsere Artillerie hat den Deutschen alles andere als ein feuriges Konzert geboten, doch selbst das hat auf den Feind dermaßen gewirkt, daß der sich sehr viel weiter zurückzog, als im Oberkommando erwartet worden war. Völlig überraschend: viele Gefangene. Auch auf unserer Seite gibt es Verletzte. Unsere Abteilung wird jetzt weiterziehen. »Aufsitzen!« heißt das Kommando. Die Regimenter und das Divisionskommando sind weit weg, wir müssen erst einmal drei Kilometer fahren. Die Artillerie ist erfolgreich, und auch »Iwan der Schreckliche« hat gerade gegen den Feind losgewettert. Die Einschläge sind weit weg, sie sind nicht einmal zu hören. Der Feind steht anscheinend rund sechs Kilometer von hier. Übrigens wird sich alles wohl vor Ort klären.

Gegen Ende des Krieges bin ich zu einem richtigen Etappenkrieger geworden, denn die ganze Zeit bin ich nie näher als zwei oder drei Kilometer am Feind. Irgendwie freut mich diese Aussicht nicht, es zieht mich dorthin, wo es donnert, kracht und lodert.

16. 4. 1945

Der Feind ist nervös, ahnt wohl etwas. Heute gegen Abend, sagt Major [...]*, sollten wir in Berlin sein.[37] Die Arbeit beginnt um fünf. Ich bin operativer Diensthabender und komme auch tagsüber nicht zum Schlafen, die ganze Nacht habe ich keine Sekunde ein Auge zugemacht. Und ein Mädchen schlief zu meinen Füßen, eine Schreibkraft. Irgend jemand hat extra die Lampe gelöscht, als ich für einen Augenblick aus dem Zimmer ging, und danach konnte ich trotzdem nicht einschlafen.

Es ist eigentlich gar nicht so schwierig, das Kriegstagebuch zu führen, wenn man nur die nötigen Unterlagen hat. Aber das hier ist alles ein einziges Tohuwabohu, die Leute schreiben stümperhafte und inhaltslose Berichte, es ist schwer, aus diesem ganzen Unsinn etwas Vernünftiges zu machen.

Selbst wenn ich nicht geschlafen habe, ich komme nach Berlin, unbedingt!

---

* Name unleserlich.

18. 4. 1945[38]
Das Schloß eines deutschen Magnaten – welche Pracht und was für ein Luxus!

Der Weg ist verstopft, und es gibt nur den einen. Alle anderen Straßen sind wegen zerstörter Brücken nicht passierbar. Wir müssen hier über Nacht bleiben.

Das Schloß ist fast unversehrt, nur an einer Stelle gibt es ein kleines Einschußloch. Auf allen Seiten ist das Schloß von einem Teich umgeben, in dem sich das Gebäude wunderschön spiegelt. Grün, Grün, Grün. Riesige Zimmer. Es sind so viele, und sie sind alle prachtvoll ausgestattet, mit Kronleuchtern, Schränken, Regalen, und nicht zuletzt mit Büchern. An allen Wänden hängen Bilder, und um das Schloß herum steht eine Ansammlung großer, schöner Gebäude. Man kann sich nur schwer vorstellen, daß hier ein einziger Mensch gelebt hat, dem dies alles gehörte. Von jetzt an gehört es übrigens uns, jetzt ist es alles sowjetisch, und ich empfinde heute voller Freude, wie großartig unser Sieg ist.

Gestern haben wir unterwegs den Troß des 3. Bataillons überholt. Mir gab es einen Stich ins Herz, denn auf den Wagen entdeckte ich einige Soldaten aus meiner Granatwerferkompanie. Der Weg war verstopft, und wir mußten nicht weit von ihnen anhalten. Die Granatwerferschützen berichteten, daß die ganze Kompanie jetzt außer Gefecht ist. Daß Karpienko, sein Melder und noch einige andere gefallen sind. Rybkin, Schikin und alle anderen, bis auf sechs Soldaten, wurden verwundet.

Das ist das tragische Ende der Granatwerferkompanie, in der ich Ruhm suchte und die mich, nachdem sie mit meiner Hilfe und durch meinen Einsatz zu Ruhm gelangt war, ferngehalten hat von —

Nicht weit von hier wird gekämpft, doch die Vertreter der Armee, der Front und des Armeekorps sind schon da, und es gibt sehr viele Wagen und Leute. Alle wollen schnell nach Berlin, und die Trosse holen die Vorhut ein, der Nachschub schließt zu den Trossen auf. Jetzt ist es nicht mehr weit bis Berlin, 40 Kilometer vielleicht, wenn nicht sogar weniger.

25. 4. 1945 Berlin. Spree
Die Infanterie hat bereits gestern und vorgestern nacht die Spree überschritten und ist in Gefechte am Bahndamm verwickelt.[39] Und wir, der Divisionsstab, hatten bislang an einer der Uferstraßen eines Berliner Vorstadtbezirks in großen, halbzerstörten mehrstöckigen Gebäuden Stellung bezogen.

Jetzt sind wir ausgerückt und warten am Spreeufer – wir werden übersetzen.

[Zwischen 25. und 27. 4. 1945]
Die Ereignisse folgen derart rasch aufeinander, daß der Verstand es kaum schafft, sie zu erfassen, und manchmal ist es derart schwierig, aber eben auch notwendig, die eindrucksvollsten Augenblicke meines Lebens festzuhalten, daß ich gern bereit bin, allein ihretwegen alle anderen Ereignisse zu vergessen.

Vorgestern in einem Berliner Außenbezirk … Ich fuhr Fahrrad (ich hatte übrigens einen Tag zuvor gelernt, wie man sich auf diesem, wie mir scheint, wunderbaren Gerät fortbewegt) und begegnete einer Gruppe deutscher Frauen mit Bündeln, Packen und Koffern. Die Einwohner kommen zurück, dachte ich, drehte zwei Runden auf der Straße und versuchte, sie mir näher anzusehen. Plötzlich aber bestürmten sie mich alle und redeten unter Tränen auf deutsch auf mich ein, was ich nicht ganz verstand. Ich nahm an, ihre Sachen seien ihnen zu schwer, und bot ihnen mein Fahrrad an. Sie nickten, und plötzlich blickten mich unerwartet diese smaragdenen Augen an, blickten mich so verteufelt eindringlich an, daß sich im Grunde meines Herzens Gefühle regten. Ich mußte unbedingt herausfinden, was diese Frauen quälte. Sie erzählten eine ganze Weile, versuchten zu erklären, und ihre Worte sprudelten nur so, verschmolzen zu einem so schnellen Deutsch, daß ich sie nicht verstehen konnte. Ich fragte die Frauen in gebrochenem Deutsch, wo sie wohnen, und erkundigte mich, warum sie ihre Häuser verlassen hatten. Schreckerfüllt erzählten sie von dem Leid, das ihnen die Sturmtruppen in der ersten Nacht, als die Rote Armee einrückte, zugefügt hatten.

Sie wohnten nicht weit von unserem Standort und der Gegend, wo ich meine Ausflüge mit dem Fahrrad machte, so daß ich ohne

Probleme zu ihnen nach Hause gehen konnte, um der ganzen Geschichte ausführlich nachzugehen, besonders, da mich vor allem ein wunderschönes Mädchen anzog, das nun so zufällig und für sie und ihre Eltern unerwartet jemandem gegenüberstand, der zu jenen gehörte, die diese leidvollen Erlebnisse verursacht hatten. Ich ging mit ihnen.

Ich unterbreche für einen Augenblick. In der Luft knattern Dutzende bissiger Bostons[40] in Begleitung unserer Jäger, wie es aussieht. Sie fliegen zum Zentrum Berlins, und diese Melodie des Sieges (der drohende Gesang der »Katjuschas«, das Dröhnen der Flugzeuge, das vielstimmige Bellen unserer Geschütze) verbindet sich harmonisch mit meiner Stimmung. Doch jetzt weiter in meiner Erzählung.

Sie wohnten nicht schlecht. Ein riesiges zweistöckiges Haus mit luxuriöser Möblierung, prächtiger Innenausstattung und Malereien an Wänden und Decken. Es war eine große Familie. Als unsere Soldaten kamen, wurden alle in den Keller getrieben. Die jüngste der erwachsenen Frauen, und wohl auch die schönste, nahmen sie mit und vergingen sich an ihr.

»Sie haben mich hier gestoßen«, erzählte die schöne Deutsche und raffte ihren Rock. »Die ganze Nacht, und es waren so viele. Ich war Jungfrau«, seufzte sie und begann zu weinen. »Sie haben meine Jugend zunichte gemacht. Es gab Alte, voller Pickel, und alle sind auf mich draufgestiegen, alle haben sie mich gestoßen. Es waren über zwanzig, ja, ja«, und sie brach in Tränen aus.

»Sie haben vor meinen Augen meine Tochter vergewaltigt«, warf die arme Mutter ein. »Und sie können noch mal wiederkommen und mein Mädchen erneut vergewaltigen.« Diese Worte ließen alle erneut vor Entsetzen zittern, und bittere Schluchzer hallten in dem Keller wider, in den mich die Bewohner geführt hatten.

»Bleib hier!« bedrängte mich das Mädchen plötzlich, »Du wirst mit mir schlafen. Du kannst mit mir machen, was du willst, doch nur du allein! Ich bin bereit, mit dir {fick-fick}, zu allem bereit, was du willst, nur rette mich vor all diesen Männern mit diesen Schw…!«

Sie zeigte alles, sprach über alles, und nicht, weil sie vulgär war. Ihr Kummer und ihr Leid waren stärker als ihre Scham und ihre Schüchternheit, und jetzt war sie bereit, sich vor den Leuten ganz auszuziehen, nur damit man ihren gequälten Körper nicht anrühren möge, einen Körper, der noch etliche Jahre hätte unberührt bleiben können, damit man nicht anrühren möge, was so plötzlich und grob —

Auch ihre Mutter flehte mich an.

»Willst du etwa nicht mit meiner Tochter schlafen?! Die russischen Kameraden, die hier waren, die wollten es, alle wollten es! Sie könnten wiederkommen, oder es kommen zwanzig neue, und dann wird mein Kummer grenzenlos sein!«

Das Mädchen umarmte mich, flehte mich an, lächelte mich durch die Tränen über das ganze Gesicht an. Es fiel ihr schwer, mich anzuflehen, doch sie bemühte sich, das gesamte Repertoire einer Frau einzusetzen, und sie spielte ihre Rolle nicht schlecht. Mich, der ich allem Schönen zugetan bin, konnte sie leicht mit ihren glänzenden Äuglein für sich gewinnen, doch es entschied die Soldatenpflicht, die über allem steht, und ich —

28. 4. 1945

Die Straßen von Berlin sind laut und belebt. Die Deutschen tragen alle weiße Armbinden. Sie fürchten sich nicht vor uns und spazieren auf den Straßen, wo es nur geht. Es passiert viel, so mächtige und eindrucksvolle Erlebnisse, daß man sie nur schwer mit Worten wiedergeben kann.

General Bersarin, der Befehlshaber meiner Armee, wurde zum Kommandanten Berlins ernannt und hat eine Anordnung für die örtliche Bevölkerung bekanntgegeben, in der er aufruft, zu einem friedlichen Leben und zur Arbeit zurückzukehren.[41]

Die Verbündeten haben sich mit unseren Truppen vereinigt und bei Torgau die Kräfte des Gegners gespalten. Die drei Regierungschefs haben das in einer Sondermitteilung an ihre Streitkräfte allgemein bekanntgegeben[42] und dazu aufgerufen, alle Anstrengungen auf den letzten Schlag gegen den Feind zu richten.

Gerade war ich in der U-Bahn. Sehr interessant! Die unterirdischen Gänge erstrecken sich in einigen Reihen und Etagen. Im zweittiefsten Tunnel gibt es auf beiden Seiten Gleise.

Dresdener Straße. <DeutschBank.> Brücke <Einbahnstrasse> 28. 4.

Ich fahre jetzt weiter, und vor meinen Augen ziehen die Gebäude und Straßen vorbei, die ich von meinem gestrigen Besuch bei den Regimentern und Bataillonen kenne.

Es ist mir zum erstenmal in den Tagen des Vorrückens innerhalb Berlins gelungen, meinen Traum zu verwirklichen, ganz vorn, an vorderster Front zu sein und zu beobachten, wie die Kämpfe dort jetzt vorangehen. Zuerst ging ich natürlich zu meinem Regiment in den Befehlsstand. Oberstleutnant Stalko wollte zunächst kein einziges Wort mit mir reden. »Wer wollen Sie sein? Zeigen Sie mir Ihre Papiere! Ich bedaure es wirklich, daß ich Sie damals nicht erschossen habe, als Sie beim Aushub der Gräben eingeschlafen waren.«

[1. 5. 1945, Handzettel, Notiz von fremder Hand][43]
Am 1. Mai um 3 Uhr kamen im Kampfgebiet des 1050. Schützenregiments fünf deutsche Parlamentäre (mit weißer Flagge), darunter ein Oberst und ein Dolmetscher mit zwei Aktenmappen, einer in deutscher und einer in russischer Sprache, um über die vollständige Kapitulation Deutschlands zu sprechen.

Nach kurzen Verhandlungen brachten sie zwei Generäle, darunter den Leiter des Generalstabes, einen Generalleutnant, der erklärte, daß Hitler sich am 30. April um 15.55 Uhr das Leben genommen hat.

7. 5. 1945 Berlin, 23.30
Heute gab es eine Parade der Divisionsabteilungen. Der Chef ließ auch mich dort antreten. Major Jarowoi gab mir seine Schirmmütze, und ich wurde zu einem repräsentablen Menschen. Nur die Hosen waren voller Flecken, und das verdarb den ganzen Eindruck.

Ich bin ein fürchterlicher Wirrkopf, in jeder Hinsicht. In meinem Kopf herrscht Unordnung, mit den Papieren ist es das gleiche, und meine Sachen befinden sich in einem überaus chaotischen Zustand. Übrigens, ich werde nicht weiter über mich reden: Na schön, ich habe meine Uniform dreckig gemacht, na schön, ich achte nicht auf mein Äußeres, na schön, ich bin also ein Schmutzfink. Bei der Parade bin ich dennoch gewesen.

Unsere Gruppe der Stabsoffiziere ging ganz am Anfang der Divisionskolonne. Es war ein buntes Gemisch der verschiedensten Ränge, Berufe und Posten: Da gab's Majore, Leutnants, Hauptmänner usw., und es gab Funker, Chemiker, MG-Schützen, Journalisten, Zeitungsleute, einen Finanzleiter, einen Staatsanwalt, und, und, und.

Wir haben es nicht geschafft, so zu marschieren, wie es sich gehört. […]*

8. 5. 1945
Das Orchester unter der Leitung des Kapellmeisters Oberleutnant […]** schmetterte seine Märsche über den ganzen Platz. Es war angenehm und stimmte heiter zuzuhören, besonders, weil die Musiker selbst ihrem Äußeren nach eine sehr lustige Truppe waren.

Der kleine, kurzbeinige, jedoch äußerst bewegliche Oberleutnant und ein hochgewachsener Oberfeldwebel an der Trompete. Ein komödiantischer Unterfeldwebel an der Pauke, ein unscheinbarer Rotarmist von mittlerem Wuchs mit verbundenem Auge und einem Waldhorn zwischen den Zähnen und noch einige andere. Sie spielten übrigens gut, man konnte in allem die künstlerische Arbeit des Orchesterleiters spüren, der mit dem Gesicht zu den Musikern stand und einen kleinen Perlmuttstab auf eine Weise schwenkte, daß die Musik unmittelbar den Händen dieses kleinen lächelnden Mannes zu entströmen schien.

Dann verstummte das Orchester plötzlich. Durch die Reihen war ein warnendes »In Reih und Glied!« zu hören und dann »Stillgestanden!« Ein stürmischer, tosender Marsch setzte ein, und hoch zu Roß galoppierte der Divisionskommandeur, Held der Sowjetunion Oberst Antonow, auf den Platz. Für einen Augenblick kam zwischen den Wolken das Feuergestirn zum Vorschein, ließ alle Orden und Medaillen auf der Brust des Kommandeurs aufblitzen, so daß unsere Augen geblendet wurden – Schaut nur, was er für ein Kerl ist, euer Kommandeur! –, und verzog sich wieder, versteckte sich hinter regenschweren schwarzen Wolken.

---

* Zwei unleserliche Abkürzungen.
** Name unleserlich.

Und als der Heerführer Antonow die Reihen abritt und seine Regimenter begrüßte: »Seid gegrüßt, Ihr Helden Stalins!«, erscholl die Antwort über den Platz und ließ die Luft erzittern und die Erde erbeben: »Wünschen Gesundheit, Genosse Oberst!« Sein nervöses Pferd bäumte sich auf, es verkannte die Herrlichkeit seines Reiters und schwenkte beleidigt den Kopf – diese Zeremonie gefiel ihm nicht. Und als die letzten Grüße verklungen waren, als ein mächtiges dreifaches »Hurra!« durch die Reihen getost und im Raume verebbt war, saß der Oberst ab, zog den Säbel, legte ihn an die Schulter, hob die Ellenbogen und schritt, den Säbel straff präsentierend, zur Spitze der Kolonne. Als er schließlich dort angekommen war, richtete sich die Division aus, stand stramm, und mit dem Kommando »Marsch!« warfen dann alle das rechte Bein nach vorn.

Ich marschierte in der dritten Reihe hinter dem Obersten. Die Nähe zu diesem Mann, und sei es lediglich auf diese Weise, erfüllte mich mit Freude. Dann blieb alles stehen: Männer in besonderen Militärmänteln mit roten Biesen schritten zu einem Tischchen, das mit rotem Stoff bedeckt war. Einige Automobile fuhren auf den Platz.

»Stillgestanden!« ertönte das Kommando Antonows, der sich eilig in Bewegung setzte und den Säbel zog, um den eintreffenden Generälen und Obersten zu salutieren. Ein hochgewachsener, stattlicher Generalmajor und Held der Sowjetunion schritt in Begleitung zweier Oberster und des kleinen beleibten Kommandeurs der 248. Schützendivision Generalmajor Galai die Reihen ab und begrüßte jedes Regiment und jede Abteilung einzeln.

Sie kamen zu uns: »Offiziere ohne Orden, oder was seh ich da?« Antonow suchte sich zu rechtfertigen, und ich wäre so gern vorgetreten und hätte gesagt, daß es jeder hören würde: »Ja, Genosse General, keine Orden, wir haben nichts, worauf wir stolz sein können, mir bleibt nur der Schmerz und der Kummer, den ich aus so vielen blutigen, gefährlichen Schlachten davongetragen habe.« Doch ich hielt mich zurück, da ich verstand, daß ich damit nichts erreichen und nur den Divisionskommandeur kompromittieren und seinen Zorn hervorrufen würde, und wenn er wollte, könnte er mich anschwärzen, mich als Schurken, Verbrecher oder sonst was hinstellen, schließlich muß er sich selbst schützen.

Der General und sein Gefolge gingen zum Tisch, der uns als Tribünenersatz diente. Ich wurde besonders auf den kleinen Generalmajor aufmerksam. Wer ist das? Ich habe ihn noch nie gesehen. Wohl ein Politiker oder Mediziner. Kein echter Soldat, denn er hob die Hand zur Kopfbedeckung ohne den Arm dabei auf Gesichtshöhe anzuwinkeln.

Die Parade begann. Vor der Kolonne ging Oberst Antonow und beeindruckte alle mit seiner geschliffenen militärischen Haltung und seiner stattlichen Figur. Jeder Schritt, jede Bewegung des Obersten schienen zutiefst durchdacht zu sein und machten auf alle einen großen Eindruck. Noch nie habe ich einen derart tadellosen Soldaten gesehen. An der Tribüne angekommen, hielt er an, ging zur Seite, wendete sich zur Kolonne, die ihre Bewegung fortsetzte, und ließ sie an seinen durchdringenden schwarzen Augen vorbeiziehen, die sich wie Blutegel an die Seelen der Männer hefteten.

Ich war unter den ersten, die nach dem Divisionskommandeur zur Tribüne schritten. Ich beschloß, mir jenen kleinen General, der meinen Verstand durch aufdringlich quälende Gedanken beunruhigt und den ich dann wieder vergessen hatte, näher anzuschauen, und … mein Gott! Mein Blick traf auf den seinen. Er kniff die Augen zusammen. Es war Galai, jener Galai, dessen ganze Liebe und Eifersucht der schönen Galina, seiner Feldzugsgefährtin, gegolten hatte, jener Galai, dessen Liebe ich entführen wollte, dem ich die Eifersucht zurückgeben wollte und der dann aus Rache hierfür seinen ganzen groben Bauernzorn und seine Drohungen auf mich losgelassen hatte. Das war er, und ganz offensichtlich war ihm unsere Begegnung unangenehm. Ich versuchte mich von diesen Gedanken abzulenken und richtete meine Aufmerksamkeit auf die wohlgeordneten frischen Reihen der Soldaten.

Schwarze, mit Schmutz und Staub bedeckte, verräucherte und vom Pulver versengte Männer in dreckigen, abgewetzten Uniformen zogen in das lodernde Berlin ein. Überall lagen Unmengen militärischer und anderer Uniformen herum. Die Leute nahmen sie mit, wollten sie jedoch nicht anziehen, sondern lieber in der eigenen, sowjetischen, Rotarmistengarnitur bleiben, die ihnen ans Herz gewachsen war, selbst wenn sie alt und abgerissen aussah.

Während unseres Aufenthalts hier ist zusätzliche Armeekleidung eingetroffen. Die Leute wurden neu eingekleidet, konnten sich im Dampfbad waschen und gewannen ein neues, frisches, feierliches Aussehen. Die ehemaligen Frontkämpfer haben sich bis zur Unkenntlichkeit gewandelt und können jetzt sehr wohl die Deutschen durch ihre Haltung, Sauberkeit, Munterkeit und Lebensfreude in Erstaunen versetzen. Und wenn die deutschen Soldaten stolz waren auf —

8. 5. 1945
Sei gegrüßt, meine geliebte Mamotschka!

Schon viele Tage habe ich keinen Brief von Dir erhalten, und ich bin beunruhigt – gilt doch Dir meine ständige Sorge und Liebe. Schreibe doch, meine Liebe, ob Du endlich mein Päckchen, die Bescheinigung und alles andere, was ich Dir von hier nach Dnepropetrowsk geschickt habe, erhalten hast.

Mache Dir um mich keine Sorgen – ich bin nicht in Gefahr; ich weiß nicht, warum, aber diese Aussicht erfüllt mich nicht mit Freude. Ich langweile mich und bin bedrückt in der deutschen Hauptstadt, um so mehr, als ich wohl lange Monate, sogar über das Ende des Krieges hinaus, hier werde bleiben müssen und ich mich nach der Heimat, nach Dir, meine Mama, und nach all den Landsleuten und vertrauten Menschen so sehr sehne.

Wowa.

Grüße Olja und Onkel Ljussja von mir. Sie sollen ruhig öfter schreiben.

10. 5. 1945
Gestern morgen[44] ist das Unvergeßliche geschehen. Die Deutschen haben in die vollständige, bedingungslose Kapitulation eingewilligt. Das haben die Zeitungen knapp, aber feierlich berichtet.

[Zwischen 11. und 16. 5. 1945]
Vor einigen Tagen traf ich neben der Kantine zwei hübsche deutsche Mädchen. Wir kamen ins Gespräch. Sie meinten, ich wirke wie ein Italiener, und sagten, daß ich sehr schwarzes Haar habe, machten Komplimente, wobei ich es dann auch nicht versäumte,

hierüber eine Bemerkung zu machen. Das Wort »Kompliment« löste bei ihnen aus irgendeinem Grunde Begeisterung aus, sie klatschten in die Hände und verrieten beide durch ihre Mimik ihre —

Die Mutter der einen war gerade in der Nähe, sie kam hinzu, zeigte Photographien von ihrer Tochter und sagte, daß wir sie ihr anschließend zurückgeben sollten (es waren noch zwei Leute dabei, der eine war Übersetzer bei der Politabteilung, den anderen kannte ich nicht).

Das Gespräch dauerte eine ganze Weile. Ich war schon spät dran zum Abendessen, und so verabschiedete ich mich von den Mädchen. Ich aß dann aber ohne Appetit. Die Mädchen waren sehr hübsch, hatten mich durch ihre Schönheit und Zartheit gewonnen.

Ich trank eilig Tee, rührte die Vorspeise nicht an. Es gab Piroggen. Ich wickelte sie behutsam in eine Zeitung, ging und gab sie einem der Mädchen. Sie waren sehr hungrig, obwohl sie sich nichts anmerken lassen wollten, aber ich hatte es dennoch bemerkt, und als die eine mein Päckchen in die Hände nahm, es abtastete und den Inhalt erriet, sprang sie freudig auf und zeigte mir auf nette Weise ihre Dankbarkeit.

Die Jungs hatten noch Schokolade, und als der Übersetzer sie den Mädchen gab, waren sie ganz überwältigt. Man kann die Begeisterung, die diese feinen Gestalten derart verwandelte, daß man sie kaum wiedererkannte, nicht einmal annähernd wiedergeben.

Das Gespräch und die Bekanntschaft mit diesen Deutschen weckten ein lebhaftes Interesse in mir, und ich freute mich über diesen unerwarteten Zufall, der uns an der Kantine zusammengeführt hatte. Es waren noch viele andere Kameraden da, die sie in einem dichten, lauten Halbkreis umringten.

21. 5. 1945
Wenn ich auch reichlich getrunken habe, 2 Uhr nachts, sei's drum. Gedichte wollen nicht gelingen, die Liebe kommt nicht zum Zuge, und dem Herzen ist nicht nach Ordinärem und Prostitution. Jetzt bin ich betrunken, und der Kopf ist schwer, doch die nüchternen Gedanken wollen nicht aus meinem Kopf verschwinden.

Zum dritten Mal gehe ich heute zu der Deutschen mit dem Namen Ida, obwohl sie nicht schlecht aussieht, doch morgen […]*
– alles wird schwer, […]** und der Kopf.

24. 5. 1945
In den Tagen, die ich nicht geschrieben habe, hat sich in meinem Leben viel Wichtiges und Interessantes ereignet. Es hat mir viel Freude, Enttäuschungen, Mißerfolge und Aufregung gebracht. Das erste und geradezu unerträgliche Glück besteht darin, daß der Krieg aus ist und daß ich genauso viel habe wie damals, als ich in die Schlacht zog, obwohl viele (die meisten!) Etappenschweine oder gemeine Feiglinge die Brust voller Orden haben. Die Auszeichnungen werden für Liebedienerei, Kriecherei und Heuchelei verteilt. Ein aufrichtiger Mensch kann eine Auszeichnung nur dann erhalten, wenn er im Kampf wahrgenommen wird und wenn sofort von ihm gesprochen wird, wenn sein Name in vielen Ohren widerhallt. Übrigens, genug davon. Der Feiertag des Sieges hat zweifellos etwas Bitteres für mich.

Das Kriegstagebuch ist fertig. Es hat mir viel Ärger bereitet, es gab überhaupt keine Unterlagen, die Gefechtsmeldungen waren mager und nicht immer genau, ich mußte mir vieles hinzudenken, ergänzen, durch das, was ich noch aus früheren Gefechten im Gedächtnis habe. Die künstlerische Seite hinkt auch etwas, da anschauliches Material fehlt. Es bleibt allein die Form, doch auch die stellt mich nicht zufrieden. Im Vergleich zum vorherigen Tagebuch ist meines unbedingt —

28. 5. 1945
Zu meinem Tagebuch habe ich aus irgendeinem Grund ein gespanntes Verhältnis. In letzter Zeit vertraue ich mich ihm nur selten an, obwohl in meinem Leben außerordentlich viel geschieht. Doch will ich das Geheimnis der Zurückhaltung gegenüber meinem geliebten Kind verraten – die Mädchen haben wieder Gefallen an mir gefunden, und ich noch mehr an ihnen.

---

* Unleserliches Wort.
** Unleserliches Wort.

Heute habe ich bis 11 Uhr mittags geschlafen. Ein freier Tag (der zweite in Friedenszeiten), Musik, Volleyball spielen, Fußball, habe viel gegähnt, doch wenn ich bedenke, daß ich nicht vor 3 Uhr nachts schlafen gegangen bin, daß mich in der ersten Stunde des neuen Tages der Mond angezogen hatte, in der zweiten ein Mädchen, eine Wachsoldatin von einem selbständigen Nachrichtenbataillon, und in der dritten natürlich der Schlaf, so wird die heute verlorene Zeit verzeihlich.

Heute gab es bei uns einen Film zu sehen, die »Schatzinsel«. Hauptmann Scherstobitow versucht mich nicht zum ersten Mal zu überreden: »Du machst die Mädchen ausfindig und bringst sie zu mir, das weitere werde ich für dich regeln, du sagst ja selbst, daß du im Leben und gerade in diesen Angelegenheiten völlig unerfahren bist.« Ich versprach es. Einmal hatte ich ihn mit Mädchen aus dem Bataillon bekanntgemacht, die ich in einer der vergangenen Nächte im Mondschein getroffen hatte. Die Bekanntschaft war anscheinend nicht erfolgreich verlaufen. Dann habe ich ihn mit anderen bekanntgemacht, und wiederum gab es ein Fiasko!

Heute, vor der Kinovorstellung, drängte er mich erneut, Mädchen zu ihm zu bringen: »Ich habe Wein und Schokolade.« Ich überredete ihn, mit mir zusammen zu gehen, aber unterwegs begegneten wir unerwartet zwei Mädchen aus jener Einheit. Sie waren von einer Schar unserer Soldaten umringt. Wir gingen zu ihnen. Der Hauptmann schlug ihnen ohne jede Zurückhaltung vor, mit uns ins Kino zu gehen, und entführte sie dreist aus dem »Kreis« der Umstehenden. Die Mädchen lehnten ab, doch dann schaute mich eine von ihnen an, dieselbe, die ich vor zwei Tagen auf dem Fahrrad mitgenommen hatte – ich bat ebenfalls, und sie kamen mit. Der Hauptmann gab dann mächtig an und erzählte, wie beschäftigt er sei. »Wolodja und ich sind Freunde, hier ist ein Gedicht von ihm.« (Er zeigte auf eine Zeitung.) Plötzlich holte er Schokolade hervor, bot beiden davon an und verstreute Liebenswürdigkeiten.

Der Film fing gerade an, als wir in den Saal kamen. Einige Plätze auf dem Rang waren noch frei, und wir setzten uns – er, dann Shenja, dann Dina und ich. Shenja lief sofort weg, und Dina stützte sich auf die Balustrade, weil sie nicht so gut sehen konnte. Der

Hauptmann wollte dann mit Dina turteln, mehrere Male stieß sie seine Hand zurück, sagte, er solle sie nicht anrühren, und schaute mich an.

»Wolodja, an wen hast du eigentlich Shenja verloren?« Ich war erstaunt und empört. Man stelle sich solch eine Gemeinheit vor: bei der einen gelang es ihm nicht —

Ich empfand volle Genugtuung.*

29. 5. 1945

2.15 Uhr. Ich komme einfach nicht zum Ende.[45] Mal muß ich schlafen, mal erlaubt es die Arbeit nicht, ich schreibe ja schließlich zur Unzeit. So auch jetzt – ich bin gerade erst von einem weiteren nächtlichen Ausflug zurückgekommen.

Neben uns gibt es eine Nachrichteneinheit der Rückwärtigen Dienste. Dort sind die Mädchen sehr hübsch, doch paßt man auf sie auf, und überhaupt – sie sind mit unseren nicht im geringsten zu vergleichen. Ich habe hier die beiden letzten Stunden im Gespräch mit [...]** verbracht.

3. 6. 1945

Berlin. [...]*** In der Gegend eines Lazaretts oder, besser gesagt, eines Krankenhauses, da es sich um eine zivile Einrichtung handelt.

Heute bin ich im Regiment. In letzter Zeit habe ich eine Menge Abenteuer erlebt, habe viel Neues gesehen, bin aber zum Müßiggänger und Schürzenjäger geworden. Träume weiterhin vergebens von der Liebe, und sei es zu einer Deutschen, wenn sie nur klug ist, hübsch und reinlich, und wenn sie mich – das vor allem – treu liebt. Zu mehr als Träumereien hiervon, Umarmungen, Küssen und Gesprächen von zwei bis drei Stunden ist es nicht gekommen. Ein in jeder Hinsicht passendes Mädchen habe ich bislang nicht gefunden. Die Mädchen hier sind entweder zart, aber kühl oder leidenschaftlich, aber launisch, andere wiederum sind häßlich oder sie haben keine Figur, die russischen Mädchen aber sind stolz und in allen Feinheiten eines Gesprächs sehr feinfühlig.

*   Dieser Satz wurde später hinzugefügt.
** Anfangsbuchstabe eines Namens, unleserlich.
*** Unleserliches Wort

Bin weiterhin in einer unbeständigen Lage, habe keinen bestimmten Posten. Die Zeit verstreicht dumm, nutzlos, ich komme zu nichts, schaffe es nicht, meine Stunden zu planen. Ich bekomme jetzt viele Briefe, auch von Mädchen. Berta ist wirklich interessiert an mir. Sie schreibt jetzt oft, doch es gelingt mir nicht, rechtzeitig zu antworten, weder ihr noch den anderen. In ihrem letzten Brief wirft sie mir vor, daß ich ihr prinzipiell nicht schreiben wolle. Anscheinend nicht einfach so, ihr ist der Kragen geplatzt, und man sieht, daß ihre Gefühle für mich, eine Art Leidenschaft, wohl immer noch vorhanden sind. Das freut mich, denn Berta ist die reifste und interessanteste aller Frauengestalten, denen ich in den letzten Jahren begegnet bin. Berta ist eine gute Kandidatin als Lebensgefährtin.

9. 6. 1945
Nach 1 Uhr nachts. Aufstehen ist morgen um sieben. Ich bin wieder in einer Granatwerferkompanie, jedoch in einem anderen Bataillon. Kusnezow, Stabschef und Held der Sowjetunion, erklärte mir, daß er persönlich mit meiner Versetzung zum Bataillon nicht zufrieden ist, da er eine schlechte Beurteilung über mich erhalten hat. Mir tat das im Herzen weh, und ich sagte Hauptmann Kusnezow, daß er lieber nicht über Leute urteilen soll, die er gar nicht kennt.

Es haben trübe und leere Tage meines Lebens begonnen, jeder Schritt, jede Minute und jede meiner Bewegungen kommen mir so sinnlos vor, und unmerklich kommen —

Habe den Dienst schon hinter mir, war bei den Kursen. Ich habe noch keinen Zug übernommen, obwohl ich schon den dritten Tag hier bin. An einem der ersten Tage nach meiner Ankunft hier hatte sich sogar Oberstleutnant Stalko gefreut, mich zu sehen: »Timofejew, sieh nur, Gelfand ist gekommen. Schau ihn dir an!« Und er rief mir zu: »Na, nun komm schon her!«

10. 6. 1945
Meine ganze Existenz und meine Jugend ist ein kleines, sich jedoch deutlich abhebendes Staubkorn ganz oben auf dem Kamm der höchsten Welle des stürmischen Ozeans »Leben«. Welch span-

nende Aufschwünge nur habe ich erlebt, und wie tief bin ich anschließend gesunken! Ich stand bereits an der Schwelle zu Ruhm, Größe und Glück, doch ist diese Tür ungerechterweise und unvermittelt vor meiner Nase zugeschlagen, nachdem sie ohne Ausnahme all jene durchließ, die neben, ja sogar hinter mir schritten.

Jetzt haben sie im Radio berichtet, daß eine neue Medaille »Für die Einnahme Berlins« gestiftet wird. Ich werde sie wohl nicht bekommen, so wie ich auch keine der anderen Auszeichnungen erhalten habe, für die ich vorgeschlagen war. [...]* sagt, ich soll nicht beleidigt tun, verhehlt aber nicht, daß ich gut gekämpft habe.

Bin inmitten der vorherigen Erzählung steckengeblieben, macht nichts, ich schreibe hier weiter. Und wieder sind heute alle Offiziere ausgegangen, machen Bekanntschaften usw.

12. 6. 1945
Bin schon einige Tage bei der Einheit, habe aber immer noch keinen Zug übernommen, habe noch nicht alle Soldaten kennengelernt, nicht einmal mit jedem von ihnen gesprochen. Das ist überhaupt nicht gut, weder für mich, noch für die Männer meines Zuges. Die Vorgesetzten werden auch unzufrieden sein. Völlige Apathie, Gleichgültigkeit.

[Zwischen 11. und 16. 6. 1945]
Ich weiß nicht, welches Datum wir heute haben, wirklich.

Schon drei Tage, daß ich rund um die Uhr ganz regulär nicht beim Lager bin, getrennt von meinem Tagebuch, von den Zeitungen und den Mädchen (man könnte tatsächlich meinen, ich sei mit den letzteren gut Freund und glücklich!).

Als ich zu Oberstleutnant Gubzow gerufen wurde [...]**.

Der Finger tut wieder weh und treibt mich in den Wahnsinn. Schreibe wohl lieber bei besserer Gelegenheit mehr davon. Denn es gibt einiges zu erzählen, oh ja, es gibt so viel zu erzählen! ...

---

* Name unleserlich.
** Eine Zeile im Original unleserlich.

[16. oder 17. 6. 1945]
Eine schöne Aufgabe, die man mir da aufgebrummt hat. ... Die Akademie der Wissenschaften plündern! Nie im Leben hätte ich gedacht, daß ich zu einer so schmutzigen Sache fähig wäre, doch Leute und Umstände zwingen mich dazu.

Eine schändliche Barbarei im Tempel der Wissenschaft ist das und nichts anderes.

Unsere Politleute haben nämlich beschlossen, im Regiment eine Bibliothek einzurichten. Irgendwann hatte der Agitator ...[*] irgendwo ein großes Magazin russischer Bücher aufgespürt, das mit der Zeit und durch den Schlendrian des diensthabenden Personals in einen heillos verwilderten Zustand geraten war.

Nachdem er die Wache bestochen und seine Präsenz in der Akademie »begossen« hatte, erhielt er Zutritt bis in den letzten Winkel.

Mich holte er als ersten. Ließ über den Bataillonskommandeur (ich hatte Dienst im Bataillon) sieben Mann antreten, die sich mit Literatur auskannten, ließ sie aufsitzen und schickte sie auf einem langen, zickzackartigen Weg ins Stadtzentrum, so daß man ohne Karte kaum ins Lager zurückfinden konnte. Die Anweisung kam unerwartet. Ich nahm an, es würde schnell gehen, und ließ all meine Notizen, Kladden, Briefe und Gedichte im Nachtschränkchen.

Abends kam ich zurück und mußte zu meinem Schrecken und meiner Verzweiflung feststellen, daß das Bataillon abgezogen war. Meine Arbeiten konnte ich nicht entdecken, das Schränkchen ebenfalls nicht, nur die Briefe, die verwaist auf dem Boden verstreut lagen, erinnerten daran, daß ich hier gelebt hatte. Ich sammelte sie auf, durchstöberte das ganze, jetzt leere Zimmer und ging voller Verzweiflung auf den Hof hinaus. Dort stieß ich sofort auf den Agitator des Regiments. Er wies mich an, auf den Wagen zu steigen, und wir fuhren los. Wir waren zu siebt.

Die ersten zwei Tage suchten wir die Bücher mit russischen Siegeln oder Stempeln heraus. Die Bücher waren eindeutig aus unseren Bibliotheken geraubt, daher hatte ich noch keine Gewissensbisse, eher das Gegenteil.

[*] Der Name fehlt im Original.

Die größte Unannehmlichkeit für uns alle und mich besonders war der äußerst schmierige Staub, der sich auf allen Büchern sowie auf den Regalen in einer dicken Schicht abgelagert hatte und der einem fast den Atem nahm. Gestern erst hatte ich die Uniform gewaschen, und jetzt sieht sie dermaßen schrecklich aus, daß es einfach peinlich wäre, sich auf der Straße sehen zu lassen. Mein Gesicht und die Hände sind schwarz, der Kragen ist dreckig, und die Schirmmütze, die ich gegen eine Pilotenmütze eingetauscht hatte und die vorher ganz ansehnlich war, ist jetzt oben verschmiert und fleckig —

23. 6. 1945
Liebe Mama! Ich habe Deinen Brief erhalten, möchte antworten und verliere mich in allerlei Gedanken – zu viel gibt es zu berichten, doch bei meiner Wortschwelgerei fällt es schwer, in jenem so schnell vergehenden Stückchen Zeit, das ich so unverhofft mit meinen Händen zu fassen bekommen habe, alles unterzubringen.

Ich werde möglicherweise bald auf einen Besuch nach Hause kommen, aber die Armee werde ich wohl nicht verlassen, solange ich noch jung und kräftig bin. Wobei mir das Militärleben, das sage ich ganz aufrichtig, überhaupt nicht gefällt – alles quält und bedrückt mich hier.

Es fehlt die Zeit und der Raum, sich zu entfalten, zwar werden alle möglichen Fähigkeiten der Höhergestellten gefördert, doch hier, in den unteren Rängen, schalten und walten die seelenlosen Menschen mit abgestumpften Hirnen und leeren Herzen, die hier die Macht haben, wie es ihnen gerade in den Sinn kommt. All meine Schreiben und Rapporte sind entweder nicht angekommen, oder es ist mit ihnen etwas geschehen, was ich mir lieber nicht vorzustellen wage.

Meine Gedichte wurden in den Frontzeitungen veröffentlicht, doch anderweitig habe ich sie noch nicht verschickt, da ich noch schlecht schreibe und mich geniere wegen meiner Unerfahrenheit; widersprich mir bitte nicht – ich habe es gelernt, mich richtig einzuschätzen!

Viele hier sind wegen der Demobilisierung bereits nach Hause geschickt worden. Wie sehr ich sie doch beneide!

Am letzten Tag des vergangenen Monats habe ich ein weiteres Päckchen abgeschickt.

24. 6. 1945
Heute wollte ich ein wenig schreiben, viel Nützliches für mich und andere tun, doch das Schicksal hat es anders gewollt.

Nach dem Frühstück habe ich zwei Mädchen getroffen. Es waren Russinnen aus dem Lager, wo sie darauf warten, nach Hause geschickt zu werden.

Fast hätte ich zum zweiten Mal in meinem Leben gesündigt, doch hielt mich die Jugend des Mädchens davon ab – die eine ist noch keine 19. Sie ist Jahrgang 26, heißt Marussja, ist nicht schön, aber so sympathisch, daß sie mit der Schönheit anderer Mädchen durchaus wetteifern kann. Sie ist das ganze Gegenteil von [...]* aus Berlin. Die war sehr schön und sehr gefügig. Als ich sie erblickte ..., übrigens, ich werde die ganze Geschichte jenes außergewöhnlichen Erlebnisses erzählen, als ich »gesündigt« habe.

Wir waren alle verlegt worden. Ich hatte mich in der Wohnung des Regimentskommandeurs niedergelassen, wo das einzige freie Sofa im Arbeitszimmer stand.

Einige Tage vor dem Erlebnis, von dem hier die Rede sein soll, war ich in diverse Medizinbücher vertieft, die unter anderem von Impotenz handelten. Die Gefahr, für immer die Fähigkeit zum Geschlechtsakt zu verlieren, schreckte mich jetzt mehr als jemals zuvor, und ich beschloß, unbedingt die letzten Tage in der Stadt zu meinem Besten zu nutzen, und ich schwor mir dabei, bis zum letzten beharrlich zu sein und meine Schüchternheit und meine Empfindsamkeit zu überwinden.

Am Mittag, als ich, von der Arbeit ermüdet, aus dem Fenster schaute, sah ich ein schönes Mädchen die Straße entlanggehen, eine Blondine, aber mit leicht rötlichem Haar. Ich rief ihr zu. Sie kam heran. Da lief ich hinaus und schlug ihr ohne lange Gespräche und ohne Umschweife vor, ins Haus zu kommen.

»Was werde ich da tun?« fragte das {Frejlin}.

* Name unleserlich.

Ich antworte in ihrer Sprache: »Bücher lesen.«
»Aber das ist doch langweilig!«
Ich umarmte sie. »Laß uns in den ersten Stock gehen«, schlug ich ihr vor. Sie willigte auch hierin ein.

Der Koch des Regimentskommandeurs, der immer noch da wohnte, raunte mir nach: »Ich komme nach dir dran.«

»Das hängt von ihr ab. Wenn sie möchte …«

»Ich werde ihr für alle Fälle was zu essen machen.«

»Wie Sie wollen«, sagte ich und zog die beiden Türen zu, die von verschiedenen Seiten in das Zimmer führten.

Ich umarmte sie, drückte sie an mich, und auf einmal roch es nach Hund. Doch das kühlte mich nicht ab, ich war beharrlich und zielstrebig, anders ging es nicht.

Auf dem Boden lagen eine Matratze und ein kleines Kissen. Im Zimmer war es hell, und die Sonnenstrahlen schauten neugierig ins Zimmer hinein. Wir achteten nicht darauf – ihr war auch so schon heiß. Ich hatte Feuer im Herzen, aber mir war, das muß ich gestehen, nicht warm genug – ihr Körper war kühl, obwohl ihre Seele schon in Wallung war, und ihr Herz – das konnte ich hören – schneller schlug.

Ich legte sie auf das Bettlager. Liebkoste sie, küßte sie, streichelte sie. Dem Herzen entsprang ein elektrischer Strom, er durchwanderte den Körper und hielt dann an dessen letztem Ende, an jener Stelle, an der die Hälfte des menschlichen Lebens konzentriert ist. Die Liebkosungen waren mir zu wenig. Dann »ging ich ihr an die Wäsche«, wie es im Volke heißt, und brachte ihre Brüste zum Vorschein. Sie sträubte sich nicht und wartete ab, das konnte ich in ihren Augen lesen, was weiter passieren würde. Ich wollte schnell zum Abschluß kommen. Ich betastete sie überall und ließ meine Hand dorthin wandern, wo das Kostbarste einer Frau und eines Mädchens verborgen ist, das von ihnen so eifrig gehütet wird, das sie hegen und pflegen und ohne das sie nicht leben können. Ich berührte diesen Schatz – und meine Hand zuckte schnell zurück, denn sie war dort feucht geworden. Eine Minute lang bedrängten mich Gedanken, was wohl dieses Feuchte gewesen sein könnte.

»Zieh dich ganz aus, wir werden {fick-fick}, ja?«

Sie hatte darauf gewartet und folgte meinem Vorschlag gern. Während sie sich auszog, war ich ganz ungeduldig. Der elektrische Strom verlor nicht an Spannung. In meiner Vorstellung zeichnete ich die Formen dieses Schatzes, der sich mir nun jeden Augenblick offenbaren würde. Aus der Erinnerung tauchten Zeichnungen berühmter wie auch kleiner Künstler auf, Photographien und sogar Pornographie – ich vermengte sie zu einer allgemeinen Vorstellung über Wert und Eigenschaften dieses Teils. Und selbst im schlimmsten Falle konnte ich diesen Traum nicht derart entstellt haben, daß dieses Teil für mich nicht ebenso prächtig und sanft wie alles an einer Frau sein würde.

Doch wie verwundert, enttäuscht und verletzt war ich dann, als ich anstelle meines Mythos etwas ganz anderes, reales Rotes, Aufgeschürztes, Feuchtes, widerwärtig Häßliches erblickte. Trotzdem gab ich meine Absicht nicht auf, beharrlich zu sein. Sie spreizte die Beine, ich zog mich aus und legte mich hin, und als ich ihr Geheimnis mit meinem besten Stück berührte, da fiel der Strom aus. Ich war bestürzt, wurde rot und bekam einen fürchterlichen Schrecken. »Hilf mir, den Strom wieder einzuschalten und ihn durch meine Leitungen zu schicken.« Sie hätte gern geholfen, verstand jedoch, daß dies nicht von ihr abhing, und zuckte hilflos mit den Schultern. Mir war ganz elend von dieser seelischen Erschütterung. Nachdem ich so viele warnende Bücher gelesen hatte, dachte ich nun, daß ich für das Geschlechtsleben unwiederbringlich verloren sei. Sie schaute verwundert und verstand es nicht. Ich machte mir ziemlich zu schaffen. Plötzlich kam mir der Gedanke, daß wir uns berühren und gegenseitig die beiden entgegengesetzten Ladungen verbinden sollten. Mit der einen Ladung, die von mir ausging, berührte ich die andere und wiederholte diese Prozedur einige Male. Plötzlich war der Strom wieder da, schlug mich geradezu und sprang von mir auf sie über. Wie oft ich den Fluß des Stromes schaltete – ich weiß es nicht mehr.

Sie zählte 13, 14, 15. Bei 16, als sie schon ganz außer Atem war und längst beide Beine auf meine Schultern gelegt hatte, bekam ich ein Einsehen und hörte auf. Wieder besah ich sie mir von Kopf bis Fuß. Ihren kleinen Körper, die Haut zerstochen, bis aufs Blut zerkratzt, mit ihren noch nicht voll entwickelten, doch bereits etwas hängenden Brüsten und diesen beiden roten, schneckengleich schlüpfrigen Lippen.

Es klopfte an der Tür. Eine Frauenstimme bat auf russisch, aufzumachen. Ich sagte der Deutschen, sie solle sich anziehen, und trieb sie zur Eile. Sie hatte sehr schnell begriffen und war in einer Minute fertig, ich machte aber noch nicht auf, da ich noch nicht richtig angezogen war. Das Klopfen hatte aufgehört, setzte jedoch bald wieder ein. Ich öffnete die Tür. Der Koch rief zum Mittag. Obwohl sie sehr hungrig war, lehnte die Deutsche das Essen ab, nachdem ich ihr offen erklärt hatte, warum der Koch gekommen war und Gastfreundlichkeit zeigte. »Ich kann mich nicht allen hingeben, das ist nicht gut, da bleibe ich lieber hungrig.« Mir gefiel —

25. 6. 1945
Dshambul Dshambajew[46] ist gestorben. Als beinahe Hundertjähriger. Er hat den Sieg noch erleben können und den Ruhmestag, an dem dieser Sieg von unseren Streitkräften errungen wurde, nur um nur wenige Tage überlebt.

Alexej Tolstoi, Janka Kupala, Demjan Bedny, Weressajew, Romain Rolland, ganz zu schweigen von den weniger bekannten Schriftstellern wie beispielsweise Utkin – sie alle starben früher oder fielen an der Front.[47] Wie viele außergewöhnliche Menschen sind unserer Welt durch den blutrünstigen Tod, der während des Krieges erbarmungslos wütete, entrissen worden.

An der Schwelle zu höchstem Ruhm ist unser Armeebefehlshaber Bersarin vor einigen Tagen ums Leben gekommen, als er auf dem Motorrad mit einem Auto zusammenstieß.[48] Doch ist er ohnehin weltweit berühmt geworden als Befehlshaber der ruhmreichsten Armee – der 5. Stoßarmee – und der ruhmreichsten Front, der 1. Belorussischen, und als Kommandant Berlins, der wichtigsten Stadt Deutschlands, jenes größten Gegners der vereinten Nationen in diesem Krieg.

Später. Das Radio tönt den ganzen Tag. Unsere Offiziere, Radioliebhaber, sitzen am Empfänger und drehen von einem Sender zum anderen. Die »Moskauer« Welle ist zweifellos am beliebtesten und erfreut das Ohr mit den vertrauten Sendungen auf russisch, in jener Sprache, die unser aller Herzen am nächsten ist und die die schönste der Welt ist. Musik, Konzerte und Sendungen eigens für die Soldaten in Deutschland.

Soeben waren im Äther Worte zu hören, die erstmals mit äußerster Klarheit für mich unsere Beziehungen zu Japan beschrieben und die weitere Entwicklung dieser Beziehungen angesichts des japanisch-chinesischen Krieges, in welchem England und die USA auf der Seite Chinas stehen, bis zu einem gewissen Grade voraussagten.

»Ungeachtet der Neutralität der UdSSR im Krieg gegen Japan werden die Waffenlieferungen der Verbündeten fortgesetzt. Es wird offiziell damit gerechnet, daß die UdSSR in den Krieg gegen Japan eintreten wird und dadurch riesige Kräfte der japanischen Kriegshorden in der Mandschurei binden wird.«

Es bleibt nunmehr kaum ein Zweifel. Eine Bestätigung hierfür ist neben der Teilmobilisierung der Roten Armee die Rekrutierung neuer Kameraden, die noch nicht im Kriege gekämpft haben.

Ich werde wohl auch noch nach Japan gelangen. Auf jeden Fall werde ich das versuchen. Doch dann werde ich nicht mehr so dumm und naiv sein wie früher und mich nicht so rückhaltlos und Hals über Kopf ins dichteste Schlachtgetümmel stürzen. Man hat das ganze Ausmaß meiner Selbstaufopferung nicht gewürdigt, hat mich ungerecht behandelt und mich in den Tagen des Sieges einfach übergangen. Ich habe den Krieg mit den Augen eines Soldaten erlebt. Einen weiteren Krieg muß ich mit anderen Augen sehen, da ich es nicht wagen kann, mein Leben aufs Spiel zu setzen – in meinem Kopf hat sich viel geschichtlicher Reichtum angesammelt, der darf nicht dem Risiko ausgesetzt werden, der Nachwelt für immer verlorenzugehen.

[Zwischen dem 25. und 29. 6. 1945]
Gestern habe ich die Nummer des Befehls erfahren, durch den ich mit dem »Roten Stern« ausgezeichnet wurde: Nr. 73 vom 17. 6. 1945. Die Schreibkräfte von der Truppe wollten, daß wir den Orden begießen, doch dadurch wurde mir nur noch schwerer ums Herz. Die Auszeichnung ist für mich zu einer Schande geworden

und eine Beleidigung an meinen Verstand. Warum nur habe ich mit ganzer Seele gekämpft und nicht mit überlegter Tücke wie die anderen – die haben ohne großes Risiko für sich selbst höhere Auszeichnungen erhalten, sie alle, oder viele von ihnen, sind Helden, und ich, der ich mein Leben am seidenen Faden des Schicksals durch die Urgewalten des finstern Todes getragen habe, ich ... Ach, was soll ich mich wiederholen!? Diese Geschichte ist mein ewig wunder Punkt, und ich werde später allen davon erzählen. Ich werde es erzählen.

Heute ist ein neuer Tag, und ich weiß immer noch nicht, welcher, weiß weder das Datum noch den Wochentag. Eine obskure Person bin ich jetzt. Keinem Vorgesetzten bin ich mehr untergeben. Im Regiment läßt man mich in Ruhe, im Bataillon interessiert man sich wenig, und ich bin von ihnen in keiner Weise abhängig. Was weiter mit mir geschieht, wohin ich geschickt werde, und wie man mit mir umgehen wird ...? Schließlich habe ich mich mit allen gestritten, alle hassen gelernt, all jene stumpfsinnigen »Leiter«, und die wollen mir schon den Hals umdrehen.

Mit den Mädchen klappt es auch nicht recht. Bei uns in der Armee gibt es kein einziges anständiges Mädchen, sie alle sind verdorbene und liederliche Kreaturen. Sie mögen es nicht, wenn ich sie höflich und aufmerksam behandele, sie brauchen eher das Tierische und so wenig wie möglich Menschliches. Wozu Gefühle? Wozu Verstand? Sie sind nicht dazu fähig, die ganze Größe der menschlichen Natur zu erreichen, sie wollen ab und zu gedeckt werden, ein flüchtiges Vergnügen – das ist ihre Welt und ihr Leben.

Von einer hat man mir erzählt, sie sei ehrbar und habe ihre Unschuld noch nicht verloren, doch als ich mich eine Weile mit ihr unterhalten und sie kennengelernt hatte, trat die bittere und enttäuschende Wahrheit zutage. Sie verhielt sich bescheiden, kokettierte jedoch mit mir. Während ich mich mit ihr unterhielt, kam ein Oberleutnant und rief sie zu sich. Sie ging weg und kam nicht wieder zurück. Ich wollte nicht auf sie warten, lief fort und schwor mir, bei Gesprächen mit unseren Armeemädchen niemals mehr den Rahmen des Offiziellen zu verlassen.

War gerade in der Kantine. Habe dort meinen ehemaligen Zugführergehilfen getroffen. Ich hatte ihn nicht erkannt, und er hatte mir zugerufen. Ich überlegte eine ganze Weile, wer das sein könnte, bis er dann näher kam und ich in seine Augen sah, die mir wohl bekannt waren.

Wir hatten oft gestritten. Er war in vielem nicht mit mir einverstanden gewesen und hatte seine Ablehnung auf eigene Art gezeigt. Selbst in Briefen hatte er mich nicht grüßen lassen, doch jetzt hatte ich das alles vergessen und freute mich, ihn als einen Freund zu treffen. Mein Gott, wie unglücklich und entstellt er aussah! Er hatte eine große Einbeulung im Gesicht, von der aus ringsum Narben verliefen; das rechte Auge wurde durch eine Geschwulst etwas zugedrückt und der große Mund war ganz schief verzogen – wie schrecklich und wie grausam! Zwei Splitter sitzen noch in der Halsgegend. Man könnte sie herausnehmen, denn man sieht schon die Geschwulst, doch Kotow ist bereits aus dem Lazarett entlassen und muß wieder marschieren.

Wir tauschten Erinnerungen aus an Karpienko und all die anderen. Ich hatte keine Zeit für eine lange Unterhaltung und verabschiedete mich dann.

Jetzt bin ich wieder in Eile. Der Stabschef des Regiments will mich sehen. Er ist neu, und ich sollte mich besser nicht verspäten.
29. 6. 1945

30. 6. 1945
Der ganze Tag verging im Zeichen der Ungewißheit. Noch vor dem Mittag wurde ich in die allgemeine Abteilung bestellt. Dort warteten viele ältere Soldaten und Frauen. Sie sollen wegen der Demobilisierung nach Hause geschickt werden. Man hatte uns aus irgendeinem Grund besonders zur Eile getrieben, uns überall gesucht, bis wir alle versammelt waren. Wir waren alle skeptisch und überlegten, weshalb man uns eigentlich zusammengerufen hatte. Die phantastischsten Möglichkeiten kamen uns in den Sinn, etwa, daß wir nach Hause geschickt werden, da es überall viele Offiziere gibt. Der Gehilfe des Abteilungsleiters, Leutnant A., ging zum Regimentskommandeur, um zu melden, daß wir da sind. Wir mußten sehr lange auf seine Rückkehr warten.

Letztendlich waren wir dann bei einer Zeremonie zugegen, bei der Auszeichnungen überreicht wurden, und diese Zeremonie, das muß ich zugeben, hat meine Einstellung gegenüber all jenen Lumpen, die nur durch ihre Gemeinheit und Heuchlerei hier Ruhm geerntet und hohe Ränge ergattert haben, noch verschärft. Die Mädchen erhielten alle einen »Roten Stern« oder sogar einen noch höheren Orden. Eine von ihnen bekam ihren dritten Rotbannerorden. Wofür? Die Frontkämpfer wissen es und werden es nicht vergessen.

2. 6. [richtig: 2. 7.] 1945
Ich begleite die »Alten« ins Reserveregiment. Viele Mädchen. Sie werden fast alle nach Hause geschickt. Verwaist sind jetzt die Kantine, die Wäscherei, die Sanitätsabteilung und die anderen Einrichtungen, wo sich zahlreiche Liebhaberinnen eines luxuriösen Lebens, das sie sich durch Handel mit ihrem Körper verschafften, getummelt hatten.

Die meisten Mädels wollten nicht fahren, sie weinten und schrieben Rapporte, um dableiben zu können. Es half nichts. Im Gegenteil: Diejenigen, die in erster Linie nach Hause wollten, wurden bei der Einheit zurückbehalten und umgekehrt.

50 Kilometer haben wir schon hinter uns, wenn nicht sogar mehr. Unsere Marschroute ist auf 60 Kilometer berechnet. Am Morgen, als wir nach 30 Kilometern zu der Stelle gelangten, an der wir unlängst in Berlin einquartiert waren, habe ich ein Fahrrad ergattert. Und das trug sich folgendermaßen zu:

Oberstleutnant Gubzow, der die Kolonne befehligte, gab die Anweisung für eine Rast, doch die Soldaten waren so sehr vom »Reisefieber« gepackt, von dem Traum, schnell nach Hause, in die Heimat zu kommen, daß sie ihre müden Füße nicht spürten und einmütig verkündeten: »Wir marschieren weiter!«

Wieder klapperten die Räder auf dem Straßenpflaster, und von weit hinten, aus der Tiefe der Kolonne erklang ein stürmisches, heiteres Lied. Es stieg über die Köpfe empor, schwebte einen Augenblick in der Luft (hielt inne), bevor es einmütig von allen aufgegriffen wurde und der Gesang weit, weit über die Stadt ertönte und sich dann wieder auf die Stimme des Vorsängers beschränkte, sich verdichtete, dann wieder kaum zu vernehmen war, sich erneut emporschwang, über den Köpfen innehielt, herniedersank und schallend ausschwärmte, als auch die brüchigen Stimmen der glücklichen Alten einsetzten.

Nach 20 Kilometern bot sich jedoch ein ganz anderes Bild. Die Leute waren müde, am Ende ihrer Kräfte, und viele verloren ihre Munterkeit und ihre Fröhlichkeit und sangen nicht mehr. Nach dem 40. Kilometer ließ uns Oberstleutnant Gubzow ein wenig ausruhen. Es nieselte und war kalt, und die Soldaten verlangten, Quartier zu machen. Gubzow wollte es zuerst nicht erlauben, ließ dann aber nichts mehr von sich hören. So mußten wir entscheiden, der Sanitätsarzt und ich.

Wir klopften lange. Die Deutschen reagierten nicht. In allen Wohnungen war sofort das Licht ausgegangen, es herrschte Stille und Mißtrauen. Wir gingen mit den Soldaten um das ganze Gebäude herum. Wir klopften reihum an alle Türen. Endlich fanden wir ein Fenster ohne Scheiben, und einige Männer kletterten hinein, machten sich zu schaffen, damit die anderen auch einsteigen konnten. Irgendeiner brach eine Tür auf, und sie zwängten sich hinein. Die Mädchen kamen, witterten die warme, helle Küche und zogen dort ein. Ich richtete mich bei ihnen ein, zwängte mich hinzu, wie es gerade ging, doch konnte ich lange nicht einschlafen, weil die Mücken stachen und das Licht blendete; auch die Nähe der Frauen hielt mich vom Schlafen ab. Ich war an anständige Mädchen geraten – nicht einmal umarmen wollten sie sich lassen. Lange wälzte ich mich hin und her und schlief erst mitten in der Nacht ein, so um drei.

Im Morgengrauen wurde ich geweckt. Die Wohnung, in der wir übernachtet hatten, stellte sich als Kneipe heraus, und jeden Augenblick konnten die Wirtsleute erscheinen. Es war unangenehm und riskant, hier länger zu bleiben. Ich gab das Kommando zum Verlassen des Hauses und blieb selbst zurück, schaute nach, ob nicht bei der Kontrolle einer übersehen worden war und noch irgendwo schlief, ich befürchtete, daß jemand zurückbleiben könnte. In einem Raum, der mit Fässern, verschiedenen Geräten und anderem Zeug vollgestopft war, stand ein Fahrrad. Ich trug es hinaus, weil ich zunächst annahm, einer der Soldaten hätte es zurückgelassen, doch selbst danach, als ich festgestellt hatte, daß alle da sind, brachte ich es nicht zurück – es war zwar riskant, aber ich brauchte so ein Fahrrad doch recht dringend. Und so habe ich auf ihm die letzten Kilometer unseres Weges zurückgelegt: Hatte mir die Hände gestoßen, Blasen bekommen, empfand aber ein Vergnügen, das die Müdigkeit erstaunlicherweise verdrängte.

Die Mädchen führten sich auf wie echte Helden. Alle hatten Orden, einige gleich mehrere, darunter auch sehr hohe. Wofür sie die bekommen haben? Soldaten können den Preis dieses Heldentums sofort richtig einschätzen, denn es hat nur seltene Ausnahmen beim weiblichen Armeepersonal gegeben, die diese Achtung und Wertschätzung wirklich verdienen. All diese Poluschkins und Timofejews[49] gleichen einander wie ein Ei dem anderen, kritzeln leichtfertig und verantwortungslos irgendwelche Resolutionen zusammen, so daß es beschämend für jene ist, die ihnen vertrauten. Orden und Auszeichnungen werden per Vertrag, auf Bestellung verteilt. Man mußte nur das Wohlwollen dieser nichtigen, leeren Leutchen gewinnen, die —* Einem guten Schuster oder einem Schneider, Lagerarbeiter oder Wirtschafter, der ihnen zu Diensten war, fiel schnell mal eine Medaille zu. Für einen aufrechten Kämpfer, der mehr als nur ein paar Tropfen seines Blutes und auf dem Schlachtfeld noch sehr viel mehr feindlichen Blutes vergossen hat, war es bedeutend schwerer, eine Auszeichnung zu erhalten.

Alle taten so, als seien sie für die Gesellschaft weiß Gott wie wertvoll und nützlich, und sie übten (und üben weiterhin) eine solche Macht aus, wie es manchmal selbst die Kommandeure der Einheiten nicht wagten. Timofejew z.B. nannte man spöttisch den »kleinen Kalinin«. Unter der Protektion Timofejews und ähnlicher Typen und umgeben von der Aura des Ruhmes kamen unsere Mädchen beim Reserveregiment an und erklärten sofort: »Ihr wißt ja, wer wir sind?! Wir sind Stalin-Helden!« Sie veranstalteten zur Bekräftigung des Gesagten in der Baracke, die ihnen zugewiesen worden war, einen solchen Lärm, kreischten derart herum, daß der Major und der Hauptmann herbeigelaufen kamen; doch auch

---

* Unvollständiger Satz, der folgende wurde später eingefügt.

die konnten nicht das geringste ausrichten. Dem Major empfahlen die Mädchen, er solle sich lieber an den Schwanz greifen, der Hauptmann sollte sich zu »seiner verfickten Alten« scheren. Beide zogen von dannen, als hätten sie Prügel bezogen. Als die Mädchen ihnen hinterherriefen: »Wir werden euch schon noch absaugen!«, da war es die weibliche Natur, vermischt mit männlichen Gewohnheiten, die in Wallung kam, siedete und mit aller Macht hervorbrach. Ein Konzert aus Geschrei, Geheule und gröbsten Flüchen erfüllte das Zimmer, drang nach draußen und hing noch lange in der Luft.

Bis in den späten Abend hinein schlug ich mich mit den Frauen herum. Mal verwechselten sie die Namen in den Listen, mal schrieben sie einer ein »PSD«[50] in die Personalakte. Endlich hatte ich alles abgegeben ... und seufzte vor Erleichterung.

Fast den ganzen Weg zurück fuhr ich mit dem Fahrrad. Ich war voller Haß auf Gubzow wegen seiner Unmenschlichkeit. Unentwegt trank er und platzte fast von dem vielen Essen, und wir Offiziere, die wir durch seine Schuld ohne Proviant geblieben waren, standen daneben und bekamen kein einziges Mal etwas angeboten.

Im Berliner Zentrum und im Bezirk Tempelhof waren keine unserer Truppen [mehr] stationiert. Überall schlenderten ernst dreinschauende Amerikaner in Uniformen herum, die wie Trainingsanzüge aussahen. Weder die unsrigen noch die Ausländer hielten mich an.

Ich hatte einen Riesenhunger und machte mich auf die Suche nach Bier und Brot. In einer Bäckerei kaufte ich einen Laib hartes deutsches Brot und trank in einer Kneipe einige Tassen heißen Kaffee. Die Wirtin fragte: »Was denn, ißt man das bei euch auch ohne Belag?« Die Frage kränkte mich: »Nein, ganz im Gegenteil, ich bin heute leider gezwungen, mich so zu ernähren, da ich von meinem Stützpunkt abgeschnitten bin.« Sie glaubte mir sofort.

Bier gab es nirgendwo, und die Kneipen waren alle geschlossen. Erst in einem der Häuser, in denen ich vor dem Regen Schutz suchte, schon in der sowjetischen Zone, hatten sie Bier. Ich trank einige Gläser, bekam aber keinen Rausch, da es nicht sehr stark war. Am Mittag kam ich ins Lager zurück, hatte eine Menge Eindrücke gesammelt und phantasierte einfach vor mich hin. Einfältig, wie sie sind, glaubten mir die Leute und lauschten mit großem Interesse meiner »Geschichte von der Begegnung mit den Amerikanern«: »Sie behandelten mich sehr entgegenkommend. Eine Gruppe Offiziere lud mich in ihr Quartier ein. In dem Zimmer hing ein großes Portrait von Roosevelt, das die ganze Wand ausfüllte. Es standen dort Polstersessel mit weißen Sternchen auf der Lehne, auf dem Tisch lockten leckere Häppchen, und es perlte überraschend kräftiger Champagner. Die Amerikaner klopften mir auf die Schulter, wobei sie mich begeistert <russki> nannten. Zu den Deutschen sind sie streng und wortkarg. Ich habe keinen von ihnen mit einem {Frejlin} poussieren sehen (das war die einzige Wahrheit). Gegenüber den Verkäufern sind sie geizig und bis auf den letzten Pfennig kleinlich, doch sie ließen es nicht zu, daß ich zahle – als wir später noch etwas tranken, übernahmen sie die Rechnung.«

Gleich am nächsten Tag hat der Stabschef das Fahrrad kassiert. Alles wegen Mursambajew. Der wollte es mir wegnehmen, und ich stritt mit ihm, wir gerieten dann richtig aneinander. Unter dem Vorwand, einen Befehl auszuführen, mischte sich der Major ein, befahl, das Fahrrad zur Seite zu stellen, und die MG-Schützen haben es dann weggebracht.

Einen Tag vorher, gleich nach der Ankunft im Lager, wurde ich herbeizitiert, bekam meinen Laufzettel, und man sagte mir, ich solle packen. Arbusow war am eifrigsten: »Du fährst wohl heim, wie es aussieht. Schnell, mach dich fertig, ich geb mir doch um deinetwillen die Mühe!« und machte dabei ein derart gütiges Gesicht, daß ich ihm jedes Wort glaubte.

Wir waren zu zweit: ich und Ussambajew, ein alter kasachischer Leutnant.

9. 7. 1945
Und so bin ich also zum erstenmal im Offiziersregiment, vor dem ich mich immer so gefürchtet habe und wo ich niemals hatte landen wollen.[51]

War im Kino. 2 Uhr nachts.

12. 7. 1945
Gestern gab es eine Parteiversammlung. Ich nahm an der Diskussion teil. Sprach als letzter der vier, die sich eingetragen hatten. Ich übte Kritik. Die hörten mir zu, und ich erhielt Zustimmung. Der Leitung paßte das nicht: Der Parteigruppenorganisator versuchte, den Lauf meiner Rede aufzuhalten, und unterbrach mich, doch die Kommunisten im Saal wurden laut.

»Die Zeit ist um, Genossen«, versuchte es der Parteigruppenorganisator jetzt auf andere Art.

»Laß ihn reden, laß ihn weitermachen«, antworteten die Zuhörer, und er mußte nachgeben.

Als ich zu Ende gesprochen hatte, klatschten einige vorsichtig, und als wir auseinandergingen, drückten sie mir die Hand und lächelten.

»Genossen, aufgepaßt!« verkündete der Parteigruppenorganisator. »Ich bitte alle Parteigruppenorganisatoren, Büromitglieder und die drei Genossen, die als letzte geredet haben, dazubleiben.«

»Es ist vor allem unsere Schuld«, erklärte ein Major, der Politstellvertreter des Bataillonskommandeurs. »Wir haben zu viel Demokratie zugelassen, wir haben nicht die richtige Linie, die richtige Richtung vorgegeben.« (Die anderen beiden hatten über folgendes gesprochen: der eine über das »Reisefieber«, der andere über eine Forderung der Kommunisten, die er in deren Namen dem Kommando vorlegte.)

Ernste Vorwürfe konnten mir die Politleute nicht machen, deshalb beschränkten sie sich auf eine allgemeine Bemerkung: Während sie uns die Leviten lasen, sagten sie mit offenem Zynismus, daß man die Leitung nicht kritisieren dürfe: »Wir übernehmen die Patenschaft über euch. Ihr, Genossen Büromitglieder, müßt den Genossen helfen.«

Ich wandte ein, daß ich keine Hilfe benötige, daß ich nicht zum ersten Mal eine Rede halte und von politischer Arbeit, Agitation und Propaganda eine recht gute Vorstellung habe. Aber die wollten nichts davon hören.

»Ihr seid junge Kommunisten, und wir, die Alten, müssen noch sehr daran arbeiten, daß ihr eure Rolle und eure Aufgaben im Leben einer Organisation, eines Kollektivs versteht.«

So begann mein Leben im Offiziersregiment, wo man, wie überall, die Wahrheit nicht erträgt, und wo man für die Wahrheit Prügel bezieht und erbittert gehaßt wird.

Bin jetzt in dem Örtchen Rüdersdorf, nicht weit von unserem Lager. Lasse mir, rein interessehalber, eine Dauerwelle machen, die sechs Monate halten soll. Zwei Stunden werde ich rundum bearbeitet. Eine junge, hübsche Deutsche kümmert sich besonders emsig um meine Haare. Mit der sollte ich mich anfreunden und mir an ihrer Seite die Zeit vertreiben. […]*

Das ist die Adresse, die sie mir aufgeschrieben hat. Heute bat sie mich, nicht zu kommen, da sie nach der Arbeit in einer Schule Russisch lernt, aber für morgen abend um sieben hat sie mich zu sich eingeladen. Die Bekanntschaft verspricht interessant zu werden.

So, jetzt ist die Dauerwelle fertig.

13. 7. 1945
Auf einer Parteiversammlung.

Ich habe gerade den Dienst über die halbe Kompanie übergeben. Derzeit haben wir rund zweihundert Mann. Und was sich in der Kompanie, im Bataillon abspielt – die Mannschaften sind nur schwer zu registrieren, und zwar weniger, weil sie so zahlreich sind, als vielmehr, weil die Leute manchmal ganze Wochen von der Einheit fernbleiben und niemand ihren Aufenthaltsort kennt.

14. 7. 1945
Gestern war ich abends im Lager der russischen Mädchen, die hier in einer Fabrik arbeiten. Ich fuhr mit dem Fahrrad, das ich gegen ein Pfand von 2000 Mark bekommen hatte. Es gab dort viele Offiziere, Unteroffiziere und Soldaten. Man riß sich um die wenigen Mädchen. Ich drehte ein paar Runden auf dem Platz, wo das Konzert stattfinden sollte. Es kamen ein paar Soldaten hinzu.

»Genosse Leutnant, sind Sie nicht aus der 248. Schützendivision?« Sie nannten das Bataillon, in dem sie mit mir gedient hatten. Ich hatte bereits alle Details aus der Vergangenheit, meiner Zeit bei Galais Leuten, vergessen.

---

* Eintrag von fremder Hand mit der Adresse einer Rüdersdorferin.

»Sind Sie nicht aus der 301. Schützendivision?« fragte ein Oberfeldwebel, der hinzugekommen war, und alle waren verwundert.
»Ja, ich war in beiden Divisionen. Sie haben mich richtig wiedererkannt.«
Sie stellten mir alle möglichen Fragen, da sie die Einheiten schon seit langem verlassen hatten. Es war 10 Uhr. Die Männer warnten mich, daß um halb 11 der Kommandant mit seinem Trupp von 10 bis 15 Mann und einer MG-Lafette im Lager vorbeikommen würde. Sie rieten mir, am Tage wiederzukommen, und gingen ebenfalls weg.

18. 7. 1945
Ich bin mehrere Tage um die Häuser gezogen und habe außer einigen Briefen fast nichts geschrieben.

Ein See mit malerischen Ufern und dichtem Wald, mit nackten, badenden Leuten, Soldaten und Offiziere aus unserem Regiment, mit russischen Mädchen, die nicht selten halbnackt sind, und Deutschen, die sich alle an eine Ecke des Sees zurückgezogen hatten und dort ein kleines Stückchen Strand genossen.

Ein reiner, klarer See. Daneben Fabriken, deren Schlote nicht rauchen, und auf dem Hügel direkt am See ein paar mehrstöckige Häuser, davor eine Terrasse, Musik, Tanz und Gesang. Hier wohnen die Mädchen, die von den verbündeten Amerikanern befreit wurden und vorübergehend als zivile Lohnarbeiterinnen bei einer Einheit sind, die den Abtransport der Fabrikmaschinen, der Ausrüstung usw. und irgendeine Produktion übernommen hat.

Eine von ihnen hatte ich beim Friseur kennengelernt. Sie hatte positiv auf mein Äußeres reagiert, mir ein Kompliment gemacht. Die sympathische, kluge und gebildete, wenn auch nicht besonders attraktive Anja (so hieß sie) zog mich durch die Aussicht auf eine nähere Bekanntschaft an. Sie nannte mir die Nummer ihrer Wohnung und des Hauses, in dem sie wohnt. Es schien, als sei jetzt für den Anfang alles getan, und es bedürfe nur noch einer gewissen Initiative meinerseits und das Weitere würde sich von selbst ergeben. Doch das Schicksal wollte es anders.

Am nächsten Tag, als ich zum ersten Mal mit einigen Gefährten zum Lager kam, erblickte ich meinen Traum umgeben von einer ganzen Gruppe Offiziersschüler, von denen die einen ihr Äpfel, die anderen ein charmantes Lächeln und dritte wiederum begeisterte Blicke und Worte schenkten. Und sie lächelte allen zu und war zu allen gleichermaßen liebenswürdig.

Ich grüßte und setzte mich neben sie. Sie war unschlüssig.

»Komm, laß uns spazierengehen«, schlug ich vor.

»Später. Sehen Sie, jetzt geht das gerade schlecht. Wenn meine Freundin kommt, dann gehen wir.«

Doch auch als die Freundin sich zu uns gesellt hatte, weigerte sie sich noch. Ich wollte sie nicht lang überreden, und obwohl sie mich auf später vertröstet und mich gebeten hatte zu warten, verabschiedete ich mich mit einem kühlen Händedruck und kam erst am folgenden Tage wieder ins Lager.

Sie war nicht zu Hause. Ich schnappte mir eine andere, ein hübsches, gebildetes Mädchen und unterhielt mich lange über alles mögliche mit ihr. Ich erfuhr viel aus ihrem Leben, ihre ganze Biographie von vorn bis hinten. Ich erfuhr ihr Geburtsjahr und sogar, wo und wie sie gelebt hatte während der deutschen Besatzung und danach in Deutschland, wohin sie von den Faschisten verschleppt worden war. Doch nach dem Wichtigsten habe ich mich dann nicht erkundigt – nach ihrem Namen; ich hatte einfach nicht daran gedacht, zu fragen.

Inmitten des Gesprächs erschien Anja, sie war aus irgendeinem Grund der Meinung, daß ich nur auf sie warten würde, und sagte, gleichsam meiner Frage zuvorkommend: »Warten Sie einen Augenblick, ich komme gleich.«

Wir setzten unsere Unterhaltung fort. Plötzlich kam sie heraus und ging vorbei. Mir schien, daß sie beleidigt war. Ich verabschiedete mich von der interessanten Namenlosen und lief hinterher, rief »Anja!«. Sie blieb stehen, doch ihre Freundinnen drängten zur Eile: »Schnell, wir kommen zu spät zur Arbeit.« Sie entschuldigte sich, versuchte, sich damit herauszureden, daß sie viel zu tun habe, und verabschiedete sich dann.

»Wenn Sie möchten, morgen um 8 Uhr.«

Am nächsten Tag, dem 17., hatte ich zu tun und konnte mich erst am Abend, nach dem Abendessen, freimachen. Es war schon nach 22 Uhr. Ich wollte mit dem Fahrrad fahren, doch all mein

Suchen war vergebens. Die Aussicht, zu Fuß gehen zu müssen, freute mich überhaupt nicht. Ich opferte also das Grammophon, tauschte es gegen ein Fahrrad und fuhr los. Im Hof des Wohnheims drehte ich einige Runden auf dem Vehikel. Anja war nirgendwo zu sehen. Ich begegnete der anderen, der Namenlosen, die ein rosa Kleid trug, lächelte ihr zu, ging jedoch nicht zu ihr hin. Ich wollte nicht hinter zweien gleichzeitig her sein, sondern ihnen abwechselnd näherkommen und dann aussuchen, wie ich meine Zeit besser verbringen kann.

Im Vergleich zu früheren Jahren bin ich entschlossener geworden, habe meine Zaghaftigkeit vergessen und meine Schüchternheit verloren. Zudem haben die Mädchen ihren Stolz und ihren Hochmut aufgegeben, da der Preis der Männer und der Bedarf an ihnen während des Krieges gestiegen sind. Ich bin nicht häßlich und kann auf die Liebe, die Wertschätzung und nicht zuletzt die so heiß ersehnte Zärtlichkeit vieler hübscher Mädchen hoffen. Ich werde, das weiß ich, in dieser Zärtlichkeit baden, doch einstweilen gelingt es mir nur selten und im geheimen, in sie einzutauchen, allerdings nur kurz und ohne konkrete Ergebnisse und, was wichtiger wäre, ohne Folgen, die nützlich wären und in Erinnerung blieben.

Doch zurück zu meiner Erzählung. Die Freundin von Anja, der ich unterwegs begegnete, konnte nichts Genaues über ihren Verbleib sagen, und ich machte mich schon auf, um nach Hause zu fahren, als ich Anja sah, die mir auf dem Fahrrad entgegenkam. Ich hielt an, wartete. Sie nickte mir zu und fuhr weiter, als sei gar nichts gewesen, dann stieg sie vom Gefährt, ging zu den Offiziersschülern und unterhielt sich mit ihnen. Mein Stolz gestattete es nicht – eine letzte Runde, und ich trat mit aller Kraft in die Pedale, strebte nach Hause.

Damit habe ich soweit abgeschlossen, doch werde ich weiterhin am See sein und in dem malerischen Lager der Russinnen, von denen heute viele bereits nicht nur Ehre und Anstand verloren haben, sondern auch ihr menschliches Antlitz, das in dem Ozean der Verderbtheit und des Schmutzes versunken ist, der ganz Europa während des Krieges in wüsten Wellen überschwemmte.

Mit den deutschen Frauen stimme ich ideologisch und moralisch nicht überein. Es gibt hübsche, ja sogar Schönheiten unter ihnen, doch vermögen sie es nicht, mich wirklich zu berühren und meine Gefühle durch Liebe und Geist in Wallung zu versetzen. Sie lehnen Zärtlichkeiten nicht ab, wie sie ja allgemein nichts ablehnen.

23. 7. 1945*
Ich vegetiere irgendwie, bin in einer fast sattbürgerlichen Stimmung, verspüre keinerlei Drang zu irgend etwas. Ich wünsche mir etwas nur schwer in Worte zu Fassendes. Träume von etwas Höherem, Eindrücklichem, voller Kontraste und ganz erfüllt von Wohl und Wärme. Ich habe es satt, ein fast elendiges Leben zu fristen, allenthalben Not, Erniedrigung und Betrug zu erdulden.

24. 7. 1945
Gestern schälte ich in der Kantine Kartoffeln. Heute habe ich Dienst im Regiment aufgebrummt bekommen.

Es gibt hier eine bestimmte Kategorie Menschen, die stets versuchen, um die Dienste, Übungen und Appelle herumzukommen, sie werden »Satschki« [Drückeberger] genannt. So bin ich dann heute an ihrer Stelle in die Wache geraten, doch der jetzige Dienst ist günstig für mich. Der Kommandeur der Kompanie hat mir versprochen, mich nach dem Dienst drei Tage von allen Diensten und Übungen freizustellen. Ich werde nach Berlin fahren. Selbst wenn ich es bereuen werde.

26. 7. 1945
Später Abend. Das launische, ausgelassene Schicksal spielt mit mir auf grausame Weise. Es macht ihm Spaß, mir Unannehmlichkeiten zu bereiten. Wie oft schon hat es mich, mit meiner Zerstreutheit spielend, von meinem Tagebuch, den Gedichten, Notizen, der Prosa und den Kladden getrennt, mal für einen Augenblick, mal für ganze Stunden oder Tage.

Heute habe ich beim Schneider meine Gedichte und alles andere, was zu meinen literarischen Versuchen gehört, liegenlassen.

---

* Datum von Gelfand nachgetragen.

Ich bin zum Baden an den <See> gegangen, gabelte unterwegs zwei {Frejlin} auf und war dann nicht so recht froh darüber. Ich war mit einem Freund unterwegs, Michel, einem jungen Kerl von herkulischem Körperbau. Beide Mädchen hängten sich an mich, sie hatten es eilig, zum Tanz zu kommen und zogen uns hinterher. Ich übergab Michel eine der beiden und versuchte die Deutschen dazu zu überreden, mit uns die entgegengesetzte Richtung einzuschlagen, zum See hin.

Unseren ganzen Weg werde ich jetzt nicht beschreiben. Beide Mädchen wurden mir unterdessen wegen ihrer geschminkten Lippen, ihrer Affektiertheit und vor allem, weil sie mich so mochten, zuwider. Wir mußten einen steilen Abhang hinunter, und sie ließen sich kräftig bitten. Ich winkte ab, überwand das Hindernis und befand mich bald am See, während Michel für uns beide die Rolle des galanten Kavaliers übernommen hatte und ihnen über den Damm half, der vor dem See liegt.

[Anfang August 1945]
Es ist mein heimlicher, quälender Traum, wenigstens einmal noch Berlin zu sehen, Berlin zu spüren, nicht als lodernde Frontstadt, sondern als nach dem Kriege schon etwas erholten Giganten, der durch seine Einwohner beschämt und erniedrigt worden war und der sich jetzt sklavisch vor den Ausländern verbeugt und den sowjetischen Menschen, den russischen Kriegern all seine Tore öffnet, vom Brandenburger Tor bis hin zur letzten Pforte am Rande der Stadt.

6. 8. 1945 Berlin, Umland
Liebe Mamotschka!

Du machst mir weiterhin nichts als Vorwürfe, bist gekränkt, wann wirst Du endlich mit mir zufrieden sein?

Ich habe Dir ein zweites Päckchen geschickt. Mit dem Geld ist es schwierig. Es sind mir einige Tausend gestohlen worden. Jetzt, wo ich in der Reserve bin, verdiene ich nicht sehr viel und nur Mark, bar auf die Hand, so daß ich einstweilen nichts schicken kann.

Ich werde hier nicht länger als einen Monat bleiben, und falls ich nicht versetzt werde, komme ich unbedingt nach Rußland. Mit Brie-

fen bin ich reichlich im Rückstand und wage es kaum, mich zu rechtfertigen – es liegt an Berlin, das ich ein bißchen kennenlernen wollte. Ich habe mir den Reichstag angesehen, den {Dom}, die Reichskanzlei und andere Ruinen.

Auf dem Reichstag habe ich übrigens eine Inschrift hinterlassen:

> Auf dem Balkon eines Berliner Hauses
> Steh' ich mit den Kameraden
> Und schaue und spucke auf Deutschland
> Auf Berlin, das besiegte, spuck' ich.

Nur von Papa, Tante Anja und von Dir erhalte ich Briefe und das an die alte Adresse (der Postmann der Einheit, in der ich vorher diente, schickt sie weiter).
Ich küsse Dich herzlich. Bleib gesund. Wladimir.
Grüße Olja, Onkel Ljussja von mir und alle, die es interessiert. Sie sollen schreiben.

7. 8. 1945[*] Ein Vorort von Berlin – Rüdersdorf
Eine ungewöhnliche Situation. Sitze in einem Baum im Hof der Kantine und warte auf einen Film, den Titel weiß ich nicht.

Mein Leben hat sich auf interessante Weise entwickelt: Es gab eine Menge Erlebnisse, freudige, traurige, seelische Erschütterungen, Mißerfolge und ein Ende nach dem Motto: »Alles Schlechte hat auch sein Gutes.«

Ich habe es nicht geschafft, mir Berlin anzusehen. Habe nur im Vorbeifahren einige flüchtige Blicke auf die Stadt werfen können.

9. 8. 1945
Heute ist ein Tag der Ereignisse – großer, über alles herausragender Ereignisse. Alle meine Pläne, alle Erwartungen sind durcheinandergeraten, haben sich urplötzlich vermengt, so daß ich jetzt nicht imstande bin, sie auch nur einigermaßen zu ordnen.

Das bedeutendste Ereignis war die Nachricht von einem neuen Krieg, von der Eröffnung des fernöstlichen Kriegsschauplatzes

---

[*] Datum von Gelfand nachgetragen.

zwischen der Sowjetunion und Japan. Gewöhnlich eilen Gerüchte den Ereignissen voraus und bereiten die Menschen, indem sie ihren Verstand bereits lange vor den tatsächlichen Ereignissen wachrütteln, darauf vor, das Geschehene nüchtern aufzunehmen.

Und so war es auch diesmal. Etwa sieben bis zehn Tage vor der heutigen Mitteilung hatte irgend jemand das Gerücht in Umlauf gesetzt, die UdSSR habe Japan den Krieg erklärt, und es wurde aufgegriffen und in einem Flüsterton, der etwas Geheimnisvolles ahnen ließ, weitergetragen. Man wollte es glauben und dann wieder doch nicht. Es waren schließlich gestandene Männer verschiedener Ränge, die es erzählten und die konnte man unmöglich als Gerüchtetreiber bezeichnen.

Um mich zu vergewissern, ging ich in den Klub und fragte dort leise herum. Man schimpfte nicht mit mir, wunderte sich nicht über meine Frage, da man sich das gleiche auch schon gefragt hatte, das Radio hatte nichts Wichtiges berichtet. Und jetzt schon zum zweiten Mal [diese Frage].

In der Kantine wartete ich lange auf mein Frühstück, es kam nicht. Ich nahm mir also eine Zeitung. Da gab es Nachrichten, zwar nicht die allerfrischesten, aber immerhin interessante. Als ich zurückkam, hörte ich, daß alle über Japan redeten. Wie ein Blitz durchfuhr es meinen Kopf: Sollte es wirklich wahr sein? Und ich fragte rundum nach. Selbst die Scherzbolde und Grobiane antworteten jetzt ernsthaft und höflich: »Die UdSSR hat Japan den Krieg erklärt. Wir kämpfen jetzt gegen die Japaner. Molotow hat dem japanischen Botschafter erklärt, daß wir beschlossen haben, gegen die Japaner Krieg zu führen.« [52]

Jetzt ist es wahr geworden. Ich freue mich, bin aber auch alarmiert. Der Krieg wird nicht lange dauern, das ist jetzt schon so klar wie nie zuvor. Japan ist schwächer als Deutschland, und die Verbündeten sind wesentlich mächtiger als früher. Es gibt Vermutungen, wie lang der Krieg dauern wird – drei Monate. Andere meinen, die Japaner seien zwar schwächer, würden uns aber das Leben trotzdem schwer machen. Das waren pessimistische Stimmen, und sie waren recht verbreitet.

Einige haben fast geweint: »Wir haben so lange gekämpft, und jetzt müssen wir wieder ran. Wir kommen aus diesem Krieg gar nicht mehr raus.« Die Stabsleute freuten sich – die werden ja nicht an die Front geschickt. Die Raufbolde und anderes anarchistisch gesonnenes Pack verhehlten ihren Mißmut nicht: »Jetzt geht's wieder los mit Sturmangriffen und Strafbataillonen ... Wieder dieser Drill.« Und sie verzogen unzufrieden das Gesicht.

Ich aber freute mich. Jetzt werden wir es den Japanern zeigen. Ich hatte keine Angst, beschloß allerdings, nicht wieder der Dumme zu sein und mich nicht zum Dienst an der Front zu drängen, und wenn ich gehe, dann als Politarbeiter, um nützlich zu sein und mich überall an der Front, nicht nur bei meinen Kampfgefährten, sondern auch bei den Vorgesetzten bemerkbar zu machen, die das dann einzuschätzen haben. Jetzt ist es an der Zeit, ausgezeichnet zu werden. Ich habe genug gekämpft, das kann man wohl sagen.

Das waren zwar recht unredliche Gedanken, aber dafür berechtigte. Für mich war in diesem Moment nicht so sehr die Bändigung der japanischen Aggression wichtig als vielmehr die Kraft und das Gewicht der Stimme unseres großen, herrlichen Staates, auf die bereits jetzt nicht nur die Freunde und Verbündeten der Sowjetunion hören, sondern auch die Feinde und die Neutralen weltweit.

Dieser Krieg hat uns weder Niederlage noch Armut oder Elend gebracht, sondern eine Mächtigkeit, Kraft und Größe, die alle Erwartungen übersteigt. Kein anderes Land hat soviel für die Festigung des Weltfriedens getan wie das unsrige. Kein anderes Volk hat soviel Opfer gebracht, soviel Schwierigkeiten überwunden wie das sowjetische. Deshalb wäre es ungerecht, wenn die anderen Länder ohne unsere Beteiligung mit Japan abrechneten und wir bei ihrem Sieg außen vor blieben; wo doch unsere Interessen keineswegs in geringerem Maße als die der Verbündeten mit der derzeit herrschenden Situation im Fernen Osten im Konflikt stehen. Wir haben —

Das zweite Ereignis war der neue Befehl Marschall Shukows, des Oberkommandierenden der Front.[53] Dieser Befehl ist unter den derzeitigen Bedingungen äußerst angebracht und notwendig, doch sprechen mir einige Momente, die er enthält, nicht ganz aus dem Herzen.

Es gibt hier viele Störenfriede und Provokateure, die verschiedenste Zwischenfälle, Streit und Prügeleien verursachen – das sind Feinde und Halunken. Gegen sie muß man hart vorgehen und sehr strenge Maßnahmen ergreifen. In unseren Reihen darf es keinen Platz für Leute geben, die die Rote Armee in den Augen Europas in Verruf bringen, die bei dem fortschrittlichen, kulturbewußten russischen Volk, das uns als seine Vertreter nach Deutschland entsandt hat, Ablehnung und Empörung hervorrufen. Diese Bastarde müssen gnadenlos aus unserer Mitte entfernt werden, permanent, täglich gezüchtigt werden. Doch was hat das mit dem unschuldigen Soldaten zu tun, der stets in seiner kämpfenden Armee gedient hat und dem Kampf für die Sache des Volkes so viel geopfert hat, seine Jugend, seine Gesundheit, sein Wissen, alles, was ein Mensch nur geben kann.

Jetzt ist es Zeit, etwas auszuruhen, das zu sehen, was man noch nie gesehen hat – die Welt des Auslandes –, und das kennenzulernen, von dem man so wenig wußte und von dem man keine klare Vorstellung hatte – das Leben, die Sitten und Bräuche im Ausland –, und schließlich auch in die Stadt zu gehen, Leute zu sehen, sich zu unterhalten und umherzufahren, ein winziges Stück Lebensglück (wenn es das denn geben sollte in Deutschland) zu genießen.

Es ist uns verboten, mit den Deutschen zu sprechen, bei ihnen zu übernachten, einzukaufen. Jetzt verbietet man uns das letzte – sich in einer deutschen Stadt aufzuhalten, durch die Straßen zu gehen, die Ruinen anzuschauen. Nicht nur den Soldaten, auch den Offizieren. Das kann doch nicht sein! Wir sind Menschen, wir können nicht in einem Käfig sitzen, um so mehr, als unser Dienst nicht am Kasernentor endet und die Bedingungen und das Leben in den Kasernen uns bereits, verflixt noch mal, zum Halse raushängen. In der Armee ist jeder nur für sich selbst verantwortlich, und ich werde das jetzt auch versuchen.

Was ich will? Freiheit! Die Freiheit zu leben, zu denken, zu arbeiten, das Leben zu genießen.

Jetzt ist mir alles genommen. Der Zugang nach Berlin ist mir verwehrt. Man darf nicht einmal ohne Erlaubnis die Kompanie verlassen. Wieder Übungen, erneut Kontrollen. Alles wieder da, ganz wie im Krieg. So langweilig und so ermüdend für die Seele. Das ist der Sinn des Befehls oder der Bedingungen, die er herstellt.

Einstweilen habe ich beschlossen, nicht mehr nach Berlin zu fahren. Bis zu einem bestimmten Datum wird streng patrouilliert (laut jüngstem Befehl Marschall Shukows bis zum 15. dieses Monats). Doch ich sollte unbedingt schnell in die Stadt, um meine Photographien und Portraits abzuholen, sonst sind sie alle weg.

Wenn es nicht diesen letzten Umstand [die Kontrollregelung] gäbe, den ich auch als ein Ereignis für mich bezeichnen kann, hätte ich wohl am 10. 8. in Berlin sein können, um meine Sachen zu regeln, doch … Überraschend hat man uns verkündet, daß wir zum 3. Schützenbataillon versetzt werden. Es gab den Befehl, zu packen und am Tor mit den Sachen auf die Wagen zu warten.

12. 8. 1945
Der heutige Tag ist umsonst vergangen. Und bei der Analyse, warum die Zeit ziellos verstrich, kam ich zu dem Schluß, daß meine alte und schlechteste Gewohnheit, mich in Kleinigkeiten zu verzetteln, Begonnenes fast niemals zu Ende zu führen, schuld daran ist. Ich hatte meinen Tag nicht im voraus überdacht, meine Zeit nicht geplant und mir keine bestimmten Ziele gesetzt. Daher dann auch solche Folgen.

Morgens hatte ich mich darangemacht, Knöpfe für meine Uniformjacke aufzutreiben – ich hatte beschlossen, mich etwas herauszuputzen –, aber ich habe nichts Passendes gefunden und lediglich einige Stunden mit dem Packen der Koffer verplempert sowie mit der Suche nach meinem offenbar unwiederbringlich verlorengegangenen Füllfederhalter, an dem ich so gehangen habe. […]* Nach dem Mittag, bevor ich mein Zimmer aufräumte, hatte ich vor, mich zu waschen, das war dringend nötig, aber dann tauchte ein noch verlockenderer Gedanke auf: mich in Zivil zu kleiden. Bis zum Abendessen war ich mit meiner neuen Garderobe beschäftigt. Danach ein Spaziergang durch die Stadt: eine Bekanntschaft, wir scherzten, machten uns über die Russen, die Deutschen und über uns selbst lustig; eine Begegnung mit einem

---

* Unleserlicher Satz.

russischen Mädchen, das ich für eine Deutsche hielt und auf deutsch ansprach, sie erkannte mich dennoch als Russen und antwortete in meiner Muttersprache, wodurch sie mich in Verlegenheit brachte. Es ist schon (oft) vorgekommen, daß mich die Einheimischen und auch unsere Soldaten für einen Deutschen hielten.

13. 8. 1945 Berlin, Vorort
Mamotschka!
Ich erhalte immer mehr Briefe, die von allen möglichen Vorwürfen gegen mich strotzen. Daß ich weniger schreiben würde, daß ich einmal versucht habe, Dich mit Papa zu versöhnen (jetzt habe ich verstanden, daß das wohl unmöglich ist!), und schließlich der verletzendste und ungerechteste Vorwurf, daß ich Dich nicht mehr lieben würde. Ich möchte diese Deine für mich unverständlichen Zweifel auf immer zerstreuen, da es sich eindeutig um grundlose und voreilige Mutmaßungen über Veränderungen handelt, die angeblich mit mir geschehen sind. Muß ich Dir denn meine Ergebenheit und meine unendliche Sohnesliebe jetzt in Briefen beweisen, wo Du sie doch in unserem Briefwechsel während des Vaterländischen Krieges gegen Deutschland und auch anderweitig so deutlich hast spüren können. Ich habe in Berlin jetzt eine große Portraitaufnahme von Deinem Photo in Auftrag gegeben, das ich von zu Hause mitgebracht hatte, habe mich eigens photographieren lassen und Dir in den Briefen viele Photos geschickt. Ich schreibe seltener, doch keineswegs, weil ich nicht schreiben möchte, sondern weil der häufige Wechsel der Einheiten und Adressen es verhindert, den regelmäßigen Briefwechsel mit Dir aufrechtzuerhalten. Heute hat sich übrigens meine Adresse wieder ein wenig geändert, denn ich bin in einer neuen Einheit mit dem Buchstaben G statt W. Schreibe also bitte künftig an die neue Adresse, wie sie auf dem Umschlag steht. Außerdem möchte ich Dich bitten, nicht so heftig auf meine unbestimmten und bislang undurchführbaren Bemerkungen hinsichtlich meines weiteren Lebens zu reagieren. Versteh doch, daß ich durchaus nicht frei über mich verfügen und mein Leben so planen kann, wie ich es möchte, da ich vollends von äußeren Umständen und den Wünschen und Entscheidungen der Vorgesetzten abhängig bin, schließlich bin ich in der

Armee, und Du solltest das verstehen und es Dir so eingehend wie möglich vergegenwärtigen. Für Deine Bitte, so schnell wie möglich nach Hause zu kommen, Urlaub einzureichen und ähnliches gibt es keine reale Grundlage. Ich wiederhole: Ich bin in jeder Hinsicht abhängig. Um so befremdlicher ist es für mich, daß, sobald mir ein Wort über eine mögliche Rückkehr nach Rußland entschlüpft, Du sofort schreibst, ich solle mich nicht mit zu vielen Koffern abschleppen, den genauen Tag, ja die Stunde meiner Abfahrt nennen usw., als ob ich bereits fahren würde oder wüßte, daß ich fahren werde.

Deine von kleinlichen Vorwürfen durchsetzten Bemerkungen über mein Äußeres sind sehr verletzend. Weißt Du denn nicht, daß ich kein Kind mehr bin und bereits über einige Lebenserfahrung verfüge? Weshalb drohst Du mir, daß ich Dir nicht mehr gefallen würde und Du mich nicht mehr lieben würdest, wenn ich mir nicht die Haare schneiden, den Schnurrbart abrasieren werde usw. – oder stimmt das etwa nicht? Erinnere Dich daran, wie Du selbst dagegen aufbegehrt hast, daß sich Großmutter in Dein Leben einmischt. Ich habe nicht das geringste dagegen, wenn Du mir nützliche Ratschläge gibst und Anmerkungen machst, aber Befehle, Befehle bekomme ich hier schon zur Genüge! Wenn ich Deine Bemerkungen über mein Äußeres lese, darüber, daß ich abgenommen habe, daß mein Photo Dir nicht gefällt, dann will mir sogar scheinen, als habest nicht Du das geschrieben, denn ich kann nicht ...

Der Postmann ist da – ich muß den Brief unvollendet abschikken.

13. 8. 1945* Hennigsdorf
Bei der Politinformation. Der Dozent ist schwach und kennt sich in politischen Fragen kein Stück aus. Er ist als Dozent fehl am Platze, und sein Vortrag klingt daher schlimm. »Der Abzug der Deutschen aus Polen ...« – anscheinend wollte er »Evakuierung« sagen, »die Konferenz beschloß die Schaffung von Ministern der drei Staaten« und anderer Schwachsinn. Langweilig. Als er fertig war, fragte er, was wir noch wissen wollten. Ich hob die Hand: »Den Namen des Dozenten«, und alle lachten los.

* Datum von Gelfand nachgetragen.

Heute wurde der Frontbericht des Sowjetischen Informationsbüros verlesen. Die Japaner werden weiterhin von unseren Truppen geschlagen, und wir rücken immer tiefer auf ihr Territorium vor.

14. 8. 1945*

In Deutschland ist jetzt die Zeit des Regens und der Tränen angebrochen. Die Deutschen jammern über das Essen, über den Dreck, trauern den guten alten Zeiten nach, als es alles noch im Überfluß gab. Und der trübe deutsche Himmel überschüttet die finsteren Gebäude auf deutschem Boden in solchen Mengen, als wolle er ganz Deutschland in einem unaufhaltsamen Wasserstrom auflösen. Diese Begegnung mit der deutschen Natur ist für mich sehr unangenehm. Die ist so grau und abweisend – ganz wie eine Stiefmutter!

Mit dem heutigen Tag bin ich zufrieden, allerdings nicht rundum, da ich nicht alles, was ich mir gestern für heute vorgenommen hatte, geschafft habe, aber immerhin ... Ich habe vier Briefe geschrieben. Ausführliche. Habe etwas Turgenjew gelesen und auch zur politischen Bildung: »Kurzer Lehrgang der Geschichte der Partei« von W. Wolossewitsch, eine Ausgabe von 1926,[54] und Zeitungen.

Es gab eine Parteiversammlung, auf der ich von meinem Platz im Saal aus Kritik vorbrachte. Eine Rede habe ich nicht gehalten, da die Kommunisten müde waren, nachdem sie so viel dummen Unsinn einer ganzen Reihe von Rednern hatten anhören müssen, so daß man unwillkürlich mit den Zuhörern Mitleid bekam, und ich mich auch nicht meldete, um nicht, Gott bewahre, von den Reden angesteckt und beeinflußt, selbst noch irgendwelchen Unsinn von mir zu geben.

Abends begegnete ich nach der Versammlung wieder Shenja, dem schönen Mädchen, das in der Kantine arbeitet. Das erste Mal hatte ich sie vor etwa einem Monat getroffen und versucht, mich ein wenig in sie zu verlieben und ihr den Hof zu machen, aber einmal, um 12 Uhr nachts, als ich sorgsam über sie gewacht und

---

* Ursprünglich 12. 8.

sie im Hof der Kantine erwartet hatte, da sah ich sie mit einem Major, und später noch mit zwei Offizieren, mein Herz kühlte merklich ab, und ich war bemüht, nicht mehr an diese blauäugige Schöne zu denken. Später sagte man mir, daß ein Leutnant, ein Tatare, sie betört und [...]* weit weg entführt habe und daß der Major, der sie hierher gebracht hatte, sich von ihr abgewandt und sie schließlich vor die Tür gesetzt habe.

So kam sie zum dritten Bataillon, wo ich ihr jetzt häufig in Freiheit begegne. Sie verbeugt sich immer nett und entgegenkommend, bedauert anscheinend, daß aus unserer Bekanntschaft und Freundschaft nichts geworden ist. Jetzt hat sie mir gerade breit und voller Zuneigung aus einem Fenster ihres Hauses zugelächelt, doch ging ich vorbei, erinnerte mich meines Stolzes und meiner männlichen Würde und dachte gleichzeitig beunruhigt an die Erkrankung der Haut, die —

14. 8. 1945 Ein Berliner Vorort
Heute, liebe Tante, möchte ich Deine letzten beiden Briefe so ausführlich wie möglich beantworten.

Ich wohne unweit von Berlin, bin vor kurzem dort gewesen, habe es jedoch nicht geschafft, mir die Stadt richtig anzuschauen, und ich weiß auch nicht, ob es mir noch einmal gelingen wird (ich habe die Stadt bisher nur im Gefecht gesehen und danach, in den ersten Tagen nach dem Sieg über Deutschland), durch ihre Straßen zu spazieren: Das Reglement, das hier überall herrscht, ist streng und mein Alltag äußerst freudlos, denn man darf nirgends hingehen oder -fahren, selbst in der Ortschaft, wo wir einquartiert sind, darf man nicht einmal über die Straße gehen ohne eine Freistellung mit Unterschrift und Stempel, und eine solche Bescheinigung ist unter den Bedingungen hier kaum zu bekommen. Wie dem auch immer sei, leben möchte man trotzdem. Das Herz strebt nach Freiheit, und der findige Verstand sucht ständig nach Neuem.

Ich plane einen selbstgenehmigten Freigang, weiß aber noch nicht, wie ich das anstellen soll. In Berlin habe ich eine Menge Portraits bestellt, ich hatte mich in Zivil und in Uniform photographieren

---

* Unleserliches Wort.

lassen und muß jetzt die Bestellungen dort abholen. Außerdem kann man dort im Geschäft Lebensmittel kaufen, damit ist es jetzt bei uns nicht weit her, obwohl es in den anderen Einheiten, soweit ich das sehen konnte, mit der Verpflegung zum besten steht.

Was die Unannehmlichkeiten angeht, so hast Du recht, daß sie im Leben des Menschen überwiegen. Ganz besonders in meinem. Aus diesem Brief können mir Unannehmlichkeiten entstehen, denn Schwatzhaftigkeit ist keine gute Eigenschaft des Menschen. Daher schreibe ich in den Briefen nicht immer über alles.

Bitte antworte bald. Ich küsse Dich, Dein Wowa.

14. 8. 1945
Sei gegrüßt, mein lieber Papa!

Mit großer Freude lese ich immer wieder Deine Zeilen und vermag Dir gar nicht zu sagen, wie dankbar ich für Deine Aufmerksamkeit und Deine vielen Briefe bin.

Ich schicke Dir noch eine Photographie. Fasse Dich in Geduld, warte auf mich, und ich versichere Dir, daß unser Wiedersehen unbedingt noch in diesem Jahr zustande kommen wird. Ich kann Dich nicht hierher einladen, da ich nicht weiß, wo ich morgen sein werde oder ob ich überhaupt eine feste Stellung haben werde.

Die Hoffnung auf eine baldige Ankunft in der Heimat bleibt bestehen, aber darüber hinaus kann ich nichts fest versprechen. Ich bin jetzt in der Reserve. Über mich kann ich folgendes berichten: Ich bin Kommunist (Mitglied der KPdSU(B)), wurde mit dem Orden »Roter Stern« ausgezeichnet und werde noch drei andere Medaillen erhalten, ich habe viele [Danksagungen] erhalten. Davon habe ich niemandem geschrieben, selbst Mama nicht, da ich mich nicht loben mag, doch hielt ich es für nötig, Dir davon zu berichten. Was meine persönlichen Eigenschaften anbelangt, so kann ich nichts Erfreuliches sagen: Ich bin zerstreut, unaufmerksam, schaffe es nicht, meine Zeit zu planen, bin nervös und nicht sehr umgänglich. All dies schafft eine für mich unerträgliche Lage, insbesondere für mein Leben in einem Kollektiv wie dem unserer Rotarmisten. Wenn dies nicht so wäre, hätte ich jetzt viele Auszeichnungen und großen Ruhm geerntet. Mein großes Unglück ist, daß ich nicht mit den Leuten auszukommen ver-

mag, ich möchte allen die Wahrheit beweisen und tue das auch ständig.
Bleib gesund, ich küsse Dich, Wowa.

15. 8. 1945*
Heute ist es so neblig, wie ich es in Deutschland noch nie erlebt habe. Schon auf 5 bis 10 Schritt kann man einander nicht mehr erkennen.

Im Politunterricht heißt das Thema »Japan«. Beim Appell werden alte Lieder aus dem Fernen Osten gesungen: »… und ihr Feldzug fand sein Ende erst am Stillen Ozean« und »Von den japanischen Samurai«. In der Kantine, auf den Zimmern, auf der Straße und selbst in der Toilette – überall nur ein Thema: Japan und der Krieg gegen diese räuberisch aggressive Macht, die jedoch bereits wankt und die sich vor unserem Land** seit ihren ersten Schritten auf dem pazifischen Kriegsschauplatz fürchtet. Man muß dazu sagen, daß wir in fünf Tagen Krieg mehr erreicht haben als China und seine anglo-amerikanischen Verbündeten in Jahren. Unsere Macht ist zweifellos ein stärkerer Faktor auf den Schlachtfeldern und auf dem diplomatischen Parkett als jede Atombombe, die im Ausland erfunden wird. Davon hat sich jetzt die ganze Welt überzeugen können.

Die Vorträge des Unterleutnants im Politunterricht sind gut und schön, es ist angenehm, ihm zuzuhören. Gerade eben hat er jene Nachricht verkündet, die von irgendwelchen Provokateuren oder Intriganten, oder sogar von ganzen Banden solcher Kerle, als Ente auf die Massen losgelassen wurde und während des kurzen sowjetisch-japanischen Krieges ständig als Gerücht umherschwirrte und die Leute schon mehrfach völlig verunsichert hatte. Japan hat die Bedingungen seiner Kapitulation akzeptiert. Der Kaiser des Großen Sonnenreiches hat den Streitkräften befohlen, den Widerstand einzustellen und sich auf Gnade und Ungnade zu ergeben. Da ist sie, die Kraft der mächtigen Sowjetunion! Was kann ich dem noch hinzufügen?

* Datum von Gelfand nachgetragen.
** Die folgende Passage bis zum Ende des Absatzes wurde später hinzugefügt.

So erleben wir also einen weiteren grandiosen Sieg! Frieden auf der ganzen Welt, und dahinter steht die Mächtigkeit, der erhabene Glanz, die Freiheitsliebe, der Reichtum der Ideale der großen, friedliebenden Familie der so zahlreichen sowjetischen Völker, der kommunistischen Partei, die einen unschätzbaren Beitrag für die Erlangung dessen leistete, wovon die besten Söhne der Menschheit über Jahrhunderte geträumt haben!

Wahrlich, in welch unvergleichlicher Zeit ist es mir beschieden zu leben und zu arbeiten. Erst jetzt, nach dem Krieg, verspüre ich in meinem Herzen in vollem Umfang und mit aller Deutlichkeit die Großartigkeit dieses historischen Augenblicks.

Zu Ehren der Beendigung des letzten Krieges auf diesem Planeten beschloß ich, ein Gedicht zu verfassen. Als es schon fast gelungen war, las ich es laut. Ein Leutnant schnappte es von der Straße aus auf und kritisierte und verlachte es. Er redete streng und hatte in vielem recht, so daß einige seiner Sätze mein Herz besonders empfindlich trafen und meinen Kopf heftig bestürmten. Er sagte, was ich bereits mehrfach von dem verstorbenen Ssadowkin gehört hatte. Sinngemäß: ich solle das Schreiben aufgeben und die Literatur vergessen, weil ein Studium des Kriegshandwerks das beste für mich sei und ich anderenfalls zu einem Leben in halbem Elend verurteilt sei, dazu, die Krümel vom Tisch aufzusammeln, stets hungrig zu sein, keine eigene Heimstatt, Familie und Glück zu haben: »Dichter werden immer in sehr jungen Jahren berühmt, aber du bist schon 22, und dich kennt bis jetzt noch niemand, und wie viele Zeitungen ich auch gelesen habe, deinen Namen habe ich in ihnen nicht gefunden.«

Das stimmte zwar nicht ganz, war aber im allgemeinen richtig, und ich begann an mir zu zweifeln und war in sehr bedrückter Stimmung. Um so mehr, als er das alles vor Publikum sagte. In den Fenstern waren einige Offiziere zu sehen und lachten begeistert, einige wieherten vor Vergnügen und stimmten dem Sprecher zu. Zusätzlich begann der, Grimassen zu schneiden, Witze über schlechte Dichter zu erzählen, zum Beispiel: »Ein junger, aber unbegabter Dichter wußte lange nicht, wie er in einem Gedicht die Verszeile ›Der Mond hat sich hinter Wolken verzogen ...‹ fortführen soll, und beschloß, sich an Puschkin um Hilfe zu wenden. Auf die Frage des genialen Dichters, was der junge Autor denn wolle, trug dieser zweimal ›Der Mond hat sich hinter Wolken verzogen ...‹ vor und fragte dann, was er schreiben könne. Da antwortete Puschkin: ›Der Mond schaute hinter Wolken hervor, erblickte einen dichtenden Tor und zog sich – es sei sein Glück! – eilig hinter eine Wolke zurück.‹« Nicht ganz gelungen, der Witz, das stimmt schon, aber dennoch recht bezeichnend für diesen lachenden Genossen, der mich mit diesem Witz ironisch abgetan hatte.

Ich stand nicht am Fenster, wohin jetzt alle schauten. Ich war in die Ecke gegangen, faßte mich an den Kopf und hörte mir aufmerksam, wenn auch nicht ohne Grimm und Schmerz, die Prophezeiungen des Leutnants und das Gelächter der Kameraden an. Wie grausam und ungerecht die Leute doch sind, und wie sehr es ihnen gefällt, ihrem Nächsten das Leben zu vergällen. Das Schicksal ist ganz ähnlich: Es scherzt und lacht ebenfalls gern, es ist böse und richtet seine Gewalt gegen die Persönlichkeit besonders solcher Geschöpfe wie mich.

17. 8. 1945
Gestern nacht wurde im Radio mitgeteilt, daß die Japaner an allen Fronten zum Gegenangriff gegen unsere Truppen übergegangen sind. Da haben wir sie, die unerhörte Hinterlist der japanischen Militaristen. Viele hatten ja gestern noch geglaubt, daß der Krieg beendet sei. Ich habe beschlossen, an die Front zu gehen. Hier gibt es nichts für mich zu tun, und erneut ist die Heimat bedroht.

Für die Engländer hat es einen aufschlußreichen Zwischenfall gegeben. Sie sind über Japan geflogen, waren aber sorglos in der Annahme, daß der Krieg für sie zu Ende sei. Doch die japanischen Raubtiere, die ja ihre Kapitulation erklärt hatten, griffen die Piloten trotzdem an und haben fast alle abgeschossen. So ist das, wenn man sich in Träumen, im Glauben, in Hoffnungen auf etwas wiegt, was gar nicht besteht.

Gerade ertönten zwei laute Detonationen aus Richtung Hennigsdorf, zwei graue Rauchwolken waren über den Häusern zu sehen. Es war wie im Krieg, als ob unerwartet Schüsse donnern und ein Gebäude langsam in sich zusammenstürzt, bis auf die Grundmauern zerstört. Der Feind schweigt nicht, gibt nicht nach, fügt uns auf Schritt und Tritt Schaden zu. Es gibt keinen Tag, an dem nicht irgendwo irgendwas explodierte und die Erde dort, wo es geschah, vom Donner bebte. Übrigens ist das nun schon kein besonderes Ereignis mehr, sondern eine für diese Gegend bereits ganz gewöhnliche Erscheinung.

Alle sind jetzt in Feld und Wiesen ausgeschwärmt und harren dort aus. Denn in unserem Offiziersregiment sind die »Käufer« eingetroffen, wie sie hier genannt werden. Sie werden uns rekrutieren, wohin wir kommen, ist völlig ungewiß.

Heute fahre ich wieder nicht nach Berlin – es geht nicht. Sie würden mich suchen.

24. 8. 1945
Habe die ganze Nacht nicht geschlafen. Die Sache mit Berlin ist schiefgelaufen. Mein letzter Besuch dort liegt nun schon einige Tage zurück und wurde zum Gegenstand langer und äußerst lebhafter Diskussionen.

Ich habe Phantasiegeschichten erzählt. Erzählte den Offizieren, wie ich eine Offiziersstreife abgewimmelt habe, als ich mit einem General im Wagen nach Hause fuhr (obwohl ich in Wirklichkeit mit seinem Fahrer gefahren war), und daß ich schließlich direkt bei unserem Hauseingang angekommen sei, allein dank der Anweisung des Generals. Dem Kompaniechef gegenüber ist mir dann herausgerutscht, daß ich nach Berlin gefahren war. Er verlangte meinen Dienstausweis und mein Geld und gab sie nicht zurück, ich hatte auch nicht darauf bestanden.

Die Zeit verging. Vorgestern beschloß ich, zum zweiten Mal in dieser Woche jene Stadt zu besuchen, über die ich hoch oben auf dem Reichstag geschrieben hatte:

> Auf dem Balkon eines Berliner Hauses
> Steh' ich mit den Kameraden
> Und schaue und spucke auf Deutschland
> Auf Berlin, das besiegte, spuck' ich.

Auf dem Rückweg gab es keine Schwierigkeiten. Ich habe Stiefel gekauft und eine Uhr im Tausch gegen Lebensmittel aus dem Feinkostladen, für die ich zwar viel Geld gezahlt hatte, die aber auf dem Berliner Markt noch mehr wert waren.

Der Kompaniechef rief mich zu sich, schimpfte lange gemeinsam mit dem Parteigruppenorganisator, drohte, kündigte Strafen an und ließ mich dann gehen, nachdem er seine Drohung wiederholt hatte. Ich nahm mir vor, anders zu leben, zumindest für 10 bis 15 Tage. Eine Wandzeitung herauszugeben, meine agitatorischen Fähigkeiten voll zu entfalten, und zwar so, daß ich in aller Munde sei wie damals bei der 248. Schützendivision, als ich mich ganz der Politarbeit hingegeben hatte. Mit diesem Gedanken verbrachte ich die ganze restliche Zeit bis zum Abend und legte mich dann schlafen.

Sie holten mich aus dem Bett, als es noch ganz dunkel war. Der Kompaniechef ließ mich zum Bataillonsstab kommen. Ich ging hin und mußte dort lange warten.

Drei Offiziere sind gestern nach Berlin gefahren, dort hatte man ihnen die Papiere abgenommen und sie eingebuchtet, sie sollen vor Gericht. Über mich hatte der Kompaniechef alles berichtet, was ihm bekannt war, hatte nichts hinzugefügt und nichts weggelassen. All meine Missetaten – die Fahrten ohne Freistellung – kamen ans Tageslicht. Es wird brenzlig, wie man so sagt. Und als der Bataillonskommandeur mir die Papiere abnahm und zu meinem Schrecken mein Parteibuch verlangte und die Bescheinigungen über Verwundungen und Auszeichnungen, da ließ ich meinen Kopf ganz tief hängen, befürchtete das Schlimmste, mir schwand das Bewußtsein und ich geriet ins Wanken.

25. 8. 1945
Mein lieber Sohn!
Heute habe ich Deine Karte vom 31. 7. 45 erhalten. Mit dieser Karte bin ich nicht ganz zufrieden, da sie schon vor beinahe einem Monat geschrieben ist, und das ist in der heutigen Situation eine lange Zeit. Ich hätte gern Nachrichten von Dir, die wenigstens nicht älter sind als fünf bis zehn Tage. Vor etwa drei Wochen hast Du mir geschrieben, daß sie Dich nach Rußland schicken wollen, daß Du

möglicherweise in die Heimat zurückkommst. Im vorigen Brief hattest Du mir auch schon Hoffnung auf ein baldiges Wiedersehen gemacht, da Dir Urlaub versprochen worden war, und ich hatte mir schon den Kopf zerbrochen über verschiedene »Varianten«, wie ich möglichst bald und möglichst viel Zeit mit Dir verbringen kann, denn mir steht es ja nicht frei, wegzufahren, wann und so lange ich möchte. Aber da jetzt so lange keine Post von Dir gekommen ist, beginnen sich alle meine Pläne völlig in Wohlgefallen aufzulösen, und ich kann mir nicht erklären, wo Du bist und was mit Dir ist. Das einzig Tröstliche an Deiner Karte ist, daß Du wahrscheinlich jetzt mit Lernen beschäftigt bist, denn Du schreibst ja, daß Du inzwischen schon fließend deutsch kannst.

Ich warte mit Ungeduld auf Nachricht von Dir. Bleib gesund und glücklich. Ich küsse Dich. Dein Vater Natan.

[August 1945]
Es wird Zeit, der Klauerei ein Ende zu machen[55]

Es heißt: In jeder Herde findet sich ein schwarzes Schaf! Auch in unserem kleinen Offizierskollektiv gibt es noch etliche Personen, deren Moral und Sittlichkeit alles andere als rühmenswert sind. Man billigt diese Leute nicht, man bringt ihnen kein Wohlwollen entgegen, aber man bekämpft sie auch nicht, man ignoriert sie, als würde man sie nicht bemerken. Das wirkt sich auf das gesamte Leben in unserer Einheit aus. Es gibt Diebe, Spieler und Säufer. Das Beispiel macht Schule. Das Kartenspiel breitet sich immer mehr aus. Hunderte und Tausende Mark fliegen durch die Luft, segeln auf den Tisch und verwandeln sich, wenn sie in der Tasche des vom Glück bedachten Siegers verschwinden, in Wodka, Kölnischwasser oder Spiritus. Dem Verlierer bleibt nichts als der Traum von der Revanche, und er macht weiter, mit letzter Kraft, bis er sein letztes Hemd und seine Uniform verspielt hat.

Gut, wenn er kein Betrüger ist. Andernfalls …

Anzeichen gibt es nicht nur vereinzelt. Vielen Offizieren sind schon Sachen abhanden gekommen. Diebe stehlen, was ihnen unter die Finger kommt. Verschmähen auch Kleinigkeiten nicht: Scheren, Bleistifte, Ansichtskarten. Sie schrecken vor keiner Schäbigkeit zurück, machen Koffer kaputt, brechen Schlösser auf. Und die Masse schweigt, zuckt nur die Achseln und ist im stillen empört. Manchmal wird auf den Parteiversammlungen darüber geredet, aber es bleibt bei Gesprächen und Resolutionen. Die Kommunisten kümmern sich darum, die Komsomolzen kümmern sich darum. Aber die Klauerei geht weiter. Jeden Abend tönt das Gegröhle der Betrunkenen, und die glänzenden Karten blitzen im Schein der Glühbirne – das Leben geht seinen gewohnten Gang. Und wie grau erscheint es bei dem allgemeinen Desinteresse, das die Offiziere seinem Inhalt entgegenbringen.

26. 8. 1945
((Rüdersdorf. Wieder im Regiment, aber nun als freier Posten und nicht als in Ungnade gefallener Leutnant. Übrigens ist das eine wie das andere meinem Herzen gleichermaßen zuwider.))

Womit soll ich die frische Seite meines Tagebuchs beginnen?* Ich würde gern mit etwas Außergewöhnlichem, Spannendem anfangen, aber ärgerlicherweise fällt mir nichts Rechtes ein.

Gerade habe ich den Film »Um 6 Uhr abends nach dem Krieg«[56] nach dem Drehbuch von W. Gussew gesehen. Bin jetzt im Konzert. Die Künstler sind irgendwelche Zivilisten, Mädchen mit einfachen Kolchosgesichtern. Wenn das nicht langweilig wird, hätte ich mich in den Leuten getäuscht. […]**

Als die Künstlerinnen die Bühne betraten, braußten Rufe durch die Reihen: »Deckung!«, »Bombenangriff!«, doch sie wurden vom Applaus übertönt. Das sind die typischen Reaktionen von Soldaten.

Inzwischen ist viel Zeit vergangen. Die Einheit ist von einer Welle von Parteiversammlungen überrollt worden, fast jedesmal stehen Disziplinarangelegenheiten auf der Tagesordnung. Es gibt Offiziersehrengerichte. Die Leitung hat begonnen, sich ernsthaft mit der Bestrafung der Offiziere zu befassen, die sich etwas haben zuschulden kommen lassen, und mittlerweile häufen sich solche Vorfälle in unserem Regiment.

---

* Gelfand beginnt mit diesem Eintrag ein neues Heft.
** Eine Zeile unleserlich.

[2. 9. 1945]
Im Radio die letzten Nachrichten. Heute hat Genosse Stalin auf dem Roten Platz in Moskau verkündet, daß Japan die bedingungslose Kapitulation unterzeichnet hat und in der ganzen Welt der Frieden angebrochen ist.[57] Er gratulierte dem sowjetischen Volk zur Beendigung des Zweiten Weltkrieges. Allgemeiner Jubel hat die Heimat erfaßt. Anläßlich des endgültigen Sieges unseres Staates über Japan werden im Rundfunk Reden berühmter Bürger unseres Landes übertragen, darunter auch eine Rede des greisen Schriftstellers A[lexander] Serafimowitsch[58]. Neues hat er nicht gesagt.

Wir alle denken und fühlen jetzt nur eines: Freude, Glück und noch einmal Glück. Das Radio schmettert Sieg. Eine Verlautbarung nach der anderen über die aufopfernde Arbeit unseres Volkes für die Zerschlagung des Aggressors im Osten – Japan.

Der Zweite Weltkrieg gehört nun der Geschichte an.

[Anfang September 1945]
Heute bin ich zur Ausbildung angemeldet worden.[59] Nachdem man mir einige Tage zugeredet hatte, zeigte die Verlockung, in die Heimat zu fahren, Wirkung, und ich gab nach. Das Herz gewann für einen Moment die Oberhand über den Verstand, und ich opferte meiner Zukunft das kurze Lächeln der Gegenwart.

8. 9. 1945
Sei gegrüßt, mein lieber Freund Wolodja!

Es ist viel Zeit vergangen, seit wir das letzte Mal die Möglichkeit zu einem Gedankenaustausch hatten. Unser Traum von einem Treffen hat sich bislang nicht erfüllt, und so bleibt uns nichts, als unsere Gefühle und Eindrücke weiter auf dem Papier auszutauschen.

Wolodja, Du schreibst, daß Du das Tagebuchschreiben verlernt hast. Ich hingegen habe das Briefeschreiben verlernt. Fast allen, denen ich früher schrieb, schreibe ich seit einiger Zeit nicht mehr. Ich sage, ich habe das Briefeschreiben verlernt – nicht, daß ich es früher gekonnt hätte, aber wenn ich mich früher an einen Brief setzte, hatte ich eine Menge Gedanken, die ich auf dem Papier irgendwie zu-

sammenbringen konnte. Jetzt sitze ich eine ganze Stunde davor und gebe dann auf, ohne ein Wort zu Papier gebracht zu haben. Ich weiß mir das nicht zu erklären. Vielleicht hat sich in diesem Jahr der ewigen Schreiberei alle Energie erschöpft. Dir als meinem Vertrauten schreibe ich, und ich hoffe, Du wirst meinen Brief nicht allzu kritisch aufnehmen.

Wolodja, Du warst doch während des Krieges überall und hast so vieles gesehen. Wenn es Dir keine Mühe macht, schreib mir doch, wie das Leben dort ist und wie der Westen aussieht, erzähl mir von Berlin und seinen Sehenswürdigkeiten.

Über mich gibt es nichts zu berichten, bei mir ist alles beim alten. Der Sommer ist unbemerkt vorübergegangen. Ich war wenig aus, habe dafür viel gearbeitet.

In den nächsten Tagen schreibe ich mehr. Bis dahin wünsche ich Dir das Allerbeste. Ich drücke Dir fest die Hand und grüße Dich herzlichst.

Viele Grüße von meiner Familie. Wowa! Schreib mir – unsere Freundschaft soll nicht verlorengehen.

Nina.

9. 9. 1945
Gestern habe ich den wunderbaren Film »Tscherewitschki«[60] nach einer Vorlage von Gogol gesehen. Darin wird Märchenhaftes mit dem realen Leben glaubwürdig und farbig verflochten. Es gibt eine Menge lustiger Szenen. Der Teufel ist hier fröhlich und stark und nicht immer und nicht zu allen böse. Er erinnert mich in vieler Hinsicht an die Deutschen – wie sie fällt er von einem Extrem ins andere. Zuerst schwelgt er ganz im Bösen, lacht und verhöhnt die Gefühle und Gewohnheiten der Menschen; auch als er in eine unangenehme Lage gerät, verliert er seinen Optimismus nicht und läßt von seinen gemeinen Gewohnheiten nicht ab. Als er bereits dem Tod ins Auge schaut, spürt er zum erstenmal den ganzen Schrecken des Bösen und bettelt kläglich um Erbarmen, und zwar bei dem Menschen, dem er so übel mitgespielt hat. Er gelobt dem Helden des Films, ihm zur Heirat mit Oxana zu verhelfen, die ihm selbst nicht gleichgültig ist, und tatsächlich wird er zum Stifter des Glücks der jungen Verliebten.

Im Epilog ruft er bei den Zuschauern mit seiner wohlwollend-freudigen Miene, die Ausdruck seines Wesens ist, tiefe Sympathie hervor: kein Schatten von Eifersucht, sondern väterliche Wärme angesichts der Hochzeit der beiden Helden.

14. 9. 1945 Caputh, 6 Kilometer von Potsdam
Nun also an einem neuen Ort. Während des ganzen Weges und bei der Ankunft träumte ich davon, daß man mich beim Klub läßt, aber man hat mich absichtlich den ganzen Tag in der Kompanie gelassen, und trotz aller Gespräche und Versprechungen – dieses Mal befinde ich mich in einer ausweglosen Lage.

Ich habe es satt hier, oh, wie habe ich es satt! Ich möchte —

15. 9. 1945
Sei gegrüßt, mein lieber Sohn!
Deine Karte vom 25. 7. habe ich erhalten. Ich bin sehr beunruhigt und weiß nicht, was ich denken soll. Irgendwelche Anspielungen und dunklen Andeutungen. Es ist irgend etwas bei Dir vorgefallen, das merkt man. Was war am Vortag? Was für Veränderungen? Wichtige? Unangenehme? Ich verstehe gar nichts. Und daß ich es nicht verstehe, quält mich sehr. Kannst Du denn nicht wenigstens ein kleines bißchen darüber berichten, was sich bei Dir ereignet hat? Du kennst mich doch sehr gut und weißt genau, daß es niemals nötig ist, etwas vor mir zu verbergen, da mir die bitterste Wahrheit zu erfahren immer lieber ist als die Ungewißheit. Ich bitte Dich sehr, mir gleich zu schreiben, was geschehen ist. Ich bin stets bereit, Freude wie Kummer mit Dir zu teilen.

Bei mir gibt es keinerlei Neuigkeiten. Ich wünsche Dir Gesundheit und Glück. Ich küsse Dich. Dein Vater Natan.

20. 9. 1945
Wowotschka, mein lieber Sohn!
Gestern hatte ich das Glück, Deinen Brief mit dem Photo in Zivil zu bekommen. Prächtig – Du siehst sehr gut aus, gefällst mir sehr. Ich danke Dir sehr für die Freude, die Du mir damit bereitet hast. Auch allen anderen gefällt es sehr. Und noch besser gefällt mir Deine Entscheidung – gut gemacht. Ich bin Dir ganz und gar nicht böse. Ich

wünsche mir sehnlichst, Dich zu sehen, aber wenn das jetzt nicht möglich ist, will ich lieber noch warten, wenn Du meinst, daß es für Dich besser ist.

Ich hatte Dir schon geschrieben, daß Großmutter, Tante Eva, Onkel Senja und Ljamotschka hier sind. Tante Ljuba und Wolodja, Onkel Tolja und Sanja sind noch dort geblieben, sie lassen sie nicht weg. Tante Eva hat Klage eingereicht wegen ihrer Wohnung und wartet, wie es ausgeht. Tante Anja und Onkel Georges sind einstweilen mit Großmutter bei mir, und Olja ebenfalls. Du kannst mich wirklich um diesen Trubel beneiden. Wie auch immer, ich hoffe, daß ich sie alle bald wieder los bin. Vor allem warte ich, daß Du kommst. Tante Anja sucht eine Wohnung und will Großmutter zu sich nehmen, und Tante Eva sagt, wenn es ihr nicht gelingt, eine andere Wohnung zu bekommen, fährt sie nach Magnitogorsk zurück, und Olja zieht ins Wohnheim des Instituts. So mein Lieber, jetzt kannst Du Dir vorstellen, wie es hier aussieht.

Ich erwarte Dich mit Ungeduld. Schreibe mir, bekommst Du Briefe von Papa, wo ist er und was schreibt er Dir? Wie geht es Dir, bist Du gesund, was machst Du? Hast Du zu essen, oder fehlt es Dir an irgend etwas?

Ich schließe mit den allerbesten Wünschen für Dich. Bleib gesund, stark und munter. Ich umarme Dich. Viele, viele herzliche Küsse. Alle lassen Dich grüßen, senden Dir die besten Wünsche und Küsse. Schreib oft!
Deine Mama.

27. 9. 1945[*]

Ich habe ein starkes Gefühl der Eigenliebe. Sehr stark und qualvoll. Aber das Schlimme ist, daß ich mir noch nicht darüber klargeworden bin, für wen qualvoll, für mich oder für die anderen. Was ist akzeptabler, und was entspricht meiner Selbstliebe mehr? Ich bin ja wirklich ein selbstverliebter Typ, aber mein schlechtes Gedächtnis macht mich zu einem treuherzigen, etwas einfältigen Menschen. Die Leute sehen und spüren das sehr wohl, ohne es offen auszusprechen, denn nicht böse und arglistig bin ich in

---

[*] Späterer Randvermerk: Für die Erzählung.

meiner Einfältigkeit, sondern vertrauensselig. Das ist schlecht, das ruiniert mein Leben.

Kann man denn wirklich jetzt ein Mädchen anhimmeln? Kann man denn wirklich, so wie ich, seinetwegen leiden und vor seiner lieblichen Gestalt erbeben? Nein! Grausamer Hohn, Schmähung und Beleidigung sind, so merkwürdig und empörend das klingen mag, vertrauter und angenehmer.

In unseren Kantinen gibt es unter den Zivilangestellten viele hübsche Kellnerinnen. Beinahe allen habe ich schon versucht den Hof zu machen, habe mich mit jeder einzelnen oberflächlich und mit einigen mehrfach unterhalten, ihnen Blumen geschenkt. Mit einer, die mir (auf den ersten Blick) am meisten Sympathie entgegenzubringen schien, bin ich einmal nach dem Abendessen nach Hause gegangen, ich versuchte, mich zu erklären, aber es stellte sich heraus, daß sie verheiratet ist. Eine andere wies mich rundweg ab —

30. 9. 1945 Caputh bei Potsdam
Erneut qualvolle Tage des Wartens, wieder diese vertraute Unbestimmtheit der Zukunft und die Unbeständigkeit der Gegenwart. Mein »Glück« hat sich als vergänglich erwiesen. Saweljew ist ein kleiner Bengel und ein Halunke. Das hat er durch sein Verhalten mir gegenüber bewiesen. Als er mich in den Klub mitnahm, hatte er versprochen, alle Bedingungen dafür zu schaffen, daß ich mich mit Literatur beschäftigen könne, und dafür bat er nur um meine Mitwirkung an Laienkunstzirkeln.

In der Kompanie hatten sich die Schikanen durch den Zugführer, einen Unterleutnant, verstärkt. Der Parteigruppenorganisator ging mir mit seiner Überwachung auf die Nerven, die sich letztendlich zu einer regelrechten Bespitzelung entwickelte hatte. Über meinem Kopf schwebte ein Damoklesschwert, geschmiedet aus Verleumdung und Krittelei, das jeden Augenblick äußerst unangenehm niedergehen konnte.* Aber hier habe ich mich zum erstenmal unabhängig gefühlt, und ich beschloß, den Nachstellungen meiner Umgebung keine Beachtung zu schenken.

---

* Näheres dazu in der Notiz vom 6.10.1945.

Appelle und Versammlungen gingen mich nichts an, in die Kantine ging ich allein, zum Unterricht ging ich gar nicht. Allein die Dienste haben mich am Ende sehr gequält und dadurch mein Verlangen verstärkt, aus der Kompanie zu verschwinden. Saweljew machte mir jeden Tag Versprechungen, setzte Treffen und Audienzen an; ich erschien stets zur vereinbarten Zeit bei ihm, mußte ewig warten, um dann mit ihm zu sprechen, manchmal ging ich auch wieder. Und am nächsten Tag dasselbe Spiel. Mein größtes und wesentliches Unglück ist meine Dummheit und meine Unvorsichtigkeit. Ich habe ihm meine Geschichte ganz offenherzig erzählt.

6. 10. 1945 Berlin. Hotel [...] 22*
Der übliche diensthabende Unterfeldwebel, wie ich ihn aus anderen Hotels kenne, gewöhnlich ein Jüngerer.

»Ich werde Ihren Dienstauftrag registrieren, Sie bekommen ihn morgen zurück.«

Ein diensteifriger, eleganter Deutscher, der beflissen den Zimmerschlüssel reicht, die Zimmernummer notiert und unerwartet auf russisch fallenläßt: »10 Mark!« Er bringt mich selbst hin, sperrt die Tür auf, und als ich eingetreten bin:

»Möchten Sie Kaffee oder Tee?«

»Tee.«

Es vergeht keine halbe Minute, und ehe man sichs versieht, stehen heißer Tee, ein Teller, verschiedene Schälchen, eine Tasse, Messer, Gabel und sogar ein Teelöffel auf dem Tisch.

»{Bite, bite schon!}«

»{Danke!}« Die kokette Kellnerin geht hinaus.

Einige Minuten später erscheint sie wieder, guckt gierig auf das Essen und fragt: »{Noch mal?}«

»{Genug, danke.}«

Die kalte Einsamkeit bricht an. Das Hotel wird nicht geheizt, weshalb das auch im wahren Sinne des Wortes zu verstehen ist.

---

* Unleserlich, vermutlich Name oder nähere Bezeichnung des Hotels, endend auf -straße, 22 ist die Hausnummer.

Aber nun zum Wesentlichen.* Nach den ganzen schrecklichen Unannehmlichkeiten, die schließlich dazu führten, daß ich den Klub aufgab, griff ich wie ein Ertrinkender nach jeder Möglichkeit, mich von der Kompanie fernzuhalten. Gerüchte rankten sich um meinen Namen. Und, man muß dem Leutnant R. Gerechtigkeit widerfahren lassen (den ich früher so unvorsichtig gewesen war zu achten und der sich als ausnehmender Lump erwiesen hat), der sich in dieser Hinsicht mehr Mühe gibt als alle anderen. Um eines Bonmots willen verbreitete er bei einer seiner Vorlesungen vor versammelter Menge: »Gelfand, dem die Deutschen die eigene Familie umgebracht haben, läßt sich jetzt mit deutschen Mädchen photographieren, bewahrt ihre Photos bei sich auf und amüsiert sich mit ihnen.«

Gerüchte nehmen gewöhnlich für sich ein. Die Wahrheit zieht nicht immer die Aufmerksamkeit auf sich, und deshalb wird eine schlechte Wahrheit in solchen Fällen noch zehnmal unwahrer.

Irgend jemand hat irgendwo gesagt, ich hätte angeblich Unzufriedenheit über einen Befehl von Shukow geäußert, jemand fügte hinzu, ich hätte diesen Befehl geradewegs verurteilt. Es fanden sich sogar noch Dreistere, die erklärten, ich hätte die Offiziere agitiert, Shukows Befehl nicht auszuführen, und all das wurde mit einer einzigartigen Bereitwilligkeit aufgenommen und diente als ergiebiges Thema für die Unterhaltungen der »Politarbeiter«. Zudem rief es bei den Leuten helle Empörung hervor: »Das muß man sich mal vorstellen! Was wir für Offiziere haben, und das wollen Kommunisten sein? Wieso wird der in der Partei behalten?«

Und sie fingen an, auf den Parteiversammlungen über mich zu reden. Damit ihre Reden effektiver und der Inhalt vieldeutiger wäre, haben sie sich noch folgendes »Aus Gelfands Leben im Offiziersregiment« ausgedacht: »Zwanzig Tage war er in seiner Kompanie nicht zu finden« und: »Sieben Tage hat er sich unerlaubt vom Dienst entfernt und war in Berlin«.

---

* Randvermerk: Die Geschichte mit dem Offiziersregiment. – So kamen die Gerüchte auf. – Gelfand komprimiert in der Rückschau die Querelen im Offiziersregiment Ende September 1945, die Anlaß seiner Versetzung wurden.

Der Parteigruppenorganisator der Verwaltung, Major Markow, bestellte mich zu einer Unterredung. Ich erklärte ihm, an all dem sei in Wirklichkeit nichts dran, alles, was jetzt mit meinem Namen in Verbindung gebracht werde, sei Lüge, entspringe der Niedertracht und Heuchelei und sei es nicht wert, daß ihm so viel Aufmerksamkeit gewidmet werde.

»Man muß feststellen, wo die Quellen dieses Drecks liegen, den man so zu Unrecht über mich ausschütten will, und Sie, der Sie die Wahrheit nicht kennen, greifen die Verleumdungen auf und unterstützen ihre Urheber durch Ihre voreingenommene Haltung mir gegenüber.«

»Ich ziehe Sie nicht parteidisziplinarisch zur Verantwortung, ich verhänge keine Parteistrafe, ich will Sie nur für die Zukunft warnen. Es gibt bereits erste Anzeichen – die Folgen wären unangenehm für Sie.« Ich verabschiedete mich von ihm, und er versprach, den wahren Sachverhalt zu prüfen.

Doch wie groß war meine Entrüstung, als er selbst auf der Parteiversammlung zwei Tage später, als eindrucksvolle Illustration zu seinen Ausführungen, genau dieselben Lügenmärchen vortrug, sogar noch weiter ausgeschmückt!

Im Saal erhob sich großes Geschrei: »Wo ist er? Welcher ist es?«, denn nicht alle kannten mich von Angesicht. Es war geradezu erstaunlich, daß er sich nicht erdreistete, mich vor versammelter Mannschaft aufstehen zu lassen und als eine Art Anschauungsobjekt vorzuführen.

Nach der Versammlung verlieh ich meiner Empörung Ausdruck. Er lächelte süffisant:

»Das war nicht so sehr für Sie als für die anderen, damit die sich so etwas nicht erlauben.«

»Aber Sie haben mit meinem Namen gespielt, mit ihm herumjongliert und ihn in den Dreck gezogen!«

»Laß gut sein, versuch dich zu bessern, und alles wird vergessen sein.«

»Mit Verlaub, Genosse Major, nie, niemals werde ich dies alles vergessen können, und wären da nicht die fünf Tage Arrest und davor die unerlaubte Entfernung vom Dienst in Berlin, ich würde nicht zögern, die Angelegenheit offen anzusprechen, um dadurch alle zu entlarven, die schuld sind an dem, was ich erleiden muß.«

Der Major erwiderte nichts, aber ein paar Tage später sprach beim Parteiaktiv bereits der stellvertretende Regimentskommandeur für die Politabteilung, ein Oberstleutnant, über mich.

So wucherte diese schändliche, gemeine Legende weiter und wurde in den Augen derjenigen, die nicht voll in das Wesen der Angelegenheit eingeweiht waren, glaubhaft und dadurch vor dem Angesicht der Gerechtigkeit noch wilder und abenteuerlicher.

Einige Tage lang meldete ich mich, ungeachtet der Unsicherheit meiner Situation im Offiziersregiment, nicht im Bataillon. Ich hatte im Klub meine Rechnungen bezahlt, Marken für Verpflegung in der Regimentskantine erhalten, aß und lebte ganz für mich, abgeschieden und in Angst. Ich hatte meine Sachen gepackt, war auf alles gefaßt, wollte mich aber auf keinen Fall von der Wohnung trennen, in der allein ich in beispielloser Einsamkeit und beim Durchblättern meiner Papiere Trost und Ruhe fand.

Saweljew gab keine Ruhe. Auf der Straße, in der Kantine, im Klub – wo immer ich ihm begegnete, ließ er keine Gelegenheit aus, mich in der gröbsten und zudringlichsten Form daran zu erinnern, daß ich unverzüglich im Bataillon zu erscheinen hätte. Zuerst wußte ich noch nicht, wo der Hund begraben lag, aber später, als mir klar wurde, warum Saweljew so beharrlich darauf aus war, daß ich mich in den Bataillonslisten eintrug, besann ich mich und empörte mich offen beim Anblick dieses zurückgebliebenen Bengels mit dem anmaßenden, selbstzufriedenen Gesichtsausdruck eines hochmütigen und dummen Sturkopfs. Schließlich hielt ich es nicht mehr aus, die ganze Zeit so unter Druck zu stehen, und gab nach, zumal der Major noch nicht aus dem Urlaub zurück war und die Hoffnung, beim Klub zu bleiben, sich für mich ein für allemal zerschlagen hatte.

Im Bataillon, als ich mich für die Verpflegung registrieren ließ, wurde mir geraten, mit den Vertretern der Demontagebrigade zu sprechen. Ich stürzte förmlich dorthin und bat, mich dort zu nehmen.

8. 10. 1945 Kremmen
So bin ich also jetzt hier. Ich ging sofort in die Politabteilung. Unterhielt mich mit dem Leiter. Er erkundigte sich ausführlich nach all meinen Tätigkeiten. Vorher, als ich auf ihn wartete, hatte ich eine deutsche Zeitung gelesen, und der Hauptmann bemerkte, als er mich dem Leiter der Politabteilung vorstellte: »Verfügt über gute Deutschkenntnisse«. Ich wies dies bescheiden von mir. Denn es wäre anmaßend, die Deutschen agitieren zu wollen, ohne wirklich gut und fließend ihre Sprache zu sprechen.

Überhaupt wird sich mein Schicksal nun entscheiden. Morgen um 9 Uhr werde ich dem Brigadekommandeur vorgestellt, aber vorerst werde ich im Hotel übernachten und von der Zukunft träumen.

Ich habe den ganzen Tag für die Reise gebraucht, bin sehr müde und hungrig, doch gesättigt mit Eindrücken, habe also <genug>.

Auf dem Weg nach Berlin bin ich gestern zweimal mit dem Auto mitgenommen worden, und von dieser Fahrt muß ich unbedingt berichten.*

Auf einer Kreuzung am Stadtrand von Potsdam versuchte ich lange vergeblich, ein Auto anzuhalten. Plötzlich hielt auf der anderen Straßenseite ein schicker Wagen, die Türen gingen auf, und man winkte mir. Ich lief hin und sah: ein Generalleutnant. Ich war entsetzt und verlor jeden Mut. So, dachte ich, jetzt bist du dran. Jetzt wirst du Berlin nicht wiedersehen und schönen Ärger bekommen, denn die Vorgesetzten, besonders die höheren, lassen so etwas nicht durchgehen.

»Wohin wollen Sie denn?« fragte der General.

›Soll ich's sagen?‹ durchzuckte es mich. ›Wie es auch kommen mag, das Schicksal hat's gewollt!‹ Ich blickte ihm gerade in die Augen und antwortete: »Nach Berlin.«

»Wie könnte ich Sie da hinbringen? Ich kann Sie nur bis zum Kontrollposten mitnehmen, dann fahren wir in eine andere Richtung«, sagte er und nickte zum Fahrer hin.

Der Fahrer ließ den Motor an.

---

* Randvermerk: Unterwegs, nach Berlin.

Ich fahre mit, entschied ich, und freute mich über die Gelegenheit, mit einem Generalleutnant in einem Auto fahren zu können. Es war nicht weit. Ich schwieg, während sich der General mit dem Fahrer über den Erlaß des Präsidiums des Obersten Sowjets der UdSSR über zusätzliche Hilfsmaßnahmen für die Familien der im Krieg gefallenen Soldaten unterhielt.[61] Plötzlich unterbrach er das Gespräch, öffnete die Tür und sagte: »Da wären wir also. Hier fährt der Zug, und es kommen auch mehr Autos vorbei.«

Ich stieg aus, voll des Dankes, wußte aber nicht, wie ich vor einer so hohen Persönlichkeit zum Ausdruck bringen sollte, was mir auf der Seele lag. Ich hätte gern seinen Namen gewußt und ihn mir gemerkt, damit ich mich irgendwann einmal revanchieren und ihm meine Achtung und Verbundenheit zollen könnte. Vorerst aber wagte ich kleiner, unbekannter Mensch nicht, den General mit meiner überschwenglichen Begeisterung zu belästigen.

»Danke, Genosse General! Vielen, allerherzlichsten Dank!« platzte ich heraus, während der Fahrer die Autotür zuschlug. Ich salutierte stramm mit dem Gruß der Roten Armee und stand noch lange wie versteinert in militärischer Grußhaltung.

Staub wirbelte kurz auf, wo gerade noch das Auto gestanden hatte, und der Wagen zog eine gräuliche Staubspur hinter sich her.

Ich ging zum Kontrollposten. Der Zug war noch nicht da, und ausgerechnet jetzt kamen nur selten Autos vorbei. Das Warten auf eine Fahrgelegenheit wurde zur Qual. Da rollte auf der gegenüberliegenden Straßenseite ein kleines Auto heran und kam auf der Kreuzung zum Stehen. Der Fahrer stieg aus, und auch ein Militär mit einer roten französischen Kappe kletterte heraus, er erinnerte irgendwie an die Geschichte Versailles', an die Pariser Kommune, den Pierrot und anderes mehr aus den alten Zeiten. Der französische Passagier erkundigte sich in sehr mühseligem Deutsch nach dem Weg nach Berlin. Ich freute mich und lief zu dem Wagen hin. »Den kann ich Ihnen zeigen!« rief ich erleichtert und setzte mich in die Mitte. Geschmeidig jagte das betagte französische Geländefahrzeug über die breite asphaltierte Chaussee nach Berlin.

Ich versuchte mit meinen Reisegefährten ein Gespräch anzufangen, aber der eine verstand kaum Deutsch, und der andere, der Fahrer, konnte entweder kein Deutsch oder er mochte es nicht. Das

Schweigen war unangenehm, und ich bemühte mich nach Kräften, es zu beenden. Plötzlich fing mein Nachbar an, die fröhliche Melodie der Marseillaise zu pfeifen, und der Fahrer stimmte ein. Den ganzen Weg begleitete uns diese vertraute und schöne Melodie. Da wollte ich den lustigen Ausländern eine Freude zu machen und stimmte verschiedene bei uns bekannte und beliebte Lieder aus französischen Filmen an, aus »Unter den Dächern von Paris«[62] und aus einem anderen das Lied von […]*. Die Reaktion fiel unerwartet stürmisch aus. Mein Nachbar war kurz davor, mich abzuküssen, und klatschte zusammen mit seinem Fahrer begeistert in die Hände: »Bravo, Russki, bravo!« Weiter konnte er vor Vergnügen, nehme ich an, nichts sagen. Dann stimmten sie beide in die Melodie mit ein, und wir sangen zu dritt, Sprache oder Rang spielten keine Rolle mehr, es zählte nur noch der Mensch, der Begriff, der in allen Sprachen und in allen Ländern das Höchste und Wichtigste ist.

Das Auto bremste abrupt ab und kam knapp vor einer Gruppe russischer und amerikanischer Offiziere zum Stehen, die sich auf der Straße unterhielten. Ein großer, stattlicher Amerikaner mit zwei Sternen auf der Schulterklappe war dabei, einem unserer Obersten etwas zu erklären, und dieser nickte zustimmend, als ob er verstanden hätte, was man ihm sagte. Die übrigen Offiziere auf beiden Seiten lauschten ehrfurchtsvoll dem Gespräch, das in gebrochenem Deutsch geführt wurde; sie verstanden die <Deutsche Sprache> offensichtlich überhaupt nicht.

So wird das Deutsche zu einer internationalen Sprache. Die Deutschen rücken in den Zenit der internationalen Begegnungen und Beziehungen, und Berlin wird zu einem Zentrum, wo die Interessen und Bräuche der Menschen sich begegnen, wo sich menschliche Kultur und Ignoranz niederläßt und ausbreitet.

10. 10. 1945
Kremmen. 40 Kilometer von Berlin
  Meine liebe Mama!
  Liebe Verwandte, liebe Tante Anja, Tante Eva, Oletschka, Onkel Ljussja, Onkel Senja, Großmutter und Ljalitschka.

---

* Zwei Worte unleserlich.

Ich arbeite jetzt in der Trophäenbrigade. Das ist eine halbmilitärische Behörde, aber ich gehöre weiterhin voll zur Armee. Ich habe mich hier an die Politabteilung gewandt und einen Rapport eingereicht. Der Leiter der Politabteilung ist mit mir zum Brigadekommandeur gegangen und hat erreicht, daß dieser sich bei der Politabteilung der Armee dafür verwenden wird, mich zu ihm (in die Politabteilung) zu überstellen. Jetzt wird die Sache bearbeitet. Ich warte auf Antwort aus der Armee, und wenn sich mein Ziel verwirklicht, werde ich sehr viel glücklicher sein als jetzt. Ich soll in der Politabteilung als leitender Instrukteur für Propaganda unter der deutschen Bevölkerung und den Kriegsgefangenen eingesetzt werden, denn ich kann mich auf deutsch unterhalten, lesen und schreiben, was bei unsereinem hier recht selten ist. Das Gehalt wäre hoch, aber das ist alles noch nicht spruchreif. Es kann auch sein, daß ich wieder Zugführer werde, und dann bin ich geliefert, denn ich mag weder den Drill noch die Exerziererei, und aufsteigen kann ich auf dem früheren Posten auch nicht. Dieser Posten hat mir nichts als Unglück gebracht – über zwei Jahre bin ich keinen Schritt vorangekommen.

Meine Lieben, den Brief gebe ich einem Mädchen mit, das repatriiert wird. Ich habe sie eben im Brigadestab getroffen und erfahren, daß sie aus Dnepropetrowsk ist und nach Hause fährt. Ich habe mich riesig gefreut und sie gebeten, Euch dieses Päckchen zu übergeben. Empfangt sie möglichst höflich, und bedankt Euch für den Dienst, den sie uns erweist. Ich habe schon mehrmals auf diesem Wege Briefe geschickt. Ich weiß nicht, was daraus geworden ist. Ich muß mich beeilen. Das Mädchen (ich habe mich nicht einmal erkundigt, wie sie heißt) fährt noch heute. Ich muß noch mit ihr sprechen und ihr das Päckchen geben. Sie kann Euch erzählen, was das für eine Einheit ist, bei der ich jetzt dienen werde, und über die Aufgaben berichten, die diese Einheit hat. Sie hat hier längere Zeit gearbeitet, Einzelheiten weiß ich selbst noch nicht.

Meine Adresse ist Feldpost 75 […]
Wladimir. Schreibt mir doch bitte öfter.

[Oktober 1945, Entwurf für ein Versetzungsgesuch]
Hiermit bitte ich um Anstellung als Mitarbeiter bei der Politabteilung der 21. Trophäenbrigade. Meine gesamte bisherige Tätigkeit war verbunden mit der politischen Erziehung meiner Untergebenen im Geiste rückhaltloser Ergebenheit gegenüber der Partei Lenins und Stalins, der sowjetischen Regierung, dem sowjetischen Volk und dem großen sozialistischen Staat – der UdSSR. Gestützt auf meine Erfahrungen in der Partei- und Bildungsarbeit in aktiven Einheiten der Roten Armee und im Bewußtsein der vollen Tragweite meiner Verantwortung als Kommunist beabsichtige ich, mich aufrichtig der Arbeit auf diesem schwierigen, doch dankbaren Weg zu widmen, auf dem ich meine Kräfte und Fähigkeiten mit dem größten Nutzen für die Rote Armee entfalten können werde.

Ich, Leutnant Gelfand, Wladimir Natanowitsch, wurde am 1. März 1923 in Nowo-Archangelsk, Gebiet Kirowograd, Kreis Nowo-Archangelsk in der Familie eines Glasers geboren.

1926 zogen meine Eltern mit mir nach Jessentuki (Nordkaukasus), zwei Jahre später nach Dneprodsershinsk (Ukraine), wo ich einen Kindergarten besuchte (meine Mutter war einige Jahre lang Erzieherin im Kindergarten).

Ab 1933 war der ständige Wohnsitz meiner Eltern Dnepropetrowsk, wo ich bis zum Ausbruch des Krieges die Mittelschule (bis zur 9. Klasse) und dann die Industrielle Arbeiterfakultät besuchte.

1941, kurz nachdem ich meine Prüfungen abgelegt hatte, begann der Krieg, und ich wurde mit der Komsomolorganisation der Arbeiterfakultät zur Einbringung der Ernte für die Rote Armee in die Dörfer des Rayons geschickt. Dort wurde ich von der Komsomolorganisation und der Sowchos-Verwaltung als einer der zehn Besten belobigt.

In Jessentuki wandte ich mich an die dortige Komsomolorganisation mit der Bitte, mir eine Arbeit zu geben, bei der ich der Verteidigung meines Vaterlandes dienen könne, und ich wurde einer Fernmeldeinstandsetzungskolonne als Streckenarbeiter zugeteilt. Anfang 1942 stellte ich beim Abschnittsleiter einen Antrag auf freiwillige Aufnahme in die Rote Armee als Verteidiger der Heimat.

Meinem Wunsch wurde bald entsprochen, und ich wurde der 427. selbständigen Panzerabwehr-Artillerie-Batterie im 52. befestigten Raum zugeteilt, mit dem ich nach einer kurzen Ausbildung zur Charkower Front kam. Dort wurde ich mit meiner Einheit zweimal (zuerst bei Isjum und später bei Kupjansk) eingeschlossen, entkam aber in den Abschnitt von Stalingrad.

Von der Stalingrader Leitstelle wurde ich zum 50. Gardeschützenregiment der 15. Gardeschützendivision versetzt, wo ich an den Schlachten teilnahm, zuerst als Politstellvertreter und Komsomolorganisator, später als stellvertretender Kompaniechef für politische Angelegenheiten. In der 15. Gardeschützendivision trat ich im November 1942 in die KPdSU(B) ein.

Am 13. Dezember 1942 wurde ich ins Lazarett eingeliefert, von dort nach meiner Genesung ins 197. Reserveregiment versetzt und anschließend zu [...]* einem Lehrgang für Unterleutnants bei der 28. Armee. Für die Partei- und Massenkulturarbeit während des Lehrgangs wurde mir vom Kommandeur der Einheit offiziell gedankt.

Mitte 1943 trat ich im Rang eines Unterleutnants meinen Dienst auf dem Posten des Kommandeurs eines Granatwerferzugs der 248. Schützendivision an. Hier nahm ich neben meiner hauptsächlichen praktischen militärischen Tätigkeit aktiv an der Partei- und Politarbeit der Einheit teil. Zunächst als Agitator der Kompanie und des Bataillons, später als Mitglied des Parteibüros der Kompanie und schließlich als Parteigruppenorganisator der Kompanie, als Leiter des Regimentszirkels für das Studium der Satzung der KPdSU(B) und des kurzen Lehrgangs der Geschichte der Partei sowie als stellvertretender Komsomolorganisator des Bataillons.

Außerdem leistete ich den Redakteuren der Feldzeitungen tatkräftige Unterstützung bei der Herstellung der Wandzeitungen für die Kompanie und die Züge.

1944 blieb ich ungeachtet einer ernsthaften Erkrankung – einer Blutvergiftung – weiter bei der Truppe. Auf Druck der Ärzte wurde ich nach einer zweiten Operation ins Lazarett eingewie-

---

* Unleserliches Wort.

sen, von dort ging ich, ohne meine Genesung abzuwarten, erneut an die Front. Die Krankheit hatte sich verschlimmert, und die zweite Operation wurde in der Einheit durchgeführt. Danach wurde ich in die Divisionsreserve versetzt.

15. 10. 1945
Meine liebe Mama! Sei gegrüßt. Ich sende Dir einen Gruß aus dem Ausland und versichere Dir meine innigste Liebe.

Meine besten Wünsche zum bevorstehenden Oktoberfeiertag. Ich wünsche dir, daß Du den Tag fröhlich und denkwürdig begehst.

Ich habe ein Päckchen abgeschickt, aber offenbar verzögert sich die Sendung etwas.

Ich bin in der Nähe von Berlin. Habe jetzt eine andere Arbeit, und meine Adresse ist: Feldpost 75207 – Sh. Schreib mir, und auch die Familie soll schreiben. Auch für sie die allerbesten Wünsche zum Oktober. An Lena Mjatschina und alle Bekannten, die sich nach mir erkundigen, meine besten Grüße und einen herzlichen Händedruck.

16. 10. 1945 Berlin
Vor mir der nahezu vollkommene Anblick einer Prostituierten. Sie hat die Augenbrauen nachgezogen, dick Lippenstift aufgetragen und riecht nach Moder, allen möglichen Cremes und nach Kölnischwasser. Sie ist nicht ohne Schönheit, doch die Hand eines häßlichen, gemeinen Malers hat ihr all ihre Frische und Anziehungskraft genommen. Sie hat einen zarten Körper, große Brüste, aber hängend, mit festen Brustwarzen, über die man sich mit Vergnügen hermacht.

Ich habe sie auf einer Straße am Alexanderplatz gefunden und sie völlig unerwartet und zufällig kennengelernt. Es war noch nicht sehr spät. Die Straßenbahnen fuhren noch, und ich hätte es ohne Probleme zum Hotel nach <Weisen See> geschafft. Doch plötzlich lockte mich der Gedanke an ein Abenteuer, am Eingang zur U-Bahn, wo Berlins Creme der Eitelkeit und Unansehnlichkeit sich ein Stelldichein gibt. Händler waren keine mehr da, was sehr selten vorkommt. Es waren wieder nicht genug Bürgersleute da für einen ordentlichen Markt und alle möglichen <geschewtow>.

17. 10. 1945
17.00 Uhr Berliner Zeit.[63] Ganz oben auf der deutschen ... Siegessäule. Ganz Berlin ist zu sehen. Das Zentrum ist von der Säule aus grün, Parks, dahinter Gebäude. Die Straßen sind eng, nur zwei, drei sind breiter. Die Ruinen der Stadt sind häßlich.

18. 10. 1945*
Eine gitterartige bronzene Balustrade umgibt den Sockel, auf dem sich die »Viktoria« in Gestalt einer Frau mit einem Lorbeerkranz in der nach oben gestreckten Hand erhebt.

Ich suchte lange in meinen Taschen nach etwas, um damit an die Wand zu schreiben, zum Zeichen, daß ich diesen Ort besucht hatte, fand aber nichts Geeignetes. Da entdeckte ich in die Wand eingeritzte Inschriften auf englisch, die sich auf der schwarz gewordenen Bronze deutlich abzeichneten. Mir kam eine Idee – mit dem Messer!

Es verging mindestens eine Stunde, und ich feilte immer noch an meiner Inschrift. Es kam ein weiterer Mann auf die Aussichtsplattform. Er schaute sich um, drehte eine Runde, stellte einen Vergleich mit Moskau an, machte eine nicht unpoetische Bemerkung über meine Stümperei und stieg wieder nach unten. Ich schrieb immer noch. Schließlich verlor ich die Geduld. Ich drückte stärker auf und ritzte irgendwas hin, schrieb meinen Namen dazu, verstaute das Messer und das Papier, und nachdem ich einen letzten Blick auf die bis auf die Ruinen entblößte Stadt geworfen hatte, ging ich zum Ausgang. Der Aufzug funktionierte nicht. Ich mußte zu Fuß hinuntersteigen, und war schon der Aufstieg ermüdend gewesen, so erwies sich der Abstieg als unerträglich, als weitaus anstrengender; ich sprang die letzten Stufen beinahe hinunter und lief dann los.

Als ich am Alexanderplatz ankam, wurde es bereits dunkel. <Der Swarzer Mark>, wie die Deutschen ihn nennen, hatte sich noch nicht gelichtet. Die Menschen eilten geschäftig durch das Gedränge. Die Luft war erfüllt von den durchdringenden Pfiffen der deutschen Polizisten, den Rufen der herumrennenden Leute,

---

* Datum von Gelfand nachgetragen.

dem Dröhnen der englischen und amerikanischen Autos. Überall marschierten eilig Leute in Uniformen der Roten Armee mit roten Armbinden auf und ab, deren Aufschrift »KN«* ins Auge sprang.

Entschlossen brach die Dunkelheit herein, und der Tag zog sich widerstrebend in den sich ausdehnenden gräulichen Horizont zurück. Die Menschen blickten wehmütig zu den blaß blinkenden Sternen empor, die eben erst aufgegangen waren, und machten sich auf den Weg. Um diese Zeit gingen die »Touristen« und »Pilger«, die den Alexanderplatz bevölkert und sich an seinen Reizen gesättigt hatten, nach Hause und verteilten sich wieder über ganz Berlin und weit über die Grenzen der Stadt hinaus.

Die Deutschen fanden jetzt keinen Absatz mehr für ihre Waren und verkauften billig. Ich blieb auf dem Platz, selbst als die U-Bahn nicht mehr fuhr und der dunkle Herbsthimmel schon voller Sterne stand.

Ich kaufte für 250 Mark einen <Rasier Apparat>, ein Elektrogerät zum Rasieren, und erstand billig zwei Paar Damenschuhe (für 100 und 200 Rubel**), die werde ich Mama schicken. Auch ein paar Kleider habe ich günstig mitgenommen. Dafür haben sie mich mit dem Mantel übers Ohr gehauen. Als ich ihn mir am Morgen genauer betrachtete, stellte ich fest, daß er ganz zerlöchert war, so daß man nicht einmal mehr Hosen daraus machen kann.

Um 22 Uhr fuhr ich zurück nach Weißensee.

In der Wohnung der Familie Rilewski, deutschen Juden, blieb ich bis spät. Sie bewirteten mich mit kunstvoll zubereiteten Süßigkeiten und heißem Tee. Beim Abschied rissen sie mir die Photographien, die ich erst am Vorabend in einem Berliner Photogeschäft bekommen hatte, förmlich aus der Hand. Von sieben Bildern mußte ich fünf bei ihnen lassen. Ich schrieb ihnen auf deutsch Widmungen darauf: <zum andenken> usw., drückte allen herzlich die Hand und lief zur Straßenbahn. Die fuhr aber nicht mehr. Da beschloß ich ein Auto anzuhalten. Die Aussicht, auf der Straße zu

---

* Komendantski narjad – Kommandantendienst.
** Gelfand meinte wohl Mark.

übernachten oder einen Fußmarsch von sechs Kilometern bis zum »Grand Hotel« zurückzulegen, wo ich jetzt diese Zeilen schreibe, begeisterte mich nicht, und ich nahm mir vor, alles daranzusetzen, um binnen einer Stunde im Bett zu liegen. Und das gelang mir tatsächlich.

Im »Grand Hotel« bestellte ich heißen Tee. Ich trank viel. Als ich am Morgen aufbrechen wollte, wurden mir 7 Kannen und 12 Mark berechnet.

18. 10. 1945
Mein lieber Wowotschka!

Gestern, als ich nach Hause kam, fand ich dein Photo und die zwei vergrößerten Bilder von mir vor. Vielen Dank dafür, mein Herz. Wie aufmerksam und fürsorglich von Dir. Ich bin sehr stolz auf Dich und stelle Dich allen als Beispiel hin. In allem spürt man, wie Du mir Freude bereiten willst und wie Du Dich um mich sorgst. Ich danke Dir noch einmal. Es ist natürlich sehr schade, daß das alles auf solche Entfernung geschieht. Auf diesem Photo bist Du sehr gut getroffen. Du siehst sehr gut aus, wenn Du so auch in Wirklichkeit aussiehst, bin ich sehr zufrieden. Aber immer noch schreibst Du wenig über Dich. Ich interessiere mich doch für Dein ganzes Leben. Sage mir, mein Schatz, hast Du wenigstens Aussicht auf Urlaub, zumindest für die Oktoberfeiertage? Du nimmst es mir hoffentlich nicht übel, daß ich in den letzten Briefen bei Dir verschiedene Bestellungen aufgegeben habe: den Rundfunkempfänger, den Stromzähler, die Uhr und den Schirm. Und heute bitte ich Dich um Gummiband, einmal für Strumpfhalter und noch schmaleres für Gamaschenhosen. Wenn Du die Möglichkeit hast – besorg das doch bitte, und dann bringst du es mit, wenn Du kommst. Sei nicht böse wegen meiner Bestellungen. Hier gibt es diese Sachen einfach nicht.

Ich bin gesund, arbeite. Bei allem, was ich tue, denke ich an Dich. Die anderen sind alle gesund, lassen Dich herzlich grüßen, senden Dir Küsse und wünschen Dir Gesundheit und Wohlergehen. Schreibe, so oft Du kannst. Sei nicht immer so leicht gekränkt und dichte das auch anderen nicht an. Ich umarme Dich ganz fest und küsse Dich, mein Liebling, bleib gesund und stark. Deine Mama.

19. 10. 1945
Gestern war ich bei Rilewskis auf Besuch. Abends war ich mit den Mädchen im »Kabarett«, und zu fortgeschrittener Stunde trank ich noch Tee und hörte Musik – es sang die ältere Tochter des Hausherrn, Elsa (mit der ich übrigens ein paar Küsse austauschen konnte).

<Banhof Weissensee>. Kurz nach zwölf, auf dem Weg nach Karlshorst.

Heute werde ich alle meine Photos bekommen. Es bleibt wenig Zeit, und mehr Bilder werde ich nicht machen können. Ich will heute noch nach Potsdam, Caputh, dort die Briefe und Dokumente abholen, zum Abend wieder in Berlin sein und morgen nach Hause fahren.

Bei meinen Einkäufen war ich sehr erfolgreich. Ich muß noch einen Mützenschirm und eine Mütze für meine zukünftigen befehligenden Kollegen besorgen, einen Radioapparat und Handschuhe, Schulterklappen und Sterne, aber letzteres hoffe ich in Karlshorst kaufen zu können.

Fahre gerade zur Sparkasse Geld holen und zum Wojentorg* – in Karlshorst gibt es jede Menge davon. Mir gegenüber sitzen hübsche deutsche Mädchen und lächeln mich freundlich an. Da muß ich natürlich unterbrechen.

Im deutschen »Kabarett« treten überwiegend Akrobaten auf. Besonders ein Junge, der sich wie eine Perlmuttpuppe in alle Richtungen biegen kann und für einen normal entwickelten Menschen Unmögliches vollbringt, versetzt mich in Staunen und schaudernde Begeisterung.

Oktober 1945
Liebe Mama!
Dieser Tage war ich bei meiner alten Dienststelle und habe alle meine Briefe abgeholt, auch die von Dir. Das, worum Du gebeten hast, werde ich Dir auf jeden Fall schicken, aber ich weiß noch nicht, wann. Nur die Uhr für Dich habe ich schon gekauft. Eine gute Uhr, allerdings ist sie beschädigt. Wenn ich Zeit finde, werde ich nach

---

* Militärhandelsorganisation bzw. ihre Geschäftsfilialen.

Berlin fahren und eine neue kaufen, falls es mir nicht gelingt, diese zu reparieren. Uhren kosten hier 3 bis 7000 Mark. Es gibt auch teurere, aber das sind goldene, und zwar mit viel Gold. Mit dem Radio wird es schwieriger. Es ist sowohl teuer als auch schwer zu finden. Schirme habe ich schon zwei Stück geschickt, einer war eine sehr originelle Konstruktion, es tat mir geradezu leid, ihn wegzuschicken, ich hatte Angst, daß er verlorengeht. Das nächste Päckchen schicke ich im letzten Monat dieses Jahres, vielleicht auch später. Alles hängt von meiner Zeit und den Möglichkeiten ab, die nötigen Sachen zu kaufen.

Allen Verwandten, besonders Tante Anja und Oletschka, schreibe ich oft. Anstelle einer Antwort kamen meine Briefe auf einmal aus Astrachan zurück mit dem Vermerk auf dem Umschlag: »Empfänger verzogen«. Schreib mir an meine neue Adresse: Feldpost 75207 Sh.

Ich küsse Dich innig und grüße Dich, Dein Dich liebender Sohn Wladimir.

Erwarte mich im Sommer in Dnepropetrowsk.

20. 10. 1945
Dienstliche Beurteilung[*]
des Granatwerferzugführers
Leutnant Wladimir Natanowitsch Gelfand

Geboren 1923, Jude, Zivilbeschäftigter, Mitglied der KPdSU(B) seit 1943, Parteibuch Nr. 5935860, allgemeine Mittlere Reife, 4 Monate Unterleutnantslehrgang bei der 28. Armee 1943, keine politische Ausbildung. Teilnehmer am Vaterländischen Krieg seit 1942. Ausgezeichnet mit dem Orden »Roter Stern«, eine leichte Verwundung. Der Leutnantsrang wurde ihm bei der 3. Gardearmee am 27. 01. 1944 zuerkannt (Nr. 064), Personalausweis der Serie AG000001, Nr. 143002 vom 7. 05. 44.

Leutnant Wladimir Natanowitsch Gelfand hat sich in der Zeit seines Dienstes in der 4. Kompanie des 27. Selbständigen Reserve-

---

[*] Siehe Faksimile im Bildteil

Offiziersregiment vom 6. 09. 45 bis 4. 10. 45 als disziplinierter und konsequenter Offizier gezeigt und ist politisch entwickelt. Er ist um die Erweiterung seines Wissens bemüht, genießt unter den Offizieren Ansehen, ist körperlich gesund, moralisch gefestigt und der Sache der Partei Lenins und Stalins sowie der sozialistischen Heimat treu ergeben.

Einschätzung: Ist für den Posten des Führers eines Granatwerferzuges geeignet.

Kommandeur der 4. Kompanie
Gardehauptmann Anissimow

Mit der Beurteilung einverstanden:
Kommandeur des 1. Offiziersbataillons Major Rumjanzew

21. 10. 1945
Viertel nach neun. Berlin. <Esbahn>, der Elektrozug. Fahre zum Stettiner Bahnhof [64]. Denke dort zu übernachten. Und morgen früh: Oranienburg – Kremmen.

Meine Kommandierung ist schon vorgestern abgelaufen, und ich hatte heute Angst, durch Berlin zu laufen – die Kommandantur ist an den Wochenenden ganz besonders aktiv, und es ist viel Militär unterwegs. Für mich ist Sonntag der schlimmste Tag. Alles ist geschlossen, und man kann sich nicht einmal rasieren lassen. So ist es bei den Deutschen geregelt. Mit den Geschäften ist es bei uns umgekehrt, aber die Post und die übrigen wichtigen Einrichtungen haben nicht geöffnet. Deshalb habe ich kein Geld angewiesen, sondern nur —

21. 10. 1945
Sei gegrüßt, mein lieber Wowotschka.

Wie lange schon habe ich meine Gedanken, Ansichten und Gefühle nicht mehr mit Dir geteilt. Ich weiß gar nicht, womit ich anfangen soll.

Heute habe ich frei. Der Tag hat mit Heulen begonnen. Jetzt sitze ich im Institut, und statt Anatomie zu lernen lese ich in alten Briefen und schaue Photos an, und mir wird noch schwerer ums Herz.

Ich bin die ganze Zeit so schwermütig. Weil man so, wie ich lebe, nicht leben kann. Das Schicksal hat kein Erbarmen mit mir. Es gibt Augenblicke, da würde ich am liebsten für immer einschlafen, und um nichts täte es mir leid, wenn da nicht Mama wäre. Eine Mutter wie die meine gibt es nicht oft. Die Arme ist wirklich vom Schicksal geschlagen, sie tut mir so unendlich leid. Sie hat doch wirklich kein gutes Leben gehabt, weder materiell noch in anderer Hinsicht. Und einzig ihre Anständigkeit und die Liebe zu ihren Kindern, und etwas, was ich selber noch gar nicht in Worte fassen kann, wahrscheinlich Selbstlosigkeit, haben ihr geholfen, zu leben und zufrieden zu sein. Jetzt ist sie nach Dnepropetrowsk gekommen. Die Wohnung haben wir nicht bekommen. Sie wohnt bei Onkel Ljussja und ich im Wohnheim. Du kannst Dir vorstellen, wie sie leidet. Mein Gott, wie ungerecht ist die Welt. Warum hat dieser Krieg die einen so zerstört und die anderen haben sich die Taschen gefüllt, sind reich geworden, haben gute Wohnungen, und du hast die Last dieses Krieges buchstäblich auf den eigenen Schultern getragen und zu spüren bekommen, hast deine ganze Kraft, deine Gesundheit, deine Fähigkeiten, kurz, alles gegeben, um den Feind so schnell wie möglich zu zerschlagen, und am Ende kommst du in deine Heimatstadt, wo du deine Wohnung hattest, Möbel, Bücher, überhaupt alles, um in Ruhe leben zu können. Und du hast kein Eckchen für dich, hast kein Recht auf irgendeine Wohnung. Jetzt ist es das Geld, das alles entscheidet.

Ich bin völlig erschöpft, am Ende, und Mama tut mir so leid. Ich weiß nicht, was ich machen soll. Ich studiere jetzt an der Medizinischen Hochschule. Du machst Dir keine Vorstellung, wieviel Arbeit, Energie und Kraft es mich gekostet hat, an dieser Hochschule aufgenommen zu werden. Ich sah mich mit der Tatsache konfrontiert, daß ich nicht würde studieren können, und jetzt? Das ist kein Leben. Und dabei, verstehst Du, bin ich es doch, die Dir das schreibt, und ich gelte ja noch als energiegeladen.

Versteh mich richtig, ich studiere und arbeite mit voller Kraft. Ich bin zur Sprecherin des ganzen Studienjahrs gewählt worden. Und ich komme überall gut mit, doch das wird wenig gewürdigt: Auf den Versammlungen lobt man mich, aber was habe ich von diesem Lob? Es wurden Wohnungen vergeben, voll eingerichtet, nur neue Fenster mußten eingesetzt werden, aber als ich mich an den Direktor wandte, erteilte er mir eine Absage. Warum diese Unehrlichkeit? Warum bewertet man die Menschen nicht nach ihren Fähigkeiten, sondern nach ihrem Stand, nach der Stellung, die ihre Eltern bekleiden?

Nun, ich werde jetzt schließen, ich weiß nicht, was morgen mit mir sein wird. Man lebt so, daß man irgendwie bis zum Abend über die Runden kommt. Die ganze Welt ist auf Lüge und Speichelleckerei aufgebaut. Entschuldige diesen Pessimismus. Ich bitte Dich sehr, mich nicht zu verurteilen. In mir leben zwei Menschen. Der eine ist ein Optimist, der immer nach dem Guten strebt, der an das Beste glaubt und die Menschen davon überzeugen will, ebenfalls daran zu glauben. Der andere aber zeigt sich, wenn ich mit mir allein oder mit Mama zusammen bin. Im wirklichen Leben überwiegt wohl eher das zweite. In vier Jahren kein einziger heller Tag.

Bei uns ist heute Schnee gefallen. Gibt es bei Euch auch welchen? Hast Du nette Gesellschaft? Mit wem verbringst Du Deine Zeit?

Bleib gesund, ich küsse und umarme Dich herzlich, Deine Dich liebende Cousine Olja.

Wowotschka, warum schreibst Du nichts über Dich? Wowotschka, ich bitte Dich sehr, könntest Du mir ein Anatomiebuch schicken, wenn es Dir nicht zuviel Mühe macht und Du eins auftreiben kannst? Ich habe es hier nämlich schwer, arbeite mit einem ukrainischen Lehrbuch. Bleib gesund. Schreib mir oft, Deine Briefe bedeuten mir sehr viel. Das Photo in Zivil hat mir sehr gefallen, wenn Du noch mehr hast, schick mir noch weitere. Alle lassen Dich grüßen. Ach, und jetzt ruft die Anatomie.

22. 10. 1945

Gestern war ich um 10 Uhr auf dem Bahnhof. Ich erkundigte mich bei den Deutschen nach der besten Verbindung, welchen Zug ich nehmen und wo ich umsteigen müsse. Die einen rieten mir, bis Oranienburg und von dort früh weiter nach Kremmen, die anderen, die Mehrheit, empfahlen mir, über Hennigsdorf zu fahren. Ich war beide Strecken schon gefahren. Die erste war lang, aber einfach, denn man mußte nur einmal umsteigen. Ich ließ mich aber von der Mehrheit überzeugen und nahm den Zug Richtung H[ennigsdorf].

Die Fahrt dauerte lang. Im Zug war es dunkel und brechend voll. Ich war in dem Gedränge und in der Dunkelheit eingekeilt, aber es war unterhaltsam. Die Berliner Vorortbürger schwatzten über Speck, Fett und Schokolade. Dann kamen sie auf Politik zu sprechen. Eine Frau schrie: Du hast schon russische Angewohnheiten angenommen! »<du wie> {Russun}«. Diese Worte trafen mich direkt ins Herz, und ich beschloß, das nicht auf sich beruhen zu lassen. Kurzerhand wandte ich mich an alle Passagiere und fragte: »Sind denn die Russen wirklich so schlecht und ihre Gewohnheiten schlechter als eure?« Sofort gingen alle auf die Frau los, die die unvorsichtige Bemerkung hatte fallenlassen. Bei den einen war es nichts als Heuchelei, andere taten es aus Angst vor mir, wieder andere meinten es vielleicht sogar aufrichtig. Manche stellten die Russen in kultureller Hinsicht (nicht ohne Grund) über die Deutschen und führten dafür auch Beispiele und Beweise an. Das Gespräch verstummte nicht, bis wir in Kremmen waren, und noch auf dem Weg vom Zug wurde es mit unverminderter Spannung weitergeführt. Ich bemühte mich nach Kräften, die Deutschen zu einer besseren Meinung über meine Heimat und über mein Volk zu bekehren und bei ihnen Achtung gegenüber unserer Kultur hervorzurufen. Ich weiß nicht, inwieweit mir das gelungen ist, aber auf jeden Fall gab es keine weiteren abfälligen Äußerungen über Rußland, nur eine Alte lächelte mir schmeichlerisch zu, schaute mir liebedienerisch ins Gesicht und sagte leise: »Bei mir, Herr Leutnant, haben aber vorgestern Ihre <Kamradi> die Wohnung geplündert« und tauchte in der Menge unter.

In Kremmen war alles beim alten, nur in der Wohnung hatte es Veränderungen gegeben. Der Hauptmann, der während meiner Abwesenheit in die Wohnung einquartiert worden war, war nicht mehr da, und an seiner Stelle war ein Unterfeldwebel aus der Politabteilung eingezogen. Ich mußte auf dem Fußboden übernachten.

Am nächsten Tag habe ich von morgens an meine Koffer umgepackt. Ich rechnete damit, daß mein Vorhaben hinsichtlich der Politabteilung mißlingen würde, und machte mich für alle Fälle bereit zur Abreise: entweder ins Bataillon oder sogar zurück ins

Reserveregiment. Ich habe meine Dienstfahrt stark überzogen, bin erst zwei Tage nach dem festgesetzten Termin eingetroffen und habe folglich gleich zu Beginn meiner Zeit hier das Vertrauen der Leitung nicht gerechtfertigt. Ich muß mich auf alle möglichen Reaktionen gefaßt machen.

23. 10. 1945
Alles ist zu Ende. Es ist das eingetreten, was ich am meisten gefürchtet und womit ich widerwillig gerechnet habe. Die Tür zur Politlaufbahn ist zugeschlagen, ein vielversprechender Weg, der durch einen lichten Spalt verlockend aufgeblitzt war. Nun gut, ich werde mich also weiter abstrampeln. Das Schicksal stellt sich mir entgegen und zeigt sich von seiner schwarzen Seite. So ist nun morgen alles wieder beim alten. Wieder Kommandeur bei der Truppe, wieder, wie früher, der arme kleine Zugführer, der immer nur der Dumme ist und keinerlei Perspektiven hat. Bin ich denn wirklich dafür geboren und dafür groß geworden?

24. 10. 1945
Kremmen. Gestern habe ich mich an Major Iwanzow, den Leiter der Kaderabteilung, gewandt.

»Die Politabteilungen der Armee und der Front haben meine Versetzung zur Politarbeit abgelehnt. Ich bin jetzt wieder bei Ihnen.«

»Na was soll's, kommen Sie, wo Sie schon einmal da sind.« Er überlegte einen Moment und wurde dann milder. »Ich fahre jetzt auf Dienstreise. Kommen Sie am späteren Abend zu mir, so gegen zehn.«

Doch weder gestern um 22 Uhr noch heute um 9 oder um 12 hatte er Zeit, mich zu empfangen. Um 13 Uhr bat er mich »kurz zu warten«, und bis 16 Uhr stand ich mir auf dem Flur die Beine in den Bauch.

»Also, wohin soll ich Sie jetzt schicken? Was können Sie denn? Kann man Sie als technischen Schriftführer einsetzen?«

»Was haben Sie denn noch für Arbeit? Vielleicht eine etwas leichtere?«

»Ach, Sie wollen wohl nichts tun?!«

»Ganz und gar nicht, es wird nur in der ersten Zeit schwer für mich auf dem neuen Posten werden.«

»Sie schaffen das schon. Sie können doch lesen und schreiben.«

Ich bejahte.

»Gehen Sie und holen Sie den Dienstauftrag und Ihre persönlichen Sachen beim Hauptmann, im Zimmer gegenüber.«

Ich ging, froh, daß meine Dokumente noch beim Offiziersregiment waren, zumindest hatte man mir im Stab des Regiments diese Information gegeben. Aber wie groß waren mein Erstaunen und meine Fassungslosigkeit, als ich mit eigenen Augen meine abgegriffene, abscheuliche Personalakte sah, die mich in den letzten Monaten schon einige Nerven gekostet und mir das Leben sauer gemacht hatte. Aber was sollte ich machen?

Mit dem Leiter der Kaderabteilung war ich zum zweiten Mal beim Brigadekommandeur.

»Nun, also, Sie werden Ihre Fähigkeiten wohl bei einer anderen Arbeit unter Beweis stellen müssen. Warum ist Ihre Akte denn so schlecht?«

Ich schwieg.

»Genosse Leutnant, ich frage Sie, wie Sie zu einer solchen Beurteilung kommen?! Erklären Sie mir das!«

»Ich wurde genötigt, eine öffentliche Bibliothek zu plündern, ich war zum Leiter dieser Bibliothek bestimmt worden. Wir haben mehr als 10 000 russische Bücher mit russischen Stempeln abtransportiert. Das waren unsere Bücher, die man uns gestohlen hatte. Ich nahm sie auch, ohne Gewissensbisse. Aber als in den Büchern auch deutsche Stempel auftauchten, weigerte ich mich, sie zu nehmen, und zog so den Unwillen meiner Vorgesetzten auf mich.«

Ein deutscher Professor, der wissenschaftlicher Mitarbeiter der russischen Abteilung der Akademie der Wissenschaften Deutschlands ist, hatte mir in einem Gespräch von den Plänen der Akademie zur Umerziehung des deutschen Volkes erzählt. [Er sagte:] »Wir wollten für alle unsere künftigen Arbeiten die bei uns vorhandenen Bestände an russischer revolutionärer Literatur verwenden, die Sie ((hier besonders schonungslos einkassieren)) —

25. 10. 1945 Hennigsdorf. 12 Uhr nachts.
Erneut hat mich ein ungeahnter Zufall hierher, zu der wunderbaren Marianne verschlagen. Hier gibt es keine liebevollen Ohrfeigen, weder Kneifen noch andere »Liebkosungen« wie bei der russischen Ninotschka, sondern nur Zärtlichkeit – scheu, heiß, fast kindlich, einfach und herzlich. Und wieder, wie beim letztenmal, muß ich um 5 Uhr aufstehen und um 6 auf dem Bahnhof sein, wer weiß, vielleicht zum letztenmal ...

Schicksal. Du hast mich behütet und gehätschelt, verwöhnt und liebkost. Doch es gibt auf der Welt nichts Grausameres und Herzloseres, nichts Verschlageneres und Erbarmungsloseres als dich. Und so viele deiner schlechtesten Eigenschaften hast du mich kleines und unbedeutendes Wesen schon mehr als einmal spüren lassen!

Morgen gehe ich zur Arbeit als Schriftführer – was für ein Los in meinem 23. Lebensjahr. Und alles ist Schicksal ...

Halb eins. Zapfenstreich.

26. 10. 1945 Auf dem Bahnhof Velten.
Entgegen meiner ursprünglichen Absicht bin ich spät aufgestanden. Ich hätte gern die Zärtlichkeiten der schönen Marianne in vollen Zügen genossen, Küsse und Umarmungen allein waren nicht genug. Ich hatte mir mehr erhofft, wollte sie jedoch nicht drängen. Ihre Mutter ist mit mir zufrieden. Wäre ja auch noch schöner! Schließlich hatte ich auf dem Altar für vertrauensvolle und wohlwollende Beziehungen Lebensmittel, Süßigkeiten und Butter, Wurst und teure deutsche Zigaretten niedergelegt. Bereits die Hälfte wäre genug, um mit Fug und Recht mit der Tochter vor den Augen der Mutter alles Erdenkliche anzustellen, und die würde nichts dagegen sagen. Denn Lebensmittel sind heute wertvoller als das Leben, sogar als das Leben einer so jungen, zärtlichen und lieben Schönheit wie dieses Mädchen eine ist ...

Doch ich bin ins Schwadronieren geraten.

Gestern, gleich nach meiner Ankunft [in Hennigsdorf], schlug ich Marianne vor, mit mir ins Kino zu gehen, und sie war einverstanden. Ihre Mutter erst recht. Ich bekam noch drei Photos mit Widmung geschenkt. Die besten waren alle verlorengegangen, so daß ich nur Kinderphotos von Marianne bekam. Sie versprach, sich extra photographieren zu lassen, aber es wird sich kaum noch einmal ergeben, daß ich hierherkomme. Jetzt werden uns mindestens 60 bis 80 Kilometer trennen.

Und dort, in Kremmen, wartet die hübsche, aber verdorbene Nina auf mich, die vier Jahre älter ist als die Deutsche und schon nicht mehr so frisch und unschuldig. Sie flucht gerne mal, sagt, sie hätte es »sich so angewöhnt«. Heute hat sie einen Liebhaber, morgen einen anderen. Mein Geld nimmt sie ganz ungeniert, wenn sie welches braucht, sie versucht sogar, mich dazu zu bewegen, daß ich noch mehr lockermache, zum Beispiel um Photos machen zu lassen. Als ich sagte, ich würde 100 Mark zahlen, wenn der Photograph die Bilder bis zum nächsten Tag fertigmachen würde, gab sie das gleich mehrfach auf deutsch an ihn weiter … Aber sie ist Russin. Und genau das ist jetzt die Hauptsache, wenn man dazunimmt, daß sie von dem Leiter der Wirtschafts- und Verwaltungsabteilung, der sich nicht mit ihr vertragen hat, verlassen wurde und jetzt niemanden weiter hat – ein sehr seltener Zustand bei den russischen Mädchen. Sie sind alle entweder »Ehefrauen« oder »Geliebte«, wo man auch hinschaut.

Gleich sind wir in Kremmen. Ich muß abbrechen. Zehn Minuten nach neun. Der Leiter der Kaderabteilung, ein schnauzbärtiger Major, wird toben. Es ist spät.

Um 15 Uhr habe ich die Versetzung zum 3. Bataillon bekommen. Laut Order bin ich als Schriftführer eingestellt. Wieder muß ich alles von neuem anfangen, und was besonders wichtig ist, mir das Vertrauen und den Rückhalt der Leute erwerben. Ich bin dazu nicht fähig. Es fällt mir schwer und entspricht nicht meiner Natur. Abends werde ich im Bataillon sein und mich dort in die »Reize« des neuen Lebens stürzen (aber wohl nicht kopfüber). In Gesellschaft werde ich schweigen. Werde mehr für die Zeitungen schreiben, über schlechte und gute Dinge. Und wenn mir das nicht gefällt, werde ich es so lange erdulden müssen, bis kluge Menschen auf mich aufmerksam werden (von denen es jetzt so wenige gibt auf der Welt!) und mir helfen, dieser Sphäre der Mittelmäßigkeit, die mich umgibt, zu entkommen.

Kremmen. Schon spät am Abend. Ich habe gerade zu Abend gegessen, meine Beurteilung und die Koffer geholt und warte im Vorraum der Politabteilung. Ins dritte Bataillon gibt es keinen Wagen, aber einer der Parteigruppenorganisatoren der Brigadeeinheit fährt an der Stadt vorbei, in die ich muß. Er hat versprochen, mich mitzunehmen, und nun warte ich, bis er seine Sachen erledigt hat.

Ich bin sehr müde, weil ich nicht geschlafen habe. Ich muß schlafen und mich ausruhen.

Mit Nina ist es aus, wie es scheint. Sie hat mich gedrängt, aufrichtig zu sein. Ich habe ihr alles gesagt, was ich denke, und sie wurde merklich kühler.

Die Photos zeigen uns in den ungezwungensten Posen. Ganz wie die Deutschen, wie auf den hier weit verbreiteten Bildern. Wir hatten uns noch einmal photographieren lassen, und als mir der Photograph 5 Mark herausgab, beeilte sich Nina zu bemerken: »Laß doch das Kleingeld.«

26. 10. 1945
Liebe Mama!

Ich teile Dir meine neue Adresse mit. Ich habe jetzt eine andere Arbeit. Nun siehst Du, warum ich manchmal eine Zeitlang nicht schreibe. Grüße an die ganze Familie, bitte die anderen doch, daß sie mir schreiben. Meine Adresse: Feldpost 75207. Ich schreibe zusätzlich noch einmal über meine Arbeit, wenn ich hier festen Boden unter den Füßen habe.

Schreib mir, wie es Dir geht, was macht Deine Gesundheit? Wie sind die Arbeitsbedingungen und das Verhältnis zu den Kollegen in der Produktion? Hast Du meine Photos bekommen, und wenn ja wie viele? Schick mir auch welche von Dir und der Familie.

Ich umarme Dich zärtlich und küsse Dich innig, Dein Wowa.

27. 10. 1945
Kremmen. Ich bin noch nicht abgefahren. Warte immer noch auf ein Auto. Die Sachen werde ich, wie es aussieht, heute nicht alle mitnehmen können. Major Iwanzow, der mich vom Fenster der Stabsleitung aus sah, rief mich zu sich und schimpfte – die Arbeit

wartet. Der Stabschef bemerkte, wer es wirklich gewollt hätte, wäre schon gestern gefahren. Ich fand keine andere Rechtfertigung. Man hätte zwar fahren können, aber nur spätnachts oder im Morgengrauen zwischen 2 und 6 Uhr. Ich war nicht ausgeschlafen und konnte das mehrstündige Warten im Stab nicht ertragen, wo alle möglichen kleinen und großen Vorgesetzten in kleinen und großen Autos eintrafen. Ich muß unbedingt heute noch dorthin gelangen. Habe es lang genug aufgeschoben.

Später Abend. Wusterhausen.

Ich bin per Anhalter mit zwei großen und zwei kleinen Koffern hierhergereist. In der allerletzten Minute, als wir schon kurz vor der Stadt waren, begann es zu schütten, der Regen bedeckte die abendlichen Straßen mit einer schmutzigen, trüben Brühe. Der Fahrer wollte uns nicht ganz bis hierher bringen, und wir mußten etwa 800 Meter zu Fuß gehen. Gut, daß ich nicht auch noch allein war. Der Oberleutnant, der als technischer Assistent hierhergekommen ist und von Kremmen an mein Begleiter war, nahm meine kleinen Koffer, und ich fühlte mich besser.

Im Stab trafen wir nur den Diensthabenden an. Er führte uns zuerst zum Bataillonskommandeur, danach zum Stabschef, und wir stapften dann eine ganze Weile durch den Schlamm, durch Straßen und Gärten neben den Häusern. Als wir schließlich wieder in den Stab zurückkamen, trafen wir den Stabschef an und wurden von ihm zum Gespräch empfangen.

»Sind Sie mit dieser Arbeit vertraut?« fragte er mich, als ich ihm von meinem bisherigen Dienst in der Armee erzählte.

»Nein.«

»Warum haben Sie sie dann angenommen? Sie werden es nicht schaffen, und im besten Fall wird man Sie hinausbitten, um nicht zu sagen hinauswerfen, und überdies noch vor Gericht stellen.«

Ich hörte zu und widersprach nicht. Er sprach vollkommen vernünftig, und man mußte ihm recht geben.

»Nun, und mit welcher Arbeit sind Sie denn vertraut, was können Sie denn?«

»Politische Arbeit liegt mir am meisten.«

»Wir haben hier eine Stelle als Komsomolorganisator, 650 Rubel Gehalt. Ich werde mit dem Leiter des Stützpunktes sprechen, wenn der einverstanden ist, setzen wir Sie als Komsomolorganisator ein.«

Damit war die Unterredung beendet. Bei dem Gespräch war eine attraktive, gutgekleidete junge Frau anwesend, die, wie ich später erfuhr, die Frau des Hauptmanns war.

Wir übernachten in einem unbekannten Haus, in einer unbekannten Straße. Nachts hier herauszufinden, besonders zum Stab, wird nicht leicht werden.

28. 10. 1945 Wusterhausen
Ein rosiger Morgen, leichter Frost, aber windstill und wolkenlos.

Die deutsche Hauswirtin erzählt hinter vorgehaltener Hand, daß Amerika und die Türkei Rußland den Krieg erklärt hätten. Davon habe sie schon gestern nachmittag gehört, und heute früh sei die ganze Stadt voll von diesen Gerüchten. Gerüchte sind stets Vorboten der Ereignisse, und man muß sich auf außerordentliche Nachrichten, wenn nicht heute, so jedenfalls im Laufe dieser Woche gefaßt machen.

13.30 Uhr. Ich fahre zurück. Das Schicksal amüsiert sich über meine Irrfahrten, schickt mich sinnlos von einer Stadt in die andere – es hat Spaß daran, wie ich mich abplage.

Der Stabschef hat sich sehr ernsthaft nach meinen Kenntnissen auf dem Gebiet der Büroarbeit erkundigt, und ich antwortete aufrichtig, daß ich darin keine Erfahrung hätte, aber alles daransetzen würde, mich einzuarbeiten.

»Wir haben schon einen Schriftführer. Was können Sie noch?«

Und nachdem ich ihm berichtet hatte: »In Ordnung, wir haben noch den Posten beim Komsomol, 650 Rubel Gehalt.«

Ich ging in die Wohnung, von guter Hoffnung eingelullt. Ich schlief gut und unbeschwert. Um 10 Uhr wurde ich vom Schrillen des Weckers geweckt, und um 11 schickte man aus dem Verbindungsstab nach uns. Zusammen mit dem Oberleutnant wurde ich in das Zimmer des Bataillonskommandeurs zum Gespräch bestellt.

Der betagte »Herr des Hauses«, ein Major, forderte uns auf, Platz zu nehmen, schaute den Versetzungsauftrag durch und erkundigte sich, was ich vorher getan hätte.

»Aber im Stab haben Sie schon gearbeitet?«

»Nein.«

»Und warum haben Sie den Posten des Schriftführers dann nicht abgelehnt? Außerdem arbeitet bei uns schon ein erfahrener Offizier, der praktisch geschult ist.«

»In Anbetracht dessen, daß Leutnant Gelfand mit der Arbeit des Schriftführers überhaupt nicht vertraut und bei uns keine Stelle vakant ist, überstelle ich ihn zurück zu Ihrer Verfügung.«[65]

Und wieder warte ich auf ein Auto. Mit den Gedanken in Kremmen, mit der Seele in der Politabteilung und mit dem Herzen im Zivilleben, irgendwo außerhalb der Armee, in der Freiheit.

Kremmen. 8 Uhr abends. In der Kantine vor dem Abendessen.

So ist unterwegs der Sonntag verstrichen. Hier habe ich mich direkt vom Auto zum Leiter der Kaderabteilung begeben, der sich übrigens beim Eingang zum Stab fand. Ich erstattete ihm Bericht.

»Sie haben selbst keine Lust gehabt, hatten Angst vor Schwierigkeiten!« Und dann: »Wann waren Sie zum letztenmal beim Friseur?«

»Vorgestern.«

»Aber Haare schneiden haben Sie wohl vergessen?« Und weiter: »Rufen Sie den Adjutanten des 3. Bataillons, den Hauptmann.«

Ich kam mit dem Hauptmann zurück.

»Nein, Sie können gehen!«

»Und wann soll ich mich bei Ihnen melden?«

»Sie werden heute im Hotel übernachten?« bemerkte Iwanzow anstelle einer Antwort.

Mit dem vertrauten Gefühl quälender Ungewißheit rannte ich auf die Straße hinaus, blieb in schweren Gedanken versunken stehen, wußte nicht, was ich tun und wohin ich gehen sollte.

In der Wirtschaftsabteilung wollten sie mich nicht in die Verpflegungslisten aufnehmen. »Sie müssen eine Bescheinigung vom Stabschef oder von Major Iwanzow vorlegen!« Der Leutnant, mit dem ich vorher zusammen gewesen war, teilte mir im Auftrag des Leiters der Politabteilung mit, ich solle mir eine Wohnung suchen.

Alles war gegen mich, und das Leben ist dadurch noch schwerer und trostloser geworden.

29. 10. 1945 [Kremmen]
Heute jedoch hat das Schicksal beschlossen, mir sein Gesicht zuzuwenden und mir ein leichtes, neckisches Lächeln zu schenken.

Der Gehilfe des Stabschefs hat auf meiner Vergleichsmitteilung angeordnet, mich in die Verpflegungsliste aufzunehmen, und ich bekam für den Rest des Monats Marken. Eben habe ich eine Wohnung in der Stadt gefunden und eine Stelle in der Transportabteilung der Brigade bekommen, als Dispatcher. Es ist mir jetzt leichter ums Herz. Morgen fange ich an zu arbeiten. Mein Vorgesetzter ist ein einfacher, herzlicher Mensch, und sein Gehilfe scheint auch in Ordnung zu sein. Bleibe also nur ich mit meinem Charakter. Hiermit, denke ich, wird dieses elende Hin und Her mit meiner Arbeit nun ein Ende haben.

Noch ein erfreuliches Ereignis: Ich bin 7,5 Kilogramm Gepäck losgeworden, habe Mama ein Päckchen geschickt. Und meine »Freunde«, mit denen ich zusammengewohnt habe, haben mir einen halben Liter Wodka geklaut. Auch dafür muß man dem Schicksal danken. Es hat mir noch einmal klargemacht, wie verhängnisvoll es sein kann, wenn man seiner Umgebung vertraut.

Halb zwölf nachts.
Gestern habe ich mir eine Vorführung deutscher Künstler im hiesigen Schauspielhaus angesehen. Der Stil der Theaterkunst von heute zeichnet sich vor allem durch Vulgarität aus. Besonders charakteristisch war in diesem Zusammenhang die Nummer »Eine Frau wäscht sich«, in der der Regisseur nicht nur alle Teile des weiblichen Körpers darstellen ließ, sondern so weit ging, daß unter dem unbeschreiblichen Applaus des Publikums die Wölbung weiblicher Brüste in die Luft gezeichnet und sich mit einem Handtuch einigemal zwischen den Beinen hin und her gefahren wurde,

um zu zeigen, wie eine Frau sich ihr Geschlechtsorgan abtrocknet. Früher, in Berlin, habe ich auf der Bühne einmal ein Hündchen gesehen, das ganz gemessen und würdevoll zu dem Blumenstrauß lief, den man ihm geschenkt hatte, sich zur Seite drehte und ein Bein hob. In dieser Haltung blieb »es« etwa zehn Minuten, und das Publikum kreischte vor Vergnügen und Begeisterung.

Typisch für den deutschen Zuschauer ist auch seine Vorliebe für jede Art billiger Effekte und trivialer Scherze. Daher ist das Publikum für Herumgealbere und Hanswursterei eher zugänglich als für ernsthafte und tiefsinnige Darbietungen.

30. 10. 1945
Ich arbeite immer noch nicht. Warte wieder. Der Leiter der Personalabteilung will zum dritten Mal mit mir zum Brigadekommandeur gehen. Und wieder steht mein Schicksal am Scheideweg.

31. 10. 1945
Sei gegrüßt, Wolodinka, mein lieber Sohn!

Was für ein Pech, daß sich Deine Adresse geändert hat. Viele Briefe, zum Beispiel der mit den Glückwünschen zum Oktober, werden Dich offenbar nicht mehr erreichen. Zudem rückt dadurch wahrscheinlich Dein Heimaturlaub in weitere Ferne. Außerdem weiß ich jetzt nicht, wo Du bist. Irgendwie haben wir kein Glück, mein lieber Sohn. Aber vielleicht zeigen Deine neuen Vorgesetzten Verständnis und lassen Dich in Urlaub?

Mein lieber Wowonka! Du mußt mir über alles schreiben: Wie geht es Dir, bist Du gesund, wie ist die Stimmung, und hast Du zu essen?

Bei mir ist alles beim alten. Ich bin ganz verzweifelt, weil Du nicht kommst, um so mehr, als viele auf Urlaub nach Hause kommen. In der Familie sind alle gesund, arbeiten und erwarten Dich mit Ungeduld. In der letzten Zeit sind fünf Stück von Deinen Photos angekommen sowie drei Päckchen mit Büchern und Bildern, außerdem zwei Photos von mir und das von uns allen, das schon in drei Einzelportraits aufgeteilt wurde. Nur Päckchen habe ich nicht bekommen.

Wenn auch mit Verspätung, will ich Dir alles Gute zu den bevorstehenden Feiertagen wünschen, ich hoffe, daß Du sie heiter und fröhlich verbringen wirst und daß wir die darauffolgenden schon gemeinsam verleben werden. Ich wünsche Dir Glück und Gesundheit und küsse Dich vielmals, Deine Mama.

Schreib mir bitte, ob Du Briefe von Papa bekommst und was er schreibt. Grüße von der Familie.

31. 10. 1945 Kremmen.
Wieder soll ich als Schriftführer eingesetzt werden. Heute fahre ich nach Velten zum Stützpunkt, wo ich arbeiten werde. Mit dem neuen Brigadekommandeur hat es einen unangenehmen Vorfall gegeben, dessen Konsequenzen noch nicht abzusehen sind.

Der Kommandant der Verwaltung, ein energischer, stupsnasiger Bursche, hatte einmal zu mir gemeint: Ich werde jetzt alle eure Herrschaften hinauswerfen und die Brigade in diesem Haus unterbringen. Ich schenkte dem keine Beachtung, glaubte ihm nicht. Am nächsten Tag stand ich spät auf und ging mich erst um halb zehn waschen. Die Hauswirtin hatte Wasser in die Schüssel gegossen, ein Glas hingestellt und ein Handtuch bereitgelegt, und ich hatte auch noch mein altes mitgebracht. Ich war im Unterhemd, ohne Mütze, ganz wie zu Hause. Ich hatte gerade angefangen mich abzutrocknen, da kommt ein stämmiger älterer Mann in neuen Kommandeurshosen herein, khakifarben und mit roten Biesen. Auch nur im Hemd, die spiegelblanke Glatze unbedeckt. Er grüßt auf deutsch. Die Deutschen antworten, ich sage nichts – sein Gruß richtet sich schließlich nicht an mich. Er schaut mich unverwandt an, ich ihn neugierig. Was ist das denn für einer? Den habe ich noch nie gesehen. Offenbar ein Stellvertreter für Rückwärtige Dienste oder ein Intendant, denke ich bei mir, die sind alle so dick.

»Na, wo sind Sie denn untergekommen?« fragt er gönnerhaft.

»Oben, im zweiten Stock.«

»Mir hat der Kommandant gesagt, daß er für Sie eine Wohnung gefunden hat ...«

Ich beende meine Toilette, packe meine Sachen zusammen und gehe schnell aus der Küche, dabei immer noch der quälende Gedanke: Wer ist das bloß?

Später am Tag erfahre ich im Stab von der Ankunft des neuen Brigadekommandeurs. Oberstleutnant Genkin gibt den Posten ab und wird Stellvertreter für die technische Ausrüstung. Noch später sehe ich, wie einer in Begleitung von Oberstleutnant Genkin, dem Stabschef, dem allgemeinen Stellvertreter und anderen nach oben geht. Ich schaue ihm ins Gesicht: ER! Ich spürte einen Stich ins Herz. Gut wenigstens, daß er meinen Namen nicht kennt, denn Genkin verzieht schon das Gesicht, wenn man mich nur erwähnt, und sagt, er habe meine Politik durchschaut.

Heute kam er zum Ende des Frühstücks in die Kantine und sagte, als er mich sah:

»Und Sie, Genosse Offizier, warum frühstücken Sie so spät und sind nicht bei der Ausbildung?«

Ich schwieg. Er fragte noch zweimal nach.

»Ich fahre nach Velten, Genosse Oberstleutnant.«

»Für welche Arbeit sind Sie dort vorgesehen?«

»Wieder als Schriftführer.«

»Sie lungern doch schon zwei Wochen hier herum, nicht wahr?«

»So ist es«, beeilte ich mich zu bestätigen, in der Angst, ihm würde noch mehr einfallen.

»Wollten Sie nicht selbst dort arbeiten?!«

»Nein, Genosse Oberstleutnant.«

»Sagen Sie nichts, ich weiß alles. Mir ist schon klar, warum Sie Ihren Arbeitsantritt hinauszögern!«

Zwanzig Minuten später erhielt ich den Dienstauftrag. Ich sollte schon längst auf dem Weg sein, aber ich werde bis zum Mittag warten, um nicht unnütz beim Stab herumzustehen und den Leuten ein Dorn im Auge zu sein. Jetzt sind alle beim Unterricht (die Offiziere).

Nachts hatte ich Lust bekommen, Nina zu sehen, sie ins Konzert mitzunehmen, das im städtischen Theater gegeben wurde, und sie an mich zu drücken, zärtlich zu sein.

Ganz leise schlich ich direkt nach dem Abendessen in die zweite Etage hinauf, wo meine Schönheit jetzt in einem winzigen Kämmerchen haust. Ich hatte schon die Hand an der Tür, um sie zu öffnen, als ich plötzlich eine sanfte männliche Stimme zärtlich mit einer weiblichen tuscheln hörte, kaum daß es zu mir drang. Ich linste durch den Spalt und fuhr entsetzt zurück: Da saß meine Nina auf den Knien irgendeines Mannes und schaute glücklich und verzaubert in seine Augen. Ich hielt es nicht aus, die Szene bis zum Ende zu verfolgen, wollte mir weder das Gesicht des mir unbekannten Mannes eingehend betrachten noch das hübsche Köpfchen dieser Deckstute, für die ich dieses Mädchen von nun an halte. Sie ist Luft für mich. Diese letzte bittere Pille hat das Schicksal mir gestern verabreicht.

Velten. Geschützfabrik.

Mit einem Wagen der Brigade in die Stadt zu kommen ist mir nicht gelungen. Doch ich hatte es eilig, hielt ein paar Deutsche an, die mich bis drei Kilometer vor Velten mitnahmen, und von dort ging ich zu Fuß.

Im Zentrum und am Stadtrand wußte niemand von dem »Stützpunkt«, erst recht nicht, wo er sein sollte. Ich beschloß also, die Kommandantur zu suchen. Auf dem Weg traf ich einen Major, den stellvertretenden Bataillonskommandeur für die politische Arbeit. Er erklärte mir den Weg.

Die Geschützfabrik, wo der Stützpunkt untergebracht ist, liegt sehr weit außerhalb der Stadt. Als ich ankam, war es schon ganz dunkel. Große Holzbaracken, für den Sommer gebaut. In jedem Raum zwei bis drei Offiziere. Im Gespräch mit ihnen kamen viele unangenehme Dinge zur Sprache: Langeweile, strenge Vorgesetzte etc.

Der Diensthabende empfing mich freundlich – ein Neuer ist hier eine Seltenheit, und man unterhält sich gern mit ihm. Der Kommandeur des Stützpunktes war nicht da, ich ging also zum Stellvertreter für die Truppe, einem Major. Er hörte mir aufmerksam zu, als ich über meine bisherige Tätigkeit berichtete, sah sich meine Gedichte an, zeigte sich interessiert. Ein äußerst verständnisvoller, aufmerksamer und empfindsamer Mensch. Er begriff sofort, worum es mir ging, und bemühte sich, mir entgegenzukommen.

»Die Tätigkeit eines Schriftführers ist eine niedere Arbeit. Es gibt keine Aufstiegsmöglichkeiten. Ich würde einen anderen

Posten empfehlen: Gehilfe des Leiters der Transportbrigade. Gehilfe des Leiters oder Leiter der Verwaltungs- und Wirtschaftsabteilung, Gehilfe des Lagerleiters. Ich werde noch einmal mit dem Kommandeur des Stützpunkts sprechen, und bis morgen wird geklärt sein, was wir mit Ihnen machen.«

Das Licht war schon aus, als ich den Major verließ. Meine Lampe wollte er nicht nehmen. Im Flur traf ich den Hauptmann und Stellvertreter für politische Arbeit. Er erzählte von seinen Losungen.

1. 11. 1945
Industriegebiet von Velten (ein Kilometer außerhalb der Stadt).

Ich wollte sehen, wie es um die politische Arbeit und die kulturelle Entwicklung der Soldaten bestellt ist. Überall hingen Losungen und Plakate.

2. 11. 1945
Ich habe auf grammatische Fehler und fehlende Satzzeichen in den Texten aufmerksam gemacht. »Kommen Sie mit«, meinte der Hauptmann auf der Straße und schleppte mich durch eine ganze Reihe von Baracken. »In den Leninzimmern[66] der Soldaten muß nach dem Rechten gesehen werden, ich bin nur drei Jahre zur Schule gegangen, da fällt mir das schwer.«

Ich nahm einen Bleistift zur Hand, schaute mich schnell um, verbesserte die Fehler und riet den Künstlern, die am meisten mißratenen Stellen noch einmal neu abzuschreiben. Der Kompanieführer kam herein und fing an, sich zu rechtfertigen und zu entschuldigen: »Sehen Sie, wir fangen erst an, Fehler kann man korrigieren, alle machen Fehler, und erst recht diese jungen Kerle aus der Ukraine. Der Brigadekommandeur war hier, eine Kommission ist angereist und hat uns für die Gestaltung der Leninzimmer sogar besonders gelobt. Und Sie nörgeln herum. Wo kommen Sie her, Verzeihung, sind Sie nicht aus der Politabteilung?«

Der Hauptmann beeilte sich, ihn zu beruhigen: »Er wird bei uns arbeiten, und ich habe ihn gebeten, uns zu helfen.«

Spätabends klopfte der Major, der Stellvertreter, bei mir an: »Kommen Sie mit zum Kommandeur des Stützpunktes.«

Zu dritt überlegten wir lange, welche Arbeit für mich am geeignetsten wäre. Wir einigten uns auf den Transport. Das Gehalt beträgt 700 oder 750 Rubel. Mit dem Posten eines Ingenieur-Hauptmanns werde ich leichter zurechtkommen als mit allen anderen, einschließlich dem eines Schriftführers.

»Vorerst haben Sie nichts zu tun – es gibt keinen Transport. Schauen Sie sich ein bißchen um. Und vor allem bitte ich Sie, bei der Herstellung der Wandzeitung und der Gestaltung der Plakate für die Oktobertage behilflich zu sein«, schloß der Kommandeur des Stützpunktes. »Zu Befehl«, erwiderte ich. »Und berücksichtigen Sie, daß Verlegungen vorkommen können. Wir werden sehen, wie Sie sich hier machen, wie Sie mit der Arbeit zurechtkommen.«

Ich ging hinaus, zufrieden mit mir, den Vorgesetzten und der neuen Arbeit. Das war vorgestern, am Tag meiner Ankunft. Gestern bin ich dann nach Kremmen gefahren, um meine Sachen zu holen. Es gab kein Benzin, und so blieben wir bis zum Abend.

Habe den Polit-Leutnant getroffen, mit dem das Zusammenwohnen so unerfreulich gewesen war und der mich ausgeplündert hatte. Was er mir noch alles gestohlen hat, weiß ich nicht, auffällig war jedenfalls, daß der Wodka verschwunden war und er die eine Hälfte des Schranks vor mir verschlossen hielt. Offenbar verbarg er dort irgend etwas, wobei er dem Unterfeldwebel den Schlüssel anvertraute, mir aber nicht. Als er mich in der Kantine sah, grüßte er mich erstmals nicht und ging eilig in ein anderes Zimmer. Der Unterfeldwebel hingegen macht weiter auf unschuldig und erdreistete sich sogar zu fragen, warum ich ihm die Mütze nicht dagelassen habe, die ich ihm versprochen hatte, als ich die Sachen holen fuhr. Bei Nina bin ich nicht vorbeigegangen, die hätte auch kein besonderes Interesse gehabt. Sie hat ja offensichtlich bereits einen »Würdigeren« gefunden. Ein verdorbenes Mädchen ...

3. 11. 1945
Liebe Mamotschka!
Gestern habe ich ein Paket an Dich abgeschickt. Einen Mantel, Kleider, Unterhemden, Schuhe, zwei Stück Feinseife und Fischkon-

serven – für jede Lebenslage etwas. Ich denke, Du wirst mir ein solch bescheidenes Geschenk nicht übelnehmen. Ich weiß nicht, wann es in Dnepropetrowsk eintreffen wird, ich hatte es für die Feiertage anläßlich der Oktoberrevolution gedacht.

Wann ist Dein Geburtstag? Es ist mir unangenehm, danach zu fragen, aber ich habe es gerade nicht parat. Mit der neuen Arbeit gibt es Verzögerungen. Bitte grüße die Familie, sie sollen mir schreiben. Ich habe mit allen die Verbindung verloren. Meine Hauptadresse: Feldpost 75207.

Ich küsse Dich innig. Grüße an die ganze Verwandtschaft und die besten Wünsche zum Oktober!
Wladimir.

4. 11. 1945 Velten
Das Schicksal hat mir wieder eine Freude geschenkt: noch eine Fahrt nach Potsdam–Caputh–Berlin–Hennigsdorf–Velten.

Für all das hatte ich wenig Zeit zur Verfügung, anderthalb Tage. Doch welch eine Fülle verschiedenartigster, ganz frischer und überraschender Eindrücke habe ich von dieser außerplanmäßigen Fahrt mitgebracht, die mich durch altbekannte und vertraute Wege und Orte führte. Kaum wiederzugeben! Aber ich will es versuchen.

Alles schlief, es war dunkel, im Zimmer wie im Hof. Am Abend vorher war ich bis 2 Uhr nachts auf, packte meine Sachen. Und dann hatte ich gar keine Lust aufzustehen und dieser grauen, kalten Ungewißheit entgegenzugehen. Den Körper verlangte es nach Wärme und Ruhe, den Geist, den wißbegierigen, unruhigen und rastlosen, nach neuen Eindrücken.

Der Wagen stand bereits im Hof der Geschützfabrik, wo ich jetzt wohne und arbeite. Der Fahrer war es leid zu warten, und während ich mich noch anzog, hupte er heftig, ohne Rücksicht auf die Batterie.

5. 11. 1945
Ich bin schwer betrunken. Es hat sich hier alles verworren. Mein Streich hat mir ziemlichen Ärger eingebracht. Ich konnte das dunkle Geheimnis meines Verbrechens nicht für mich behalten

und berichtete Major Koroljow offen davon. Er hat es dem Kommandeur des Stützpunkts weitererzählt, und die Sache hat Wellen geschlagen.

Warum habe ich da mitgemacht und in diesem Sumpf gewühlt? Aber ich hätte den Oberleutnant auch nicht verraten können. Er hätte Schande über meine Einheit gebracht. Ich mußte ihm beispringen, wenn ich jetzt auch genauso schuldig bin wie er. Aber im nachhinein unnötig rumzuschwatzen – ist das etwa keine Dummheit?! Ich hatte da noch nichts getrunken, als ich mich verplapperte.

Der Kommandeur des Stützpunktes und sein Stellvertreter sind ja überaus gerechte und kluge Männer. Wenn sie mal um die Häuser ziehen und einen draufmachen wollen, tun sie das natürlich mit ihrem eigenen Geld. Und wir Idioten sollen uns mit Kleinigkeiten begnügen.

So habe ich durch mein Geständnis bei den Vorgesetzten mein Ansehen verloren.

Wenn ich [...]*, würde ich mehr schreiben, aber mir zittert die Hand [...]**.

6. 11. 1945 Heiligensee
Die Feiertage[67] und besonders die Vorbereitungen haben meinen Ruf in den Augen der Vorgesetzten stark beschädigt.

Es begann mit dem Wojentorg. Der Leiter der Verwaltungs- und Wirtschaftsabteilung hatte es nicht geschafft, sie beim Wojentorg anzumelden.[68] Dabei war das unbedingt notwendig, besonders wegen der Feiertage. Da bat er mich, mit ihm zu fahren und für ihn anzufragen:

»Du bist Jude, und der Major ist auch Jude, du kannst das besser mit ihm regeln.«

Dabei ist das Gegenteil der Fall. Das Schicksal und die unglückselige Natur haben mich nicht mit Beredsamkeit ausgestattet. Für gewöhnlich bleiben alle Vorhaben, an denen ich beteiligt bin, unter allen Umständen erfolglos. In diesem Fall jedoch hatte

---

* Unleserliches Wort.
* Ein, zwei Worte unleserlich.

ich Glück. Man riet uns, nach Potsdam zu fahren, wegen der Erlaubnis für die Anmeldung beim Wojentorg, ohne die alle Anstrengungen und Bemühungen vergeblich sein würden. Eine großartige Aussicht. Ich deutete an, daß ich Lust hätte, in die Hauptverwaltung Handel zu fahren. Oberleutnant Julko, so heißt der Leiter der Verwaltungs- und Wirtschaftsabteilung, griff diesen Gedanken freudig auf und leitete ihn an seinen Vorgesetzten weiter. Und so erhielt ich also wieder eine Kommandierung und Reiseproviant, griff mir das gewohnte kleine Köfferchen und meinen Mantel und stieg ins Führerhaus eines Wagens.

Morgens um 7 Uhr fuhr ich los, und um 12 war ich in Potsdam. Alles per Anhalter. Auf der Landstraße ein langer Zug von roten, schlanken Autobussen, bis obenhin voll mit Kindern. Ich zählte etwa 50 Fahrzeuge. Es interessierte mich, warum und wohin diese Kinder in den englischen Bussen unterwegs waren, und als an einer Brücke ein Stau entstand, ging ich hin und fragte nach. Es stellte sich heraus, daß die guten britischen Onkel Gentlemen beschlossen haben, Kurorte und Sanatorien für die armen, unschuldigen Deutschen einzurichten. Insgesamt sind schon mehr als 50 000 Kinder zur Erholung verschickt worden, und es wird noch einige weitere Transporte geben.

Die Rückfahrt nach Velten verlief reibungslos. Ich war hungrig und völlig durchgefroren. Ging direkt in die Kantine. Dort war gute Stimmung, es wurde einträchtig gesungen, und der Kommandeur des Stützpunkts, Major Skoromykin, war die Seele des Kollektivs. Von ihm ging eine solche Heiterkeit und Lebensfreude aus, daß einem bei seinem Anblick das Herz im Leibe lachte.

Ich war trauriger Stimmung, aber nachdem ich etwas getrunken hatte, waren die Kümmernisse und Mißerfolge des Alltags schnell vergessen. Ich kam in Stimmung, becherte ordentlich, etwa 600 Gramm, danach war ich völlig weggetreten, und bis jetzt habe ich keine Erinnerung an das, was dann geschah.

Offiziere verstehen es nicht zu trinken. Wenn sie betrunken sind, verlieren sie die Selbstbeherrschung und ihre Autorität in den Augen der Untergebenen. Die ganze Nacht wurde mit den Türen geschlagen und herumkrakeelt, gab es unflätiges Gefluche und Prügeleien.

[8. 11. 1945 Velten, Geschützfabrik]
[Entwurf für eine Kurzgeschichte]
Der 7. November in Berlin, auf dem Weg nach Heiligensee, in der S-Bahn.

Ich begehe meinen Feiertag unterwegs. Wenn meine Fahrt auch anstrengend ist, wenn ich auch hin und wieder Hunger habe und Wind und Frost ausgesetzt bin, der Reichtum an Eindrücken überall auf meinem Weg bereitet mir dennoch Vergnügen. Es gibt Unangenehmes, häufiger aber erfreuliche Bekanntschaften, Gespräche und Beobachtungen.

Heute zum Beispiel haben sich mir zwei besonders denkwürdige Ereignisse eingeprägt, die meine Phantasie nicht mehr loslassen. Nein, stimmt nicht! Noch läßt mir die lange Kette von Ereignissen keine Ruhe, das Geschehene will mir einfach nicht aus dem Kopf.

Gleich nach der Ankunft in Weißensee war ich auf zwei Offiziere aufmerksam geworden, die sich, stark betrunken, auf einer großen belebten Straße (Berliner Straße) unerhört aufführten. Besonders empörend und abscheulich fand ich das Verhalten eines Oberleutnants, der sich unter wilden Flüchen auf eine deutsche Frau stürzte, wodurch er erboste und feindselige Blicke der Passanten auf sich zog. Ich beeilte mich, in den drohenden Konflikt einzugreifen und unsere Leute zu beruhigen.

»Los, Leutnant, hol uns Wodka!« wandten sie sich an mich, die Frauen hatten sie schon vergessen.

Ich erinnerte mich an die Flasche, die ich noch hatte, und versprach, sie ihnen zu verkaufen, unter der Bedingung, daß sie aufhörten, auf der Straße herumzupöbeln und zu randalieren.

Am Ende machte ich bei der Sache noch Gewinn. Ich verdiente 150 Mark, die Differenz zwischen dem Preis für den Wodka im Wojentorg und dem im Feinkostladen, für den ich ihn verkaufte. Für das Geld kaufte ich mir meine geliebten Schokoladenbonbons.

Das Haus, in dem die Rilewskis wohnen, war fest verriegelt, und es war kein Mensch zu sehen. Diese Veränderung war merkwürdig. An der Tür hing ein Schild mit deutscher Aufschrift, die ich nicht entziffern konnte, und ich stellte die verschiedensten Vermutungen an.

Ich kam zu dem Schluß, daß die Kommandantur sie alle umgesiedelt haben mußte. Ich rief ein paarmal: »Hallo, Helda!«, aber es antwortete niemand, und es zeigte sich auch niemand am Fenster. Da bat ich ein paar Kinder, zu »rufen«. Unwillig erfüllten sie meine Bitte. Die Deutschen, von jung bis alt, hatten sich gegen die »schrecklichen Russen« von der Kommandantur verschworen, die für sie eine Gefahr waren. Offenkundig zählten die Kinder auch mich zu diesen Randalierern.

Darauf begann ich laut gegen die Tür zu trommeln [...]*

Der Hauptmann kam und lud mich zum Wodka ein, zum Dank für die Papirossy, die ich ihm aus Berlin mitgebracht hatte. Der Wodka stieg mir in den Kopf, und ich schleppte mich in die Kantine. Dort schlug ich mir den Bauch voll, stärkte mich, und als die Offiziere gegangen waren, machte ich mich daran, mein Tagebuch weiterzuschreiben.

Plötzlich kamen Julko und Co. herein, betrunken. Ich schaffte es nicht mehr, das Tagebuch zu verstecken, Julko wollte es mir wegnehmen, er zerrte daran, riß es mir aus der Hand und zerriß dabei eine unbeschriebene Seite.

»Du denkst wohl, ich weiß nicht, was du da schreibst?! Zerreißt dir das Maul über mich! Paß bloß auf, wenn du noch irgendwas sagst!« Er ballte die Fäuste.

Ich antwortete ruhig, denn ich wollte kein Aufsehen erregen. Aber er gab keine Ruhe.

»Morgen übergebe ich dir das Lager, und du wirst schon noch angekrochen kommen!«

Ich konnte mich wieder nicht beherrschen und sagte im Rausch:

»Nein, mein Lieber, darauf werde ich mich niemals einlassen, denn ich kann nicht stehlen und betrügen!«

Da geriet er vollends in Rage, griff nach der Pistole und versuchte mir einen Hieb mit dem Schaft zu versetzen. Ich wich aus.

---

* Die Heftseite ist schräg abgerissen, so daß der Text auf einem Drittel nicht lesbar ist. Die Erklärung dafür ist ein Streit, der nachfolgend beschrieben wird.

Dann verlangte er, die Pistole auf mich gerichtet, ich solle verschwinden oder »Ich knall den Schwanz ab!«.

Ich wandte mich langsam um, überließ mein Genick dem Willen des Schicksals. Doch die anderen Offiziere packten ihn am Arm und bewegten ihn dazu, die Pistole wegzustecken.

Ich lief aufgewühlt hinaus, stürmte direkt zum Major in sein Arbeitszimmer und machte ihm Meldung über alles. Währenddessen krachte draußen ein Schuß.

»So ein Idiot«, sagte der Kommandeur des Stützpunktes kopfschüttelnd und ging mit mir das Tagebuch wiederholen.

»Das ist meins!« erklärte Julko frech, »das gebe ich nicht her!«

»Aber sieh es doch ein, es steht sogar in der Verfassung, daß der Mensch seine Gedanken haben und sie für sich aufschreiben darf.«

»Ich geb's trotzdem nicht her!«

»Dann laß ich dich fesseln. Den Diensthabenden!« befahl er einem der Soldaten, und während der lief, den Befehl auszuführen, gab Julko von selbst das Tagebuch zurück, nachdem er zuvor einige heftige Flüche in meine Richtung losgelassen hatte.

Neben der Kaserne, wo die Soldaten wohnen, hatte sich inzwischen ein Auflauf gebildet. Wie sich herausstellte, waren zwei Unterfeldwebel aus der Kommandantur mit dem Auto gekommen, um einen unserer Leutnants abzuholen, der angeblich eine deutsche Frau mißhandelt hat. Der Posten hatte sie durchgelassen. Sie holten den Leutnant schon bei der Kaserne ein, und als er sich entfernen wollte, schossen sie zweimal in die Luft. Soldaten kamen zusammengelaufen, und der Tumult ging los.

Die Unterfeldwebel aus der Kommandantur waren betrunken, sie waren selbst hinter der Deutschen her gewesen und jagten nun den ebenfalls angeheiterten Offizier – aus »Eifersucht«. Die Angelegenheit wurde sehr einfach geregelt: Die an dem Vorfall Beteiligten wurden getrennt und alle nach Hause geschickt.

Aber wieder zurück zu Berlin [zur begonnenen Kurzgeschichte].

Als ich mich erkundigte, weshalb die Leute sich <überall> eingeschlossen hätten, wurde ich in das »Geheimnis des Tages« eingeweiht. Die umsichtige Kommandantur hatte nämlich, da sie

Schereien befürchtete, den Deutschen befohlen, an den Feiertagen, wenn die Russen »feiern und trinken«, alle Türen abzuschließen und fest zu verriegeln, damit die Soldaten nicht in die Häuser eindringen und dort Unheil anrichten könnten.

Dazu fiel mir der Artikel »Verleumdung auf Befehl« ein, den ich in der »Prawda« oder der »Krasnaja Swesda« vom 27. 11. dieses Jahres gelesen hatte.[69] Meine Gedanken hierzu will ich lieber verschweigen. Es ist ärgerlich, daß dieselben Leute, die mehr als einmal mit ihrem Blut ihre Eroberungen verteidigt haben, jetzt durch ihr Verhalten im Ausland unserer internationalen Politik großen Schaden zufügen. Und das, was die Diplomaten durch große Anstrengungen und Vernunft erreichen, wird hier auf einen Schlag durch die fahrlässigen Ausschreitungen eines hirnverbrannten Trunkenbolds, den man rein zufällig noch nicht aus den Reihen der Sowjetischen Besatzungsstreitkräfte in Deutschland gejagt hat, zerschlagen. Meiner Ansicht nach wird kein Artikel einen vernünftig denkenden Ausländer je so überzeugen wie ein wahrhaft vornehmes Verhalten aller unserer Leute, ein Verhalten, wie es unsere Partei fordert, wie es Gen. Stalin lehrt und wie es sich für einen siegreichen Kämpfer gebührt, und nicht das eines aufgeblasenen Lumpen von der Straße. Alle diese räudigen Mißgeburten sollte man schonungslos ausmerzen, sie aus unserer Mitte vertreiben, da sie unwürdig sind, die große Sowjetmacht im Ausland zu vertreten.

Auf dem Alexanderplatz war kein Schwarzmarkt. Die Kommandantur tat ihr möglichstes. Der ganze Platz wurde von strengen Patrouillen kontrolliert, die an einer Stelle wiederholt die Ausweise überprüften und sich ganz unverfroren auch von Offizieren die Papiere zeigen ließen, und zwar vor den Augen der Deutschen.

Mehrfach war von denen zu hören: »So etwas gab es bei uns nicht, daß ein Soldat einen Offizier kontrolliert, ihm sogar den Ausweis abnimmt und ihn womöglich verhaftet!«

Ich mußte ein paar Sachen kaufen. Aber wie sollte ich das anstellen? Ich kam auf die Idee, mir die Stiefel putzen zu lassen. Sogleich wurde ich von Leuten umringt, die ihre unter dem Rock versteckte Ware anboten. Ich stand da, tat, als würde ich nichts bemerken, und sah zu, wie meine Stiefel unter den geschickten Händen des Schuhputzers blank wurden.

Mehrmals wurde die Menge auseinandergetrieben, mehrmals kamen Soldaten mit der Aufschrift »KN« auf dem Ärmel und schauten mich an, einmal sogar ihr Kommandeur, ein Offizier. Aber es gab einfach nichts auszusetzen.

Unterdessen war es mir bereits gelungen, ein Hemd, eine Lederjacke, drei Paar Herrensocken und Handschuhe zu erstehen. Und als meine {Stiefel} fertig gewichst waren, wurde der Putzer aufgefordert, sich davonzumachen.

Plötzlich bemerkte ich auf der anderen Seite beim Platz eine große Menschenmenge. Dort wurden kostenlos Flugblätter verteilt. Irgendein Kirchenchor sang, begleitet von einem Akkordeon, Lobeshymnen auf die Rote Armee und die Sowjetunion; das klang alles sehr seltsam aus dem Mund von Deutschen.

An Kiosken und auch einfach an Verkaufstischen und aus Körben wurden Zeitungen verkauft. Der erste Deutsche, der eine frische <Zeitung> ergattert hatte, lief froh zur Straßenbahn oder U-Bahn und wedelte dabei mit seiner Zeitung, von deren Titelseite unsere großen Führer Lenin und Stalin dem neuen Leser und Anhänger alles Russischen und alles Sowjetischen entgegenblickten. Ja, erst hier, im Ausland, wird einem bewußt, wie groß und angesehen unser Land ist.

Ich kaufte eine deutsche Zeitung. Warf dem Kirchenchor als Anerkennung fünf Mark hin, warf einen letzten Blick auf den grauen, heruntergekommenen A.-Platz und fuhr mit der 60 in Richtung Feinkostladen und Rilewskis.

Bevor ich Berlin verließ, ging ich in einem Restaurant vorbei, um Papirossy für den Hauptmann zu kaufen. Gleich bei der Tür stürzte ein stummer Deutscher auf mich zu, stieß irgendwelche unartikulierten Laute aus und fuchtelte mit den Armen; er faßte mich am Ärmel und ließ mich nicht hineingehen, bis man ihn wegstieß. Es war der Taubstumme, bei dem ich vor einem Monat einmal übernachtet hatte. Ich erkannte ihn sofort, konnte aber nicht verstehen, was er von mir wollte. Es war interessant, wenn es auch sehr unangenehm war, sich vor den Leuten mit ihm einzulassen. Doch als ich hinauskam, stürzte er wieder auf mich zu.

Ich gab ihm eine Schachtel Bonbons. Die nahm er, bat dann aber um mehr und verlangte sogar Geld. Wild gestikulierend brachte er zum Ausdruck, daß er —

10. 11. 1945
Heute ist frei. Ich sterbe vor Langeweile. Jeder hat noch einmal eine Flasche bekommen. Lange habe ich nicht trinken wollen, aber dann hielt ich es nicht mehr aus vor Schwermut, Einsamkeit und Untätigkeit. Bin mit zwei Offizieren leicht aneinandergeraten. Dann kamen neue Kameraden und der stellvertretende Leiter des Stützpunkts, Major Koroljow.

Wir haben Gitarre gespielt, doch das hat die Schwermut nicht aus dem Herzen vertreiben können. Es dämmert schon, der Tag geht zur Neige, und nichts Neues, nichts Gutes, was bei mir —

13. 11. 1945
Heute ist Oberleutnant ... von Julko bis zur Bewußtlosigkeit abgefüllt worden. Er kam nach Hause, seiner Zunge nicht mehr Herr, und hat sich sofort übergeben. Es war 10 Uhr abends. Ich war noch nicht müde und machte mich an meine Schreiberei, aber mein Mitbewohner schrie: »Mach das Licht aus, ich will schlafen!«, und ich beschloß nachzugeben, um Krach zu vermeiden. Ich begann mich beim Licht meiner Taschenlampe auszuziehen. Der Oberleutnant war bereits eingeschlummert, aber plötzlich wachte er auf, stand auf und verlangte von mir, ich solle aus dem Zimmer gehen.

14. 11. 1945
Bei einer Vorlesung des Leutnants aus der Politabteilung. Der, mit dem ich früher in Kremmen zusammengewohnt habe. Jetzt höre ich zum erstenmal, wie er einen Vortrag hält. Und, offen gestanden, ich bin ausgesprochen enttäuscht. Seinen Worten zufolge sollte er ein erstklassiger Referent sein, aber jetzt sehe ich einfach einen ungebildeten Stotterer vor mir ... »Als Plechanow noch genial war ...«

[Herbst 1945]
Wedding. Fürchterliche Häuserskelette. Die Straßen sind noch nicht überall vom Schutt geräumt – ist es denn überhaupt vorstellbar, daß sie so rasch geräumt werden? Die völlig zerstörten Häuser werden abgerissen und bis auf den Grund weggeräumt.

Das gibt ein noch häßlicheres Bild. Einzelne Häuser ragen inmitten der Leere riesenhaft auf wie ungebetene Gäste. Trostlos, aber verdient. Beim Wohnungsbau kümmert man sich in der Hauptsache um die Innenarbeiten und nicht um die äußerliche Schönheit der Gebäude.

Die Berliner lesen viel und überall. Aber was lesen sie? Ich habe mich mal für den Inhalt der Bücher interessiert, die sie lesen: keinen einzigen weltbekannten Schriftsteller, sogar Goethe sieht man selten. Aller möglicher Schund.

14. 11. 1945
1 Uhr nachts.
Auf der Rückfahrt von Berlin nach Velten fragte mich im Zug ein mir gegenübersitzender Deutscher ganz unvermittelt und ernsthaft: »Wird Deutschland wieder groß und stark werden?« Schlußfolgerungen spare ich mir, denn die Frage an sich ist so zynisch, daß eine Antwort oder ein Kommentar nichts bringt.

In Kremmen ging ich in den Friseursalon. Ließ mich rasieren und schaute kurz in der Abteilung vorbei, in der Dauerwellen gemacht werden. Dort saßen viele Frauen und Mädchen. Der elektrische Strom macht jetzt, was er will, weshalb viele von ihnen mit dem Wellenlegen nicht rechtzeitig an die Reihe gekommen waren und nun warteten, bis sie dran waren.

Ich unterhielt mich mit ihnen und bemerkte beiläufig: »Bei Ihnen ist es so warm, daß man hier schlafen könnte.« Dieses Wort traf sie alle wie der Blitz, und sie schauten sich wie auf Kommando um und lächelten.

15. 11. 1945
Sei gegrüßt, mein Lieber, meine Freude!
Vor vier Tagen habe ich Dein Feiertagsgeschenk erhalten, das Photo von Dir. Ich kann Dir nicht sagen, wie sehr ich mich darüber

gefreut habe. Unter diesem Eindruck stehe ich auch jetzt noch. Wie gut Du aussiehst, wie interessant und hübsch! Deine Schönheit kommt nicht nur durch Dein Äußeres, sondern auch durch Deine Seele zum Ausdruck. Alle Verwandten, Freunde und Bekannten sind hingerissen von Deinem Verhalten und Deiner Treue mir gegenüber. Ich bin stolz auf Dich! Ich zeige so gern die Photos von Dir. Alle sind begeistert von Dir.

Mein lieber Sohn! Ich gratuliere Dir zu Deiner Regierungsauszeichnung, dem Orden »Roter Stern«. Ich wünsche Dir, daß Du auf dem Gebiet, das Du Dir wünschst, im Laufe der Jahre berühmt wirst. Aber warum hast Du mir nichts davon erzählt? Ich danke Dir sehr für die Freuden, die Du mir bereitet hast, für Deine Anteilnahme und Deine Treue. Heute kam das Päckchen mit den Photos – 31 Stück und ein Brief. Die Sache ist mir ein bißchen unangenehm. Um 7 Uhr morgens kamen zwei junge Frauen an und brachten ein Päckchen, wobei sie mit keinem Wort erwähnten, daß sie aus Deutschland kämen. Sie gaben es ab, ich bedankte mich, und sie gingen. Als ich den Brief las und begriff, daß das Mädchen von Dir gekommen war, tat es mir sehr leid, daß ich sie nicht nach Dir gefragt hatte; aber ich kann nichts tun, denn ich weiß nicht, wer sie ist und wo sie wohnt.

Du schreibst, daß Du nicht zum erstenmal auf diesem Wege etwas geschickt hast, doch ich habe nie etwas bekommen. Danke, daß Du mich nicht vergißt.

Gerade ist bei mir auf der Arbeit eine Karte angekommen, auf der Du schreibst, daß Du ein Päckchen geschickt hast. Schreib besser überhaupt nicht an die Fabrik und besonders keine Mitteilungen über Päckchen. Danke für das Päckchen. Aber ich werde es nicht so bald bekommen. Im August hattest Du geschrieben, daß Du ein Päckchen geschickt hast, nach meiner Rechnung das dritte – die Seide. Bis heute ist es nicht angekommen.

Ich danke Dir für die herzliche Gratulation zum Feiertag und die guten Wünsche. Leider war mir an diesen Tagen in diesem Jahr sehr schwer ums Herz, ich bin nirgendwohin gegangen, es war schmerzlich und traurig, daß Du nicht da warst. Überhaupt, mein lieber Sohn, ist mein Leben so nutzlos und freudlos. Wie gern würde ich Dir das alles mitteilen, aber im Brief geht das nicht.

Du wirfst mir vor, daß ich im Brief nur anstandshalber nach Papa frage. Was würdest Du an meiner Stelle tun? Es ist dringend notwendig, daß Du nach Hause kommst. Ich muß mit Dir reden und mich mit Dir beraten, nur hier können wir diese Sache klären. Ich glaube, daß sie Dich trotz allem in absehbarer Zeit in Urlaub lassen werden. Wie glücklich werde ich sein, Dich zu sehen!

Wegen der Besorgungen für mich und die Verwandtschaft: Hier kostet ein Paar guter Damenschuhe 1½- bis 2000 Rubel. Herrenschuhe derselbe Preis. Ein anständiges Damenkleid: 1000–1500. Wer was braucht. Das ist ein dehnbarer Begriff, mein Kind. Wir alle, Männer wie Frauen, haben nichts. Aber Du kannst doch nicht uns alle mit Kleidung und Schuhen versorgen. Sieh also selber, je nach dem, was Du zur Verfügung hast.

Meine Bestellung: Wollstrümpfe und -socken für alle, Männer und Frauen. Taschentücher ein paar mehr. Für mich eine Armbanduhr. Für alle Handschuhe, auch für die Kleinsten. Einen Rundfunkempfänger. Aber in erster Linie sollst Du für Dich sorgen, Wäsche, Anzüge, Schuhe und Socken kaufen.

Für die Decke, die Du in dem zweiten Päckchen geschickt hast, danke ich Dir und wünsche Dir Gesundheit, jeden Abend, wenn ich schlafen gehe. Sie ist sehr angenehm und warm. Und, Wowotschka, ein paar Tischdecken. Und wenn Du kommst, bring doch noch irgendwas Süßes mit, ja?

So, mein Herz, jetzt bin ich Dir wahrscheinlich auch genug auf die Nerven gegangen mit meinen Forderungen und Aufträgen. Mein Lieber! Verzeih und mach alles nach Deinen Möglichkeiten.

Bleib gesund und glücklich. Ich umarme Dich und küsse Dich innig, Deine Mama.

Herzliche Grüße und die besten Wünsche von der ganzen Verwandtschaft. Und schreib doch ausführlicher über Dich.

[November 1945]
Lieber Papa!

Gerade habe ich zwei Briefe von Dir an meine neue Adresse erhalten und mich unsagbar gefreut. Ich wiederhole es zum hundertsten Mal: Ich brauche nichts. Geld bekomme ich genug. Ich habe ein Päckchen für Dich fertiggemacht, schaffe es jedoch schon den zwei-

ten Tag nicht, es abzuschicken. Du wirst es zum neuen Jahr bekommen.

Dein Dich innig liebender Sohn Wladimir.
Im neuen Jahr werde ich auch kommen.

17. 11. 1945
Ich habe getrunken. Julko will es sich nicht ganz mit mir verderben. Hauptmann Lestnikow ist ein äußerst gescheiter Mann – er versteht es, Julko zu führen.

Heute habe ich Dienst. Ich habe nicht viel getrunken, aber einen guten Gedanken unwiederbringlich verloren. Er war mir beim Abendessen gekommen, und jetzt mühe ich mich vergeblich, ihn mir in Erinnerung zu rufen.

Wieder habe ich die Briefe »auf morgen« verschoben. Habe den Soldaten vom Dienst für alle Fälle gewarnt, nicht zu stören.

[...]*

Eine Deutsche hat versprochen, morgen vorbeizukommen. Sie hat eine heiße Brust und ein junges, gefügiges Herz. Und ich werde mit meinem Durst nach Zärtlichkeit bald entweder im Sumpf der Liebe oder im smaragdenen Meer der Gemeinheit ertrinken. Es gibt nur diese beiden Möglichkeiten —

Ich stehe wieder einmal im Mittelpunkt der Ereignisse. Um 2 Uhr nachts, nachdem ich die Posten überprüft und bei Julko schon zum zweiten Mal ordentlich gebechert hatte, legte ich mich in voller Montur hin und versuchte einzuschlafen. Das fiel mir schwer, weil ich an meine Pflichten dachte. So hatte ich etwa eine Stunde dagelegen, als Hauptmann Lestnikow an die Zimmertür klopfte.

»Steh auf!« rief er, trat über die Schwelle und stolperte dabei über seine eigenen Beine.

Er war noch betrunkener als ich und war gekommen, mich zu »wecken«, obwohl ich ja gar nicht schlief.

Ich hatte überhaupt keine Lust aufzustehen und versuchte ihn zu überreden, wieder zu sich aufs Zimmer zu gehen. Aber der

---

* Ein unverständlicher Satz.

Wodka hatte ihn erhitzt, ihn eigensinnig und stur gemacht. Und so seltsam es klingt – jetzt bin ich ihm dankbar für seine Schnapsidee, für seine Aufdringlichkeit letzte Nacht, und zwar aus folgendem Grund:

Kaum hatte ich mich angezogen, um den Hauptmann zu beruhigen, der mir zur unpassenden Zeit klarmachen wollte, daß er hier bald der Chef wäre, daß er die Hälfte der Männer hinauswerfen und bestrafen lassen und mich zu seinem Gehilfen machen würde, jedoch verlangen würde, daß man arbeite, verläßlich sei und vieles mehr, und er deshalb als zukünftiger Chef der Einheit schon jetzt von mir verlangen müsse, daß ich an meinem Platz wäre, da erhob sich draußen Lärm und Geschrei. Ich lief hinaus, der Ungewißheit entgegen, die sich für mich zu einer Unannehmlichkeit größten Ausmaßes wandelte, mit allen verhängnisvollen Folgen.

Das Licht war ausgegangen, und in der Dunkelheit bemerkte ich Major Skoromykin, den Chef des Stützpunktes, nicht gleich. Erst an der Stimme erkannte ich ihn und beeilte mich (und wie ich mich beeilte!), ihm Meldung zu machen und mich ihm als Diensthabender vorzustellen. In diesem Moment brachen der ganze Zorn und alle Schikane des Majors über mich herein, so daß ich bis Tagesanbruch nicht zur Besinnung kam. Und zum Schimpfen gab es wirklich Anlaß. Bezeichnend war bloß, daß ich und kein anderer für die ganze Unordnung und all die Verstöße im Dienst verantwortlich gemacht wurde. Und zu allem Übel war der Major während meines Dienstes in angetrunkenem Zustand eingetroffen (die Vorgesetzten sind ja niemals betrunken), war aufgebracht und unbarmherzig gegenüber allen möglichen Verstößen in der Einheit.

In dieser Nacht stach ihm alles ins Auge, was er früher ganz offensichtlich nicht bemerkt hatte: die monatealten Spinnweben, die kaputten Fensterscheiben und der Unrat im Hof, der Müll in den Zimmern ... Was der Chef in meiner Gegenwart nicht alles entdeckte.

Schließlich begann er die Posten zu kontrollieren. An einer Stelle stieß er auf einen schlafenden Soldaten (ich hatte vorher, als ich zur Toilette ging, die Posten kontrolliert, und alles war in

Ordnung gewesen), nahm ihm wie üblich das Gewehr ab und schimpfte lange mit ihm und dem wachhabenden Vorgesetzten, dann fiel ihm nichts Besseres ein, als mich anstelle des abgestraften Rotarmisten auf den Posten zu stellen. Ich hatte mich jedoch nie damit abfinden können, schon seit dem Offiziersregiment. Stand da wie versteinert, das kalte Gewehr an die Brust gepreßt, als wäre es heilig.

»Seht mal, wer auf dem Posten steht? Ein Offizier!« sagte er dann zu den Soldaten. »Und warum steht der da? Eben wegen solcher Faulpelze!«

Er schimpfte lange, und als er müde wurde, befahl er dem Wachhabenden, den Leutnant abzulösen und einen anderen Soldaten auf den Posten zu schicken. Und der, der eingeschlafen war, bekam zwei Tage strengen Arrest. —

Der Wachhabende bekam einen Verweis, weil er mich abgelöst und das nicht gemeldet hatte, und ich bekam fünf Tage bei den Soldaten aufgebrummt, noch dazu unter solchen Umständen ((habe die ganze Nacht nicht geschlafen)).

Major Koroljow, den es auch getroffen hatte, kam ein paarmal in die Kantine der Offizierskaserne gerannt und bat, man möge Ordnung halten, denn der Chef könne noch einmal wiederkommen, da er noch wach sei.

Am nächsten Morgen herrschte vollkommene Stille, bis der Chef ausgeschlafen hatte. Sobald er zum Dienst erschien, hasteten wieder alle herum, und der ganze Stützpunkt war in Unruhe. Doch jetzt schrie der Chef nicht mehr, sondern wies ruhig und sachlich auf Mängel hin.

»Ein völlig anderer Mensch«, bemerkte ich zu Major Koroljow, »gestern und heute: wie Himmel und Erde.«

»Heute habt ihr einen Großeinsatz vor euch! Denkt daran, wenn ihr nicht alle Räume saubermacht und in der Einheit nicht die nötige Ordnung herstellt, werdet ihr nicht abgelöst. Ich habe beschlossen, bei Ihnen anzufangen!« (Das galt mir.)

Und den ganzen Tag lief das Großreinemachen.

Nach dem Mittagessen gab es noch einen weiteren Vorfall, der mir ziemlich zu schaffen machte. Julko war mit Major Koroljow in Streit geraten, und es kam zu Handgreiflichkeiten. Man mußte die Wache rufen, aber bis die Soldaten eintrafen, hatte sich alles wieder beruhigt. Ich widmete mich wieder mit Leidenschaft der Aufgabe, Ordnung und Sauberkeit herzustellen, wie sie das Fabrikgelände seit Monaten nicht gesehen hatte. Allerdings wurde ungeachtet der noch nie dagewesenen Ordnung alles beanstandet. —

22. 11. 1945
3 Uhr nachts.
Diese Frau. Was soll ich mit ihr bloß machen? Sie ist drei Jahre älter als ich und hat einen zarten Körper. Sie hat sich sofort in mich verliebt, und zwar so heftig, daß ich, obwohl ich betrunken bin, es nicht für mich behalten kann.

Ich bin schon zwei Stunden wieder zu Hause.

Meine Jugend kann nichts dafür, daß dieser Krieg stattgefunden und uns nach Deutschland verschlagen hat. Ich kann nun mal die Liebe nicht entbehren, ich brauche Zärtlichkeit, ich brauche Liebe —

23. 11. 1945 Fürstenberg
Das Erlebnis gestern will mir nicht aus dem Kopf. Ich traf die Frau auf der Straße, als es schon dunkel war. Sie ging mit ihrer Freundin die Straße entlang, und ihr Äußeres weckte mein Interesse. Die beiden hatten mich verwechselt, hielten mich für einen Offizier, mit dem sie bekannt waren, doch ich rief sie zu mir heran, und sie ließen sich fast widerspruchslos zum Fenster meiner Baracke bringen. Ich ging ins Zimmer und unterhielt mich dann lange mit ihnen durchs Fenster.

Die, an der ich Gefallen gefunden hatte (es war dunkel, und ich konnte ihr Gesicht nicht genau erkennen), drückte ich an mich (es war kalt, und sie hatte ganz eisige Hände) und wärmte sie, herzlich und zärtlich. Die andere begriff schnell, daß sie gehen sollte, und sagte, wie traurig es sei, Zeuge einer fremden Liebe zu sein. Sie verabschiedete sich. Mir wurde klar, daß ich nicht mehrere gleichzeitig lieben oder begehren kann.

Ich lud sie ein, durchs Fenster zu kommen, worauf sie nach kurzem Zögern einging. Ich konnte nichts Gutes von ihr denken, besonders, nachdem sie von sich aus gefragt hatte: »Du bist doch nicht krank?« Es war deutlich, daß ihr Interesse rein sexueller Natur war und weder Gefühl noch Gewissen sich regten. Obwohl sich diese Einschätzung mit jeder Minute unserer Unterhaltung weiter verfestigte, erwies sie sich als voreilig.

Im Flur wurde gelärmt und mit den Türen geschlagen. Die Wände sind dünn, man hört alles, und deshalb flüsterten wir nur. Ihr gefiel das nicht, sie wollte nach Hause und versuchte mich zu überreden, sie gehenzulassen. Das konnte ich selbstverständlich nicht tun, denn was wäre ich dann für ein Mann?!

Die Nachbarn hatten unsere Unterhaltung mitangehört. Sich irgendwas auszudenken ging nicht, und so mußte ich sie in das Geheimnis einweihen. Sie fragten: »Hast du schon?«, und als ich erwiderte, ich hätte noch nicht mal angefangen, lachten sie und versicherten, wenn ich sie ranließe, würden sie alles erledigen, wie es sich gehört, und um einiges schneller.

Irgend jemand drückte die Türklinke. Dann war die Stimme von Major Koroljow zu hören (ich dachte zuerst, es sei Major Skoromykin): »Wo ist Gelfand?« Die Offiziere antworteten: »Ich habe ihn in der Stadt getroffen, er war auf dem Weg nach Hause« und »Gerade habe ich ihn auf dem Flur getroffen«. Ich bat die Deutsche, aus dem Fenster zu klettern und draußen zu warten, während ich mit dem Major sprechen würde. Sie erfüllte meine Bitte augenblicklich.

Als ich fragte, wer mich suche und weshalb, versicherten die Offiziere im Flur einstimmig, daß die Bataillonsärztin, ein Oberleutnant, gekommen sei, um die Geschlechtsorgane zu untersuchen. Angeblich hätten sie mich deshalb gesucht und nach mir gefragt.

Major Koroljow sagte, als ich bei ihm anklopfte, ich solle einen Moment warten. Ich blieb da und wartete, vor Ungeduld wie auf Kohlen. Da kam ein Hauptmann (der Stellvertreter für politische Arbeit), führte mich in sein Zimmer und ließ mich eine Beurteilung für einen unserer Offiziere schreiben. Ich konnte das nicht verweigern, denn ich vermutete, daß er etwas von meiner »dunklen Angelegenheit« wußte.

Als ich fertig war, klopfte ich erneut beim Major an und fragte, warum er mich gerufen hätte.

»Ich habe Sie nicht gerufen«, antwortete er, »aber wenn Sie mich sprechen wollten, warten Sie doch bitte einen Moment, ich bin gerade sehr beschäftigt.«

Mir fiel ein Stein vom Herzen. Ich ging wieder zurück in mein Zimmer. Ich rief »Hallo!« Die Frau kam heran, und ich ließ sie <durch Fenster>. Danach tuschelten wir lange miteinander. Sie wollte sich mit Küssen vergnügen, aber mir war das Küssen zuwider.

Wir mußten etwas essen. Ich holte Margarine und Honig hervor, schloß die Tür, diesmal mit der Deutschen im Zimmer, und lief in die Kantine. Nudelsuppe und kalter Tee. Ich aß nicht, nahm nur ein paar Scheiben Brot – und schnell zurück ins Zimmer. Mein Verhalten schien verdächtig, und die Anwesenden äußerten einige Vermutungen.

Ich kam zurück und machte das Licht an. Sie lag in derselben Haltung, in der ich sie verlassen hatte. Flüsternd und voller Angst, daß jemand uns stören könnte, aßen wir ein wenig. Ich zog mich beim Licht meiner Taschenlampe aus, sie hatte gebeten, das Licht nicht anzumachen.

Sie sprach mit Abscheu von den Juden, erklärte mir die Rassentheorie. Faselte von weißem, rotem und blauem Blut. Das ärgerte mich, alles in mir rebellierte und empörte sich gegen die Ignoranz dieses und anderer deutscher junger Mädchen. Ich zögerte nicht, ihr das auch zu sagen. Ich versuchte sogar, sie davon zu überzeugen, daß das Blut bei allen Menschen, ganz egal, wo sie sich befänden, gleichermaßen rot und warm sei und daß die Märchen von angeblich »edlem arischem Blut« nichts als ein Hirngespinst und purer Obskurantismus stümperhafter faschistischer Theoretiker vom Schlage Rosenbergs sei. Aber sie konnte das nicht verstehen. Ich beschloß, ihr das Gegenteil zu beweisen – nach dem, was meiner Vorstellung nach unbedingt passieren mußte. Ich zog mich bis auf die Unterwäsche aus und legte mich hin. Sie legte sich daneben, angezogen und mit Schuhen, und war durch nichts in der Welt dazu zu bringen, meinem Beispiel zu folgen.

»Ich muß überlegen: Heute wird zwischen uns auf keinen Fall was passieren – ich bin kein Mädchen für eine Nacht.«

Ich versuchte sie zu überzeugen, daß ich ernsthaftes Interesse an ihr hätte und ihr mit Freude jede Minute meiner freien Zeit widmen würde, aber sie war skeptisch: »Morgen hast du eine andere, du wirst dich mit dieser Nacht begnügen und mich stehenlassen.«

Ich redete weiter auf sie ein und wurde gleichzeitig mit den Händen aktiv. Ich kam bis zur Brust, konnte sie unter dem Hemd am ganzen Körper zwacken. Ich schob meine Hand in ihre Unterhose und langte mit zwei Fingern nach dem sehr bedeutenden Schatz, den die Frauen gern vor dem Blick und dem Licht verbergen, in den sie aber dennoch des Nachts allen möglichen Liebhabern geheimnisvoller süßer Vergnügungen und Empfindungen Einlaß gewähren.

25. 11. 1945 Velten
Im Kinotheater <Film Palast>. Auf der Leinwand zwischen der Werbung: <Rauchen verboten>.

Wir haben die »Nachrichten des Tages« gesehen. Die waren allzu schnell vorbei, und danach lief der Film »Luftschiffer« oder so ähnlich. Auf deutsch »<Lüftformann>«, an den russischen Titel kann ich mich wegen meiner Zerstreutheit nicht genau erinnern.[70]

Ich sitze zwischen zwei deutschen Schwestern. Mit der einen von ihnen, mit Irmgard, hatte ich zuerst angebändelt, aber als ich bei ihnen zu Hause war, war ich mehr von ihrer Schwester Lucy angetan. Und erneut bin ich von Zweifeln geplagt: Welcher von beiden soll ich meine ganze Aufmerksamkeit und Sympathie schenken? Bisher habe ich meine Aufmerksamkeit Irmgard gewidmet, doch meine ganze Zärtlichkeit ist bei Lucy – sie hat es durch ihre Schlichtheit und Unschuld geschafft, mein Herz zu erobern.

Das dritte Mädchen ist hübscher als die beiden, aber maßlos verdorben, sie hat es schon geschafft, sich von Gawrilow eine Geschlechtskrankheit zu holen. Mit ihr anzubändeln lohnt nicht, es ist sündhaft und gefährlich.

An der interessantesten Stelle fiel der Strom aus, und der Film wurde unterbrochen. Der Saal wird von einer einzigen kleinen

Lampe beleuchtet. Es ist dunkel, und ich schreibe beim Licht meiner Taschenlampe. Und dort, auf unserem Gelände, suchen sie mich vielleicht schon. Ich habe Dienst, weiß aber nicht mehr, ob heute oder morgen.

6. 12. Kremmen. Im Zug
Ich bin schon viele Tage hier. Das Wochenende und der gestrige Tag der Verfassung waren ganz mit Arbeit ausgefüllt: Es wurde ein Transport verladen aus den Lagern der Kommandantur und der Kremmener Sägewerke. Wir arbeiten von 8 bis 8. Die Soldaten sind in Ordnung, aber Schwächlinge.

Jetzt haben sie uns Frauen und Mädchen aus der Stadt zugeteilt. Insgesamt 50 Personen und davon nur etwa zehn Männer. Mit ihnen ist es sehr schwer, um so mehr, da sie sich mit allen Mitteln vor der Arbeit drücken. Die Mädchen zum Beispiel verführen meine Soldaten mit Blicken und Lächeln, zu denen nur sie fähig sind. Die Männer schmelzen dahin und sind durch keinerlei Worte wieder zur Besinnung zu bringen. Abends versprechen sie tapfer und entschlossen, streng zu sein und sogar böse zu werden, aber am Morgen sind sie wieder wie ausgewechselt, und es ist unmöglich, ihr – ich würde sagen – rührendes Verhalten gegenüber den schönen jungen deutschen Mädchen zu beeinflussen. Alle diese Männer waren ja in deutscher Sklaverei, die Mehrheit hat die Schrecken der faschistischen Konzentrationslager und Folterkammern erlebt.[71] Übrigens haben einige gute Erinnerungen an deutsche Frauen. Einmal hat mir einer der Männer ein Photo einer Deutschen gezeigt –

[Zwischen 6. 12. und 20. 12. 1945] Kremmen. 24 Uhr
Ich hatte schon ein Auge auf das Mädchen geworfen, als ich vor einiger Zeit »Kandidat für die Politabteilung« bei der Brigade hier war. Ich hatte sie zufällig beim Friseur in der Stadt gesehen und war seitdem dort häufiger Gast. Dort war es immer voll, reden durfte man nicht, und nur ein flüchtiges Lächeln und einen Blick, der sich in mein Herz schlich, erhaschte ich im Vorbeigehen während meiner kurzen Friseurbesuche.

Sie arbeitete dort als Lehrling für Dauerwellen oder, wie man hier sagt, Locken. Sie hatte ein jugendliches Gesicht, ihr Blick war samten und schön, aber ihre Hände glänzten, offenbar von zuviel Arbeit, und waren mit Pickeln übersät.

Vor etwa drei Tagen hatte ich das Glück, ihr auf der Straße zu begegnen, es gelang mir, ihren Namen und ihr Alter zu erfahren und sie sogar nach Hause zu bringen. Im Hauseingang, wo wir stehengeblieben waren, gab sie mir die Hand, schmiegte sich an mich; sie bekam ganz rote Wangen. Dann haben wir uns zum erstenmal geküßt.

Am nächsten Tag ließ sie mich zur verabredeten Zeit in ihre Wohnung. Ihre Mutter war beizeiten vorbereitet worden und verhielt sich trotz ihres üblen Charakters mir gegenüber freundlich, wenn auch sehr argwöhnisch.

Als ich das nächste Mal kam, weinte Marianne. Ihre Mutter sah mich böse und das Mädchen finster an. Ich war verwirrt und zugleich wütend. Einerseits war es mir unangenehm, daß ich schuld war an dem familiären Zwist, und andererseits ärgerte es mich, daß diese garstige alte Deutsche mit ihrem <Schimfen> das gänzlich unschuldige Mädchen verhöhnte und schikanierte. Mit einiger Mühe konnte ich beide beruhigen, nahm mir aber vor, diese Wohnung nicht mehr zu betreten.

Doch am folgenden Tag, als ich meine zusätzlichen Rationen bekommen hatte, in Velten gewesen und in die Stadt zurückgekommen war, beschloß ich, mein Glück und meine Liebe noch einmal zu versuchen.

Doch ich bin nicht geboren, um glücklich zu sein. Die Mutter freute sich über die Lebensmittel, wie ich es auch am Vortag erwartet hatte, aber mit ihrem Verhalten und ihrer Habsucht raubte sie mir die letzte Geduld und vergiftete meine Gefühle derart, daß sogar meine Zuneigung für das Mädchen halb erlosch.

Ich gab ihr ein kleines Glas mit Fett und schlug vor, Bratkartoffeln zu machen und dann gemeinsam zu Abend zu essen. Sie packte das Glas mit beiden Händen, gab den Inhalt auf einen Teller und schleckte dann mit einem Löffel und den Fingern das Glas aus. In der Pfanne schwamm bereits irgendeine Flüssigkeit, und ich ging hin und schnitt mit dem Messer ein Stück von dem Fett ab, das ich mitgebracht hatte. Ich wollte es schon in die

Pfanne geben, da fuhr die Alte zusammen, stieß einen Schrei aus, stürzte auf mich, schrie wie besessen und wollte es mir wegnehmen.

»Was ist los?« fragte ich verwundert. »<Warum>?«

Sie erklärte, das sei für sie, für morgen und die anderen Tage, heute müsse ich ihre Brühe essen.

Das paßte mir nicht. Ich wußte, daß anständige Leute so etwas nicht tun, und meine Empörung war grenzenlos, aber ich nahm mich zusammen, lächelte, als sei nichts geschehen, und warf trotzdem ein Stück Fett in die Pfanne. Die Deutsche schloß die Augen und stöhnte.

Ich machte mich daran, mich mit der mitgebrachten Seife zu waschen, sie wollte auch etwas. Ich schnitt ihr ein Stückchen ab, und sie umklammerte es wieder fest mit allen Fingern, als hätte sie Angst, ich wolle es ihr wieder wegnehmen. Als wir gegessen hatten, schlug ich vor, gemeinsam Tee zu trinken. Die Alte versicherte sofort, sie hätte weder Tee noch Kaffee. Ich hatte noch Kakao. Ich gab ihr eine ganze Tafel, die sie, habgierig wie sie war, auch gleich versteckte, nachdem sie ein winziges Stückchen in die Kanne gebrochen hatte. Ich packte Honig aus und bot erst Mariannes Schwester und dann ihr selbst etwas an. Sie lehnte ab. Da befahl die Mutter verächtlich: »Nun nimm schon, was lehnst du ab? Bist du dir zu schade?« Ich begann mich zu schämen, daß ich in dieses Haus gekommen war und mich so weit erniedrigt hatte, mit dieser nichtswürdigen Alten Tee zu trinken, auch wenn sie die Mutter eines schönen Mädchens war.

Aber ich nahm mich weiter zusammen und versuchte Marianne zu überreden (man mußte sie übrigens nicht lange überreden), Tee zu trinken. Ich gab ihr einen Löffel Honig. Sie aß den Honig sofort und trank den Kakao ungesüßt. Ich fragte sie, warum sie das tue, aber die Mutter ließ sie nicht antworten und flüsterte hinter meinem Rücken: »Los, nimm noch, nimm mehr.«

Sie aß erst zwei, dann einen dritten Teelöffel und trank den Tee wieder ohne Zucker. Mich empörte das, um so mehr, als ich spürte, daß sie all das ihrer Mutter zu Gefallen tat, daß sie deshalb mehr Honig aß.

Die Alte war auch bemüht, auf ihre Kosten zu kommen, griff

sich einen großen Eßlöffel, machte ihn voll und schlang den Honig hinunter.

Als wir das Mahl beendet hatten, fragte ich, ob sie meine Schulterstücke rot umsäumen könne, aber ich bekam unverdientermaßen zur Antwort, dafür sei jetzt keine Zeit, sie hätte zu tun. [...]*

23. 12. 1945

Als ich klein war, hatte man meiner Mutter über mich gesagt: Den werden die Mädchen auf Händen tragen. Damals habe ich das nicht geglaubt, ich dachte, die übertreiben alle, wenn sie mich hübsch finden.

Als Jugendlicher, als ich zur Schule ging, war ich zaghaft, schüchtern und wenig umgänglich, und meine Altersgenossinnen verloren schnell das Interesse an mir. Ich hatte kein Glück in der Liebe. Während der ganzen Kriegszeit habe ich die Liebe und die Lust näher kennengelernt, aber weder das eine noch das andere je selbst empfunden, obwohl ich es immer wieder geschafft habe, unzähligen Mädchen, von denen ich die meisten heute gar nicht mehr kenne, den Kopf zu verdrehen.

Zum erstenmal erkannte ich das Weib nach dem Krieg in Berlin, und auch nur deshalb, weil sich eine selbst dafür angeboten hatte. Seitdem habe ich fünf auf meinem Konto, von denen drei auf Berlin entfallen und zwei auf Velten. Dabei ist eine von diesen fünfen die Prostituierte vom Alexanderplatz, die nächste die mit dem Tripper (erstaunlich, daß ich mich nicht angesteckt habe!), die dritte war widerlich, die vierte hatte eine so enge Spalte, daß ich mir mein Instrument daran wund rieb und anschließend mit gespreizten Beinen herumlaufen mußte. Nur ein einziges Erlebnis mit einer Frau hat sich mir eingeprägt und war nach meinem Geschmack.

Jetzt tragen sie mich mit Freude eigentlich nicht auf Händen, sondern auch auf dem Kopf. Ich selbst aber stoße sie durch mein unklares und inkonsequentes Verhalten ab. Mein Instinkt ist der

---

* Zwei Worte sind unleserlich und durchgestrichen, der Eintrag wurde abgebrochen.

Wladimir Gelfand, 17. September 1945 in Caputh

Flugblatt: Vorwärts! Der Sieg ist nahe! Bis Berlin 75 Kilometer.
Die Zeit der Vergeltung ist gekommen!

Kriegsanleihe 100 Rubel

»Berlin. Denkmal für die beim Sturmangriff auf die Stadt gefallenen Rotarmisten. Im Hintergrund der Reichstag und Gebäude im Zentrum Berlins.«

Nach dem Sieg. Berlin-Tempelhof, 14.6.1945
Auf der Rückseite: »Meiner Tante Eva und Familie zur guten Erinnerung von Wladimir.
Berlin, 27.6.45«

Hinter dem im Krieg beschädigten Brandenburger Tor

Orden für den Sieg über Deutschland im Großen Vaterländischen Krieg 1941–1945, Januar 1946

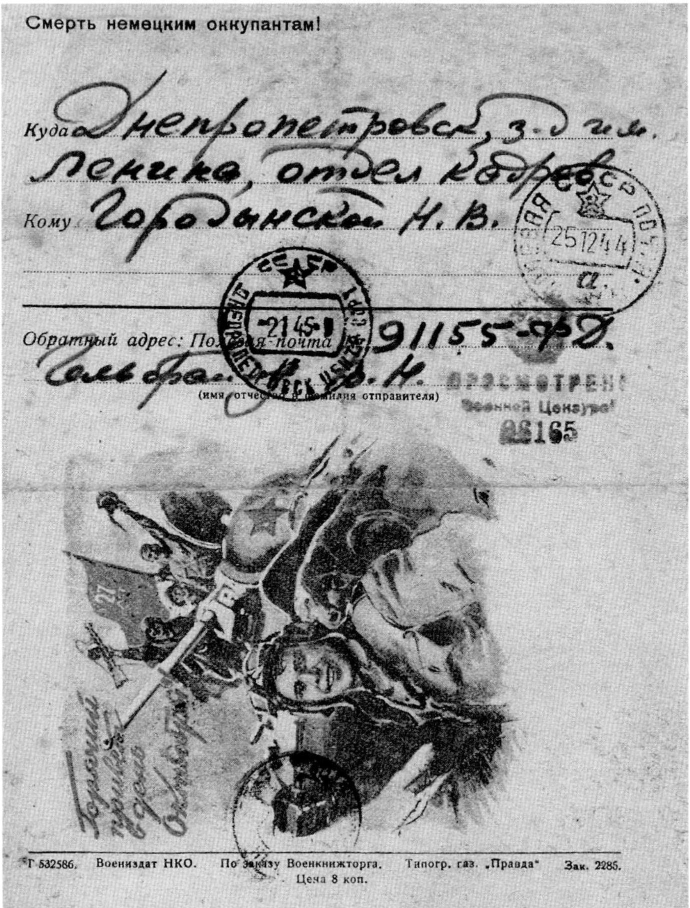

Смерть немецким оккупантам!

Куда Днепропетровск, з-д им. Ленина, отдел кадров

Кому Городынской Н. В.

Обратный адрес: Полевая почта 91155-ФД.

(имя, отчество и фамилия отправителя)

Просмотрено Военной Цензурой

Г 532586. Военииздат НКО. По заказу Военкнижторга. Типогр. газ. „Правда" Зак. 2285.
Цена 8 коп.

Brief an die Mutter

Geldschein für Angehörige
der Alliierten Militärbehörde

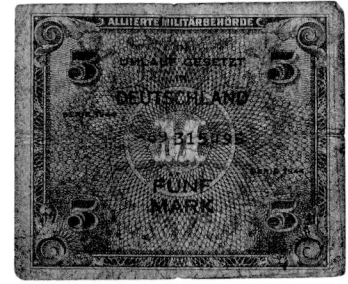

»Vor dem Reichstag, 25. August 1946«

»Siegessäule in Berlin. Ich mit Sonnenbrille, links ein Doppelstockbus.«

Der französische Dom auf dem Gendarmenmarkt in Berlin

Stettiner Bahnhof

In Caputh

Mit einer Freundin und deren Schwester

Spaziergang in Caputh

In Caputh

Mit einer Freundin

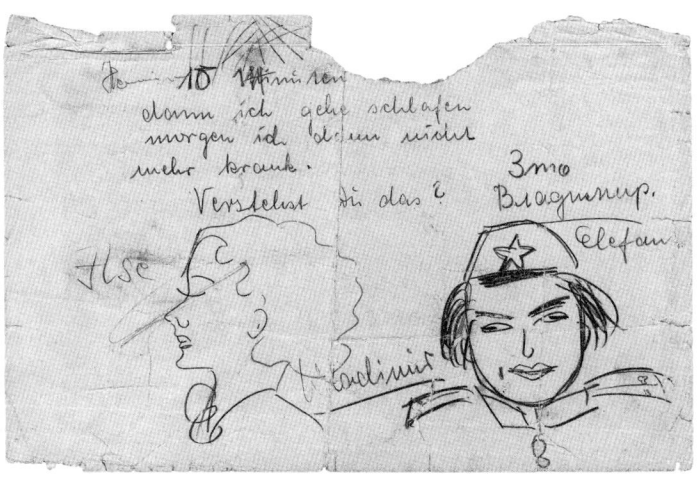

Zeichnung auf einer herausgerissenen Buchseite

Служебная характеристика
На комвзвода миномётного взвода лейтенанта
Гельфанд Владимир Натанович

1923 года рождения, еврей, служащий,
член ВЛКСМ с 1943, п/б № 5935860
образование общее среднее, постиг
курсы мл. лейтенантов при 28 армии
в 1943 году, 4 месяца, политическое
образования не имеет. Участник отечественной
войны с 1942 года. Награждён орденом
Красной Звезды, имеет одно лёгкое
ранение. Звание лейтенанта
присвоено пр. 3 Гв. Арм. № 064 от 27.01.44
удостоверение лицами серия АГ. 000001.
№ 143.002. от 7.05.44 года

Лейтенант Гельфанд Владимир Натанович
за время прохождения службы в 4 роте 370 сп
с 6.09.45 года по 4.10.45 года показал себя:
дезорганизованным, невыдержанным общитком, политически
развит. Достаточно работая над повышением своего
уровня, среди офицерского состава авторитетом
пользуется, физически здоров. Морально выдержан
делу партии Ленина – Сталина и соц. родины предан.
Вывод: должности командира мин. взвода
соответствует

Командир 4 роты
гв. капитан   Анисимов / Анисимов /
20.10.45 г.

Dienstliche Beurteilung Gelfands
Siehe S. 150 f.

С характеристикой согласен.
Ком. 1-го одн. стр. б-на
майор   /Румянцев/
20.10.45.

Loses Blatt mit undatierter Notiz Gelfands

liebt militärische Uniformen. Sie tragen sie sogar zur Zivilkleidung, vom Krieg haben sie eine vollkommen andere Vorstellung als wir und halten ihn sogar für unentbehrlich. Über die Niederlagen: Sie verfluchen den Feldzug gegen Rußland, aber das Blutbad, das sie angerichtet haben, reut sie nicht im geringsten.

In den Straßenbahnen kleben anstelle von Reklame unsere Losungen und Plakate in deutscher Sprache. Keine englischen oder französischen. <Staatsfeiertag der UdSSR> – was diese Losung bedeutet, weiß ich nicht.

»Kremmen, 10.12.45
Mit Soldaten, die unter meinem Kommando arbeiten.«

Fennigsdorf den 31.1.46.

Mein lieber Waldemar!

Bevor ich nach Velefans arbeiten fahre, will ich dir noch einen Brief schreiben. Ich schlafe nämlich nicht mehr in Fennigsdorf und komme nur Sonntags nach Hause. Lieber Waldemar komme doch bitte zwischen meinem Geburtstag und zwischen deinem Geburtstag, also das wär' am 24. Februar. Dann können wir nämlich zusammen feiern. Also nur immer Sonntags. Heute gehe ich nun endlich fotografieren. Mama holt dann die Bilder ab. Hoffentlich werden die Bilder schön. Ich laß gleich 10 Bilder herstellen. Dann werde ich schießen. Auf ein baldiges Wiedersehen.

Sei herzlichst gegrüßt und geküßt
von Deiner lieben
▇▇▇▇▇▇

Brief einer Freundin

Wladimir als Gentleman

An Leutnant Gerhard!

Als ich Sie das 1. Mal sah,
da war für mich alles klar:
Ich liebe Sie, oder keinen,
ich könnte aus Liebe weinen.
Wenn ich nur wüßte, wie Sie darüber denken,
tun Sie Ihr Herz nur einmal verschenken?
So schenken Sie es mir;
ich wäre sehr dankbar Dir!
Wollen Sie wissen, wer ich bin,
so kommen Sie zum Schloßkaffee hin.
Dort habe ich Sie das 1. Mal gesehn.
Vor Schreck blieb ich gleich stehn.
Damit Sie mich gleich kennen,
will ich Ihnen meinen Namen nennen.
Ich heiße ▮▮▮▮▮
und habe auch ein Foto da.

Einladung zum Rendezvous

Damit Sie mich gleich kennen
und nicht zu einer falschen rennen.
Sind Sie vom Foto nicht erfreut,
dann sagen Sie mir ruhig bescheid.
Lassen Sie mich bitte nicht alleine gehn
und vergebens an der Ecke stehn.
Am besten wär es Sonntag um 3ee
laufen Sie nicht an Ihrem Glück vorbei!

      Lieber Leutnant Gerhard!
Denken Sie nur nicht, daß ich 1 schlechtes Mädel
bin, weil ich Ihnen alles so offen schrieb. Ich gehe
nur mit einen anständigen Russen und nehme an, daß
Sie so einer sind. Das andere alles am Sonntag
im Schloßkaffee [Maxe-Betke-Str gegenüber der
Kirche]
      Auf Wiedersehen

Eine neue Bekanntschaft

Berlin, S-Bahnhof Ostkreuz

Von April bis Juni 1946 überwachte Gelfand die Produktion in einer Berliner Kabelfabrik, die seit 1946 Betrieb der Sowjetischen Aktiengesellschaft war.

»Wolgast, 4.9.46 Auf dem Truppenstützpunkt werden Bretter aus Waggons ausgeladen.«

Notiz im Fotoalbum: »Zerstörte Kriegsschiffe im Stettiner Haff, 6.9.46«

Wladimir und der Soldat Melkin mit den Maschinisten des Dampfers, der sie nach Swinemünde brachte.

Wladimir Gelfand lernte in Berlin Fahrrad fahren.

eines Windhundes, er streift umher, sucht und findet nicht. Was ist es, das er sucht? Die einen verlasse ich selbst, die anderen wenden sich von mir ab, wieder andere lieben mich, fürchten aber die Nähe, und die vierten genieren sich einfach, ihre Verderbtheit vor mir zu zeigen.

Fünf haben selbst offen gesagt, daß sie den Tripper haben, andere entpuppten sich als verheiratet, und es gab auch solche, die einwilligten, mit mir zu schlafen, das sogar taten, es aber rundweg ablehnten, mich in das Geheimnis ihres Körpers einzuweihen. Ich bin nicht grob, nicht grausam, nicht unmoralisch und –

27. 12. 1945
(erhalten am 3. 3. 46)
Riga. Lieber Wowa!

Gestern habe ich den ersten Brief von Dir nach Riga bekommen. Unser Briefwechsel kommt jetzt also in Gang.

Ich bin Dir sehr dankbar für Deine Aufmerksamkeit und für die Photos. Ich stehe nun in Deiner Schuld und werde versuchen, Dir in nächster Zeit auch ein Photo von mir zu schicken. Auf dem letzten Bild siehst Du sehr ernst und stattlich aus. Haben uns diese 5 Jahre wirklich so verändert? An sich selbst bemerkt man solche Veränderungen nicht so, aber bei einem anderen sieht man sie sehr deutlich. Es ist gar nicht lange her, da waren wir noch Kinder. Ich denke oft an unsere 4. Klasse bei Jelena Iwanowna. Weißt Du noch, unsere BBD (Banditenbande von Dnepropetrowsk)? Mit welchem Stolz wir diesen Namen trugen!

Ich denke an Nora Leschtschinskaja, die Hauptorganisatorin unserer Streiche. Das ist ja alles schon lange vorbei, aber manchmal, wenn ich an unsere Kindheit und Schulzeit zurückdenke, habe ich so ein angenehmes Gefühl und bin ganz aufgeregt, und manchmal ärgert es mich sehr, daß diese freundliche, gute Zeit so schnell verflogen ist und wir, ohne es selbst recht zu merken, in den Strudel eines Lebens voller Schwierigkeiten und Sorgen geraten sind, aber wie es scheint, ist auch das überstanden.

Jetzt möchte man schon glauben, daß wir, die wir den Krieg überlebt haben, nun im wahren Sinne des Wortes leben werden, obgleich klar ist, daß unsere besten Jahre, die zwischen 18 und 21, nicht wie-

derkommen können. So ist es eben. Was hilft es, mit dem Schicksal zu hadern. Man muß sich glücklich schätzen, schließlich haben nicht alle unsere besten Freunde und unsere Verwandten diese gute Zeit des Sieges noch erleben können.

Nur ein einziges, mein letztes Jahr werde ich unter Friedensbedingungen studieren, aber wieviel das für mein Studium bedeutet!

Wowa, Du willst wahrscheinlich Einzelheiten über meine Arbeit in der Universität wissen. Offen gesagt, gefällt mir diese Universität, oder vielmehr die slawistische Abteilung, an der ich studiere, nicht besonders. Diese Abteilung ist neu, und es gibt praktisch keine Dozenten. In Molotow, wo wir Professoren aus Leningrad hatten, war es um einiges besser.

Wahrscheinlich bin ich im Herbst mit dem Studium fertig. Das Thema meiner Diplomarbeit ist »Peter I. im Werk Puschkins«. Das ist natürlich ein sehr ernstes, wissenschaftliches Thema, aber Material gibt es wenig, und es ist keiner da, der einem helfen könnte. Vielleicht fahre ich in den Ferien nach Leningrad, um mir bei unseren Professoren Unterstützung zu holen.

Mein Leben ist im wesentlichen vom Studium ausgefüllt, aber auch die Kunst und die Musik vergesse ich nicht. Ich gehe oft ins Theater und ins Konzert. Heute hat mich Norzow[72] (ein Solist vom Bolschoi-Theater) sehr beeindruckt, der hier vorübergehend an der Oper singt. Ein einzigartiger Onegin. Er spielt wunderbar und hat eine großartige Stimme. Wir haben hier oft gute Künstler, für Unterhaltung ist gesorgt, wenn man will.

Ich möchte sehr gern wissen, wie es Dir geht und wie Du lebst. Was füllt Dein Leben aus, wenn Du nicht mit militärischen Angelegenheiten beschäftigt bist? Schreibst Du viel? Schick mir unbedingt Deine Gedichte. Wann ist Dein Dienst in der Armee beendet, und was wirst Du danach tun?

Schreib mir ausführlich über alles. Wenn Du die Möglichkeit hast, komm mich unbedingt in Riga besuchen. Ich würde mich sehr freuen. Vorerst sende ich Dir meine besten Wünsche. Ich wünsche Dir für das neue Jahr viel Glück und Erfolg im Leben.

Mit herzlichen Grüßen, Deine Freundin Sofja.

28. 12. 1945 [Randvermerk: Selbsteinschätzung für eine Erzählung]
Gestern bin ich nirgendwohin gegangen, habe keine einzige junge, schöne deutsche Frau gesehen, ich war die ganze Zeit damit beschäftigt, den Bericht für die Zeit vom 6. bis heute zusammenzustellen.

Oberleutnant Semjonow ist ein stämmiger, schwerfälliger Kerl mit einem gutmütigen Bärengesicht. Er kann konzentriert sein wie ein Stein, und dann ist er um keinen Preis von dem Gedanken abzubringen, der ihn gerade beschäftigt. Er kann nicht gut lesen und schreiben, ist unbeholfen und dickbäuchig, aber seine praktische Erfahrung und Lebensklugheit sind ihm bei seiner Arbeit von großem Nutzen. Er ist ruhig und ohne Arg, und er gerät nicht aus dem heute in der menschlichen Natur so seltenen Gleichgewicht, weswegen man ihn überall schätzt. Ein einfacher, einfältiger Mensch, und dennoch hat er einen verantwortungsvollen Posten auf dem Stützpunkt – ihm ist die geheime Schriftführung anvertraut, operative und Stabsarbeit. Er ist von Major Skoromykin hierhergeschickt worden, um die Rechnungen für die Holzbalken und Bretter in beiden Betrieben zusammenzustellen und zu bezahlen.

Ich bin jung und, wie mir zunehmend scheint, ein interessanter Mensch, mit unausgeglichenem Charakter, mit Nerven, empfindlich wie straff gespannte Saiten, und mit bisweilen weinerlicher Stimme, langer Nase und großem Mund; manchmal aufbrausend, manchmal verschlossen, einer, der Unangenehmes und Ärger tief in seinem Herzen vergräbt; aber mit schwarzen Samtaugen und einem lebendigem Herzen – dies halte ich für die wesentlichen Vorzüge meiner Person.

In mir habe ich alles: Sparsamkeit bis zur Kleinlichkeit, die sowohl des geizigen Ritters[73] als auch eines geldgierigen Händlers vom Großmarkt würdig wäre. Und zugleich Freigebigkeit, Bescheidenheit und Verschwendungssucht ohnegleichen. Ich kann an einem Tag das ausgeben, was ich mitunter über Jahre gehütet habe, und bin dann wieder sparsam, bis sich ein Grund findet, um mit dem abzurechnen, was in meiner Vorstellung zuvor so wertvoll und bedeutsam war. So ist es mit allem. Ich bin nicht konsequent in meinen Handlungen und Plänen. Meine Zeit kennt keine Planung, die Arbeit kein System. Meine Gedanken sind abhängig von meiner Stimmung, meine [...]* von der Situation, aber auch nicht allein davon. Ich lasse mich zu sehr von meiner Umwelt beeinflussen, und die Meinung meiner Umgebung ist für mich immer sehr wichtig, wenngleich man diese selten und nicht einmal von klugen und anständigen Leuten wirklich aufrichtig zu hören bekommt.

Ich reagiere empfindlich auf alle Niedertracht und bin nicht imstande, Ungerechtigkeit zu ertragen. Manchmal bin ich zu Großem bereit, und nie mangelt es mir an Elan und Beredsamkeit, an Überzeugungskraft oder Willen, eine Sache anzufangen, doch selten führe ich das Begonnene zu Ende – meine Geduld läßt nach, die Initiative schwindet, und ein Vorhaben wird mir schnell zuwider, insbesondere, wenn es auf Kritik oder Spott stößt, selbst wenn diese ungerecht und bösartig, selbst wenn sie dumm und unüberlegt sind.

Allein ein Gedanke und eine Hoffnung bleiben bei aller Unfähigkeit zu ausdauernder und akkurater Arbeit unverändert: unbedingt Schriftsteller und berühmt zu werden. Heute bin ich noch weit von der Verwirklichung auch nur der ersten Hälfte meiner Gedanken entfernt, aber mein großer Ehrgeiz und meine rege Phantasie malen mir die zärtliche, starke, heißblütige und musikalische Uniform des Dichters aus, in die sich, so scheint mir, der namenlose, schwere und komplizierte Stoff aus menschlichen Knochen, Fleisch, Gehirn und Blut, der mir Leben und Leiden, unendliches Leben und Leiden, gegeben hat, hüllen soll.

[Ende Dezember 1945]
Heute um 20 Uhr die Arbeit beendet. Wir haben Berge von Material verladen und den Besitzer und Direktor der ersten und zweiten Fabrik reichlich gequält. Auch wir waren sehr müde. Allein in die technische Abteilung zu gehen, konnte ich mich nicht entschließen. Ich ging zusammen mit Oberleutnant Semjonow. Der Oberstleutnant schimpfte nicht [...],** er wollte gerade irgendwohin nach Berlin.

* Ein Wort unleserlich.
** Ein Wort unleserlich.

Heute morgen habe ich den Leiter der Politabteilung, Major Schaposchnikow, getroffen. Er bat mich, bei ihm vorbeizukommen.

30. 12. 1945 Kremmen
Wieder bin ich allein. Ich wohne sehr abgelegen. Ins Theater, ins Restaurant oder ins Café und zu deutschen Frauen in die Wohnung zu gehen, ist uns untersagt, und russische Mädchen gibt es keine passenden. Täglich von 8 bis 10 oder 11 streife ich allein durch die Straßen, dann gehe ich nach Hause, lese Zeitung, schreibe ein wenig und lege mich schlafen, vom Leben, vom Schicksal und von den Menschen enttäuscht.

So auch heute. Ich habe ein Mädchen besucht, habe ihr Zigaretten dagelassen und Blicke, ein Lächeln und Grüße mit ihr und ihren Eltern ausgetauscht, dann habe ich mich nach Hause aufgemacht. Ich schaute noch beim Theater vorbei. Dort wurde wieder »Eine musikalische Geschichte«[74] gezeigt, ein sowjetischer Film, aber auf deutsch. Ich habe ihn vorgestern zum erstenmal gesehen. In Rußland, noch vor dem Krieg, war mir dieser Film sehr empfohlen worden, besonders von meinen Mitschülerinnen und von Olga Michailowna: »Du siehst dem Helden des Films sehr ähnlich«, versicherten sie mir.

Aber damals waren alle möglichen Umstände zusammengekommen, so daß ich keine Gelegenheit hatte, den Film zu sehen. Und nun also zum erstenmal in Deutschland ... Seltsam und traurig eigentlich, aber eine unbestreitbare Tatsache.

Er gefiel mir heute. Und ich habe versucht auszuhandeln, daß man ihn bei uns zeigt. Es wäre kein allzu teures Vergnügen geworden – 150 Mark. Aber das Zimmer ist zu klein, und einen anderen Raum (von 40 Metern Länge) ausfindig zu machen ist nicht leicht, ohne daß die Kommandantur davon erfährt. Der Plan ist gescheitert.

Nun stand ich am Fenster des Klubs, wo die Deutschen dieses Meisterwerk unserer Kunst mit Augen und Ohren genossen, der Musik und dem Gesang der Helden lauschten. Danach schaute ich kurz im Restaurant vorbei, dort amüsierte sich die deutsche Jugend und tanzte.

Im Offiziers-»Kasino« trank ich zwei Bier und ging wieder, stieß auf weibliches Gelächter und leuchtete mit meiner Taschenlampe die Gesichter an – alle drei wandten sich ab und kreischten los. Ich schaute nach, alles nur Alte. Ich gab jeder eine Zigarette und lief vor ihnen in die Dunkelheit davon.

Jetzt bin ich schon ausgezogen. Es ist 12 Uhr, sogar schon später. Vor den Fenstern wirbelt der Schnee, pocht freudig an die Scheiben. Der Winter fordert sein Recht, und mit jeder Schneeflocke, die am Fenster klebenbleibt und hereinschaut, versichert er, daß er der Winter ist und nicht irgendeine halbe Sache, daß er von nun an keinen Regen mehr erlauben wird, keinen Matsch und keinen feuchten grauen Wind und daß er weiß und streng sein wird.

5. 1. 1946*
An den Leiter des Stützpunkts
Major Skoromykin

Gesuch
Hiermit bitte ich Sie zu veranlassen, daß mir eine persönliche Waffe ausgehändigt wird, da meine Arbeit es erfordert, daß ich mich häufig nachts allein außerhalb des Stützpunkts aufhalte.

Meine Pistole wurde mir bei der Dienststelle des 1052. Schützenregiments, 301. Schützendivision, 9. Korps der 5. Stoßarmee der 1. Belorussischen Front, am Tag meiner Abkommandierung ins 27. Selbständige Reserve-Offiziersregiment abgenommen, worüber es in meinem Personalausweis einen Vermerk mit Stempel und Unterschrift des Leiters des Artillerienachschubs gibt.

Leutnant Gelfand.

5. 1. 1946 Velten. 12 Uhr nachts.
Und wieder jagt ein Ereignis das andere …, die meisten sind unerfreulich und langweilig.

Man hat mich nach Kremmen zu den Sägewerken geschickt. Dort gibt es zwei, für die ich jetzt zuständig bin. Arbeit gibt es nicht so viel. Die Wohnung ist gut.

---

*   Handschriftliches Dokument.

In der letzten Zeit haben mich ein paar deutsche Mädchen besucht, so daß ich angefangen habe, mich fröhlicher und glücklicher zu fühlen. Und alles wäre halb so schlimm, wenn da nicht dieser Lump aus der technischen Abteilung wäre, ein Aufschneider und gemeiner Kerl namens Schleman, ein Oberleutnant. Er ist Jude, und um so mehr ärgert es mich, daß er so ein Egoist und Intrigant ist. Die Fahrer erzählen, daß er, als er auftragshalber nach Rußland fuhr, sich zwei Autos voll allem möglichen fremden Hab und Guts mitgenommen habe, gekämpft hatte er nämlich überhaupt nicht – nur im Hinterland die Schätze eingesammelt, die wir mit unserem Soldatenblut erobert haben. Er macht kein Hehl daraus, daß er sich während des Krieges bereichert hat, brüstet sich sogar und prahlt mit seinen Erwerbungen. Und ich – bin über Seide und Gold gegangen, doch die Kämpfe erlaubten es nicht, sich die Taschen zu füllen, und meine Eltern sind heute genauso arm und unglücklich wie früher, wenn nicht noch ärmer.

Jetzt erdreistet sich dieser kümmerliche Wicht mit dem dreckigen Bart und den boshaften, schwächlichen Augen, mich zu beschimpfen, mich herumzukommandieren und mich bei meinem Major und dem Oberstleutnant Tultschinski anzuschwärzen. Und die glauben ihm, machen sich nicht die Mühe, zu prüfen, ob sich wirklich alles so verhält, und besonders die letzten zweimal haben sie mich buchstäblich vor die Tür gesetzt.

Heute habe ich dem Major Bericht erstattet. Wie immer glaubte er mir nicht und behauptete, daß Schleman arbeiten würde und ich nicht. Er ist also auf der Seite der Schufte.

Um 3 Uhr nachmittags, als ich die Akte fertig und zwei Rapporte in eigener Sache geschrieben hatte, beschloß ich, ein bißchen herumzufahren. Es war schmutzig und grau. Der Regen drang überall durch, war unerbittlich und widerwärtig. Ich war ihm gleichgültig und wollte dem nassen Unwetter, das meine Seele und den Körper von allen Seiten durchdrang, so schnell wie möglich entkommen. In diesem Augenblick vergaß ich sowohl die lockige Irmgard, mit der ich gestern abend gebrochen habe, nachdem ich bei ihr in der Wohnung mehrere Soldaten angetroffen hatte; und ich vergaß auch den Film, den ich im Veltener Kinotheater kurz nach unserer Auseinandersetzung sah. Zu meinem

Unglück tauchte diese junge Deutsche da ganz in meiner Nähe auf, nun ohne die Soldaten, die sie offenbar aufgegeben hatte, aber zu spät: Ich war entschlossen, mich meiner gekränkten Eigenliebe ganz hinzugeben.

Ich fuhr gegen den Wind, ihm entgegen ... Übrigens schien mir die Zeit unwahrscheinlich lang, und es war schon abends (um 4.30) und bereits dunkel, als ich, nachdem ich die bekannten Umrisse der Häuser und Straßen erblickt hatte, als erstes der wunderschönen Witwe Kriemhild einen Besuch abstattete.

»<Ein schone Waldemar!>«

6. 1. 1946 Kremmen
Dieses Mädchen verdient wahrhaftig Liebe und Achtung. Sie ist ein Jahr älter als ich und hatte schon einen Ehemann, mit dem sie nicht mehr als 13 Tage zusammengelebt hat, aber sie hat sich dabei ihre Jungfräulichkeit und Schönheit bewahrt. Sie ist wirklich ein Mensch im wahrsten Sinne dieses Wortes, obwohl sie eine Frau ist und eine Deutsche, und obwohl sie im Theater arbeitet, wo es für eine Person ihres Geschlechts sehr schwer ist, sich die moralische Reinheit zu bewahren.

Wir beide haben nur eines gegen uns: ihre Eltern. Nachdem sie sich bei ihrem ersten Besuch meiner Residenz bei {Otto Schrank}[75] bis zum Morgen hier aufgehalten hatte, untersagte ihr die Mutter kategorisch, noch einmal hierherzukommen, und jetzt sind wir gemeinsam dabei, alle möglichen Kniffe und sogar Täuschungsmanöver zu entwickeln, damit wir zusammensein können.

Ich war nicht lange bei ihnen. Einige deutsche Mädchen hatten versprochen, zu mir zu kommen, und ich mußte mich beeilen, um sie zu empfangen. Ihr Besuch war für 6.30 abends vereinbart, und es war schon 17.00, also 5 Uhr.

Es war der Geburtstag von Kriemhilds Vater, und sie, ganz die liebende Tochter, stellte bekümmert fest, daß der Vater nichts mehr zu rauchen habe. Das war ein Vorwand, auf den ich gern einging, denn ich war entschlossen, eine weitere Packung Zigaretten zu opfern, um wenigstens für einen Augenblick mit dem Mädchen allein sein zu können. Ihre Mutter weigerte sich kategorisch,

Kriemhild mit mir nach Hause gehen zu lassen, sei es nur um die Zigaretten zu holen.»{Nein, nein, nein!}« Der Vater hatte nichts dagegen, im Gegenteil, er bestand sogar darauf, daß sie mit mir ginge. Nach kurzem Hin und Her gewann die Mehrheit die Oberhand, und Kriemhild bedachte mich, als wir dann bei mir waren, zum zweiten Mal mit ihrem liebevollen Lachen, mit heißen Küssen und allen möglichen Zärtlichkeiten.

Ich fühle mich immer wohl mit ihr, und keine Frage, sei sie noch so heikel, erscheint in ihrer Gegenwart gemein, denn sie ist wie ein Engel, und neben ihr wird alles göttlich.

Ob ich sie liebe? Keineswegs! Denn wie könnte ich sie auch wirklich lieben, so wie zum Beispiel unsere Mädchen aus der UdSSR? Nein, ich empfinde einfach unendliche Achtung für sie wegen ihrer Reinheit und Jungfräulichkeit, ich schätze sie für ihre Menschlichkeit, ihre Treue und Beständigkeit, ich fühle mich zu ihr hingezogen wegen ihrer Schönheit und ihrer Frische, wegen der Weiße ihres Körpers und der Zartheit ihrer Seele, wegen ihrer weichen, zarten Brüste, die von einem berühmten Gemälde stammen und an ihr lebendig geworden sein könnten ... Aber was lobe ich sie? Das kommt ja einer Rechtfertigung gleich. Ich will nur mein Gewissen von der schrecklichen Wahrheit meiner Leidenschaft befreien.

Alle reden jetzt mit Gehässigkeit und Entrüstung über Menschen meiner Natur, und dabei gibt es so viele Gelegenheiten des Zeitvertreibs für eine Nacht. Und es sind die größten Protestanten und Deutschenhasser, die am eifrigsten dem Laster und der Schamlosigkeit frönen. Aber sollen sie schreien und sich an die Brust schlagen, sollen sie doch ihre Unbeflecktheit beschwören – ich glaube ihnen nicht. Der Mensch ist doch immer nur ein Mensch und kann die Einkerkerung der Seele, die Einsamkeit, nicht ertragen.

Aber ich gerate ins Philosophieren, und das ist zuviel für meinen noch nicht ganz spitzen Bleistift, ich sollte rechtzeitig an dem erlösenden Punkt innehalten. Damit es nicht noch schlimmer kommt, wie es in dem zeitlos gültigen Ausspruch von [Saltykow-]Schtschedrin[76] heißt.

Nach zehn Minuten brachte ich Kriemhild zusammen mit ihrer

Freundin nach Hause – allein läßt die Mutter sie nachts nirgendwo mehr hin, obwohl sie schon 23 Jahre alt ist.

Ich kehrte dann zurück und wartete. Es tauchte niemand auf, und ich fühlte mich einsam und unglücklich. Ich starrte angestrengt auf das schwarze Fenster, doch es blieb stumm. Die Uhr zeigte die siebente Stunde, und der Sekundenzeiger hüpfte ungeduldig über das Zifferblatt.

Ich ging dann in den Hof hinaus, um mich zu erleichtern, als ich plötzlich Frauenstimmen beim Haupteingang des Gebäudes hörte. Ich wunderte mich ein wenig, was die Frauen da suchten, dachte mir aber dann, daß sie zu den Hausherren wollten, und nachdem ich den Strahl meiner Taschenlampe in ihre Richtung geschwenkt hatte, knipste ich sie schnell aus und wollte gehen. Die Frauen traten von den Stufen zurück und machten sich in den Büschen zu schaffen. Ich nahm an, sie wollten sich erleichtern, und es wurde mir noch peinlicher, daß meine Neugier mich in diesem Moment hierhergeführt hatte. Ich kauerte mich auf den Boden und wagte mich nicht zu rühren. Plötzlich standen sie vor mir, und eine Mädchenstimme fragte auf deutsch, wo hier der Leutnant sei. Ich trug ein warmes, festgewebtes Hemd mit einer Eisenschnalle am Kragen und war in der Nacht schwer zu erkennen. Ich beleuchtete noch einmal die Gesichter, erahnte in ihnen bekannte Silhouetten und faßte die eine an der Hand, die hübsche, auf deren Besuch ich schon mehrfach gewartet hatte und derentwegen ich bereit war, ihre Freundinnen und einen Kerl zu empfangen, der mir versprochen hatte, sie zu mir zu bringen. Und nun die Überraschung: Sie waren allein gekommen, bei dieser Finsternis, hatten keine Angst gehabt, mich zu besuchen, dabei waren sie beide noch nie bei mir gewesen.

Sie fuhr vor Schreck zusammen, als ich sie berührte, und so leuchtete ich auch mich an. Sie schrie auf: »Woldemar!« Wir gingen ins Haus. Hier schmiegte ich mich zum erstenmal an ihre Lippen, dann drückte ich sie kräftig an mich. Sie war zwar ein wenig jünger als Kriemhild, aber ihr Blick war trübe und kalt, und das Herz schlug irgendwie vollkommen verlogen, nicht aufrichtig, und ich glaubte nicht, daß sie lieben kann.

[Januar 1946]
Rapport*

Gehilfe des Leiters der Transportabteilung
W. N. Gelfand

An den Leiter des Stützpunkts
Major Skoromykin

Hiermit möchte ich Sie darauf aufmerksam machen, daß ich über keinerlei Winteruniform verfüge und gezwungen bin, bei winterlichen Temperaturen einen deutschen Mantel, eine Uniformjacke aus deutschem Stoff, den ich auf eigene Kosten erworben habe, sowie alte Stiefel und Sommerhosen zu tragen.

Die Wirtschafts- und Verwaltungseinheit des Stützpunkts, in Person ihres Leiters Oberleutnant Smirnow, weigert sich kategorisch, mir eine Uniform auszuhändigen, und zwar aus dem einfachen Grund, weil es auf meiner Vergleichsmitteilung eine Korrektur in der Spalte für Sommerbekleidung gibt, die von jener Einheit gemacht wurde, in der ich die Uniform bekommen habe. Dort ist vermerkt, daß mir bis zum Sommer keine mehr zusteht, da die Tragedauer auf eine bestimmte Zeit berechnet ist.

Ich wurde bereits mehrfach sehr unangenehm auf meine Uniform hingewiesen. Selbst den dünnen imprägnierten Mantel darf ich jetzt im Ausland nicht mehr tragen, da die in der Roten Armee übliche Uniform durch mich gegenüber Ausländern entehrt wird. Der Gehilfe des Stabschefs der Brigade wollte mich bereits zweimal verhaften lassen und hat mich einmal vor allen Leuten genötigt, den Offiziersklub zu verlassen.

Daher bitte ich Sie, sich dafür zu verwenden, daß ich eine Winteruniform erhalte und mir außerdem ein zweitägiger Urlaub für den Raum Potsdam gewährt wird, wo das 27. Reserve-Offiziersregiment stationiert ist, damit ich mein Bekleidungs- und Aus-

---

* Handschriftliches Dokument ohne Datum und Unterschrift, Blaupause.

rüstungsbuch holen kann, das dort anstelle der mir ausgestellten Vergleichsmitteilung verblieben ist.

12. 1. 1946 Kremmen, {Otto Schrank}
Komme gerade aus dem Kino. Habe den zweiten Teil von »Peter der Erste«[77] gesehen. Sehr spannend! Bis 12 Uhr habe ich dagesessen und nicht bemerkt, wie die Zeit verflog.

Sharow als Menschikow ist sehr ausdrucksvoll, und ... als Peter stark und schwungvoll, Katharina ein wenig künstlich, ganz und gar nicht die gestrenge und dabei kluge Frau, als die ich sie aus ihren Tagebüchern und Erinnerungen kenne. Wunderbar die Szene, als sich Peter mit dem hundertjährigen Greis unterhält, der Triumph des Mohren, das Treffen des ersten Herren Katharinas ... mit seinem ehemaligen Feldmarschall ...

Aber jetzt bleibt keine Zeit, sich damit zu beschäftigen, denn ich muß morgen nach Berlin und Potsdam. Und wieder die bekannten Orte, das Leben, die meine und die fremde Welt direkt vor den Augen, die Reize und der Schmutz des Planeten unserer Tage.

Ich bin froh, all das noch einmal zu sehen, was mir in den zwei Monaten gelungen war, zu vergessen und mir aus dem Kopf zu schlagen, denn es lohnt nicht, an unwiederbringlich Vergangenes zu denken. Ich müßte mir Berlin anschauen, ich kenne es so wenig! Aber die Zeit schränkt meine Möglichkeiten auf die wirtschaftlichen Dinge ein. Ich werde etwas kaufen und tauschen. Mit dem Paket hat es wieder nicht geklappt. Sie haben es nicht angenommen, weil in der Adresse »postlagernd« stand, dabei hatte ich es kurz vorher noch umgepackt – es waren 11 Kilo und 100 Gramm – und eine Packung Zigaretten nur fürs Zunähen bezahlt.

14. 1. 1946 Potsdam, Hotel
Berlin hat sich kaum verändert. Der {Schwarzer Mark} auf dem Alexanderplatz lebt und seine Filialen in allen Straßen und auf allen Kreuzungen, in den Häusern und Korridoren der Stadt. Die Cafés und Restaurants sind gefüllt mit müßigen Gästen, in den Straßenbahnen und Autobussen herrscht Gedränge. Geschäfti-

ges Treiben auf den Straßen, und an den Straßenbahnhaltestellen lassen einen die Bettler nicht in Ruhe: Erwachsene und Kinder, Reiche und Arme – alle bitten und betteln um alles.

Bin spät in Potsdam angekommen – um 8 Uhr abends –, die Einkäufe hatten länger gedauert. Ich habe einen Photoapparat gekauft, eine Uhr, zwei Füller, eine Schirmmütze – die Hälfte von dem, was ich vorhatte. Habe mich in einem Photoatelier umgesehen und war beim Photographen. Ich habe mich photographieren lassen und meine Photos zur Vergrößerung dagelassen.

Rilewskis empfingen mich mit Begeisterung und mit Vorwürfen, warum ich so lange nicht da gewesen sei. Die kleinere Tochter, die 15jährige Marjana, ist die netteste und angenehmste. Die Ältere, Ilsa, ist passabel, aber die Mittlere ist lästig und aufdringlich bis zum Gehtnichtmehr, dabei ist sie dünn und ohne Figur. Auf der Straße macht sie den Männern hemmungslos schöne Augen, und wenn sie mir zufällig begegnet, schneidet sie Grimassen und bringt mich dadurch in eine äußerst peinliche und gefährliche Lage.

Hier gibt es mehr Freiheit. Im Zentrum kann man häufig Rotarmisten sehen, die Arm in Arm mit einer Deutschen gehen oder sie umarmen. Für das Kino und Theater gibt es keinen getrennten Einlaß, und die deutschen Restaurants sind immer gut mit Offizieren gefüllt. Einfache Soldaten sieht man hier allerdings seltener. Für sie ist es in Berlin und seiner Umgebung schwieriger. Dafür haben die Deutschen hier alle Freiheiten, ihnen ist es rund um die Uhr erlaubt, auf der Straße herumzulaufen, und die Wohnungen werden auch nicht mehr von Patrouillen kontrolliert.

[...]*

[16. 1. 1945] Hennigsdorf
Ich habe wieder bei Marianne übernachtet. Sie hat sich kaum verändert, sieht gut aus, aber ihre Hände sind voller Pickel, sie hat sich auch am ganzen Körper aufgekratzt, und das stößt mich jetzt ein wenig ab, aber nicht so sehr, daß ich sie ganz verlasse. Gestern

---

* Es folgte die Adresse der Familie.

abend, als alle draußen waren, habe ich sogar jene verbotenen Stellen ihres Körpers berührt, über die man nicht offen spricht.

Jetzt schreibe ich, und sie schaut mir zu. Sie ist neugierig, was ich schreibe, aber ihre Mutter lächelt und sagt: »Du kannst das doch gar nicht lesen!« Ich küsse Marianne jetzt vor der Mama. Früher hat sie ihrer Tochter nicht erlaubt, mit mir bis spät aufzubleiben. Bevor wir schlafen gingen, hatte ich mit dem Mädchen sogar ausgemacht, daß sie um Mitternacht zu mir kommen sollte, und nur wegen der ständigen Überwachung der Mutter mußte ich alle Wonnen des Schlafs und der körperlichen Nähe zu ihr aufschieben.

Früher hatte sie ihr genaues Geburtsdatum verheimlicht, behauptete, sie sei 18 Jahre alt, aber gestern haben Mutter und Tochter eine nach der anderen zugegeben, daß das Mädchen gerade mal 16 ist.

17. 1. 1946 Velten
Heute kam ein Oberleutnant (seinen Namen habe ich vergessen) nach Kremmen und zeigte ein Schreiben mit dem Befehl von Major Koroljow vor, ich müsse die Sägewerke unverzüglich abgeben und mich dem Gehilfen des Stützpunktleiters für technische Fragen unterstellen. Ein Wagen holte mich ab, und ich nahm alle Sachen und das Fahrrad mit.

Und nun also wieder Velten. Es tut mir ein bißchen leid um die ruhige Einsamkeit, die unbeschränkte Freiheit der Steppe und der Natur. Aber was soll's, so ist es bestimmt, und schlecht kann es hier auch nicht werden.

Bis 12 [Mitternacht] habe ich mein Zeug und meine Papiere geordnet. Jetzt ist es halb eins. Ich muß schlafen.

18. 1. 1946 Berlin. Weißensee.
In Kremmen brauchte ich nicht lange zu bleiben, nur eine Nacht. Am Morgen schaute ich aus dem Fenster und sah den Oberleutnant aus der technischen Abteilung den Weg heraufkommen. Ich dachte zuerst, er sei gekommen, um zu kontrollieren, da er sich das Sägewerk im Vorübergehen sehr aufmerksam und interessiert angesehen hatte.

»Lauf doch mal da hin«, sagte ich zu Shurawljow, meinem gescheitesten Mann, »und guck, ob man diesen Oberleutnant etwa zur Kontrolle geschickt hat.«

Im Nu war der Soldat im Hof bei dem Offizier und folgte ihm.

Ich verging fast vor Neugier, und um mich rasch davon zu befreien, lief ich schnell hinaus, dem unerwarteten Besucher entgegen. Er grüßte und überreichte mir sogleich das von Major Koroljow unterzeichnete Schreiben, in dem mir offiziell befohlen wurde, die Sägewerke an den Oberleutnant zu übergeben und mich noch am selben Tag Hauptmann Anfilow zu unterstellen.

Eine Stunde später war das Auto im Hof. In aller Eile hatte ich meine Koffer, das Bett und mein restliches bewegliches Eigentum zusammengepackt, die Photos von den Wänden genommen und in meinem Kleidersack verstaut und war bereit. Ich habe es nicht geschafft, mich von irgend jemandem zu verabschieden, nicht einmal die Photos konnte ich mehr abholen. Ich konnte gerade meine Rechnungen bezahlen, den Schuldschein habe ich zerrissen und über die ganze Stadt zerstreut, als wir sie mit dem Auto durchquerten.

Major Skoromykin traf ich in Velten nicht an. Koroljow wollte, daß ich nach Potsdam fahre und den Stützpunkt beim Wojentorg anmelde, konnte sich aber nicht entschließen, mich freizustellen. So wandte ich mich am nächsten Morgen an Hauptmann Anfilow. Er erinnerte noch einmal an die Arbeit und daran, daß ich erst das Problem mit meiner Uniform lösen müßte.

»Ich habe alle Unterlagen für die Reise da, es dauert nicht mehr als zwei Tage, und ich bin zurück und fange mit der Arbeit an.«

»Also gut, fahren Sie.«

Und ohne auf den Proviant zu warten, setzte ich mich aufs Fahrrad.

In Hennigsdorf fuhr ich wieder bei Marianne vorbei. Sie schenkte mir ihre Zärtlichkeit, und ich gab mich für 10 Minuten ihrer Liebe hin.

21. 1. 1946 Schönwalde[78]
In Berlin bin ich etwas länger geblieben. Habe einen Rundfunkempfänger gekauft, Stoff für einen Mantel und noch vieles andere.

Aber heute ist schon der fünfte Tag, den ich nicht bei der Einheit bin. Was wird mein Vorgesetzter sagen, und was soll ich ihm antworten?

Gestern, als ich nach Spandau fuhr, kam ich in der Straßenbahn mit ein paar Mädchen im Unterleutnantsrang aus einer Einheit ins Gespräch, deren Aufgabe und <beruf> ich bis heute nicht kenne. Sie überredeten mich, mit ihnen zum Zirkus zu fahren, und wir vertrödelten die Zeit bis 7 Uhr abends. Spät machte ich mich auf den Weg zurück zum Bahnhof, alle vier begleiteten mich und wärmten ihren »Jungen«, indem sie mich an den Händen faßten. Zum Andenken bekam jede eine von mir signierte Postkarte, auf der ein schöner Mann abgebildet war, ich verabschiedete mich herzlich und versprach, reichlich von mir hören zu lassen.

Bis zum Olympischen Dorf habe ich es an jenem Tag und bis heute nicht geschafft. Züge, Autos und Busse fuhren nicht mehr. Es war schon nach 10 Uhr abends, als ich in Spandau ankam. Mit der Straßenbahn fuhr ich bis zur Chaussee und ging dann zu Fuß weiter. Nach zwei Kilometern kam ich in einen dichten Wald. Des Mondes helle Scheibe schaute hinter den Bäumen hervor und versilberte die Erde mit ihren gleichmäßigen, blassen Strahlen. Es war ein bißchen unheimlich allein und ohne Waffe. Der Wald erstreckte sich längs des Weges und schien in seiner struppigen Undurchdringlichkeit unendlich.

Irgendwo hinter mir waren plötzlich weibliche Stimmen zu hören, und es erklang ein munteres Lied. Ich wußte den Weg nicht und blieb stehen, um die fröhlichen Sängerinnen nach dem Weg zu fragen. Sie waren sofort auf der Hut und wurden unruhig, wenngleich sie nicht aufhörten zu singen, der Gesang wurde lediglich zaghafter und etwas stockend. Sie waren zu viert. Als sie ziemlich nahe herangekommen waren, wechselten sie plötzlich die Plätze, und ich bemerkte an der Seite einen Engländer mit breiter Brust, erschrockenem Gesicht, angespanntem Gang und der rechten Hand in der Tasche. Ich hatte den Eindruck, er sei betrunken, und fragte behutsam, um ihn nicht zu beunruhigen, denn er hatte seine Nerven am Abzug einer Pistole in seiner Tasche, wie ich ins Olympische Dorf käme. Sie erklärten mir den Weg, wobei sie alle um die Wette auf mich einredeten.

Der Wald, der einen Bogen um ein Dorf gemacht hatte, erstreckte sich nun wieder weit entlang der Chaussee. Jetzt war ich wieder allein, und die Bewegung der Zweige, die vom Wind und von der Kälte knackten, und das Geräusch meiner Schritte wurden von der beißenden, kalten Luft aufgegriffen und weitergetragen. Ich bemühte mich, lautlos aufzutreten auf der von der Kälte in Besitz genommenen Erde, doch ich erreichte das Gegenteil: Meine Schritte krachten nur so in meinen Ohren und eilten mir voraus.

In der Ferne blinkte das rote Licht eines Fahrrades auf und kam mir entgegen. Mir wurde leichter ums Herz. Plötzlich brach der helle Strahl eines Scheinwerfers durch die Dunkelheit, und für einen Augenblick war ich geblendet. Als der Wagen vorbei war, war das Fahrrad aus meinem Blick verschwunden und tauchte nicht wieder auf. Es wurde mir wieder unheimlich. Wie nie zuvor spürte ich den Wert des Lebens und schalt mich innerlich dafür, daß ich so nachlässig mit ihm umging. Doch der Wald nahm kein Ende. Ich lief schon beinahe, wollte diesen Klumpen beunruhigender Empfindungen loswerden.

Irgendwo schienen Lichter auf. Es wurden immer mehr, und sie wurden vor meinen Augen lebendig, blinkten aus der Ferne und erfreuten das Herz. Und mir schien, das Dorf sei nicht mehr so weit, wie es in Wirklichkeit war. Es war ganz nah (ich spürte die Kilometer zwischen uns nicht), denn das Leben und das Licht sind von meiner Existenz nicht zu trennen.

Doch der Wald zog sich weiter hin, und erst nach einer halben Stunde ungeduldigen Fußmarschs erreichte ich ein Dorf mit zweigeschossigen steinernen Häusern, das mich lange nicht aus seinen Straßen entließ. Am Rande des Dorfes erreichte ich einen Regulierungspunkt. Dort stand ich etwa zwei Stunden. Es war Wochenende, und die Fahrer lassen sich nicht gern ihren Ruhetag nehmen, die Vorgesetzten ebensowenig, und erst recht nicht die Deutschen, denen ihre {Sonntagi} heilig sind.

Zufällig kam ein »streunendes« Auto vorbei, mit dem fuhr ich bis zum nächsten Dorf, womit ich meine Wegstrecke noch einmal um 10 Kilometer verkürzte. Aber vor mir lag noch ein langer Marsch, und ich beschloß, bis zur nächsten Fahrgelegenheit zu warten.

Bis Velten waren es 15 Kilometer, bis Hennigsdorf 7 und bis Kremmen, auf jener Straße, auf der mich die Nacht überfallen hatte, 32 Kilometer. Ich war verwirrt: Wohin ging ich denn, wenn ich nach mehr als 20 Kilometern in Richtung Olympisches Dorf noch immer nicht angekommen war und ich dabei von Kremmen, Velten und Spandau nicht weiter entfernt war als vorher, womöglich sogar näher dran war! Ein paar Deutsche rieten mir, in die andere Richtung zu fahren, sagten, Spandau und das Olympische Dorf seien dort. Andere zeigten {vorwärts}. Aber Autos kamen keine mehr, ich war müde, und mir war kalt.

In einem Wärterhäuschen der Wach- und Kontroll-Abteilung, wo ein Rotarmist Wache stand, machte ich ein Schläfchen neben dem Ofen. Ich wurde von irgendwelchen Frauen aufgeweckt, die Kohlen brachten. Der Soldat schlug vor, ich solle bis zum Morgen dableiben, und die Frauen führten mich in ein Zimmer, wo Soldaten ihr Lager aufgeschlagen hatten. Sie rückten zusammen und machten mir einen Schlafplatz frei. Ich legte mich hin, ohne mich auszuziehen, und schlief sofort ein.

Am andern Morgen stand ich früh auf. Die Männer redeten mir zu, auf das Frühstück zu warten, ich ließ mich überreden und nahm mit ihnen ein kräftiges Frühstück, doch bis 12 Uhr war kein Auto zu sehen. Ich ging also zu Fuß und legte an diesem Vormittag noch etwa 10 Kilometer zurück. Auf der Strecke polterten einige Personenautos an mir vorüber, auch Lastwagen kamen vorbei. Ich gelangte an einen großen Straßenposten. Aber niemand wollte mich mitnehmen, erst recht nicht in voller Fahrt anhalten. Im Gehen schimpfte ich auf alle Autofahrer und ihresgleichen, all die gefühllosen Schufte, die mir entgegenkamen oder in meiner Richtung fuhren und so herzlos in ihren Autos vorbeizogen, aber es half nichts. Es gelang mir nur, eine kleine deutsche Klapperkiste anzuhalten, mit der ich dann einige Kilometer mitfahren konnte.

Nun war es bis zum Olympischen Dorf nicht mehr weit.

Der Fahrer wollte rauchen und hielt den Wagen an. Er brachte mich bis zum Tor mit den großen weißen Löwen darauf. Ich gab ihm eine Schachtel Zigaretten und dankte ihm herzlich. Endlich war ich da! Es gab noch einiges zu erledigen, und als erstes stellte ich fest, daß an diesem Tag im Regiment keine einzige Schreibstube und überhaupt nicht eine einzige Einrichtung außer der Bibliothek und dem Lesesaal geöffnet war. Ich übernachtete im Ruheraum auf dem Sofa, auf dem ich mich, vollständig angezogen, zusammenkauerte. Es war heiß, ich konnte lange nicht einschlafen und war in Gedanken bei meiner Reise.

Das Regiment hat sich nicht verändert. Die Leute hier auch nicht: Radau und Geschrei, unerlaubte Abwesenheit und Verantwortungslosigkeit sind typisch. Die Leute schlagen die Zeit bis zum Abend irgendwie tot. Geschlechtskrankheiten sind zu einer Massenerscheinung geworden. Weder Gitter noch Drahtverhau halten sie auf – die Männer überwinden sie und fahren nach Berlin und ins Umland. Am Eingang zum Lager mehrere Offiziere aller Ränge, bis einschließlich Oberstleutnant; es wird streng kontrolliert. Alle fragen, wohin man will und warum, und die Papiere werden sorgfältig geprüft.

Ich habe den Film »Marineinfanterie«[79] gesehen, der im Leningrader Filmstudio hergestellt wurde. Kein wirklich großer Film, aber interessant. Die Offiziere werden unterhalten, doch bedrückt sie der Kerker, in dem man sie festhalten will.

Viele alte Bekannte. Sie erkannten mich wieder, ich jedoch nicht alle – verfluchtes Gedächtnis!

Das Bekleidungs- und Ausrüstungsbuch bekam ich schnell und ohne Probleme, obwohl sie es mir nicht einfach so aushändigen konnten, da ja soviel Zeit vergangen war.

In meinem Kopf wucherten üble Gedanken: Es war der sechste Tag meiner Abwesenheit von der Einheit. Wie würden Major Skoromykin und Hauptmann Anfilow darauf reagieren? Vielleicht lassen sie mich nicht mehr dort arbeiten und schicken mich in die Brigade, dann verliere ich mein Zimmer und den angenehmen Dienst – mir gefällt dieses Leben und die Arbeit, die ich jetzt mache, immer unterwegs, immer in Bewegung und immer neue Eindrücke und das Leben in all seinen Wendungen.

Nach Berlin fuhr ich per Anhalter. Ich stieg beim Markt neben dem Reichstag aus und hielt mich am Rand, um der Streife leichter ausweichen zu können. Ich kaufte ein paar Kleinigkeiten (einen Füller, Batterien), und schon war das Geld alle. Da beschloß ich, die Uhr, die ich den Rilewskis abgekauft hatte, einem Offizierskollegen zu verkaufen, mit dem ich zusammen vom Regiment hierhergefahren war, denn der fährt nach Hause. Ich verkaufte sie ihm zum selben Preis, zu dem ich sie gekauft hatte. Und hatte wieder anderthalbtausend Mark in der Tasche.

Es war kalt und ging auf den Abend zu. Ich hatte es satt, völlig durchgefroren auf der Straße zu stehen, zumal es unangenehm zog und ich ohne Mantel und Wintermütze unterwegs war. Ich bin zwar daran gewöhnt und werde nicht mehr krank und nicht wie früher, vor dem Krieg, schon beim ersten Herbstlüftchen steif. Aber der menschliche Organismus ist schließlich nicht aus Eisen und empfindlich gegen Kälte.

Die Straßenbahn brachte mich zum Feinkostladen, und ich ging zum letztenmal (so habe ich es beschlossen) zu Rilewskis. Das Essen schlug ich aus, und sie beharrten auch nicht besonders darauf. Schnell sammelte ich meine Sachen zusammen und fuhr weiter.

Der Bulgare Dimitrow, bei dem ich meinen Radioempfänger gelassen hatte, war nicht zu Hause, und ich fuhr ohne meine geliebte Musik nach Velten zurück.

Eine Strafpredigt bekam ich nicht, nicht einmal Vorwürfe. Ich wurde nur gefragt, ob ich das Bekleidungs- und Ausrüstungsbuch mitgebracht hätte, und als ich ja sagte, waren sie zufrieden.

Da Major Skoromykin sah, daß ich bei allen Unternehmungen erfolgreich war, befahl er mir, mich für eine weitere Dienstreise fertigzumachen.

25. 1. 1946 Berlin
So bin ich also wieder in Berlin. Gestern bin ich bei den Mädchen vorbeigegangen, die ich im Reichstag kennengelernt hatte. Ich bin bis fast 11.30 nachts geblieben. Sie sind gescheit und reif, aber nicht interessant in dem Sinne, in dem ich dieses Wort verstehe.

Im Hotel, wo ich jetzt diese Zeilen schreibe, habe ich gut und lange geschlafen.

Vorhin brachte eine große, hübsche Etagenkellnerin Limonade. Ich versuchte, sie auf einen Stuhl zu setzen, aber sie mußte gleich wieder »arbeiten«. Zehn Minuten später kam sie wieder, lächelte und verdrehte die Augen. Ich faßte mir ein Herz, ging direkt zu ihr hin und umarmte sie. Sie leistete leichten Widerstand. Ich beguckte mir das Kreuz an ihrem Hals und ließ meine Hand weiter nach unten gleiten. Sie trug keinen Büstenhalter, und sie wehrte sich so schwach (nur zum Schein, würde ich sagen), daß es mir sofort gelang, ihre Brüste eine nach der anderen ans Tageslicht zu befördern. Sie beugte sich nur nieder, als sei sie ohnmächtig, und schwieg. Ich setzte sie mir auf die Knie, und sie umarmte mich. Dann fuhr sie plötzlich auf und riß sich los. Sie schnappte sich die zwei Photos vom Tisch und den Schlüssel, stürzte zur Tür, und als ich sie aufhalten wollte, schlug sie mir ins Gesicht.

So sind sie halt, die schamlosen Frauen, aber diese will obendrein noch Stolz und Selbstwertgefühl für sich in Anspruch nehmen. Ich glaube nicht, daß sie auch nur eine dieser Eigenschaften hat, denn die ganze Szene mit ihr hat sich innerhalb von 10 Minuten abgespielt, der Uhrzeiger ist Zeuge. Es ist schon 11 Uhr, und ich habe noch viel zu arbeiten. Heute in Potsdam werde ich meine Eindrücke zu Ende niederschreiben.

26. 1. 1946 Potsdam
Das Hotel ist kalt und voller Leute – nicht besonders einladend, hier zu übernachten. Nur eines macht es verlockend: die vielen jungen russischen Mädchen, sie gehören zu den Repatriierten.

Auf der Treppe hörte ich plötzlich Gelächter und Geplapper und stürzte zwei kleinen, wilden Frohnaturen hinterher, aber die liefen schnell zu ihrem Zimmer und machten die Tür zu. Ich beredete sie, sie sollten die Tür öffnen, und erreichte, was ich wollte. Bald saßen wir am Tisch und plauderten miteinander. Die eine war sehr ernst, hat ihre Prinzipien, sie hat mir gefallen mit ihren Ansichten, und auch ihr Gesicht ist sehr angenehm. Ich habe ihre Adresse. Ich habe viel Unsinn geschwatzt, bin allzu vertraulich geworden und vergaß dabei das Wort von Tolstoi, daß »nicht das Weib gefährlich ist, das einen am Schw. ..., sondern das einen an der Seele packt«. Mich freilich packt es weder hier noch da.

Um 12 bin ich schlafen gegangen.

27. 1. 1946 Berlin. Prenzlauer Berg. »Grand Hotel«
Gleich nach meiner Ankunft in Potsdam hatte ich die Anmeldung beim Wojentorg erledigt, allerdings händigte man mir die Dokumente nicht sofort aus, sondern riet mir, von Velten aus zu telephonieren, um die Sache zu beschleunigen.

Um 12 Uhr mittags war ich in der Prenzlauer Allee. Ich wollte den Radioempfänger abholen und dann noch einmal zurückkommen, um die Photos und den kleinen Koffer zu holen. In Felten (so nennen die Deutschen die Stadt, sie sprechen den Buchstaben »F«, und nicht »W«, wie wir) hatten mich gleich alle gesehen, und es war gefährlich, ein zweites Mal wegzufahren, ohne die Erlaubnis des Majors einzuholen, obwohl meine Kommandierung noch nicht abgelaufen war und ich auch erst einen Tag später bei der Einheit auftauchen konnte.

Ich traf Semjonow mit noch einem von der Armee, dieser hatte keine Schulterstücke, Semjonow trug eine warme und elegante Offiziersuniform. Er grüßte mich zuerst, ich schenkte dem anderen keine Beachtung und fing an, Semjonow von meiner Exkursion nach Potsdam und der Anmeldung beim Wojentorg zu erzählen; unter anderem sagte ich, auf die Frage nach meiner Einheit hätte ich geantwortet: »Stützpunkt 21, Trophäen-Brigade«. »Besser, Sie fahren überhaupt nirgends mehr hin, damit sind Sie von größerem Nutzen«, stieß der in der Felljacke ohne Schulterstücke gebieterisch zwischen den Zähnen hervor. »Ziehen Sie die Handschuhe aus und nehmen Sie Haltung an, wie es sich gehört! Sie sprechen mit einem Oberleutnant!«

Ich zog die Handschuhe aus, errötete und wunderte mich. »Verzeihen Sie, aber ich habe nicht die Ehre zu wissen, mit wem ich spreche«, fragte ich höflich, doch mit Würde.

Er sagte, er sei Major ... und fuhr fort zu schreien. Ich konnte es nicht länger ertragen. Ich ging schnell hinaus und überlegte im Flur, wer das sein könnte. Alle Mutmaßungen liefen auf eins hinaus: daß er der Leiter der Spionageabwehr in der Brigade war und man mich jetzt am Wickel haben kann, obwohl ich gar nicht unnötig oder irgendwo in einer nichtoffiziellen Einrichtung herumgeschwatzt hatte, zumal ich den Oberstleutnant aus der Handelsverwaltung bereits kannte und auch die Verwaltung selbst sowenig der Geheimhaltung unterliegt, daß ich sie ganz einfach fand, nachdem ich mich bei vorübergehenden Rotarmisten erkundigt hatte, und dank der Sorglosigkeit des Postens ohne jeden Passierschein und allein bis ins Innere des Städtchens vorgedrungen war. Man kann also schwerlich von Verrat militärischer Geheimnisse sprechen – ein zweischneidiges Schwert, denn in der Handelsabteilung werden sie sich hüten, ein Wort darüber zu verlieren.

Skoromykin war wieder unzufrieden: »Worte reichen mir nicht! Wo ist das Papier?« Erklärungen waren nutzlos. Ich beschloß, anzurufen und mit dem endgültigen Ergebnis zu kommen, aber dann fiel mir ein, daß jetzt Pause war.

Meine Rückkehr nach Berlin drohte zu platzen. Was sollte ich tun? Ich wartete eine halbe Stunde, ging wieder zum Major und sagte, ich hätte angerufen und die Antwort erhalten: »Nach dem Wochenende.« Das hatten sie in Potsdam tatsächlich gesagt: »Rufen Sie entweder morgen früh an oder nach dem Wochenende.«

Ich bat, mich nach Berlin zu lassen, da ich dort meine Photos und einen Koffer mit Lebensmitteln zurückgelassen hätte. Er glaubte mir nicht. »Irgendwas hat er da in Berlin, wahrscheinlich eine Braut«, wandte er sich an die Anwesenden. Nein, was ist Major Koroljow doch für ein Schwätzer, man darf ihm nichts erzählen, er hat sofort weitererzählt, was ich ihm am Vortag von den Mädchen, vom Wald und von den Sternen erzählte, und das alles war so gemein und dumm.

Der Chef war unentschlossen. Ich bestürmte ihn mit Bitten und Erklärungen.

»Na, verdammte Scheiße, nun fang nicht an zu weinen!« sagte er halb im Scherz, halb im Zorn, »du kannst fahren, aber morgen früh bist du zurück!«

Ich versprach es. Und nachdem ich zuerst mit dem Auto, dann zu Fuß, dann mit dem Zug, vom Zug in die S-Bahn, dann mit der Straßenbahn und erneut zu Fuß unterwegs gewesen war, kam ich gegen 8 Uhr in Berlin an.

Ich holte den Koffer, bezahlte die Photos und ging mich rasieren lassen.

Beim Friseur hielt ich vor dem Portrait eines Mädchens inne, einer herrlichen Schöpfung vom Pinsel eines Malers. Ich konnte mich nicht losreißen und beschloß, es zu kaufen. »500 Mark kostet das Bild«, entschied der verfluchte Deutsche mit seiner verschlagenen Schlangenvisage, nachdem er kapiert hatte. Um es mir schmackhaft zu machen, fing er an zu erzählen, das Bild sei von einem Juden gemalt und von einem Juden verkauft worden, das Mädchen sei auch Jüdin – der alte Gauner hatte offensichtlich erraten, daß ich Jude bin, und versuchte, sich Nationalgefühle zunutze zu machen.

»Es ist mir gleich, wer dieses Mädchen ist, ich möchte es haben.« Ich holte ein halbes Kilo Schweinefleisch heraus und gab es ihm.

»Das ist zuwenig!« rief der Friseur gierig und langte mit beiden Händen nach den zwei Zwiebeln, die noch in meinem Koffer waren.

Ich gab ihm eine – ich hatte nichts mehr außer Brot und würde hungern müssen, aber dafür hatte ich das Mädchen, lebendig und schön, es lohnt, sie bei sich zu haben, und sei es auch nur als Bild!

Als ich bei den nahezu von der Welt abgeschiedenen Geheimnisträgerinnen aus der Einheit ohne Namen mit der Feldpost-Nr. 93 570 – MB (E) ankam, war es schon 10 Uhr abends. In der Tür traf ich direkt ... Man wollte mich nicht hineinlassen, und das Mädchen gab sich alle Mühe, damit die Wachhabenden und die Vorgesetzten — Ihre Freundinnen kamen ihr zu Hilfe, aber es war alles umsonst. Da schlug ich vor, einen Spaziergang zu machen. Anja war nicht da (es waren nur zwei Mädchen bei mir). Beim Hotel angekommen, schlug ich vor, auf mein Zimmer zu gehen, ich hatte es zu dem Zeitpunkt noch gar nicht geschafft, eins zu mieten. Ich bekam schnell ein Quartier, aber die Mädchen ließen sie nicht rein. Am Tag zuvor hatte die Kommandantur Scherereien gemacht, und jetzt hatten die Deutschen Angst und waren lieber vorsichtig. So saßen wir im Vorraum beisammen und plauderten fast bis 12 Uhr, und für heute haben wir uns fürs Theater verabredet.

Gegen 11 Uhr vormittags waren die Mädchen schon hier, und wieder war Anja nicht dabei. Sie kam erst gegen Ende der Vorstellung und saß irgendwo am Rand. Insgesamt war ich zufrieden, obwohl es kalt war und nicht alles, was auf der Bühne gesprochen wurde, bis zu mir drang.

Die Mädchen hatten sich fürsorglich gezeigt und mir am Morgen Brot und Butter mitgebracht. Warum hatte ich nur erzählt, daß ich meine Lebensmittel für das Bild weggegeben hatte?! Ich bereute es, aber die Sachen abzulehnen war mir unangenehm – sie wären sicher gekränkt gewesen. Die Eintrittskarten kauften sie sich auch selbst, und überhaupt haben sie mich den ganzen Tag ausgehalten.

Als ich mich herzlich von allen verabschiedete, stieg aus der Straßenbahn eine von den vieren, mit denen ich im Zirkus gewesen war. Sie verbeugte sich, und ich antwortete auch mit einer Verbeugung. Die Mädchen waren ganz neugierig, doch ich klärte sie einfach und wahrheitsgemäß über unsere Bekanntschaft auf. Sie äußerten die Vermutung, ich hätte wohl viele Bekannte, und beeilten sich dann selbst, das Thema zu wechseln, da sie merkten, welche peinliche Situation daraus entstand. Kluge, scharfsinnige Mädchen.

Jetzt fahre ich nach Velten. Es ist Zeit. 2 Uhr mittags.

Im Zug. Ein Bürger fragte mich im Gespräch, ob ich nicht Jude sei. Ich bejahte, worauf er sagte —

[Etwa 26. 1. 1946]
Liebe Mama, sei gegrüßt!

Ich war viele Tage unterwegs und nicht bei meinem Stützpunkt, daher habe ich nicht geschrieben. Aber auch Du hast mich in dieser Zeit nicht sehr mit Briefen verwöhnt – einen einzigen habe ich gestern bekommen.

Ich habe jetzt eine interessante und abwechslungsreiche Arbeit. Sie gefällt mir, obwohl sie meine gesamte Zeit in Anspruch nimmt. Ich habe einen Einblick in die Holzindustrie, speziell den Transport gewonnen.

Mit Literatur beschäftige ich mich nicht, nur Tagebuch schreibe ich nach wie vor, sogar unterwegs und bei der Arbeit. Mit dem Deutschen mache ich allmählich Fortschritte. Ich kann mich schon ohne große Mühe unterhalten und schreiben. Aber ich verstehe bei weitem nicht alles, was die Deutschen sagen, wenn sie schnell und undeutlich sprechen.

Ich habe viele Photos von mir machen lassen. Die schicke ich mit dem Orden, da ich mich schon verplappert habe. Aber erzählen will ich darüber erst zu Hause.

Ich schreibe beim Offiziersunterricht. Heute haben wir Studientag, und ich lasse mich ein wenig ablenken. Zeitung lese ich systematisch, doch Bücher gibt es hier außer politischen keine, ich werde also von schöner Literatur nicht verwöhnt. Die deutschen Bücher kann ich nicht so ohne weiteres verschlingen – es fällt mir schwer und ist nicht zweckmäßig, wenn man keine Zeit hat, sich zu vertiefen.

Wegen des Pakets weiß ich einfach nicht, was ich noch denken soll. Auf der Post hat man mir geraten, noch etwas zu warten, doch ich habe keine große Hoffnung mehr. Ich hatte Dir so einen schicken Wintermantel geschickt, zwei Paar Schuhe, Strümpfe, Kleider, Unterwäsche und einiges mehr, auch Konservenbüchsen. Dieses letzte Paket – an die anderen erinnere ich mich nicht mehr genau – hat mich viel Geld gekostet und wäre für Dich sehr wertvoll und nützlich.

Zum erstenmal in der ganzen Zeit habe ich auch für Papa ein Päckchen fertig gemacht, aber das bekam ich zurück; es wurde nicht angenommen, weil eine richtige Adresse fehlte. Postlagernd nehmen sie nicht an. Und seit Anfang des Jahres ist die Anzahl der Sendungen, die jeder Einheit zusteht, streng geregelt und begrenzt. Sachen habe ich, es ist alles fertig zum Verschicken, doch ich kann weder Dir noch Papa etwas schicken, solange ich keine Genehmigung bekomme.

Die Uhr ist eine Herrenuhr. Armbanduhren für Damen sind hier sehr teuer (3- bis 5000 Mark). Ich werde eine kaufen, wenn ich nach Hause fahre, schicken will ich sie lieber nicht mehr.

Der Radioempfänger, den ich gekauft habe (4000 Mark), ist ein guter, aber groß, mit fünf Röhren. Zehn Minuten ist er gelaufen, dann war er kaputt – die Röhren waren durchgebrannt. Jetzt wird er repariert.

Nun noch einmal zu mir. Gesundheitlich geht es mir gut. Ich weiß schon gar nicht mehr, was Grippe, Angina und die anderen Krank-

heiten sind. Ich bin durch den Krieg abgehärtet – schließlich mußte ich im Schnee und im Dreck schlafen.

28. 1. 1946
Liebe Mama!
Ich schicke Dir einen Brief, den ich schon weggelegt hatte. Einen neuen zu verfassen fehlt mir die Kraft; Du hast mir eine schöne Überraschung bereitet, als ich aus Berlin zurückkam, mir fehlen einfach die Worte! Hättest Du denn nicht warten können – an den Kommandeur des Stützpunkts zu schreiben! Denn jetzt gibt es keine Front mehr und wenige Gründe dafür, daß Briefe nicht ankommen. Aber all diese Gründe sind harmlos und erträglich, und der Kommandeur hat mit mir geschimpft ... Na, was soll's, das Leben ist eben ungerecht! Ich schicke Dir noch ein Photo mit, obwohl ich kein einziges von Dir bekommen habe.
Grüße an die Familie, sie sollen auch schreiben, wenn schon nicht mir, dann wenigstens dem Kommandeur der Einheit.
Ich küsse Dich innig. Wowa.

2. 2. 1946 Velten
Nach langer Zeit war ich wieder einmal in dem hier berühmten Restaurant, in dem es Bier, Tanz und vieles mehr gibt, der »Kaschemme«, wie die Offiziere bei uns im Stützpunkt sagen. Es war wieder wie früher, alle Blicke richten sich lächelnd auf mich, was mich aber nicht in Verlegenheit bringt, sondern nur freut und befriedigt. Es gibt schöne Frauen, und mit denen darf man nicht bedrückt sein und an Trauriges denken.

Frische und ernste Gedanken in mir allein und allein mit mir. Betrunkene Soldaten torkeln herum, die Musik ist leicht und ungezwungen, und alle drehen sich und tollen wie die Kinder im Takt der Musik herum. Sie nehmen die Melodie auf und singen sie mit, das ist schön und ergreifend. Nur das Herz beklagt sein Schicksal, verlangt nach Zärtlichkeit und Wärme. Ich weiß nicht, wo ich hinsehen soll, und die deutschen Mädchen um mich herum ebensowenig. So viele hübsche Köpfchen, sie wären alle für mich leicht zu haben, aber ich sitze da und drücke mich in eine Ecke —

Der Oberleutnant, der vorgestern im Stützpunkt ankam, ist bereits zum Diensthabenden bestimmt worden. Er sträubte sich erst lange, aber Befehl ist Befehl, und nachdem er sich besonnen hatte, trat er den Dienst an.

Heute morgen habe ich ihn bei der Arbeit kennengelernt. Hauptmann Anfilow hatte uns beide in die Aluminium- und die Patronenfabrik geschickt, um Tische und Stühle für das Arbeitszimmer der Transportabteilung zu holen, das schon lange einer Einrichtung bedarf. Auf dem Weg erzählte der Oberleutnant ..., daß sein Posten noch nicht festgelegt sei und man ihm angekündigt habe, er werde in die Transporteinheit kommen.

Abends überredete ich ihn, mit zum Tanz zu kommen. Wir waren nicht lange da, aber für einen Abend ließen wir reichlich Geld. Doch dabei sollte es nicht bleiben – ich war auf Abenteuer aus. Ich brannte darauf, das ganze Glück eines nächtlichen Rendezvous, einer Begegnung und Bekanntschaft zu erleben, das Glück, dessen Gefährtin Jugend und Gesundheit, das Licht und die Wärme der Sonnenstrahlen sind. Aber ich hatte absolut kein Glück.

Die Mädchen, mit denen ich an einem Tisch zu sitzen kam, ließen sich auf nichts ein, ich konnte nicht einmal ihre Namen in Erfahrung bringen, obwohl ich mich tüchtig ins Zeug legte, und zwar materiell – in Form von Bier – und verbal – in Form meiner Bemühungen, ihre Bekanntschaft zu machen. Dann hielt ich es nicht länger aus, ließ sie sitzen und ging aus dem Saal. So war es mir auch dieses Mal bestimmt, allein zu bleiben, aber die Sache war noch nicht beendet. Nachdem ich auf der Straße, wo mir der Regen kalt ins Gesicht spritzte, wo es naß und widerlich einsam war, lang hin und her überlegt hatte, kehrte ich zurück, um erneut zu suchen und mich erneut zu quälen, aber nun nicht mehr mit dumpfen Gedanken, sondern mit Entschlossenheit und Verlangen.

Es dämmerte bereits. Die Zeit drängte. In Paaren und Grüppchen verließen die deutschen Mädchen den Saal. Man hätte sich leicht eine anlachen können, hätte sie auf dem Weg einholen können, aber diese Aussicht reizte mich nicht. Ich betrat den Raum und spürte mit Befriedigung, wie sich erneut die meisten der weiblichen Blicke auf mich richteten, samtene und tiefe Blicke, traurige und wartende.

14. 2. 1946
Politunterricht.

Noch einmal lese ich das Referat, die Rede, die Genosse Stalin am Vorabend der Wahl der Deputierten des Obersten Sowjets vor den Wählern gehalten hat, und staune wieder einmal über seinen klaren Verstand und die schlichte Ausführung der Stalinschen Gedanken. Es gab noch keine einzige Äußerung des Genossen Stalin, die nicht wie ein Banner Weisheit, Wahrheit und Überzeugungskraft der den Zuhörern dargelegten Fakten und Zahlen zum Ausdruck gebracht hätte. So auch dieses Mal. Wer würde es wagen wollen, die Wahrhaftigkeit der genialen Ausführungen des Führers unserer Partei und unseres Volkes über die Ursachen und Bedingungen unseres Sieges, über die Wurzeln der Entstehung der imperialistischen Kriege, über den wesentlichen Unterschied des unlängst beendeten Krieges zu allen anderen früheren Kriegen angesichts der Teilnahme der Sowjetunion an diesem Krieg zu bezweifeln oder zu bestreiten.

In seiner Rede über die Entwicklung der inneren Kräfte der Heimat, die es ermöglicht haben, den großen historischen Sieg über die Feinde davonzutragen, betont Gen. Stalin: »Unser Sieg bedeutet in erster Linie, daß unsere sowjetische Gesellschaftsordnung gesiegt hat, daß die sowjetische Gesellschaftsordnung erfolgreich die Prüfung im Feuer des Krieges überstanden und ihre volle Lebensfähigkeit bewiesen hat.« Und weiter: »Unser Sieg bedeutet zweitens, daß unsere sowjetische Staatsordnung gezeigt hat, daß unser viele Nationen zählender Sowjetstaat alle Prüfungen des Krieges überstanden und seine Lebensfähigkeit bewiesen hat.«[80]

Es ist interessant, die von Gen. Stalin angeführten Zahlen, die die materiellen Möglichkeiten unseres Landes vor dem ersten sowie vor dem zweiten imperialistischen Krieg zeigen, dem gegenüberzustellen, was von der Partei für die Zukunft geplant ist:

	1913	1940	in Zukunft
Roheisen	4 220 000 t	15 000 000 t	50 000 000 t
Stahl	4 230 000 t	18 300 000 t	60 000 000 t

	1913	1940	in Zukunft
Kohle	29 000 000 t	166 000 000 t	500 000 000 t
Erdöl	9 000 000 t	31 000 000 t	60 000 000 t

Zu betonen ist auch der Hinweis des Gen. Stalin auf die Voraussetzungen für die Industrialisierungspolitik in unserem Land und im Ausland, die zu einem derart beispiellosen Sprung in der Entwicklung der Industrialisierung unseres Landes geführt haben.

Bei uns hat, im Unterschied zu anderen Ländern, die Partei die Industrialisierung durchgeführt und dabei nicht mit der Leicht-, sondern sofort mit der Schwerindustrie begonnen, da sie den heraufziehenden Krieg und die Notwendigkeit voraussah, vor dem Feind auf der Hut und gewappnet zu sein. Die Kollektivierung wiederum hat die Entwicklung der Landwirtschaft befördert und es ermöglicht, mit der »jahrhundertealten Rückständigkeit« unserer Landwirtschaft Schluß zu machen.

»Ihre Aufgabe ist es, sich eine Meinung zu bilden, ob die Partei richtig arbeitete und weiter arbeitet (Beifall) und ob sie nicht hätte besser arbeiten können (Heiterkeit, Beifall)«[81], wendet sich Gen. Stalin zum Schluß an die Wähler. Und alle bedenken ihn mit so heftigem Beifall und solcher Liebe, daß es selbst von fern einfach ergreifend ist. Ja, er hat es verdient, mein Stalin, so unsterblich und schlicht, so bescheiden und groß, der Führer, mein Lehrer, mein Genie, mein Ruhm, meine große Sonne.

Und so ist es nicht verwunderlich, daß ein kleines Kind von zwei Jahren aus dem besiegten Deutschland, als es auf meiner Brust den Sieges-Orden mit dem Bild Stalins erblickte, mit dem Finger darauf zeigte und freudig und rührend ausrief: »Stalin!« Und vielleicht war die Mutter dieses Kindes unzufrieden darüber, vielleicht hegte sie in ihrem Herzen den Groll und den Haß des besiegten Volkes, doch die Zukunft sieht anders aus, die Zukunft der ganzen Welt, in allen Sprachen und Dialekten ist mit uns, mit unserer Partei, mit dem Genossen Stalin.

14. 2. 1946 Velten
Mein Leben hat sich von Grund auf verändert. Arbeit gibt es jetzt genug, so daß man nicht einmal immer zum Schlafen kommt. In

der Transportabteilung sind jetzt sechs Offiziere. Drei von ihnen, mit dem leitenden Major an der Spitze, sind erst gestern angekommen.

Für morgen gibt es Arbeit. 2 Uhr nachts.

17. 2. 1946
Berlin
Meine Liebe, gerade habe ich Deinen Brief erhalten und mich in meinem Zimmer eingeschlossen, um ausführlich zu antworten, selbst wenn das auf Kosten meiner Arbeit und meiner Zeit geht.

Oletschka, Liebe, die Offenheit und Schlichtheit, ja die Klarheit, mit der Du Deine Gedanken formulierst, hat mich sehr berührt. Von allen Briefen, die ich von meinen Briefpartnern (ich habe viele) bekomme, lese ich Deine stets zuerst; und ich teile das meiste von dem, was Du denkst und sagst.

Ich mag kein leeres und geistloses Gewäsch. Dein einfaches Erzählen, mag es zuweilen auch rührend-naiv sein, ergreift mich durch seine natürliche Frische, und wenn Du ausrufst: »Wie schwer ist es ohne einen Freund!«, will ich Dir über alle Schranken hinweg die Hand reichen und sagen: »Laß uns Freunde sein!«

Oletschka, meine Liebe, warum schreibst Du nicht mehr so oft wie früher, teilst Dich mir nicht mehr mit, als würdest Du Offenheit und Zärtlichkeit fürchten. Freunde nehmen sich doch nichts übel, verhehlen Bitteres nicht und verbergen auch nicht das Fröhliche und Ermutigende.

Es mag sein, daß ich nur wenig und selten geschrieben habe, daß ich in meinen Briefen den Rahmen der Zensur nicht verlassen habe (anders geht es ja nicht) und Dir auch jetzt nicht alles aus meinem Leben mitteilen kann. Doch auch dafür wird die Zeit kommen, und Du wirst alles erfahren, wirst mich verstehen und mich nicht verurteilen, meine Liebe.

Vorerst aber kann ich Dir nur das Wichtigste und Wesentliche mitteilen. Ich wohne in einer kleinen deutschen Stadt. Hier gibt es zwei Kinos und ein Schauspielhaus – eine Art Mischung aus Klub und Restaurant. Ins Kino gehe ich oft. Hier sind russische Filme in Mode gekommen, und daher hatte ich das Glück, außerhalb der Heimat zum erstenmal einige Filme zu sehen, die überall für Aufsehen gesorgt hatten und die ich früher wegen meiner Verschlossenheit und Ungeselligkeit (nicht wahr, Olga?) nur vom Hörensagen und aus Besprechungen in den Zeitungen kannte. Zum Beispiel: »Eine musikalische Geschichte«, »Tachir und Suchra« und auch »Der große Walzer« – sehr bewegend.[82]

Mit den Jahren, die ich von der Heimat getrennt bin, habe ich zu unseren sowjetischen Filmen und anderen Kunstwerken wie der Malerei ein ganz besonderes Verhältnis bekommen, ich kann es gar nicht erklären. So ist mir jedes russische Buch, jedes Portrait eines Schriftstellers oder Gelehrten, jede Postkarte, ja selbst eine Schreibfeder heute viel näher und teurer als damals vor dem Krieg in Dnepropetrowsk. Die Filme sind eingedeutscht: die Dialoge, die Texte und Lieder – nur das Spiel der Schauspieler und die Melodien sind vertraut und echt. Und trotzdem ist es schön, etwas zu sehen, was immer und in jeder Übersetzung etwas von uns bleibt.

Außer den Filmen und meinen Dienstreisen in andere Städte oder den jetzt selten gewordenen Besuchen in Berlin habe ich keinerlei Freuden. Tanzen kann ich nicht, und es gibt niemanden, der es mir beibringen könnte, und auch keine Gelegenheit dazu – das ist mein großer Kummer. In Cafés und Restaurants gehe ich selten, zum Tanz noch seltener. Es gibt hübsche und sogar ganz gescheite deutsche Mädchen, aber sie sind nicht imstande, mein Herz zu erobern, ich nehme sie fast nicht wahr, obgleich sich, sobald ich irgendwo ein Restaurant oder Café betrete oder auch einfach auf der Straße, alle Blicke auf mich richten, so daß es schon albern und unangenehm ist (diese Offenbarung klingt alles andere als bescheiden, versteh mich nicht falsch, ich will und kann mich nicht selbst loben, aber vor den Tatsachen kann man nicht die Augen verschließen), und das bereitet mir keine Freude, sondern Qual.

Den Krieg habe ich geistig und gesundheitlich unversehrt überstanden. Ich habe vieles gesehen und erlitten und betrachte das Leben, das seine Schönheit vor mir entblößt hat, nun mit anderen Augen. Mein Herz ist nicht erkaltet, ich habe noch viel Leidenschaft in mir. Aber die gilt ganz der Heimat, der Erde, die mich hervorgebracht hat, wo mir alles teuer ist: sowohl die Mädchen als auch die Träume; wo die Menschen einfach ganz anders sind als in Deutschland – klüger. Unermeßlich viel reiner und edler.

Auch jetzt höre ich aus dem Radio im Nachbarzimmer Sendungen aus Moskau, so ausdrucksvoll und schön, daß man vor Ergriffenheit aufspringen möchte. Da ist er, Schaljapin[83], sein samtener, volltönender Baß, der mir heute bis ins Innerste dringt. Und danach die Worte des Sprechers, daß Schaljapins Talent nach seiner Trennung von Rußland allmählich erlosch.

Ja, nur untrennbar vereint mit der Heimat kann man leben, kann man atmen und lachen. Nur in der Heimat kann man wie an der großen Brust eines russischen Mädchens Ruhe finden und richtig arbeiten. Dort sind meine Gedanken und meine Hoffnungen.

Übrigens habe ich mir einen großen und schweren Radioempfänger gekauft, er ist durchgebrannt, weil ich fahrlässig mit ihm umgegangen bin, und jetzt habe ich keine Zeit, ihn zur Reparatur zu bringen. Eine gute Uhr habe ich auch nicht auftreiben können. Nichts als Zylinder – von denen habe ich drei Stück gekauft. Sie sind teuer. In Berlin verkaufen die Amerikaner und Engländer sie für 3- bis 5000 Mark. Aber ich warte lieber, bis die Preise sinken, denn es sieht ganz danach aus.

Ich habe einen Photoapparat gekauft, weiß aber nicht, wie bald ich dazu kommen werde, zu lernen, wie man ihn handhabt und benutzt. Das ist nicht leicht und gelingt nicht so ohne weiteres.

Mein Zimmer (ich habe mir absichtlich das kleinste im ganzen Wohnheim ausgesucht) hängt voller Photos und Bilder; sobald ich die Tür öffne, kommen die Offiziere angelaufen und wollen einen neugierigen Blick hineinwerfen.

Meine Arbeit ist abwechslungsreich. Ich bin oft unterwegs, das ist etwas ganz anderes als der Dienst bei der Truppe, an den ich mich so gar nicht gewöhnen konnte. Zu Hause bin ich selten: an den Wochenenden und gelegentlich an anderen Tagen.

Briefe bekomme ich jetzt nicht mehr so viele: im Schnitt 3 bis 6 pro Tag, manchmal auch keinen einzigen. In den letzten 2 bis 3 Monaten habe ich niemandem ausführlich geschrieben, und alle sind böse auf mich. Aber das ist wirklich nicht meine Schuld.

An Demobilisierung wage ich heute nicht einmal zu denken, doch in Zukunft will ich auf keinen Fall in der Armee bleiben, denn ich habe ein Ziel, und meine Lebensfreude ist mit dem Soldatenleben unvereinbar.

Deine Bitte kann ich Dir nicht abschlagen – ich werde Dir ein Photo schicken. Aber Du bist mir noch etwas schuldig – denk daran, solange Du Dich nicht revanchiert hast. Hier kann ich die Photographien vervielfältigen und auf Portraitmaße vergrößern lassen.

Dies also ist der Kreis von Fragen, auf die Du hoffentlich, wenn nicht erschöpfende, so doch ausführliche Antwort erhalten hast. In Zukunft werde ich öfter schreiben, aber nicht immer so detailliert und viel. Ich möchte jedoch vorsorglich darum bitten, Dich nicht »auf zwei Worte zu beschränken«, wenn Du Zeit hast, Deine Gedanken länger auszuführen. Ich fasse mich ja nicht einfach aus Faulheit so kurz.

Zum Schluß laß mich Dir zu Deinen Prüfungen gratulieren und Dir viel Erfolg für Dein weiteres Studium wünschen.

Viele Grüße an die Mama, an meine und an Deine. Und an die Familie – sie haben mich alle vergessen und sich nur von Zeit zu Zeit an mich erinnert (einzige Ausnahme ist Tante Anja, die mir fast soviel geschrieben hat wie meine Mutter). Mehr als daß sie mir schreiben, verlange ich ja nicht. Liebe und Respekt kommen nicht von selbst, und es ist meine Schuld, wenn ich das Gegenteil verdiene!

Und nun ist schon wieder keine Zeit mehr: Selbst am Sonntag wird man zur Arbeit gescheucht. Wir haben hier jetzt Stoßbetrieb. Wenn wir das erledigt haben, was der Plan vorsieht, werden wir uns ein bißchen ausruhen und erholen.

Ich bitte Dich noch einmal, meiner Mutter einen Kuß von mir zu geben, beruhige sie ein bißchen, und vertrag Dich gut mit ihr. Ich werde kommen und versuchen, Euch allen das Leben ein wenig zu erleichtern. Und ich werde noch mehr Photos schicken. Grüße alle Bekannten, Olga Michailowna, Lena Mjatschina, Ira Gussewa und alle anderen.

Ich küsse Dich innig. Wowa

21. 2. 1946

Wyschinski[84] ist ein kluger Kopf. Ich habe alle seine Reden vor der UN-Vollversammlung[85] gelesen und bin nun voller grenzenloser Sympathie für ihn. Sein Erfolg kommt nicht von ungefähr, früher wie heute. An Litwinow[86] kann ich mich nicht erinnern, aber Wyschinski scheint mir jetzt der geschicktere Diplomat und der klügere Theoretiker zu sein.

Was für ein sympathischer, was für ein schöner, und, hol's der Teufel, was für ein vollkommener Mensch!

21. 02. 1946 Velten.
So, meine liebe Mamotschka, die heutige Nacht will ich Dir widmen!

Es ist schon nach Mitternacht. Alles schläft, nur ein paar unruhige Mäuse schaben zaghaft über den Boden, sie warten, bis ich einschlafe, und dann haben sie freie Bahn. Gestern haben sie eine ganze Tüte von den wunderbaren Lebkuchen weggefressen, die ich als Zusatzration erhalten habe, aber sie zu bekämpfen ist keine Zeit, ich habe nur Angst, sie könnten alle meine Papiere verderben, die über den Boden und die Stühle verteilt sind.

Du siehst, sobald ich anfange, über mich zu schreiben, schweife ich sofort ab – ich kann mich nicht schönreden, und mein Leben hier im Ausland erst recht nicht. Was ist daran erstaunlich?! Das Beispiel mit den Ratten habe ich nur deswegen angeführt, damit man bei uns versteht, daß weder die Wohnungen noch die Einrichtung noch alles übrige sich auch nur im geringsten von dem unterscheidet, was die Leute bei uns haben, wenngleich manches anders ist als bei uns (wie auch die Deutschen selbst). Die Bestien, die hier gehaust haben, waren immerhin Zweibeiner, und von daher haben sie noch die Gewohnheit, menschlich zu wohnen und sich zu bewegen.

Von außen sind die Häuser häßlich und finster, die deutschen Ortschaften sind langweilig anzuschauen, sie gleichen sich alle wie ein Ei dem anderen. Aber innen sind die Wohnungen vortrefflich und komfortabel ausgestattet, wenn auch vom Aufbau her identisch. Die Dörfer sind aus Stein, es gibt viele Kirchen, doch Geistliche habe ich selten gesehen. Die Straßen und Wege sind gepflastert. Überall gibt es Strom, Eisenbahn und Bahnhöfe.

Doch all das ist weder fesselnd noch schmeichelt es dem Blick. In Berlin habe ich Sehenswürdigkeiten aus alten Zeiten besichtigt: Denkmäler, Gebäude und Museen. Während der Kämpfe hatte ich auf vielen von ihnen mit Kreide Aufschriften hinterlassen. Alle, oder zumindest die meisten sind vom Regen und der Zeit fortgespült worden, und als ich jetzt das letzte Mal in Berlin war, war nur meine Inschrift auf der Siegessäule erhalten, die ich mit dem Messer in den Granit geritzt hatte.

> *Für den Sieg ward errichtet die Säule*
> *Hier steh' ich nun mit meinem Sieg*
> *Und schaue und spucke auf Deutschland*
> *Auf Berlin, das besiegte, spuck' ich.*

Meine Arbeit ist jetzt verantwortungsvoll, schwierig, aber dafür auch abwechslungsreich und interessant – ich bin beim Transport. Häufig bin ich in anderen Städten, auf Reisen. Eine Zeitlang hatte ich mit der Holzindustrie zu tun – und überhaupt habe ich mich von meinem alten »Beruf« verabschiedet. Und das bedaure ich nicht.

Wie alle anderen Armeeangehörigen wohne ich im Wohnheim, aber im Unterschied zu anderen habe ich mir ein ganz kleines Zimmer ausgesucht, damit sie niemanden bei mir einquartieren – ich habe es wohl erfahren, was es heißt, mit einem anderen zusammen zu wohnen und damit einem anderen Vertrauen zu schenken. Ich bin oft in der Stadt. Du mußt Dir keine Sorgen um mich machen. Hier ist jetzt alles ruhig und friedlich, es gibt keinerlei Erschütterungen oder unangenehme Vorfälle. Außerdem bin ich selten in den Ortschaften, und unsere Kommandanturen sorgen überall für Ordnung.

Du fragst nach dem Orden. Na gut, ich werde also ein Photo schicken, auf dem ich ihn trage, wo ich es nun schon ausgeplaudert habe. Ich habe Grund und Anlaß, Dich ungern in einige, selbst angenehme Neuigkeiten einzuweihen. Zu Hause wird es natürlich keine Geheimnisse vor Dir geben. Aber hab Geduld bis zum Wiedersehen.

Deutsch spreche ich besser als die anderen, und die Deutschen verstehen mich, doch meine Kenntnisse sind ungenügend, jetzt macht sich bemerkbar, daß ich es in der Schule schlecht gelernt habe, ohne Lust. Wenn man angetrieben wird und sich sträubt, erreicht man kaum etwas.

Die Zeitungen verschlinge ich wie die frische Abendluft, und Wyschinski liebe ich für seinen Verstand und seinen Mut, als gehörte er zur Familie und sogar noch stärker, denn denk doch nur, was er da macht, in der Vollversammlung, wie virtuos und stark er seinen Verstand – und was für einen Verstand! – zu gebrauchen weiß, und seine Argumente sind einfach unwiderlegbar! Nein, er ist wirklich stärker als Litwinow!

Mein Empfänger ist bei der Reparatur, ich höre das Radio der Nachbarn mit, da die sehr dünnen Wände das kleinste Rascheln durchlassen.

Alles, worum Du gebeten hast, werde ich mitbringen. Aber ich möchte Dir sagen, daß ich nicht geplündert habe und am Ende des Krieges außer meinem »Tagebuch« nichts Wertvolles und Gewichtiges bei mir hatte. Inzwischen habe ich einiges erstanden: ein Fahrrad, einen Radioempfänger, einen Photoapparat und eine Uhr. Zivilanzug habe ich keinen. Ich habe eine Hose, aber die muß geändert werden, ein Oberhemd und einen Pullover. Drei Hüte habe ich schon kaputtgemacht, nur der Zylinder ist noch übrig.

Die Preise hier sind hoch, aber ich bekomme genug Geld, um keine Not zu leiden. Ich ernähre mich gut, esse viel – zwei Portionen, während andere nicht mal eine essen.

Für Langeweile oder Sorgen ist keine Zeit. Wegen des Urlaubs sage ich es Dir ganz offen: Ich habe noch keine Nachricht. Bisher lassen sie niemanden weg. Man kann nur Ehefrauen und Kinder kommen lassen, Eltern jedoch nicht.

Was die Mädchen und die Liebe angeht, kann ich Dir versichern: Ich bin nicht mehr der kleine Schuljunge Wowa, der sich verliebte, zitterte und den Kopf verlor, der sich einbildete, daß es nur die reine und leidenschaftliche Liebe gibt. Das Leben hat mich vieles gelehrt, und die Frau ist für mich nicht mehr Gott. Ich bin es noch nicht müde geworden zu lieben, und, mein Gott, wieviel Feuer hat sich in mir angestaut, in den Jahren, die ich von der Heimat getrennt war! Aber ich bin wählerisch geworden, bin stolz und frei mit einem Mädchen zusammen, und ich lasse die Brust nicht erkalten, verpulvere mein Feuer nicht, denn es soll für jene flammen, die meiner Wahl würdig ist. Ich weiß Bescheid über die Mädchen, die hier bei uns sind, und auch über die, die fern sind. Doch ich glaube, daß es viele hehre menschliche Naturen gibt, daß es noch eine Schönheit gibt, der mein Blick nicht widersteht, daß es noch eine Seele gibt, bei der das Herz in Wallung gerät. Nirgends als in der Heimat kann ich mir diese vorstellen.

Ich werde die Bescheinigung schicken, habe mich schon darum gekümmert.

Eins muß ich Dich noch fragen: Hast Du etwa das letzte Paket mit dem Mantel und dem Gummiband für die Strümpfe nicht bekommen? Du hast nichts davon erwähnt. Es ist jetzt ziemlich schwierig mit den Paketen, denn es wird rationiert. Pro Monat werden 10 Genehmigungen erteilt, und unsere Einheit ist groß. Den dritten Monat schon liegt das einzige Päckchen für Papa hier, und es hat immer noch nicht geklappt, und ich weiß nicht, ob es mir gelingen wird, es abzuschicken.

Ich wiederhole es noch einmal, da ich Deinen letzten Brief lese: gesundheitlich geht es mir sehr gut, ich bin überhaupt nicht krank.

Das Attest ist überhaupt kein Aufwand, schlimm ist nur, daß sich in der Heimat niemand um Dich kümmert und ich diesen Halunken von Beamten, die es nie schwer gehabt haben im Leben, die nie den bitteren Kelch bis zur Neige geleert haben und jetzt mit Dir, meiner Mutter, so ohne Mitleid sind, daß ich denen nicht ordentlich Bescheid stoßen kann. Ach, wäre ich nur frei! ... Ich würde es ihnen schon zeigen!

Was machst Du Dir soviel Gedanken um mich? Ach, Mama, Du bist mir vielleicht komisch! Was soll denn sein? Was kann mir schon passieren? Die Wölfe werden mich schon nicht fressen, und unter die Straßenbahn werde ich auch nicht kommen – ich bin nämlich schon groß, oder glaubst Du das etwa nicht?

Ich schreibe keine Briefe, weil ich sehr beschäftigt und kaum zu Hause bin und es keine Gelegenheit gibt, den Bleistift zur Hand zu nehmen, ganz zu schweigen vom Füllfederhalter.

Glaube mir und meiner Sohnesliebe, ich bin ja Dein und Dir ewig untrennbar verbunden.

Es ist schon 25 Minuten nach zwei (die Nachbarn haben mich mehrmals unterbrochen), ich mache jetzt Schluß und schmiege mich ganz zärtlich an Deine Brust, es ist Zeit zu schlafen.

Wowa.

Grüße an die Familie, sie sollen auch nicht schmollen. Ich mag es gar nicht, wenn die Leute ohne Grund beleidigt sind. Was soll das?

PS. Auf der Rückseite ein Photo von mir. Freu Dich auf viele, viele neue.

28. 2. 1946
Ich hatte vor, am Vorabend meines Geburtstages eine richtige Feier zu arrangieren, aber daraus wurde nichts Rechtes.

1. 3. 1946
Major Koroljow wollte nicht mit uns allen trinken und mußte außerdem eilig irgendwohin. Ich gab ihm gesondert einen aus, er stürzte die 300 bis 400 Gramm in einem Zug hinunter und fing an, zu erzählen und mir Vorträge über die Wechselfälle des Lebens zu halten.

Die Sache zog sich hin. Die Leute, die ich eingeladen hatte, zweifelten schon an meiner Absicht, das Ehepaar Grabilin wollte sich zur Nachtruhe verabschieden. Ich beschloß anzufangen. Zu essen gab es genug, und wir waren zu siebt.

Zwei Flaschen Wodka gingen weg wie nichts. Niemand war betrunken, aber viele waren angeheitert, wie es in guter Gesellschaft üblich ist. Die Toasts, die ausgebracht wurden, waren förmlich, es wurde wenig geredet, und der Abend war bald zu Ende.

Um 7 Uhr morgens bin ich aufgewacht, als Geburtstagskind. Bis 8 wälzte ich mich im Bett herum, ich fürchtete den neuen Tag, war nicht sicher, was er bringen würde.

1. 3. 1946
Liebe Sofotschka!
Gestern abend, am Vorabend meines Geburtstags, ist Deine kleine, liebe Karte angekommen. Vielen Dank, daß Du an mich gedacht hast und so aufmerksam warst.

Ich habe keine rechte Lust, über mich zu schreiben. Mein Leben ist grau und hart. Ich habe keine Freude, und bislang sind auch keine Perspektiven zu erkennen. Die Heimat! Bei ihr sind meine Träume, in ihr allein liegt mein Glück, und seit Jahren gräme ich mich in der Fremde. Wegen meiner Arbeit reise ich viel umher, fahre in andere Städte Deutschlands, sehe das Leben und treffe Menschen. Doch das ist so unbefriedigend, daß man sich abwenden möchte von dem, was einen umgibt, und für sich allein schreien vor untröstlichem Kummer, bis es in den Ohren weh tut.

Urlaub werde ich nicht so bald bekommen – fünf Monate etwa muß ich mich noch gedulden und mich mit dem Briefwechsel vergnügen, meiner einzigen Verbindung zu meinen Freunden und Bekannten, die ich in einer anderen, von meiner so verschiedenen Welt zurückgelassen habe, so weit und für so lange Zeit.

Die Gedichte habe ich einstweilen aufgegeben. Was soll ich jetzt damit – die Zeit verschmäht sie. Das Tagebuch nehme ich selten zur Hand. Ich habe einen Radioempfänger erstanden und höre russisch, über 1000–2000 Kilometer hinweg! Was die Arbeit angeht, fällt mir die Antwort wirklich schwer. Es gibt hier keine Lehrbücher oder Programme für ein Fernstudium, und was das aktuelle Geschehen betrifft, so lese ich jede zentrale oder sonstige Zeitung, die mir unter die Finger kommt. Schöne Literatur lese ich keine. Nur Lermontow hat Krieg und Entbehrungen mit mir überstanden, und jetzt hüte ich den kleinen Band wie einen großen Schatz. Selten nur begegne ich in der Zeitung oder der Zeitschrift »Ogonjok«[87] der lebendigen, süßen, künstlerischen Sprache, die ich vor dem Krieg in solchem Überfluß mit den Augen verschlungen habe! Im Kino werden vor allem russische Filme gezeigt, aber in deutscher Sprache. Ich habe fast alle gesehen und war in allen Kinos, jedoch entweder ganz allein oder mit meinen Männerfreunden. Frauen haben wir hier auch, aber das sind entweder Ehefrauen oder Witwen, und sie sind alle so nichtssagend und leer, daß man sich mit ihnen über nichts unterhalten kann. So vergeht das Leben.

Und so ist mir heute, wo ich 23 geworden bin, weder froh noch ausgelassen zumute. Bitte entschuldige, daß ich mich zu den Einzelheiten und Feinheiten, nach denen Du gefragt hast, nicht äußern möchte, meine Beichte würde zu deprimiert ausfallen.

Ich will Dir nicht die Stimmung trüben und – nein, ich verliere nicht die Hoffnung und den Glauben an das Leben und an eine bessere Zukunft. Du darfst nicht alles ganz wörtlich nehmen. Sehnsucht nach der Heimat und allem Vertrauten – das ist keine Klage, das sind keine Kindertränen; und ich will nicht jammern und weinen, sondern dem Schicksal zum Trotz lachen und das Leben lieben, und sei es ein solches.

Gerade erklingt im Radio eine muntere Melodie, die mich zusammenfahren läßt und mir das Herz aufmuntert und alle Trübsal vertreibt. Ich werde jetzt Schluß machen. Ich warte auf Nachricht von Dir. Ich wünsche Dir viel Erfolg im Studium und ein von Freude erfülltes Leben.
Viele Grüße, Wowa.
Grüße Deine Freundinnen von mir, meine besten Wünsche auch für sie.

2. 3. 1946 Velten
So ist er also spurlos vorübergegangen, mein Tag, der großartige 1. März, und hat mir nicht einmal freundlich zugelächelt. So streng, bitter und leer wie alle übrigen ist er vorübergegangen, um nie mehr wiederzukehren.

Das Wetter hat wieder gewechselt, es ist warm und feucht. Der Schnee ist gelb geworden und schmiegt sich an die Erde, als wollte er sich nicht von ihr trennen. Auch die trübe, weinerliche Stimme im Radio aus dem Mund irgendeiner deutschen Künstlerin flößt dem Herzen Schwermut ein. Langweilig, freudlos, und selbst die heitere Musik lenkt nicht ab.

3. 3. 1946
Soboljew ist ein unglaublich widerlicher Typ. Solche kommen immer gut unter, sie werden aller Gerechtigkeit zum Trotz geachtet und gelobt. Denn er ist ein Speichellecker und Verleumder, wie er im Buche steht. Wie oft hat er mich und andere schlechtgemacht und mich angeschwärzt, damit die anderen ihn für einen tüchtigen Kerl halten. Zum Beispiel hat er bei einer der letzten Verladungen den ganzen Tag keinen Schritt vor die Tür gesetzt. Und als sich abends sein Gewissen doch noch regte, lief er, bevor er überhaupt bei der Verladestelle gewesen war, ins Büro und beschwerte sich: Die Elektrolok sei nicht da, die Waggons seien nicht zu bewegen, die Leute stünden rum und hätten keine Arbeit. Dabei ist es vollkommen anders gewesen. Ich war selbst hingefahren und hatte die Waggons mit Hilfe der Elektrolok, die ich geholt hatte, rangiert. Die Leute hatten ab 5 Uhr morgens gearbeitet, und es war schon beinahe alles verladen.

Major Koroljow, der Soboljews Angaben nicht überprüft hatte, schimpfte. Daraufhin ging ich mit ihm in den Hof der Fabrik, wo er die Elektrolok sah und die getane Arbeit, doch er schwieg und zog den Intriganten nicht zur Rechenschaft. Wie könnte er auch? Schließlich ist der andere ein Jäger, jedes Wochenende und oft auch unter der Woche bringt er Wild an, bewirtet die Vorgesetzten, trinkt mit ihnen – solche Leute sind niemals schlecht, sie schwimmen immer oben, und niemand wagt es, sie als Chamäleon zu bezeichnen. Und so kommen Lebenslügen zustande.

Beim zweiten Mal verhielt er sich noch niederträchtiger gegen mich. Als ich wegen der Arbeit im Stabsbüro und daher für einen Moment nicht an meinem Platz war, machte Soboljew den Politstellvertreter, Major Schiroki, und den Parteigruppenorganisator, Hauptmann Borowkin, ausfindig, erklärte ihnen, ich würde im Wohnheim mein Fahrrad anstreichen statt zu arbeiten, und sie machten sich gemeinsam auf den Weg dorthin.

Beim Eingang zum Stab traf ich die drei, und die Politarbeiter hielten mir eine Standpauke, die sich gewaschen hatte. Es war schwer, sie davon zu überzeugen, daß es sich um eine Intrige (des Jägers und vor allem auch zünftigen Zechkumpanen!) Soboljew handelte.

In diesem Augenblick kam Major Koroljow, der Gehilfe des Stützpunktkommandeurs für die Lager, und wollte mich holen. Soboljew hatte sich offenbar wieder bei ihm beschwert. Anscheinend ist er der Meinung, ich müsse jeden einzelnen Waggon zum Beladen rangieren, dabei gehört das ganz und gar zu seinen Aufgaben.

Ich hatte ihm die Elektrolok übergeben, hatte ihm die leeren Waggons bereitgestellt und sie sogar zu den Verladerampen rangiert. Was denn bitteschön noch?! Man mußte unter Beweis stellen, daß man tüchtig ist, daß man sich bemüht, aber wie sollte das gelingen? Denn im Grunde trifft es nicht zu! Und da fand sich eine bequeme Lösung: die Schuld auf einen anderen abwälzen. Weit einfacher, als draußen in der Kälte zu arbeiten und zu frieren!

Nachdem ich aufgewacht war – es war noch trübe draußen, der Uhrzeiger war verlegen auf der fünf stehengeblieben, als wollte er seine Jugend verbergen, und die Augen wollten noch nicht offenbleiben –, eilte ich, ohne mich zu waschen und ohne das Bett zu machen, zum Verladeplatz und traf Vorbereitungen für die Arbeit, war bis 11 Uhr auf dem Bahnhof, bei den Übergängen und allen Gleisen, wo die Waggons rangiert werden sollten. Obwohl ich kein einziges Mal meine Wohnung aufgesucht hatte, stand ich, als Opfer der Lüge und entgegen den Tatsachen, am Ende als Faulpelz da, den alle ohne Ausnahme zurechtweisen können und müssen. Und das tun sie alle: Hauptmann Anfilow nahm meine Rechtfertigungen auf, als wollte er sagen: Moskau glaubt den Tränen nicht[88], Koroljow wollte mir einreden, ich hätte geschlafen, bevor er kam, und Soboljew drohte mir sogar: »Wir sprechen uns noch!«

4. 3. 1946 Velten
Beim Zeitungslesen. In der Welt ist es wie in der Hölle: Es wird immer heißer und heißer. Der Krieg ist vorbei, aber das Blut fließt noch und raubt jeden Tag Tausenden Menschen das Leben.

Die sozialistische Regierung Großbritanniens hat die Hoffnungen der Menschheit nicht erfüllt. England ist seiner schändlichen und durch nichts gerechtfertigten Rolle als Unterdrücker der Freiheit der Völker treu geblieben. Indien ist empört. Syrien und der Libanon protestieren, Griechenland erstickt fast in dem faschistischen Taumel, der es erfaßt hat. Indonesien und Palästina bluten aus. Ägypten ist von Unruhe ergriffen. Und über all diesen Ländern die kalte, unabwendbar grausame, diktatorische Hand Englands, das die nationalen politischen Interessen und Hoffnungen der kleineren, abhängigen Länder mit dem Soldatenstiefel tritt.

Die Vollversammlung der Vereinten Nationen hat die Gedanken und Taten der internationalen Politiker sehr genau vor den Staaten offengelegt. Vor allem Bevin[89] hat sein reaktionäres Gesicht gezeigt.*

---

* Der letzte Satz wurde später hinzugefügt.

6. 3. 1946
Wie wohl es tut, bei wiegender, süßer russischer Musik einzuschlafen, 2000 bis 3000 Kilometer von der Heimat entfernt. »Ach, ihr blonden, blonden Zöpfe«, »Die Donau« usw.

8. 3. 1946
Habe gerade eine Mitteilung vom Volkskommissariat für Auswärtige Angelegenheiten gehört, es ging um ein »Memorandum« der amerikanischen an die bulgarische Regierung, und es wurde eine Note der sowjetischen Regierung angeführt, die diesen ungerechtfertigten Akt der USA als eine Verletzung der Bedingungen des Dreierabkommens über Bulgarien[90] bezeichnet.

Wirklich, was für ein Hohn. Übrigens sind in letzter Zeit einige namhafte ausländische Politiker vollends tollwütig geworden, mit einem Mangel an logischen Überzeugungen und Folgerichtigkeit in ihrer Arbeit waren sie ja immer schon infiziert, diese Churchills, Bevins und die Byrnes'[91] wohl auch.

10. 3. 1946 Velten
Bei einem deutschen Abend. Viel Musik, viel drückende Schwüle und viel Schwermut. Keine Lust zu schlafen, obwohl es schon 3 Uhr ist. Tanz bis in den Morgen. Die Deutschen sind nackt, und zwar beinahe buchstäblich – peinlich und ekelerregend anzusehen, und sie machen Faxen –, es kümmert sie nicht, daß sie abstoßend sind.

Alte Frauen von siebzig und mehr Jahren drehen sich munter zum Walzer. Ich allein habe Pech, obgleich ich von Jahren und Aussehen nicht zu den Letzten gehöre. Die Liebe ist grausam zu mir, und die Schönheit heuchelt mir etwas vor.

11. 3. 1946
Liebe Mama!
Heute habe ich ein Päckchen an Dich abgeschickt. 6 Paar Wollstrümpfe, 4 Paar warme Socken, eine seidene Gamaschenhose, eine Bluse, ein Herren-Jackett und -Hemd, gestreift, 15 Seidenstücke, 1 Flauschstoff und noch anderes. Es ist nicht viel – ich mußte mich beeilen und konnte auf die Schnelle nichts Besseres zurechtmachen.

Der andere Name soll Dich nicht irritieren. Daß ich dieses Päckchen schicken kann, verdanke ich der Gefälligkeit eines Majors, der es in seinem Namen aufgegeben hat, da mir für diesen Monat keines genehmigt wurde.

Meine Gute, sag mir doch bitte, ob Du mit dem letzten Paket den Wintermantel und das Gummiband bekommen hast – Du hast das mit keinem Wort erwähnt.

Mamotschka! Schon 10 Tage habe ich keine Post von Dir erhalten. Ich bin beunruhigt. Sollte ich vielleicht Deinem Beispiel folgen und an Deinen Chef schreiben? Schreib doch bitte, sich zu ärgern gibt es keinen Grund. Die Sache mit der Bescheinigung wird sich dieser Tage entscheiden. Sie schicken mich nach Berlin wegen einer Schreibmaschine, die ich dort zur Reparatur gebracht hatte. Handgeschriebene Bescheinigungen sind jetzt ungültig, selbst wenn sie mit einem Stempel beglaubigt sind.

Anbei noch ein Photo. Nimm es als Andenken, und schicke mir bald eines von Dir.

Wowa.

13. 3. 1946 Berlin
Habe die Nacht in Kremmen verbracht. Eine bittere Beichte der von Schweber gequälten ... angehört, habe mit ihr geschlafen, mich aber nicht versündigt. Ich habe von dem Kelch der Schlaflosigkeit gekostet, die Kraft der Versuchung gespürt, und dennoch war das Gewissen stärker. Um 7 Uhr war ich auf dem Bahnhof und um kurz nach sieben zu Hause.

Major Kostjakin erfreute mich mit einer Neuigkeit: Die Elektrolok war nicht da, die Waggons standen nicht bereit, und das Verladen war unterbrochen worden.

Ohne erst in mein Zimmer zu gehen, setzte ich mich aufs Fahrrad. Beim Bahnhof wurde mir versichert, die Maschine <ist bei veltag>[92]. Ich fuhr dorthin. Und tatsächlich, die ganze Aufregung war völlig unbegründet und erwies sich als Produkt der überschäumenden Phantasie kleinlicher und gemeiner Menschen, die beweisen wollen, daß sie arbeiten und etwas taugen. Die Lok war seit 7 Uhr in der Kachelfabrik, beim Transport hatte es keine Verzögerung gegeben.

Ich war noch zweimal in der Kachelfabrik und wollte dann nach Berlin fahren.

Da schaute Marussja vorbei, und ich blieb noch ziemlich lange in Velten. Erst um 2 Uhr konnte ich mich losreißen.

Bis Heiligensee fuhr ich mit dem Rad, den Rest mit dem Zug.

16. 3. 1946 Berlin. Im Zug
Heute habe ich in Potsdam alle Aufgaben erledigt, auch in Berlin habe ich das erreicht. Der Tag war nicht vertan, gleichwohl ist er vergangen.

Habe Briefe geschrieben, aber es nicht geschafft, sie abzuschicken. Wieder verzögert sich die Korrespondenz, und wieder erwarten mich Vorwürfe und Klagen wegen meiner Unbeständigkeit und Unaufmerksamkeit. Die Deutschen sind mit vielem unzufrieden. Das habe ich besonders deutlich bei dem Oberhaupt der Familie Rilewski gemerkt, nachdem ich auf die Klugheit von Stalins Interview zu Churchills Rede in Fulton[93] hingewiesen hatte. Zwischen uns entspann sich eine lange Diskussion. Der Deutsche führte Beispiele an, versuchte Beweise für die russische Unzivilisiertheit, die russische Grobheit und so weiter anzubringen. Es wurde klar, daß dieser durchschnittliche Deutsche eher dazu neigt, mit unseren Alliierten und vor allem mit dem rechten Lager von Churchill & Co. zu sympathisieren, und daß er somit gleichsam die Sprache Deutschlands spricht. Um Stalin etwas entgegenzusetzen, mangelte es ihm an Verstand, also verlegte er sich auf prinzipienlose Krittelei an der Roten Armee.

21. 3. 1946 Velten
Habe den Film »Die Schauspielerin« gesehen. Ein starker, wahrhaftiger Film, aber keiner wie »Tachir und Suchra« und »Eine musikalische Geschichte« – die gefallen mir besser.[94]

Bin nüchtern nach Hause gekommen. Allein und schlechter Stimmung. Im Flur drängte sich mir Postnikow auf, er war betrunken oder vielmehr stockbesoffen. Fluchte in Gegenwart der Frauen und führte sich wie ein Schwachkopf auf, dumm und unverfroren.

Er kam auf mich zu, wollte mich grundlos schlagen, besann sich dann; ich versuchte meinen Ärger zu verbergen, um nicht in unangenehme Geschichten hineingezogen zu werden, und schaute ihn schweigend an, bis er unter dreckigsten Flüchen abzog.

24. 3. 1946
Tiefste Nacht, es ist spät, die Nacht schon alt. Die schüchternen kleinen Sternchen am Himmel sind verblaßt. Auch das Radio ist still – ganz Europa schläft. Das ferne, geliebte Moskau, schon müde von den Mühen des Tages, schweigt. Nur ich allein finde keinen Schlaf, und meine Augen wachen über die Stille.

Es ist mir nicht gelungen, in irgendeine Kommission zur Eisenerfassung berufen zu werden, da der neue Beschluß von Major Skoromykin, daß ich den Einsatz der Arbeitskräfte organisieren sollte, dem zuvorgekommen war, aber auch dort bin ich nicht lange gewesen. Nach zwei Tagen (gestern) wurde mir im Namen des Stützpunktleiters befohlen, meine Aufgaben an einen anderen Offizier zu übergeben und mich auf eine lange Dienstreise ohne Unterbrechungen zu begeben – als Führer des brigadeeigenen Pendelzugs.

Da gibt es ein Problem! In einigen Tagen werden die Offiziere ihr Quartier wechseln, und es kann mir passieren, daß alle meine Sachen und meine Wohnung ohne Beaufsichtigung und so der Plünderung durch die Straße ausgesetzt sind. Während ich weg bin, werden meine Sachen aus dem Wojentorg eintreffen, die Veltener Mädchen werden ohne mich sein und Berlin wird mich kaum mehr zu sehen bekommen – dort wird meine Uniformjacke genäht, und dort sind meine Koffer.

Auch um Kremmen kreisen meine Gedanken – dort sind meine Stiefel, aber in Velten muß ich unter anderem noch den Mantel nähen lassen und den Radioempfänger abholen, für den ich schon Geld gezahlt habe.

25. 3. 1946
Mein lieber Papa!
Ich hatte Dir schon einmal geschrieben, daß das Päckchen wieder nicht angenommen wurde – das ist jetzt langsam die reinste Farce,

und ich bin bei all meinem ungeduldigen Verlangen, etwas zu unternehmen, vollkommen hilflos. Jetzt muß ich wieder bis zum nächsten Monat warten. Ich will das Päckchen schon jetzt ganz vorschriftsmäßig fertigmachen, um, wenn es soweit ist, jeder Mäkelei den Wind aus den Segeln zu nehmen.

Was mein Privatleben betrifft, so hat sich nichts verändert. Es gibt fröhliche und sorglose Momente, aber nur selten. Immer öfter quält mich die Sehnsucht nach der Heimat, nach meinen Freunden, meinem sowjetischen Land und den Menschen dort, nach meiner Heimatstadt. Nach der Familie und denen, die mir nahe sind, und besonders nach Dir, lieber Papa! Ich möchte Dich sehen und mich Dir zeigen. Uns trennen die Jahre, und zwischen uns liegt eine Distanz von vielen hundert Kilometern – wie soll man sich da nicht grämen und nicht traurig sein? Aber das ist der einzige wunde Punkt. Ansonsten bin ich versorgt und unabhängig. Ich bin erwachsen geworden und habe angefangen, das Leben mit erwachsenen Augen zu sehen. Ich bin körperlich abgehärtet und geistig gereift, bin zum Mann geworden.

Hier ist alles ruhig. Du brauchst Dich niemals zu beunruhigen oder Dir Sorgen zu machen. Ich werde schreiben, so oft es die Zeit zuläßt.

Ich schreibe wieder auf der Arbeit, muß jetzt zum Schluß kommen, im Gang sind Schritte zu hören – wahrscheinlich kommt man mich holen.

Also: einen Kuß, fest und bestimmt, wie unter Männern?
Wowa.
PS. Du hattest etwas über Mama erwähnt und wolltest mir noch vieles aus Deinem Leben erzählen, was ich noch nicht weiß, mir Deine geheimsten Gefühle anvertrauen. Warum hast Du dann doch nichts gesagt?

25. 3. 1946
Rapport*
Vom Gehilfen des Leiters der Transportabteilung
des Stützpunkts für Material und Ausrüstung

---

*   Handschriftliches Dokument, Blaupause.

Leutnant W. N. Gelfand
an den Leiter des Stützpunkts Major Skoromykin

Ich halte es für meine Pflicht, Sie von dem unerhörten Benehmen des Oberleutnants Postnikow im Offizierswohnheim des Stützpunkts in der Nacht zum 24. März dieses Jahres in Kenntnis zu setzen.

Der Gehilfe des Diensthabenden für das 2. Bataillon, ein Unteroffizier, hatte sich mit der Bitte um Angaben zur Verladung an Oberleutnant Postnikow gewandt. Ich hielt mich im Gang auf, da ich auf der Suche nach dem diensthabenden Oberleutnant Semjonow war und bei ihm anklopfte. Als er mich bemerkte, begann Postnikow, anstatt auf die dienstliche Frage sachlich zu antworten und dem Unteroffizier die notwendigen Informationen zu geben, sich über mich und zugleich über den vollkommen unbeteiligten rangniederen Kommandeur lustig zu machen. Er zeigte mit dem Finger in meine Richtung und erklärte: »Da ist Leutnant Gelfand, der Gehilfe des Diensthabenden, wenden Sie sich an ihn!«

Der Unteroffizier kam zu mir. »Wissen Sie was, Genosse Unteroffizier«, sagte ich zu ihm, »melden Sie Ihrem Vorgesetzten, daß Oberleutnant Postnikow Sie irregeführt hat – ich bin nicht der Gehilfe des Diensthabenden und kann Ihnen keine Auskunft geben.«

Ohne sich darum zu kümmern, daß ein Angehöriger einer anderen Einheit anwesend war, kam Postnikow auf mich zu, gab mir einen Stoß und erklärte lautstark, er »wollte schon lange mal gewissen Personen die Fresse polieren«, und zwar unter anderem auch mir, und jetzt sei ein günstiger Moment, sich »mal zu unterhalten«. Da er betrunken war, schlug ich vor, sich morgen zu unterhalten, und riet ihm, sich hinzulegen. Doch Postnikow gab keine Ruhe. »Wer bist du denn überhaupt? Bist wohl kein Russe? Kannst wohl nicht arbeiten wie ein Russe? Was bist du denn für einer?« »Ich bin Jude«, antwortete ich, »aber diese Frage tut nichts zur Sache, und es wäre besser, Sie redeten ernsthaft und sachlich mit dem Genossen, der ein Anliegen an Sie hat.«

Da kam Semjonow aus seinem Zimmer. Ich fing an, mich mit ihm zu unterhalten, doch Postnikow störte auch dieses Gespräch durch seine wilden Flüche, die eine Beleidigung für das Ohr waren. Der Krach ließ Major Kostjakin herbeieilen, aber auch seine Anwesenheit brachte Postnikow nicht zur Räson, der nun etwas noch Törichteres versuchte: »Ich befehle dir, wegzutreten!« Ich gab keine Antwort. Selbst für einen Betrunkenen zeigte er schließlich ein ungehöriges Verhalten: »Siehst du meine Schulterstücke? Als Oberleutnant und ranghöherer Offizier befehle ich, das Zimmer zu verlassen! Wollen Sie etwa mir, einem Oberleutnant, den Respekt verweigern?«

Das war zuviel. Ich erwiderte, daß ich Oberleutnant Semjonow und alle ranghöheren Genossen respektiere und gerne bereit sei, sie zu grüßen und zu ehren, doch den betrunkenen Oberleutnant Postnikow sei ich augenblicklich geneigt, nicht zu respektieren.

»Genosse Major!« brüllte Postnikow durch die ganze Baracke, »gestatten Sie, daß ich ihm eins aufs Maul gebe!« Major Kostjakin gestattete das natürlich nicht und hieß mich in mein Zimmer zu gehen, was ich auch tat.

PS. Es ist nicht das erste Mal, daß Oberleutnant Postnikow derartige Randale mit Besäufnis und sogar mit Prügelei veranstaltet. Zum Beispiel hatte er zwei Tage zuvor einige Offiziere geschlagen (darunter auch Ranghöhere, auf die er so gerne verweist) und kam, da er noch nicht genug hatte, danach zu mir, um auch mich »zu vermöbeln«, wie er sich ausdrückte. Ich ließ mich auf keine Diskussion mit ihm ein und ging in mein Zimmer, für ihn die Gelegenheit, vor meiner Tür ausgiebig und aufs unflätigste herumzufluchen. Dabei zugegen war der Diensthabende für die Einheit, Oberleutnant Saweljew.

So ist es gewissermaßen die alte Geschichte, wie damals mit Oberleutnant Gawrilow, allerdings mit einer neuen Wendung, denn die Hauptfigur bei dem ganzen Krawall ist nun Oberleutnant Postnikow.

Leutnant Gelfand.

27. 3. 1946 Glöwen
Eine lange, geduckte Reihe gleichartiger Häuser, auf beiden Seiten weit zurückgedrängt vom Bahndamm. Finstere, stumpfwin-

kelige Gebäude, die sich nirgends in Gruppen zusammenballen. Zuweilen reichen sie in den Wald hinein, aalen sich in den Umarmungen zerzauster Tannen und ziehen sich dann auf ehrfürchtige Distanz zurück, als fürchteten sie, im Rauschen des Waldes unterzugehen. Der Wald wiegt sich hin und her, ächzt und zischt, er zürnt dem Wind. Er ist hier der Herr. In ihm rauchen die deutschen <Segewerke>, die Tiere spazieren frei umher, und heimlich, ohne jedes Geräusch, bahnen sich fröhliche Jäger über seine unbekannten Pfade ihren Weg.

Das Leben wendet sich zum Besseren. Und diese kleine, unauffällige Stadt, die nur eine breitere, allerdings asphaltierte Hauptstraße hat, eine Chaussee, eine Kirche mit Glockenturm und zwei oder drei Geschäfte, lächelt im Angesicht der Frühlingssonne ein besonders freudiges Lächeln.

Gerade bin ich mit dem Fahrrad die Straße von Glöwen entlanggeradelt, bin unterwegs zwei, drei Mädchenlächeln und einigen jungen Augenpaaren begegnet. Ich bin frischen Mutes und habe einen (äußeren) Eindruck von einem weiteren deutschen Städtchen gewonnen.

Mit dem Pendelzug gibt es viel Ärger und Scherereien. Sein ehemaliger Kommandant, Oberleutnant Botschkow, an dessen Stelle ich jetzt hier bin, treibt sich irgendwo herum, hat die Waggons und zwei Soldaten ihrem Schicksal überlassen.

Der Leiter der Abteilung Transporte hat mich hierhergeschickt, aber die deutschen Eisenbahner wußten nichts von dem Pendelzug, und seit gestern abend versuche ich den Zug 1089 aufzuspüren.

10 Minuten vor 12. Gerade hat sich das Knäuel gelöst. Wie sich herausstellte, befindet sich der Zug, der angeblich aufgelöst und nicht mehr da sein sollte, in Wirklichkeit in der Stadt ... auf dem Bahnhof und soll heute nacht zum Ausladen hierherkommen. Ich fahre ihm entgegen, um der Sache schnell auf den Grund zu gehen – ich darf hier keine Zeit verlieren. Die Lebensmittel gehen aus, und man muß zu Ergebnissen kommen.

Aus der Dienstreise wird nichts – hier ist das Telefon nicht in Ordnung, man kommt schwer nach Kremmen durch (ist ja auch ganz schön weit), und Major Scharas, der lange keine Nachricht erhalten hatte, nahm an, der Oberleutnant habe sich aus dem Staub gemacht, da er ihn ohne jede Information läßt.

Wieder ist mein Schicksal ungewiß, doch das schreckt mich nicht. Es gibt Schlimmeres.

28. 3. 1946 Nauen, Bahnhof
Meine Überlegungen endeten beim Wodka. Den Oberleutnant mußte ich nicht weiter suchen, er tauchte von selbst beim Bahnhof in Glöwen auf, und die Eisenbahner meldeten mir dies unverzüglich. Mit Kremmen zu telefonieren war ihm nicht gelungen. Er hätte aber von sich hören lassen müssen, um Ärger zu vermeiden.

Der Oberleutnant, ein großer, älterer Mann mit pockennarbigem, häßlichem Gesicht, hatte sich tatsächlich irgendwo anders aufgehalten und war gerade mit einem Auto gekommen, er hatte seit einigen Tagen weder seine Männer noch den Pendelzug zu Gesicht bekommen. Er ist an sich ein zurückhaltender und aufrichtiger Mensch, daß sein Ruf durch diese Sache ruiniert und man im Stab mit ihm unzufrieden war, quälte ihn. Er versuchte in meiner Gegenwart noch einmal mit Major Scharas zu sprechen, aber das Telefon in Glöwen blieb sich treu.

Vor dem Aufbruch hatten wir getrunken, und unterwegs war ich ziemlich angeheitert – ich hatte 400 Gramm Wodka hinuntergekippt. Ich hatte mich mit einem Fliegerhauptmann zusammengetan, einem klugen, aber einfachen Mann, bescheiden, obwohl er die Brust voller Orden hatte. Er machte mir immer wieder die Hosenträger fest, nachdem die Knöpfe an der Hose abgegangen waren (sie waren ärgerlicherweise alle verlorengegangen, bis kein einziger mehr übrig war), und mir schien, er sei der einzige, der so viele Haarnadeln beschaffen könne, als Ersatz für die verlorenen Knöpfe und Smaragdbroschen (mit denen ich meine Hosen auch schon zusammengehalten hatte).

An einem der Bahnhöfe kam ich auf die Idee, eine Spazierfahrt am Bahndamm entlang zu machen und meine Fahrkünste zu demonstrieren: Auf einem engen Weg nahm ich die Füße von der Pedale und stellte sie auf den Lenker, nahm die Hände vom Lenker und auf den Rücken. Zweimal ging es gut, die dritte Fahrt endete mit einem klassischen Sturz mit zahlreichen Prellungen und verstauchtem Fuß.

Gegen 8 Uhr abends war ich wieder ganz nüchtern, hatte mich ausgeschlafen und beschlossen, auf den Rat meines Rotarmisten Kostjuk zu hören, in die entgegengesetzte Richtung zu fahren wie vorher, als ich betrunken war, nämlich in Richtung Berlin.

Bis Berlin waren es noch 103 Kilometer, bis Nauen 90 und bis Kremmen etwa 100.

Alle Deutschen rieten uns, diese Strecke zu nehmen. Die Bahnhöfe waren voller Leute. Im Zug gab es keine Plätze mehr, nur der Militärwaggon für Offiziere war frei, die Deutschen strömten herbei und flehten, man solle sie mitnehmen. Wir beschlossen, eine Auswahl zu treffen. Kostjuk stellte sich an die Tür, um die Jungen und Hübschen durchzulassen, soweit das in der Dunkelheit auszumachen war. Als der Zug losfuhr, waren drei solcher deutschen Frauen im Waggon. Einer, die mit ihrer Mutter in einer Ecke saß, sollte ich mich auf Kostjuks Rat widmen. Die anderen hatten schon stürmische Nachfrage gefunden. Da es mir nützlicher und klüger schien zu schlafen, belegte ich die freie Bank direkt gegenüber diesem so unerfreulich zusammengesetzten Paar.

Während eines Haltes wurde es in unserem Waggon von der elektrischen Bahnhofsbeleuchtung plötzlich ganz hell, ich öffnete die Augen. Das deutsche Mädchen starrte mich so unverwandt und zärtlich an, daß ich nicht mehr an Schlaf dachte. Als unsere Blicke sich trafen, schloß sie sofort die Augen. Nun stellte sich ihre Mutter schlafend, ihr verschmitztes Greisengesicht zeigte keine Regung.

Ich wurde mutiger. Als die Räder in der kostbaren Dunkelheit wieder losrumpelten, rückte ich näher an die Deutsche heran und schmiegte mich an sie. Sie wies mich nicht zurück, im Gegenteil, sie streckte mir ihre Lippen entgegen. Ich nahm die Einladung an, und wir küßten uns. Die Mutter rührte sich nicht und stellte sich nun gänzlich tot, wollte die Vergnügungen der Jugend, die mich schon einige Male verlockt und verführt hatten, nicht stören.

Der erste Schritt zog den zweiten nach sich. Ihre Brüste waren groß und weich. Sie wehrte sich nicht; ehe ich den dritten Schritt wagte, war sie schon zu mir herübergekommen und hatte ihrer Mutter den Platz überlassen.

Nora, so hieß die Deutsche, ist vor kurzem 21 geworden, sie wohnt in Berlin in der Schönhauser Allee. Auf alle Fragen antwortete sie offen und aufrichtig. Und alles wäre gekommen, wie es kommen muß, wäre da nicht ein einziges intimes Detail gewesen, das unerwartet auftauchte. Im letzten Moment, als der Widerstand (der mir seltsam vorkam, nachdem sie mich erst so hatte gewähren lassen) überwunden schien, fing es plötzlich an zu stinken. Das stieß mich ab, und meine ganze Erregung war dahin.

1. 4. 1946
Mein Lieber!

Sei gegrüßt, mein lieber Papa! Dein langerwarteter Brief mit dem Photo ist angekommen – ich danke Dir sehr!

Ich komme gerade vom Zug, von einer Dienstreise, ich bin oft weg, so daß ich die Briefe nicht immer gleich lesen und erst recht nicht beantworten kann – ich will Dich nur auf alle Eventualitäten vorbereiten, denn eine Dienstreise kann auch einen Monat dauern, aber sobald ich zu Hause bin (obwohl mit der Arbeit sehr beschäftigt), läßt die Antwort nicht auf sich warten. Schreib mir also oft, wie gehabt, und geize nicht mit Gedanken.

Die von Dir berührte Frage ist grausam wegen der Ungerechtigkeit der damit zusammenhängenden Erscheinungen. Ich habe viel über diese Dinge nachgedacht, früher und auch jetzt, doch mir scheint, unsere Meinungen über Ehe und Nationalgefühl gehen etwas auseinander. Und zwar in folgendem: Du sprichst von Beleidigungen und Streitereien, von den Kränkungen und Leiden, die wir unverschuldet ertragen müssen, da wir nun einmal Juden sind, und darin stimme ich mit Dir überein – wieviel Strapazen habe ich den Krieg über erdulden müssen, wieviel Hohn und Spott, wieviel Grobheit allein deshalb, weil mein Name Gelfand ist; weil ich in einer jüdischen Familie geboren wurde und daher selbst Jude bin. Das tat weh, der Krieg war dadurch zehnfach schwerer, das Leben beschwerlicher. An der Front wollten sie mich mehrere Male kaltmachen, ich hatte nämlich ehrlich gekämpft, war nicht feige gewesen, und die Ver-

wundeten wie die Unversehrten, einfache und ehrliche Kameraden, erinnern sich deutlich daran, wer gekämpft und das eigene Leben nicht geschont hat und nicht feige war im Namen unserer gerechten Sache. Und ich – obwohl ich die Hitlerleute nicht erlebt habe (und sogar ein wenig geneigt war, daran zu zweifeln, daß solche Greuel tatsächlich möglich sind, von denen man uns immer wieder erzählte), wuchs mein Haß auf den Feind mit jedem neuen Gefecht, und gleichzeitig wurde meine Liebe zur Heimat und zu unserer Regierung noch stärker.

Als ich vom Tod der Verwandten in Jessentuki erfuhr, gab ich mich ganz dem Gefühl der Rache hin, und seitdem habe ich keine Kräfte noch Mittel für den Sieg geschont.

Ich habe sogar, als ich noch Kursant war, im Jahr 1943, und im Monat alles in allem 30 Rubel bekam, eine Anleihe auf mein zukünftiges Offiziersgehalt von 1800 Rubeln gezeichnet. [...]*

Wie ich mich in vorderster Linie verhalten habe, wissen die Leute; hier sind jetzt viele Augenzeugen und Kampfgefährten von der Front. Doch im Hinterland unserer Einheit, in der allgemeinen Abteilung, saßen zuweilen dreckige Individuen, die Gemeinheiten begingen und über meine Person böse spotteten. So war es auch mit den Auszeichnungen. Der Bataillonskommandeur hatte mich zweimal zur Auszeichnung vorgeschlagen. Sein Stellvertreter, der später im Kampf getötet wurde, hatte ebenfalls einen entsprechenden Bericht abgegeben, doch der Leiter der Personalabteilung, Oberleutnant Poluschkin (ein schauerlicher Antisemit und höchst bestechlicher Mensch), richtete es so ein, daß ich bis zum Ende des Krieges keine Auszeichnung erhielt. Und erst das zufällige Eingreifen eines Redakteurs der Armeezeitung, der berichtete, daß man mich sowohl für den Rotbanner-Orden als auch für andere Auszeichnungen vorgeschlagen hatte, ließ diesen Menschen in Unruhe geraten; er fürchtete natürlich um seine Haut – und einen halben Monat nach dem Krieg kam der Befehl, mich mit dem »Roten Stern« auszuzeichnen.

Ich schrieb damals: [...]**

---

* Es folgt ein vierzeiliges Gedicht.
** Es folgt ein zwölfzeiliges Gedicht.

Doch ich schweife vom Thema ab. So ist es also, mein Lieber, denn man kann einem im Kopf zurückgebliebenen Menschen die Ideen des Kommunismus nicht in ganzer Tiefe klarmachen. Dafür ist zu wenig Zeit, Gespräche und Zureden reichen nicht aus; wie Du es ganz richtig ausgedrückt hast, geht dies nur durch Erziehung von der Wiege an. Mit den Jahren – bzw. Jahrzehnten, eher nicht – werden nationale Widersprüche verschwinden, wird das von diesen Widersprüchen hervorgebrachte Mißtrauen zwischen den Menschen vergehen wie ein Rausch und das Leben leichter werden. Doch vorerst, in dem Jahrhundert, in dem Neger gelyncht werden (denn dieser abscheuliche und grausame Brauch ist noch nicht von der Erde verschwunden), muß man bereit sein, der bitteren Unwahrheit der Menschen ehrlich und würdig zu begegnen und sie zu bekämpfen, mit letzter Kraft zu bekämpfen, im Namen der Menschheit und des Lebens. So habe ich es für die Zukunft beschlossen.

Aber wir, die Jugend (die fortschrittliche Jugend – die Kommunisten, Komsomolzen und viele junge Frauen und Männer, die nicht in der Partei sind), leben anders, sind anders erzogen als Ihr – unsere Väter und Mütter, und darum gibt es bei uns jetzt keine Relikte der Vergangenheit, die so stark wären, daß sie auf die Beziehungen und das alltägliche Leben der Familie und der verliebten Jungvermählten einen nennenswerten Einfluß haben könnten, welcher Nationalität sie auch sein mögen. Außerdem halte ich es nicht einmal in Gedanken für möglich, daß meine Auserkorene ein derart unvernünftiger und rückständiger Mensch sein könnte, daß sie nationalen Unterschieden in Hinblick auf mich und auf das Leben eine Bedeutung beimessen würde. Hierin gehen unsere Meinungen auseinander.

Mein dritter und wichtigster Vorsatz: Ich stelle mir meine Gattin als eine herausragende Frau von außergewöhnlicher Schönheit vor, jedoch auch als besonders klug im Vergleich zu anderen, als eine Gehilfin, als Freund und als Gefährtin im Leben und bei der Arbeit. Ich weiß nicht, ob es mir gelingen wird, eine solche zu finden, doch andernfalls wird man sich bald wieder trennen müssen.

Außerdem habe ich niemals darüber nachgedacht, welche Nationalität die von mir geliebte Frau haben soll, denn dieses letzte Wort zählt mehr als alle übrigen Phrasen und Begriffe, und ich will es lob-

preisen, wenn es echt ist, wahrhaft und schließlich menschlich im besten Sinne. Jetzt kennst Du meine Gedanken hierzu.

Nun zu realeren Dingen. Das Päckchen, wie ich Dir schon sagte, haben sie nicht angenommen, es kam zurück. Also nähe ich jetzt wieder einen Beutel, mache es abermals fertig zum Abschicken in diesem Monat – wenn sich Deine Adresse ändert, gib mir schnell Bescheid.

Zu Deinem Photo: Du hast Dich stark verändert, keine Frage, der Krieg hat uns übel mitgespielt. Aber all das ist Vergangenheit, wir wollen den Kummer vergessen – so viel Gutes wartet in der Zukunft!

In Urlaub werde ich im Sommer fahren können. Genau weiß ich das Datum noch nicht. Jetzt heißt es nicht mehr lange warten.

Schreib mir doch bitte, wann Dein Geburtstag ist, auch das Jahr – ich schäme mich zuzugeben, daß ich es vergessen habe. Deine Arbeit im Bergwerk interessiert mich auch – ist es eine geistige oder körperliche? Ich würde gern wissen, wie Du die Zeit nach der Arbeit verbringst. Was Du über die Frauen gesagt hast, über Mama besser gesagt, und was Du über Deine Beziehung zu ihnen erzählen kannst. Eine komplizierte Frage. Verzettele Dich nicht, schreib mir in jedem Brief ein bißchen.

Schreibt Dir Onkel Ljowa, und hat er überhaupt noch verwandtschaftliche Gefühle?

Ich schicke Dir ein neues Photo. Noch einmal danke, daß Du mir eins von Dir geschickt hast.

Dein Wladimir.

Ich küsse Dich in allen Briefen liebevoll und innig. Sei dir meiner gewiß.

1. April 1946
Volkskommissariat für Verteidigung der UdSSR
Armeeeinheit
Feldpost 75207 – Sh
Nr. 5

BESCHEINIGUNG*
Hiermit wird Leutnant Wladimir Natanowitsch Gelfand bescheinigt, daß er als Auszeichnung für vorbildliche Disziplin und hervorragende Zeugnisse in der Gefechts- und politischen Ausbildung ein Fahrrad erhält.
Das Fahrrad ist sein Eigentum.
Bestätigt durch
Kommandeur der Armeeeinheit
Feldpost 75207 – Sh
Ingenieur-Major Skoromykin

6. 4. 1946
Liebe Mama!
Ich gratuliere Dir zum Geburtstag, wie alt wirst Du noch gleich? Warum schreibst Du nicht, und warum schickst Du kein Photo?
Ich bekomme jetzt viele Briefe. Manchmal beschweren sich die Schreiber, daß meine Briefe zu kurz sind, daß ich nicht immer rechtzeitig antworte, doch verstehen wohl hoffentlich alle, daß das an der Art meiner Arbeit liegt, durch die ich häufig keine Zeit und keine Möglichkeit zum Schreiben habe. Nur Du schmollst weiterhin, schreibst nicht, obgleich Du häufiger als alle anderen eine Nachricht von mir bekommst. Deine Stimmung ist mir unerklärlich! Beinahe einen Monat schon habe ich keinen Brief von Dir; in dieser Zeit habe ich ein gutes Dutzend Briefe abgeschickt, die Bescheinigung und einen recht ausführlichen Brief vom 21. 3.
Morgen schicke ich das Päckchen, und wenn sie es denn tatsächlich bei der Poststelle annehmen und es nirgendwo aufgehalten wird, dann könnte es rechtzeitig zu Deinem Geburtstag eintreffen, das wird dann für uns beide eine Freude sein, nicht wahr?

* Original; maschinenschr. Vordruck, handschr. Unterschrift, Stempel

Ich habe einen Brief von Glafira Iwanowna erhalten. Richte ihr einen Gruß aus und sag ihr, daß ich ihr antworten werde und ihr sehr für ihre Aufmerksamkeit danke.

Oletschka schreibt schöne und kluge Gedanken. Solche Briefe sind mir sehr teuer. Olga Michailowna schreibt nicht mehr, und die Mädchen verwöhnen mich nur sehr selten mit ein paar Zeilen.

Mein Schicksal wird sich wieder neu entscheiden. Die Zukunft ist ungewiß. Und wenn es unsere Behörde nicht mehr geben wird, dann werde ich unter drei Wegen auszuwählen haben: eine Zivillaufbahn (damit sind materielle Schwierigkeiten und Arbeitssuche verbunden), ein Studium wäre unter diesen Umständen ohnehin ein unerfüllbarer Traum; die Armee, also der verhaßte militärische Drill, der in mir den Verstand und alles Menschliche abtötet; oder doch ein Studium, aber dann eine Ausbildung zum Politarbeiter oder Übersetzer, und bloß nicht zum Kommandeur bei der Truppe. Aller Wahrscheinlichkeit nach werde ich die Uniform nicht ablegen: Die Jahre haben sich zu sehr mit ihrem Stoff verwoben, und mir ist es jetzt schon einerlei, welche Kluft meine Hüften umspannen wird.

Jetzt muß ich Schluß machen. Ich umarme Dich innig am Tage Deines Engels. Man ruft mich schon. Meine Uhr ist stehengeblieben, und so ich habe nicht gemerkt, daß es Zeit für die Arbeit ist. Ich schreibe hier beim Frühstück.

Wowa.

8. 4. 1946 Velten
Ich werde eine Zeitlang in Berlin wohnen. Wenn es sich die Vorgesetzten bis morgen nicht anders überlegen, wird es so kommen, wie ich es mir erträumt habe.

In einer Berliner Fabrik muß unbedingt die Produktion der Hochspannungskabel überwacht werden, die in unserem Auftrag und aus unserem Material hergestellt werden. Ich soll dorthin fahren, um zu kontrollieren, daß nichts beiseite geschafft und die Frist eingehalten wird.

9. 4. 1946 Wittenberge (70 km von Velten)
Ich bin wegen der Nägel für das erste Bataillon hier in der Fabrik »Singer«. Ein großes, imposantes Gebäude. Habe die Anlage

besichtigt. Die Technik ist beeindruckend.[95] Gleich nebenan wird Stroh zu ... Seide verarbeitet, Abfall zu Papier, die Reste zu Watte.[96] Alle Achtung! Es heißt, diese Fabrik sei die führende und wichtigste in Deutschland gewesen. Alle Produktionsanlagen und Nähmaschinen sind schon abtransportiert. 180 Waggons hat der Inhalt der Fabrik gefüllt. Die Gebäude sollen gesprengt werden, aber sie haben ein paar Maschinen für die Herstellung von Nägeln dagelassen. Und derentwegen bin ich nun hier, soll sie nach Berlin bringen.

Die Leute hier sind freundlich und nicht solche Bürokraten wie in der Brigade und im Stützpunkt. Obwohl ich keine Order für die Nägel habe, sondern nur eine Vollmacht, geben sie mir die Nägel heraus.

Ich habe beschlossen, hier zu übernachten, morgen früh bekomme ich das Material und dann geht's nach Berlin. Dort werde ich jetzt wohnen.

10. 6. [richtig: 10. 4.] 1946 Köpenick, Berlin
Da bin ich also. Bin gut untergekommen. Viele junge und hübsche deutsche Mädchen. Habe im Betrieb angefangen.

Im Zimmer habe ich Telefon, Spiegel und weiteren Komfort. Ich habe noch zwei Koffer mitgenommen. Jetzt habe ich endlich etwas, wo ich meine Sachen verstauen kann. Mit der Bestellung im Betrieb ist allerdings nicht alles in Ordnung. Jetzt fahre ich wieder nach Velten, um Erkundigungen einzuholen. Zum Teufel aber auch mit denen, haben mich durcheinandergebracht, weil sie mir den Bezirk Tapenick genannt hatten. Wenn ich nun auf den Gedanken gekommen wäre, wirklich ernsthaft danach zu suchen, wäre ich unverrichteter Dinge zum Stützpunkt zurückgekehrt.

11. 4. 1946 Köpenick, Berlin
Bin um 10.20 Uhr angekommen. Haben in Wittenberge* zwei Flaschen geleert. 100 Mark, das ist nicht teuer. Eine halbe Flasche ging auf mein Konto, der Rest – für den Fahrer. Er ist ein patenter Kerl, hat mich gut gefahren. Er hat ein Gespür für Maß und

---

* Vermutlich meint Gelfand Velten.

Zeit. Hat mich wohlbehalten hergebracht, und jetzt gehe ich schlafen. Das erste Mal am neuen Ort. Man hört, wie die Maschinen arbeiten. Kein schlechtes Leben. Telefon, großes Zimmer, alles da, nur ein bißchen kalt ist es.

12. 4. 1946 Berlin
Ich sitze da und döse fast ein, obwohl es noch nicht einmal 10 Uhr abends ist. Die neue Stelle ist bisher kein Zuckerschlecken, viel Arbeit und, wie sich jetzt herausgestellt hat, Verantwortung, der ich nicht gewachsen bin.
   Ich bin kein Techniker.

13. 4. 1946 <Köpenick>
Ich kann schon nicht mehr richtig russisch schreiben – da hat der deutsche Teufel seine Finger im Spiel. Meine Hand tut mir höllisch weh. Sie eitert, nachdem ich dreimal so prächtig vom Fahrrad gesegelt bin.
   Ich war in Berlin, im Zentrum. Habe wenig geschafft, dort ist soviel Hektik und Bewegung. Das Schreiben fällt mir schwer. Und der Arzt ist nicht mehr in der Fabrik, es ist zu spät.
   Paustowski kommt mir in den Sinn – »Ferne Jahre«[97].

14. 4. 1946
Der Finger ist aufgebrochen. Die kleine Wunde an der anderen Hand hat angefangen zu eitern, endlich, und ist nach dem Verbinden aufgegangen. Jetzt kann ich wieder schreiben. Zwanzig Minuten nach 2 Uhr, und ich bin gerade erst mit dem Fahrrad aus Velten zurückgekommen. Aber einen solchen Volltrottel wie mich gibt es nicht noch mal, geschlagen gehört man wegen soviel Blödheit, damit sie einem ausgetrieben werde; nur wegen dieser Dummheit nämlich habe ich soviel Kummer und Gram. Die ganze Nacht bin ich gefahren, und am Ende stellte ich fest, daß ich meinen Türschlüssel in Velten vergessen hatte.

15. 4. 1946 Berlin Köpenick, {Kabel-Werk Vogel}[98]
Das Leben und die Arbeit hier sind viel schwieriger und komplizierter, als ich es mir bei der Ankunft vorgestellt hatte. Oberst-

leutnant Pjatigorski hat nicht alles so vorbereitet, daß man gleich zügig arbeiten kann. Hat alles irgendwie überhastet und oberflächlich gemacht. Die Resultate sind entsprechend. Gleich am ersten Tag stellte sich heraus, daß keine Schrauben da waren, dann gab es ein Durcheinander mit den Muttern, und nun, am fünften Tag nach der Vertragsunterzeichnung, ist der Auftrag nicht einmal zu einem Bruchteil erfüllt.

Gestern war der Oberstleutnant hier. Er war erst ganz ruhig, aß meine Bonbons aus dem Feinkostladen, trank meine Limonade, schaute sich um und fragte sogar, wie es mir geht, doch dann fing er an zu schimpfen, und zwar nicht weniger als mit den Deutschen am Tag zuvor. Was konnte ich ihm antworten? Ich schwieg, woraufhin er mich einen Schwachkopf nannte und mir am Ende mit dem Verlust des Offiziersrangs drohte.

Ich bin Leutnant, er Oberstleutnant, und er stand auch dem Alter nach einige Ränge über mir. Er hat nichts von dem erledigt, wofür er zuständig war, ist abgefahren und hat mir, einem, verglichen mit seiner Person, unbedeutenden Menschen, all das hinterlassen, wozu er selbst nicht imstande war. Wirklich nachahmenswert, diese Einstellung zur Arbeit. Und ich, auch nicht auf den Kopf gefallen, tat, was mir befohlen, beruhigte mich, verzichtete darauf, alle notwendigen Erkundigungen einzuholen, um mich später rechtfertigen zu können, und fuhr nach Berlin, ins Zentrum.

Heute gab es noch eine Visite, irgendein Major aus der Trophäenabteilung der Armee. Wir trafen uns bei Major Maschirin. Alles verlief ruhig und friedlich. Doch in der Werkshalle fing er an, rumzuschreien und Gläser zu zerschlagen, warf das Telefon zu Boden, daß die Leute bleich wurden, und später wurde auch der unglückliche Meister ganz weiß. Die Deutschen kriegst du nicht mit Anschreien, aber das versteht er nicht. Auch ich bekam mein Fett ab. So geht es die ganze Zeit: Man wartet, ob vielleicht noch jemand auftaucht, jemand Größeres und Kräftigeres. Ich gehe nirgendwohin, fahre nicht weg. Ich rechne damit, daß es heftigen Ärger geben wird und ich von dieser Arbeit entbunden werde, da ich der Aufgabe nicht gewachsen sei. Das ist nämlich einfacher für die Vorgesetzten: die Schuld auf andere abwälzen und sich selbst als tüchtig und streng präsentieren.

[Zwischen 15. und 21. 4. 1946] Bahnhof Treptow
Habe beschlossen, mir etwas Schreiberei zu gönnen. Gestern, nein, nun schon vorgestern, war ich in Velten. Der Besuch war kurz.

Habe fast nichts erledigen können, es gab allerdings einige Unannehmlichkeiten unterwegs und bei der Ankunft in Köpenick.

Zu Hause (so nenne ich jetzt den Stützpunkt Velten) ist alles beim alten. Postnikow säuft und randaliert ungestraft herum wie gehabt (nebenbei bemerkt, ich saß beim Abendessen mit ihm am selben Tisch): Ich war zuerst dagewesen und bekam mein Essen zuerst. Da rief er den Kellner heran und knöpfte ihn sich ziemlich unverschämt und grob vor: »Wirst du wohl den höheren Rang achten?« Das galt auch mir, aber ich tat, als hörte ich nicht zu. Da fing er an, neue Vorwände zu suchen, vielmehr lieferte er selbst den Vorwand für einen Streit; als ich mit Major Schiroki sprach, mischte er sich ins Gespräch: »Gelfand empfiehlt!«, »Warten Sie, was Gelfand sagt ...« Ich schwieg auch dazu, hoffte allerdings, daß der Major das nicht auf sich beruhen lassen würde.

Hauptmann Partow klagt und jammert wie immer und ... handelt mit Radios und Photoapparaten aus dem Wojentorg. Watalin (ein Hauptmann, dem im Krieg seine junge Frau weggelaufen ist) verzieht das Gesicht, und Soboljew schießt Wild für die Vorgesetzten und steht daher in hohem Ansehen. Und alle fressen und saufen, ohne Ausnahme.

Ich hatte Hunger, als ich ankam, und um etwas zu essen zu bekommen, erinnerte ich Partow an den Wodka. Der langte nach seinem Glas, rückte aber nur Hering mit Zwiebeln heraus – ich freute mich auch darüber. (Mein Fisch hatte während meiner Abwesenheit schon angefangen zu stinken.) Wir tranken, ich schenkte nach, versuchte, selbst einigermaßen nüchtern zu bleiben. Meinem Zechkumpan jedoch löste der Alkohol die Zunge, und es ging los mit den nervtötenden Erinnerungen: die Parteiversammlungen, auf denen man ihn »beleidigt« hatte, die Geschichte mit der Schlägerei, die all dem vorangegangen war, als man ihm »die Uhr gestohlen« hatte, und so weiter. Mit Absicht brachte ich das Gespräch auf die Radioempfänger. Ich hatte aus dieser ganzen Truppe Partow ausgewählt, der mir noch der Beste schien, und dann verplapperte er sich zufällig, er habe noch Speck. Ich verlangte kategorisch, den auf den Tisch zu stellen. Der Hauptmann zögerte, konnte aber ohnehin selbst nicht widerstehen. Er holte etwa ein Kilo fetten, gesalzenen Speck hervor und schnitt kleine, dünne Scheiben ab, damit ich seinem Beispiel folge. Aber um den fremden und zudem so leckeren Speck war es mir nicht schade, ich langte nach Kräften zu. Als von dem Speck nur noch die Hälfte übrig war, ging ich zu mir aufs Zimmer.

Dort herrschte ein fürchterliches Durcheinander. Das Bett war nicht gemacht, die Sachen lagen überall verstreut – ich bin ja jetzt quasi überall nur Gast: zwei Zimmer, zwei Städte, zwei Lebensumfelder und zwei Situationen. Und ich selbst bin nichts als ein gastierender Kurier, so sieht mein Leben unter diesen neuen Arbeitsbedingungen aus.

Ich verzage nicht, aber ich kann mich auch nicht vergnügen. Alles ist ganz anders gekommen, als ich dachte. Mein Geld ist buchstäblich bis zur letzten Kopeke ausgegeben, und jetzt muß ich für das Rasieren, für Bier und Photos, für alle Kleinigkeiten, mit Zigaretten bezahlen. Gestern war ich dermaßen in Verlegenheit, daß die Mädchen mir die Eintrittskarte fürs Kino gekauft haben.

In Berlin zieht alles meine Aufmerksamkeit auf sich: Die Schilder und Auslagen sind verlockend, doch im Grunde verschwendet man sein Geld für irgendwelchen Plunder, Bildchen und Nippes, auf die man auch verzichten könnte. Aber nicht bei meiner Natur. In beiden Städten bzw. Zimmern herrscht Unordnung.

Meine Sachen sind an verschiedenen Orten: In Kremmen werden die Stiefel geflickt, in Heiligensee steht das kaputte Fahrrad, der Schlauch ist geplatzt – ich habe es in einem Lokal gelassen und in die Obhut des Inhabers gegeben; in Velten ist der Anzug »beim Nähen« (und ein Ende ist nicht abzusehen), in Berlin sind die Hosen – und ich selbst bin ganz verlumpt auf meinen unzähligen Fahrten.

Die Eindrücke jagen so schnell dahin, daß sie beim besten Willen nicht auf dem Papier festzuhalten sind.

Die Deutschen werden frech. Sie bringen uns keinen Respekt mehr entgegen, haben keine Angst mehr, kleine Gemeinheiten zu begehen und einen zu belästigen. Sie sind ekelhaft aufdringlich und schnorren, und überhaupt haben sie plötzlich die guten »kamarady« in uns entdeckt, mit denen man sich ganz zwanglos geben kann. Wir haben hier zwei Verhaltenstaktiken: eine offizielle, korrekte, menschlich, aber bestimmt – das Verhalten eines Besatzers. Dieser folgen unsere Leute nicht in allem, nicht immer und nicht überall. Und die zweite Taktik, die sich aus den ungeschriebenen Gesetzen unserer Entwicklung ergibt, unser aller Entwicklung wie auch der jedes einzelnen von uns. Einige sind beherrscht und zivilisiert, hegen jedoch einen Groll gegen die Deutschen, weil sie unter ihrer Grausamkeit gelitten haben. Manche meiden die Deutschen und zeigen ihnen gegebenenfalls ihre Geringschätzung. Viele der letzteren lernen bewußt kein Deutsch. Andere wiederum sind bemüht, die Sprache der Deutschen, ihre Sitten und Lebensumstände kennenzulernen, und versuchen ihre Kenntnisse so weit wie möglich zu erweitern, haben Umgang mit Deutschen und unterhalten sich viel mit ihnen, streiten sogar mit ihnen über alle möglichen Fragen des Lebens. Diese fügen unserer Politik auf deutschem Boden keinen Schaden zu. Dann gibt es aber noch eine andere Kategorie: die Säufer, Diebe, Raufbolde und Psychopathen. Diese sorgen nur für Radau und untergraben unsere Autorität. Die dritte Kategorie, das sind die ganz Liberalen, die durch die Hitlerleute kein Leid erfahren mußten. Unter denen sind solche, die sich hier verlieben, sich vergnügen und sich gar verbeugen.

Diese ganz unterschiedlichen Entwicklungsniveaus und Verhaltensweisen innerhalb der Roten Armee gegenüber der einheimischen Bevölkerung führen dann dazu, daß man uns für gutherzige und einfache und zugleich grobe und sogar wilde Menschen hält; nicht selten werden wir verlacht, obwohl wir die Herren und Sieger sind. Aber dieses Thema verdient eine tiefergehende Analyse und Erörterung und keine so oberflächliche wie jetzt hier, unterwegs, in der Bahn.

21. 4. 1946
Gestern bin ich nach Velten gefahren, um Geld zu holen. Nebenbei bemerkt, habe ich in Berlin eine gebildete Familie

kennengelernt, und seitdem hat sich mein Leben in der Stadt erheitert. Es war in einem deutschen Tauschladen. Ich hatte einen Photoapparat gegen eine Harmonika getauscht. Als ich schon gehen wollte, kam ein sympathischer älterer Mann mit Bart und Brille zu mir und fragte auf russisch, ob ich noch einen hätte – seine Tochter wollte ein Akkordeon gegen einen Photoapparat tauschen. Ich freute mich, denn die Jungs (Offiziere) hatten mich gebeten, ein Akkordeon zu besorgen, und ich hatte zwei Photoapparate.

Dann kam noch das Mädchen dazu, und wir kamen ins Gespräch. Zu meiner Überraschung merkte ich, daß die Tochter nur gebrochen russisch spricht, der Vater aber fließend. Er wich einer Antwort aus. Sie luden mich beide ein, sie zu besuchen.

Mich lockte das Akkordeon, und zwei Tage später klopfte ich an eine Tür im zweiten Stock, in die auf russisch »Leminski« eingraviert war. Eine junge Frau machte mir auf, aber das war keineswegs die, die ich in dem Laden gesehen und die den Alten Vater genannt hatte. In reinstem Russisch fragte sie, zu wem ich wolle. Ich war verwirrt und erklärte verlegen, es ginge um den Photoapparat und das Akkordeon, und ich hätte die Adresse in dem Tauschladen bekommen.

Das Mädchen war hübsch und jung. Sie blickte mich aus klugen und schönen Augen an, und ich war wie gebannt. Später fing ich an, Gedichte vorzutragen und erzählte Geschichten aus meinem Leben, bis gegen ein Uhr nachts. Der Photoapparat war nicht besonders und taugte nicht zum Tausch gegen das prächtige Akkordeon, das sie mir zeigten, doch das bedauerte ich nicht allzusehr. Der Hausherr versprach, mir das Photographieren beizubringen, die Mädchen wollten mich im Tanzen unterweisen, und ich freue mich über alles, was ich lernen kann.

Bereits am nächsten Tag war ich wieder bei meinen neuen Bekannten zu Gast. Die Leminskis wollten ins Kino. Sie luden mich ein, mitzukommen, doch ich hatte kein Geld mehr, und das war mir unangenehm. Sie überredeten mich trotzdem. Wir gingen zu viert: die beiden Mädchen, die Mama und ich.

Wera, so hieß das Mädchen, das ich in dem Laden getroffen hatte, war angetrunken. Sie wurde bis zum Kino von einem Marine-Hauptmann namens Mischa begleitet, der zuvor mit ihr getrunken hatte. Ihr weißer Pelz haarte ziemlich, und der Hauptmann hatte überall Haare und scherzte, er müsse eine Bürste einstecken, wenn er Wera besuche.

Es war noch mindestens eine Stunde Zeit bis zum Beginn der Vorstellung. Wir gingen zurück zu den Leminskis.

Ich hätte in der Fabrik sein müssen, da die Wagen wegen der Trommeln kommen sollten; ich hätte wegen dienstlicher Angelegenheiten auch in der Kommandantur erscheinen müssen, statt dessen hatte ich wie ein kleiner Junge beim Spiel die Zeit vergessen.

Einen Augenblick später saß ich auf dem Sattel, machte mich mit dem Rad auf zur Kommandantur und zog eilig Erkundigungen ein.

22. 4. 1946

Das Leben ist in eine neue Phase eingetreten. Ich habe den ganzen Tag mit Dina Leminski (mit Dinotschka, sogar in Gedanken habe ich Angst, sie so zu nennen) und mit Wera (ihren Nachnamen weiß ich noch nicht) verbracht. Das sind sehr anständige Mädchen, eine Seltenheit in unserer heutigen Gesellschaft. Dina gefällt mir, aber ich selbst bin langweilig und unbeholfen im Gespräch. Ich kann nichts: weder tanzen noch auf der Harmonika spielen, noch photographieren, ja nicht einmal singen (ich habe meine Stimme verloren). Als unreif kann ich mich nicht bezeichnen, der Wunsch, alles zu lernen und mich vielseitig zu entwickeln, reizt mich, aber dieser Wunsch allein ist zu wenig und bringt mich nicht weiter.

Außerdem bin ich häßlich geworden: Der Kopf ist zu klein, seit ich mir die Haare habe schneiden lassen, die Augen schauen mir im Spiegel aus tiefen Höhlen entgegen, meine Nase ist lang wie bei Gogol, und der Bart ist zu meinem Ärger borstig und sprießt wie wild. Und wenn man mir jetzt Komplimente macht, mir sagt, ich sei schön, kann ich das denn irgend jemandem glauben? – Nein, natürlich nicht, denn mein Leben wird nur von Unglück bestimmt, und ich bin auf dieser Welt, um verlacht und zum besten gehalten zu werden.

Dina ist ein kluges Mädchen. So schön in ihrem Auftreten, so fröhlich und angenehm wie keine zuvor, und wenn ich sie noch öfter treffe, werde ich vor Liebe und Kummer sterben. Mir gegenüber ist sie kalt (mein Herz spürt das), verschlagen und unaufrichtig.

In ihrer Gegenwart bin ich ganz verwirrt und unruhig, finde keine Worte und keine Gedanken. Ich habe Angst, ihr lästig zu fallen, ich will nicht aufdringlich sein. Könnte ich nur ihre verborgenen Gedanken lesen – viel würde ich darum geben.

Heute vormittag habe ich Leminskis besucht. Das war der dritte Besuch bei meinen neuen Bekannten. Sie empfingen mich wie immer freundlich. Dina saß zuerst bei uns (mir und ihrem Vater), dann ging sie in ein anderes Zimmer und tauchte nicht wieder auf. Wera ging dann auch hinaus, und als ich ihr nachsah, sagte sie: »Ich komme gleich wieder.« Ich beschloß, mich aus dem Staub zu machen, dachte, ich bin ihnen lästig, irgend etwas stört sie an mir. Ich war schon dabei, mich anziehen, da kam Dina heraus: »Wo wollen Sie denn hin?« »Nach Hause.« »Aber wir wollten doch mit Ihnen ausgehen.«

Es ist 1 Uhr nachts und kalt. Später mehr.

Ich war angenehm überrascht und erfreut. Und ich Narr hatte schon gehen wollen. Die Mädchen schlugen vor, in ein Restaurant beim Stettiner Bahnhof zu fahren.

Der Ausflug dauerte lange. Allein für eine Strecke brauchte man mindestens 2,5 Stunden. Doch ich hatte es nicht eilig, und obwohl ich mich nicht so richtig wohl fühlte, weil Dina mich verlegen machte, verging der Abend wie im Flug.

Ich war in Spendierlaune und lud sie, zumal ich selbst Hunger hatte, zum Essen ein. Es war jedoch nicht teuer: 450 Mark für drei Personen, die Lebensmittel sind billiger geworden.

Den ganzen Weg über benahm sich Dina sehr damenhaft, mitunter zeigte sie eine für ihr Alter außergewöhnliche Eigenständigkeit. Ich hatte sie zum Ideal erkoren und mich fast bis über beide Ohren in sie verliebt. Sie ließ sich nichts anmerken, war höflich und freundlich zu mir, wahrte aber Abstand, was mich ziemlich ins Grübeln brachte. Es war auch nicht leicht, sich mit ihr zu unterhalten, doch ich verhielt mich klug und ließ mir keinerlei Taktlosigkeit zuschulden kommen. Alle waren zufrieden, sowohl Dina, neben der ich saß und die sich nicht allein fühlte, als auch Wera, über deren Gesicht Schatten von Neid und Schwermut glitten. Die beiden Mädchen wurden von angeheiterten Majoren bedrängt, die sie zum Tanzen aufforderten. —

23. 4. 1946
Dina geht mir nicht aus dem Kopf. All meine Zeit und meine Gedanken gehören jetzt ihr. Sie ist ein prächtiges, kluges Mädchen. Eine unvergleichliche Schönheit kann man sie nicht nennen, doch man muß sie einfach lieben, schon allein für ihre kluge Stirn, für ihr Taktgefühl und dafür, daß sie so zärtlich und so freundlich lächeln kann. Ich fühle mich in ihrer Gegenwart so schrecklich unsicher. Möchte über meine Beziehung zu ihr sprechen, ihren zarten Körper liebkosen, doch allem, was solche Gedanken aufkommen ließe, weicht sie bewußt aus.

Einmal gingen wir mit Wera und der Mama aus, wir wollten ins Kino. Wera war von ihrem Marine-Hauptmann abgefüllt und untergehakt worden, die Mama ging an der Seite, und ich dicht bei Dina, so daß ich ihre Hände mit meinen berührte, Dinas Hände, es war so eng, daß man die Hände vor Unbehagen bald über den Kopf heben oder auf dem Rücken hätte verstecken mögen.

»Erlauben Sie, daß ich Sie unterhake?« fragte ich Dina unsicher.

Die Mutter schwieg, das Mädchen antwortete: »Ich will nicht untergehakt sein.«

Ein anderes Mal waren wir auf dem Rückweg vom Stettiner Restaurant, und der Zufall wollte es, daß Wera mit der Bahn abfuhr, wir aber nicht mitkamen und zu zweit zurückblieben, und ich fragte sie, aus irgendeinem Grund völlig übereilt und ohne den Gedanken ordentlich zu formulieren, an der letzten Haltestelle vor Adlershof, wo die Leminskis wohnen:

»Hatten Sie eigentlich schon mal einen Freund, so einen richtigen, treuen Mann?«

»Sie sind ja ein ganz Durchtriebener!«

»Was denn, ist meine Frage unangebracht?«

»Das ist geschmacklos!«

Ich entschuldigte mich und beschloß, solche Fragen nicht mehr zu stellen.

24. 4. 1946 Karlshorst
Ein schmaler, sich in den Wellen wiegender Fluß, die Ufer gleichmäßig mit Eisen befestigt. Die Anlegestelle ist zerstört. Mehrstöckige Gebäude voller Einschußlöcher ...

Berlin Köpenick. 3 Uhr nachts
Nun waren wir also auch im »Rigoletto«[99]. Wera war nicht dabei. Dina mir gegenüber betont gleichgültig. Bis 2 Uhr nachts erzählte ich in Versen und in Prosa von meinem Krieg: die Eltern hörten mit Begeisterung zu, Dina döste.

[April 1946]
Frauen lieben richtige Männer. Und ich habe mich vor Dina als sentimentaler Jüngling gezeigt, der nichts vom Leben gesehen hat. Sie ist ein leicht zu beeindruckendes und nachtragendes Mädchen mit einem klaren, aber durchschnittlichen Verstand. Ich habe mich durch ihr Lächeln und ihre Frische verführen lassen, habe alles andere vergessen, war freigebig mit meinem Geld und meiner Zeit und habe alles vergeudet – denn es war vergebens.

Wohin hat mich meine Offenbarung gebracht? Sie hat sich von mir abgewendet. Meine seelische Reinheit war nicht nach ihrem Geschmack. Jetzt habe ich verstanden, daß die Entrüstung auf ihrem Gesicht, die an hochmütige (dünkelhafte), angewiderte Empörung grenzt, geheuchelt ist. Heute erst habe ich ihre Augen gesehen – sie sind fahl. Heute erst habe ich ihre Gedanken vollständig erfaßt – ich bin ihr zuwider: Sie ging mit einer Zeitschrift, die ich mitgebracht hatte, ins andere Zimmer und blieb dort, um sie zu lesen, kam nicht einmal heraus, um sich zu verabschieden.

Von jetzt an ist Schluß mit der Tollheit. Ich glaube nicht, daß sie unberührt ist. Ihr Vater hat mir heute selbst erzählt, daß sie im okkupierten Gebiet waren.

Morgen werde ich nicht zu Leminskis gehen, übermorgen nur ganz kurz. Ich werde mich zurückhalten, mich mehr mit Wera unterhalten, mit meiner Liebedienerei und Kriecherei vor ihrer eingebildeten Schönheit und ihrem vermeintlichem Verstand Schluß machen.

Ich habe in die Tiefe meiner Seele geschaut: Was hat sie aus dem Hause der Leminskis mitgenommen? Liebe? Leidenschaft? Glut? Befriedigung? Nein, nur ein verletztes Selbstwertgefühl und Ärger über mich selbst. Bin ich etwa schlechter als sie? Oder schlechter als die anderen Männer, die 30jährigen, denen sie offenbar Sympathie entgegenbringt, und zwar nur weil sie hart, grob und unempfindlich sind gegenüber wahrer menschlicher Schönheit.

Gestern hat Dinas Vater mit meinem Apparat photographiert. Dina wartete ungeduldig, daß er den Film einlegte, ließ sich als erste mit der Ziehharmonika photographieren. Ich schlug ihr vor, ein Photo von uns zusammen zu machen.

»Nein, besser Sie alleine und ich alleine.«

Dann, als der Vater mich photographiert hatte, kam Dina zu mir.

»Papa, mach ein Photo von uns, daß nur die halbe Harmonika und der halbe Kopf draufpaßt.«

»Stellen Sie sich doch näher heran«, schlug ich vor.

»Nein, er soll besser ein Bild von Ihnen allein machen.«

Nur einmal ließ sich Dina mit mir photographieren, zusammen mit der Mama, und da setzte sie mir schnell die Brille auf, und ich ließ mich auch noch so verunstaltet photographieren.

[Ende April 1946]
War nach längerer Abwesenheit (4 Tage) wieder bei Leminskis. Gestern war ich zwar zu ihnen gefahren, war aber noch wegen des Vorgefallenen verstimmt und ging, als ich Wera traf, mit ihr tanzen. Erst gegen 11 Uhr abends ging ich dann bei ihnen vorbei, aber sie schliefen schon. Dina machte die Tür auf, fragte, warum ich so spät käme. Ich sagte betont: »Ich war mit Wera tanzen!« »Hm!« entfuhr es ihr.

Sie meint nämlich, ich sollte außer mit ihr mit niemandem zusammen gehen, reden und vor allem —

Die Nacht strotzt vor Dummheiten, und ich kann kaum die Augen offenhalten —

Heute habe ich mich besser benommen. War beherrscht und männlich. Doch ich hatte meine Sentimentalität immer noch nicht abgelegt und hatte es eilig, ihr auf dem Balkon meine erhabenen Gefühle anzuvertrauen. Zu meinem Pech wurden wir immer wieder gestört, und nichts und niemand half uns, ein Gespräch zu führen, das einen hätte glücklich machen können. Dina schlug vor, tanzen zu gehen und Photos zu machen. Sie ließ sich von mir ein Photo zur Erinnerung geben, und ihre Mutter schenkte mir eins von ihr. Dina sagte, sie sei guter Stimmung und erwartete etwas von mir, dem Verschlossenen. Sie hörte meinen Andeutungen aufmerksam und voller Argwohn zu.

Mit Wera bin ich bereits per »Du«, das gibt zu denken.

Es ist 2 Uhr nachts.

[April 1946]
Rapport [Entwurf]
Vom Gehilfen des Leiters der Transportabteilung
des Stützpunktes für Material und Ausrüstung
Leutnant W. N. Gelfand

An den Leiter des Stützpunktes für Material und Ausrüstung
Major Skoromykin

In Anbetracht der schwierigen materiellen Situation meiner Eltern, die infolge des Krieges Obdach und Eigentum verloren haben und sich zudem in unterschiedlichen Städten befinden, bitte ich um Ihre Fürsprache für die Bewilligung des regulären Heimaturlaubs in der nächsten Zeit (Mai, Juni), damit ich die Angelegenheiten meiner Mutter und meines Vaters, die so dringend meine Hilfe vor Ort benötigen, in Ordnung bringen kann.

Mehr als 5 Jahre habe ich meine Familie nicht gesehen, ebenso lange war ich nicht in der Heimat. Jetzt, nach dem Ende des Krieges, an dem ich in vorderster Front teilgenommen habe, verwundet wurde, all meine Kraft und Mittel für den Sieg gegeben habe, habe ich das Recht, die Erfüllung meines legitimen Wunsches erwarten zu können.

Leutnant Gelfand

3. 5. 1946 [Berlin, Notiz für einen Kollegen oder Vorgesetzten]
6 Uhr abends. Ich bin es leid zu warten. Niemand kommt die Trommeln abholen, ich bin jetzt hier der Wachmann und habe das Fabriktor sogar an den Feiertagen bewacht. Dies noch einmal zu Ihrer Kenntnis. Material für die Muttern habe ich in einer Fabrik 7 Kilometer von hier gefunden. Man muß es nur noch bezahlen (Geld!) und herbringen (Wagen?). Stand heute abend: 120 Trommeln in der Fabrik.
Gelfand.

[4. 5. 1946] Berlin.
Endlich ist der Oberstleutnant gekommen. Er sagte, die Trommeln würden bislang nicht gebraucht, die Wagen könnten aber jeden Tag kommen und sie alle auf einmal abholen. Er schalt mich dafür, daß ich ihn nicht während der Maifeierlichkeiten angerufen und ihn über die Schwierigkeiten informiert habe, die bei mir aufgetreten waren.

[Zwischen 5. und 15. 5. 1946]
Jetzt werde ich frei haben und in den verbleibenden zehn Tagen durch ganz Berlin fahren, die alten Orte besuchen, wo ich gekämpft und letztes Jahr gewohnt habe. Ich würde gerne noch einmal nach Biesdorf fahren. Dieser Name ist mit bedeutsamen Erinnerungen verbunden, die mir unvergeßlich sind – die Tränen der Verzweiflung einer brutal vergewaltigten Deutschen, einer jungen Schönheit, der Kummer ihrer Eltern, mein Einschreiten und meine Hilfe.*

Der Oberstleutnant hat gesagt, ich soll morgen bei ihm sein. Ich hatte vor, mit dem Abendzug zu fahren, allein die Nacht ist meinen Plänen zuvorgekommen, da sie sich unerwartet an Berlin heranschlich und die Stadt in ihren Atem hüllte wie in eine Decke.

Ich war Leminskis eine Visite abstatten. Die Mutter war allein zu Hause und sagte, Dina sei mit ihrem Vater angeln gegangen. Wie groß war meine Verwunderung und mein Verdruß, als schließlich der Vater, Dina und ... Wladimir Iwanowitsch ankamen,

---

* Siehe dazu den Eintrag [Zwischen 25. und 27.4.1945].

jener 35jährige Kerl, den Dina so leidenschaftlich liebt und den sie den anderen vorzieht, zweifellos auch mir. Dabei ist sie erst 19 ...

Der Mann ist bei der Marine und macht ihren Eltern gegenüber geschickt Andeutungen, will sie überreden, daß sie ihm Dina als Übersetzerin mitgeben. Sie werden sie weggeben! Jedenfalls haben sie in meiner Gegenwart so reagiert, daß —

Als ich die Photos zeigte, die ich mit meinem Apparat gemacht hatte, bat Dina, ihr eins zur Erinnerung dazulassen, doch ich gab ihr keins, versprach ihr höflichkeitshalber eins, »wenn ich noch Abzüge machen lasse«. Ich habe beschlossen, nichts mehr zu verschenken und ihre Familie nicht mit meiner Freigebigkeit zu verwöhnen. So ist es vernünftiger, und ich werde nicht noch mehr verlieren als das, was ich schon verloren habe, und dessen Preis unermeßlich ist – Zeit, Gedanken und Gefühle.

[Mitte Mai 1946]
Traurig ist das Leben, wenn man unglücklich liebt. So ist es bei mir. Mit Dina ist Schluß, ich habe mich überwunden, unwahrscheinliche Willensanstrengungen unternommen und siehe da – ich bin abgekühlt.

Doch da mußte mir gleich noch ein Unglück zustoßen! Ich kam auf die Idee, nach Mariendorf zu fahren, wo ich letzten Sommer zwei interessante und gutgebaute junge Deutsche kennengelernt und erfolglos für sie geschwärmt hatte. Mit der einen ging ich aus und bildete mir ein, daß ich sie liebte, die andere – liebte ich und bildete mir ein, sie sei mir gleichgültig. So zog es sich über einen Monat hin. Unterdessen hatte einer der Übersetzer bei der Politabteilung namens Alexej, der einmal mit mir zusammen in jenes Haus gekommen war, es geschafft, meinem Traum den Kopf zu verdrehen –, die erlag ihm schnell und gab sich in seine starken Arme. Er gestand mir später, er habe mit ihr eine intime Beziehung gehabt, wobei er behauptete, daß ein Mann nur dann auf die grenzenlose Liebe einer Frau rechnen könne, wenn sie zuvor völlig unschuldig gewesen sei. Ich hatte damals überhaupt keine Vorstellung von all dem, hörte ihm daher aufmerksam zu und glaubte ihm jedes Wort.

17. 5. 1946 Bahnhof Schöneweide
Ich nehme meine Aufzeichnungen nach längerer Unterbrechung wieder auf. Überhaupt kehre ich zu Vergangenem zurück. Gestern war ich wieder bei Leminskis. Sie empfingen mich freudig wie nie zuvor, insbesondere Dina. Ich verhielt mich zurückhaltend und ging ihnen nicht auf die Nerven. Es blieb nur wenig Zeit, ich mußte um 8 Uhr zu Hause sein. Es kam, wie ich angenommen hatte: Meine Abwesenheit hatte sich positiv ausgewirkt. Übrigens liebt sie mich nicht, empfindet aber zum Glück auch keinen Ekel vor mir, wie mir früher schien.

Sie schlug selbst vor, Photos zu machen. Dinas Haare haben einen rötlichen Schimmer bekommen, aber insgesamt hat sie an Farbe verloren im Vergleich zu den ersten Tagen unserer Bekanntschaft und meinen ersten Eindrücken von ihr.

Die großgewachsene, schlanke Irmgard, die zuerst in Mariendorf wohnte und jetzt in Rahnsdorf, das ich ihretwegen zum ersten Mal besuchte, ist hübscher und einfacher, die andere allerdings lebhafter und süßer und die Hauptsache – sie ist Russin. Ich bin beiden nicht zuwider, aber was wohl noch wahrscheinlicher ist: Die Herzen der beiden sind schon vergeben. Dina nennt mich manchmal Wladimir Iwanowitsch und merkt gar nicht, daß sie mich mit einem anderen verwechselt, der ihr nähersteht.

22. 5. 1946
Die Bahnfahrten nehmen viel Zeit in Anspruch. Beinahe jeden Tag muß ich irgendwohin fahren.

Ich habe beschlossen, mir etwas anzuschaffen. Habe mir schon zwei Anzüge nähen lassen, aber kein Geld, um sie zu bezahlen.

Heute habe ich Zigaretten verkauft und fahre nun zum Schneider. Photofilme gibt es jetzt überall. Es gibt auch Fixierer und Entwickler. Die Bilder werden nicht schlecht mit meinem Apparat. Ich muß nur noch lernen, zu entwickeln und zu fixieren, aber das erfordert geeignete Voraussetzungen: eine Dunkelkammer und einen Lehrer. In Velten gibt es die Möglichkeit, sich ernsthaft mit dem Photographieren zu beschäftigen. Berlin habe ich schon satt. Ich sehe keine Mädchen, treffe mich mit keiner, obwohl es bei uns in der Fabrik Tausende gibt. Sie bringen mir Blumen und warten auf mich. Aber die Zeit macht allen einen Strich durch die Rechnung. Ich bin fast nie da – immer unterwegs.

Auch heute zum Beispiel hat ein entzückendes kleines Püppchen darauf bestanden, daß ich um 4 Uhr zu Hause bin. Jetzt ist es schon eins, und ich treibe mich selbst und den Zug zur Eile an, hadere mit der Zeit; sie nimmt keine Rücksicht auf meine Bedürfnisse und entflieht so schnell in die Vergangenheit.

Gestern habe ich die Fahrer photographiert. Ich hatte absichtlich historische Orte ausgewählt, wichtig war für mich nicht so sehr, diese schmutzigen Kerle auf Film festzuhalten als vielmehr Berlin in seiner ganzen Leere und Größe.

Vor einigen Tagen traf ich Major Ladenko im Treptower Park. Er war in Dnepropetrowsk gewesen und schockierte mich mit der Nachricht, daß der Schewtschenko-Park und andere, wunderbare, vertraute Orte verschwunden seien. Ich habe mir seine Adresse notiert und ein Photo von ihm gemacht. Wir versprachen uns zu schreiben.

Im Feinkostladen habe ich Gawrilow getroffen. Er erfreut sich ungestraft aller Freiheiten, trinkt, treibt sich herum und ist trotzdem noch in der Partei. Jetzt hat er sich noch die Syphilis geholt, alle möglichen anderen Geschlechtskrankheiten hat er früher schon zur Genüge gehabt. Prahlt mit seinem Lebenswandel und seinem neuen Posten. Wie töricht ist doch die Welt!

24. 5. 1946
Mit Dina ist endgültig Schluß. Ich habe mich davon überzeugt, daß —

26. 5. 1946
Heute ist frei, und ich bin wieder unterwegs, Richtung Velten.

Ich habe die Nähe zu einer Frau bis zum letzten ausgekostet, Zärtlichkeiten im Überfluß und alles, was man sich nur vorstellen kann. Das kam so: Das Schicksal führte mich nach Treptower Park, wo ich mir einen Anzug nähen lassen und in der Fabrik »Agfa« Photomaterial besorgt habe. Auf dem Weg wurde ich auf ein attraktives Mädchen aufmerksam. Ich machte zwei Photos von ihr. Sie war neugierig geworden, sei es durch mein Äußeres, sei es durch die Photos, die ich von ihr gemacht hatte. Schnell gab sie ihren ursprünglichen Gedanken, nach Grünau zum Strand zu fahren, auf und willigte ein, bei mir in Treptow zu bleiben. Dort machte ich dann noch drei Bilder von ihr und ihrer Freundin, bei der sie wohnt. Später gingen wir zu dritt am Fluß spazieren. Ich mußte weg und konnte nicht lange mit ihnen zusammenbleiben. Ich hatte noch zwei Besuche vor mir, bei Irmgard in Rahnsdorf und bei Dina in Adlershof.

Die Mädchen versprachen, bis 6 zu warten. Es war 2 Uhr, und ich ging davon aus, daß ich bis dahin wieder in Treptow sein könnte. Tatsächlich kam ich erst um 7 zurück, aber die Mädchen hatten auf mich gewartet. Ich war sehr erfreut über ihre Geduld und dankbar für die Treue der bezaubernden Luise, die sie schon vorher hatte erkennen lassen. So hieß die, die mich interessierte —

27. 5. 1946
Meine liebe Mamotschka!
Ich antworte Dir auf den Brief, den ich gerade erhalten habe. Deine Anliegen belasten mich keineswegs. Ich bin froh, alles mögliche für Dich zu unternehmen. Die Brille habe ich gekauft, die Tasche ebenfalls. Ein Päckchen habe ich abgeschickt. Ein zweites hat die Post aus irgendeinem Grund zurückgeschickt, rund 10 Tage nachdem ich es aufgegeben hatte.

Das Pyramidonium werde ich beschaffen. Um den Urlaub kümmere ich mich hartnäckig. Den Regenschirm werde ich kaufen. Ich habe zwei Radioempfänger, einen werde ich mitbringen, wenn ich komme. Die Uhr ebenfalls.

Ich kann noch nichts Genaues zum Datum meiner Ankunft sagen, früher als in einem Monat wird es nicht sein.

Ich wohne vorübergehend in Berlin. Bin dort ganz allein, und meine Einheit ist hier, wo ich auch diesen Brief schreibe. Ich photographiere viel. Habe das vor kurzem gelernt. Den Photoapparat habe ich immer bei mir; er ist eine Art Ergänzung zum Tagebuch, das ich jetzt unregelmäßiger führe.

Du solltest so schnell wie möglich fahren und Dich kurieren lassen. Wenn Du nicht zu Hause sein solltest, werde ich unbedingt in den Kurort kommen, das ist kein Grund, Deine Behandlung aufzuschieben.

Ich küsse Dich herzlich. Wowa.

Grüße an die Familie. Sie sollen sich nicht streiten.

27. 5. 1946
Mein lieber Papa!

Ich habe Deinen Brief erhalten und mich sehr darüber gefreut, ich möchte Dich sehen. Ich kümmere mich hartnäckig um den Urlaub. Zwei Päckchen habe ich an Dich geschickt, für eines der beiden halte ich bereits die Bescheinigung in Händen. Ich kann jetzt photographieren. Zum Leben habe ich alles Nötige. Vor einigen Tagen habe ich zwei Anzüge erstanden. Ich habe zwei Radioempfänger, einen Photoapparat, zwei Fahrräder, eine Uhr und zwei Wohnungen: eine in Berlin und eine hier, wo ich diesen Brief schreibe und wo sich meine Einheit befindet. Ich komme nur selten hierher, deshalb sieht es mit den Briefen so mager aus.

Ich mache mir wegen Deiner Gesundheit Sorgen. Laß Dich behandeln und mache schnell Schluß in der Produktion. Suche Dir eine geeignetere Arbeit, eine, die Deiner Gesundheit nicht schadet.

Ich küsse Dich herzlich, Wowa.

Wenn ich Urlaub bekomme, dann finde ich Dich, ganz gleich in welcher Stadt, sei unbesorgt.

1. 6. 1946
Und wieder unterwegs, doch diesmal ist die Reise länger und verspricht interessant und eindrucksvoll zu werden. Endlich konnte ich mich loßreißen von Berlin und den umliegenden Dörfern und Städten.

Meinem Blick eröffnen sich wundervolle Bilder der Natur: Berge, Wälder, Flüsse. Rundum eindrucksvolle Landschaften, Felsen und Schlösser. Diese Vielfalt ist mit dem schwachen menschlichen Auge kaum in einem Blick zu erfassen. Alles erinnert ein wenig an den fernen Kaukasus sowie an so vieles, das jenseits des fünfjährigen Krieges liegt.

Ich fahre nach Weimar, die Stadt Goethes, die Stadt der Museen und Kunstdenkmäler.

Habe letzte Nacht nicht geschlafen, da ich mich auf die Reise vorbereitet habe. Anfangs fühlte ich mich übermüdet und schwach, doch jetzt bin ich ganz gefesselt von dem, was ich im Fenster sehe, und dem, was dahinterliegt, in der Tiefe der Natur.

Der deutsche Schaffner reißt mich aus meinen Gedanken und lenkt meinen Blick zum anderen Fenster, wo eine märchenhaft schöne, halbverfallene Burg aus alten Zeiten sich langsam wendet und vorübergleitet, ganz Felsen und Grün.* Ich schaue, bis es spurlos verschwunden ist, und behalte das Bild danach noch lange im Kopf. Mein deutscher Reisegefährte stört meine Gedanken zunächst nicht. Er lächelt mir schmeichlerisch zu und will etwas in mein Tagebuch schreiben. Dann stottert er ein wenig, als hätte er die Sprache verloren, und zeigt erst auf seine Lippen, dann auf die Zigarettenspitze und wartet. Ich gebe ihm eine Zigarette und wende mich angewidert vom Fenster ab.

Wieder werde ich schläfrig. Bis Weimar sind es noch 16 Kilometer. Gerade haben wir bei einem hübschen Städtchen mit sakraler Architektur gehalten, und nun geht es wieder vorwärts, dem Unbekannten entgegen.

Weimar.

Was für eine einzigartige Architektur und welch prachtvolle Natur! Die Thüringer Berge – kaum zu glauben, und mein Fuß hat nun, da es das Schicksal und eine Laune der übermütigen Vorsehung so wollten, diesen Boden betreten.

Ich traf nur Schura an. Nadja war in Urlaub gefahren. Als wir uns begrüßten, wurde eine gewisse Fremdheit spürbar, die auf die kurze Dauer unserer Bekanntschaft zurückzuführen ist, denn im Gespräch waren wir nie bis zum »Du« gelangt, und erst durch Briefe waren wir einander nähergekommen. Doch in ihrem Zimmer, wo an prominenter Stelle mein gerahmtes Portrait stand und Schura mir mit freundschaftlicher Aufmerksamkeit und Fürsorge begegnete, war die ganze gezwungene Befangenheit bald verschwunden, und ich fühlte mich wie zu Hause.

---

* Späterer Nachtrag: Apolda.

Schura hat den ganzen Tag Dienst. Ich versuchte, den Schlaf der letzten Nacht nachzuholen, solange Schura weg war, aber tagsüber kann ich nicht schlafen. Ich legte mich hin, bis sie kam, doch dann wurde sie erneut gerufen, und ich war wieder allein im Zimmer.

Habe Photos angeschaut. Aus dem Fenster hat man einen schönen Blick auf die Stadt und eine bewaldete Anhöhe. Alles voll mit Soldaten, es scheint hier mehr von unseren Armeeangehörigen als Deutsche zu geben. An einem der wunderschönen Gebäude steht: »Militäradministration der nationalen Provinz Thüringen«[100].

Mein Aufenthalt hier ist illegal, sie können mich verhaften, und dann liegt das Risiko ganz bei mir. Aber ich denke, das Schicksal, das so gut für mich sorgt, wird diese Gefahr vertreiben. Ich will auch morgen hier bleiben, alles angucken und besichtigen, und dann nach Berlin. Auf Leipzig werde ich verzichten müssen.

4. 6. 1946 Berlin
Jetzt ist es angebracht, sich Erinnerungen hinzugeben. Komme gerade von den Leminskis, war lange nicht bei ihnen gewesen. Sie hatten mich ungeduldig erwartet, doch ich bin mir mehr als sicher – das galt weniger mir als den Photos. Und, mein liebes Tagebuch, stell dir ihre Verwirrung und Enttäuschung vor, als sie sahen, daß ihr Liebling Wladimir Iwanowitsch ganz entstellt und häßlich aussah. Dina gab die allgemeine Meinung wieder (ihre eigene und die der Mutter, der Vater teilt ihre Schwärmerei nicht) und meinte zu mir: »Wolodja, ist es nicht seltsam, daß Sie auf den Photos besser aussehen als Wladimir Iwanowitsch? Oder haben Sie das etwa mit Absicht so aufgenommen?« Ich blieb ihr die Antwort schuldig, innerlich war ich allerdings voller Schadenfreude und Genugtuung, denn es war genauso gekommen, wie ich es gewollt hatte. Der Vater nahm mich in Schutz und erklärte ganz einfach: »Wolodja bleibt immer ruhig und versteht es zu photographieren, aber Wladimir Iwanowitsch und du, ihr hüpft ja die ganze Zeit herum.« Diese Antwort stellte niemanden zufrieden, kränkte aber auch keinen.

Soll sie doch einen anderen lieben, soviel sie will. Ich werde im

Leben noch einigen solchen Dinas begegnen. Die werden um Zärtlichkeit und Liebe betteln. Und dennoch, Dinka ist einfach verteufelt attraktiv.

Es war schon bemerkenswert, mit welcher Begeisterung sie die Photos an sich riß und umklammerte, auf denen der Hauptmann drauf war. Wie sie sie mit ihrem Blick liebkoste, sie streichelte und sogar an die Lippen drückte; die Mutter ebenso – der Kerl hat es geschafft, beiden den Kopf zu verdrehen.

Dinas Augen sind Magneten – wieder war ich wie gebannt. Und ich war bereit, alles zu erdulden: sowohl das widerliche, senile Geschwätz ihres Vaters und die Abwesenheit Dinas, als sie Tee kochte, als auch die Küsse auf die Photos mit Wladimir Iwanowitsch – alles für ein Lächeln oder ein herzliches Wort von ihr. Doch sie schenkte mir wenige, sehr wenige solcher Momente.

Ihre Haare sind nur noch zur Hälfte rötlich. Ich wage es nicht, sie zu lieben, denn dafür muß man glücklich sein und alt, wenn nicht an Jahren, so doch an Lebenserfahrung und Seele.

Nun zu Weimar.

Mein Hauptgedanke bei dieser Reise galt dem Schriftsteller Nikitin[101]. Die Mädchen kamen erst danach und die Stadt erst an dritter Stelle. Ich habe alle Entwürfe, sogar Briefe und selbst meine Kladden mitgeschleppt, einen ganzen Koffer voller Papier. 14 Filme hatte ich mit. Außerdem auch Brot und Butter, falls es dort schwierig werden würde mit den Lebensmitteln. Ich hatte vor, mir drei bis vier schöne Tage in Weimar zu machen. Wollte die beiden Mädchen zu Hause besuchen und mich unbedingt Nikitin vorstellen. Ich hatte sogar die Zeitschrift »Snamja«[102] dabei, wo der Schriftsteller in einer Rezension für einen mißlungenen Text heftig kritisiert wurde.

Die ganze Nacht hatte ich nicht geschlafen. Am Abend vor der Abreise war Luise gekommen und hatte Wäsche gebracht, ihren Schmerz, ihr Leid und – den Geruch eines weiblichen Körpers. Sie half mir, meine Sachen zu packen, und als ich für alle Fälle ganz unauffällig eine Packung mit drei Präservativen in den Koffer warf, griff sie eifersüchtig danach, nahm sie schnell wieder heraus und fragte, wozu ich die bräuchte. Ich errötete und versuchte mich herauszureden, es sei ein Versehen gewesen.

Um zwei Uhr nachts nahm ich ein Bad. Luise kam nicht dazu, sie blieb im Zimmer, und als ich zurückkam, klebte sie gerade Photos, die ich gemacht hatte, in ein Notizheft.

Wir zogen uns schnell aus. Sie zur Hälfte, ich ganz. Ich drückte sie eng an mich.

Telephonisch gab ich dem Wachschutz der Fabrik Bescheid, daß sie mich um sechs wecken sollten. Luise nahm mir den Hörer aus der Hand und korrigierte: um fünf.

Wir waren kaum eingeschlummert, da brach schon der Morgen an. Wir zogen uns an, und als wir fast fertig waren, klingelte das Telephon.

Es war mühsam, zum Anhalter Bahnhof zu gelangen, man brauchte zwei Stunden. Auf halbem Wege, am Alexanderplatz, verabschiedete sich Luise von mir und versprach, bei sich zu Hause auf mich zu warten, wenn ich aus Weimar zurückkäme.

Der Zug stand schon da. Ich war knapp vor der Abfahrt eingetroffen. Die sieben Stunden Reise zogen sich hin. Wir überquerten die Elbe und eine Vielzahl tiefer und auch seichter Flüsse: manche glatt, andere von Wellen aufgewühlt, stürmisch und launisch. Die Stadt wurde vom flachen Land abgelöst, das in den Wald überging, und dieser wiederum kroch die Berge hinauf und überzog das hügelige Land – eine wahre Augenweide.

Das Herz strebte nach draußen, wo hinter dem Fenster, in Gärten auf den Feldern, in den Tälern und auf den Hängen die Menschen emsig arbeiteten und Vorräte anlegten. Viele Dörfer und kleine Städtchen. Alle aus Stein. Die Bauart veränderte sich zusehends, je näher man Weimar kam.

Und dann Thüringen, ein bergiges, ländliches Gebiet. Halle, Apolda. Sie haben ihre eigenen Landesfarben, die Häuser sind auf ganz eigene Art gebaut, alles ist verziert, grün und bergig.

Ich war sehr schläfrig. Aber an Schlaf war nicht zu denken, befand ich mich doch in einer ganz anderen Welt und bekam ein ganz anderes Leben zu sehen als das, was ich das ganze Jahr zuvor über gesehen hatte. Und ich war froh, und gleichzeitig war es mir ein bißchen unheimlich, daß Berlin so weit weg war, daß überall Flüsse und Berge waren, daß alles ganz anders war als in den menschenüberfüllten Straßen der Hauptstadt.

In Weimar verließen viele Soldaten den Zug. Ich stieg aus, den Brief mit der Adresse »...straße« fest in der Hand.

Die Straße war schnell gefunden. Ich sah mir die Gebäude noch nicht genauer an, denn mein Hauptgedanke war, Schura und Nadja zu finden.

In der angegebenen Straße, ganz am Ende, sah ich zwei junge Frauen im Range von Unterleutnants. Ich fragte nach den Übersetzerinnen von der Einheit mit der Feldpostnummer ...

»Das sind auch Leutnants aus Berlin«, erklärte ich hastig.

»Ah! Das werden die von der Militärzensur sein! Die kennen wir. Kommen Sie, wir zeigen es Ihnen.« Sie deuteten auf ein schönes, vier- bis fünfstöckiges Haus, das bis unters Dach mit wildem grünem Wein berankt war.

Schura bemerkte mich vom Fenster aus. Sie kam aus dem Haus gelaufen, und noch bevor wir uns begrüßt hatten, hatte sie ihren Vorgesetzten mit Bitten bestürmt, er möge mich hineinlassen.

Anfangs waren wir per »Sie«. Dann wurde es entspannter: Ich legte mich bei Schura ins Bett, und sie ging zur Arbeit. Die Soldaten brachten mir Mittagessen. Ich hatte keinen Appetit, aß aber aus Verdruß, weil ich nicht schlafen konnte. Gegen sieben kam Schura von der Arbeit. Wir gingen ein wenig in der Nähe spazieren und dann zu Bett. Ich schlief bei den Soldaten, wo die Mädchen mich für eine Nacht untergebracht hatten.

7. 6. 1946

Ich lese eine französische Zeitung auf deutsch, <Der Kurier>[103], und mache mir zwischen den Zeilen meine Gedanken über Diplomatie, die Politik der Stärke, über Abhängigkeit und staatliche Eigenständigkeit und verschiedenes andere aus der Welt der internationalen Beziehungen, jetzt und während des Krieges.

Wie recht mein Land getan hat und wie weise unsere Steuermänner an Bord ((des sowjetischen Schiffes)) urteilten, das sie heldenhaft durch drei Stürme und unzählige Wogen führten, indem sie die militärische Situation – den Frieden mit Deutschland und die Schwäche der heutigen Verbündeten (und damals argwöhnischen Feinde England und Amerika) – nutzten und sich beeilten, unsere Grenzen zu Wasser und zu Land auszudehnen durch die

Rückführung von Bessarabien und Czernowitz, der Westukraine und Westbelorußlands, der Baltischen Staaten und Finnlands, der karelischen Landenge und der Stadt Wyborg. Was wäre, wenn wir diese Gebiete jetzt nicht hätten?[104] Heute wäre es schwierig, den starrsinnigen Schlauköpfen (ohne Gänsefüßchen gesprochen, sie sind auf ihre Weise klug und praktisch) aus dem Ausland in ihren Diplomatenroben die Rechtmäßigkeit der Wiedervereinigung dieser Gebiete mit unserer Heimat zu erklären. Wie schwierig ist es, ihnen die gerechten und meiner Ansicht nach stets wohlberechtigten Forderungen und Wünsche unserer Regierung und unseres großen, viele Nationen zählenden Volkes klarzumachen. Denn wegen des türkischen Armeniens machen wir nicht einmal Andeutungen. Gleichwohl ermutigen wir bei uns und besonders im Ausland die Anhänger einer Vereinigung aller Armenier unter der Flagge des sowjetischen Armeniens und lassen sie gewähren.[105] Wir forcieren nichts, halten aber diese heikle Frage offen. Zu Beginn des Krieges waren alle mit ihren eigenen Angelegenheiten beschäftigt und dachten nur an ihr eigenes Wohl —

9. 6. 1946 Berlin-Köpenick
Auf der Suche nach einem Anzug. Wo könnte man einen Militäranzug kaufen? Die Frage macht mir zu schaffen. Man möchte gut angezogen sein, aber khakifarbener Stoff ist selbst bei den Deutschen eine Seltenheit. Ich beschloß, erneut den Schneider aufzusuchen, der mich beinahe hereingelegt hätte, den am Treptower Park. Bat ihn um Adressen, und er schrieb mir bereitwillig drei auf, um mich loszuwerden. Am Schluß, als ich schon gehen wollte, schlug er mir vor, mit einer mir unbekannten Deutschen zu einer weiteren Adresse zu gehen. Ich war einverstanden. Den ganzen Weg über lobte die Frau die Ware in den höchsten Tönen, wobei sie übrigens nicht vergaß zu erwähnen, daß diese besser und teurer sei als die, die mir am Vortag angeboten worden war. Mit einem Wort, sie deckte alle ihre Karten auf und gab deutlich zu verstehen, daß sie Maklerin war.

Nein, denke ich, mich wirst du nicht für dumm verkaufen, ich werde mich direkt an die Quelle wenden, mit den übrigen will ich nichts zu tun haben.

Unterdessen stieg die Frau mit mir keuchend in den vierten Stock hinauf, machte mich mit der jungen Hausherrin bekannt und brachte das Gespräch auf Tuch und Anzüge. Da fiel ich ihr abrupt ins Wort und fragte unvermittelt, wie in einer ordentlichen Schlacht, wo es doch sehr auf List und Überraschungsmomente ankommt, zur Hausherrin gewandt:

»Wieviel soll es denn kosten?«

Die Frau, die mich hergebracht hatte, wollte der anderen zuvorkommen und schrie förmlich: »Tausendfünfhundert!«

Ich sah allein an dem Gesichtsausdruck der Frau und dem Blick, den die beiden schnell wechselten, daß es auch billiger gehen würde. Doch auch das war bereits ein Erfolg meiner diplomatischen Linie. Der Schneider hatte nämlich für den Stoff 1 700–1 800 Mark veranschlagt.

Ich stellte mich dumm, beteuerte, daß ich wiederkommen würde, sagte aber nicht, wann.

»Überlegen Sie ruhig, aber Sie sollten unbedingt zu Herrn Rose gehen «, so hieß der Schneider, »und wir kommen dann zusammen hierher!«

»Gut, gut«, erwiderte ich, »etwas anderes habe ich auch nicht vor.« Aber bei mir dachte ich: »Nichts da, so schlau wie du bin ich allemal, Mädchen. Du hast dich und deine ganze Taktik von Anfang an preisgegeben.«

Für alle Fälle beschloß ich, die Adresse zu notieren.

»Wozu denn? Ich kenne dieses Haus und diese Wohnung gut!«

»Es kann doch sein, daß ich nicht rechtzeitig komme und Sie nicht antreffe?!« Dagegen ließ sich kaum etwas einwenden!

»Dann kommen Sie zu {Geru Rose}* zum Nähen«, klammerte sie sich an die letzte Möglichkeit, an dem Geschäft teilzuhaben.

»Natürlich, natürlich!« beruhigte ich die Spekulantin und verabschiedete mich, während sie noch mit der Hausherrin tuschelte.

10. 6. 1946 Berlin
Unerwartet ist eine völlige geistige Abstumpfung eingetreten. Es macht sich ein noch aus Vorkriegszeiten stammendes Leiden

---

* Herrn Rose.

bemerkbar. Der körperliche Zustand hängt mit dem geistigen zusammen. Alles ist gelähmt. Die Hände weigern sich zu funktionieren, die Zunge ist nicht im Einklang mit dem Verstand, und das Sprechen fällt mir schwer. Schwäche und allgemeines Unwohlsein. Mein Kopf ist ganz schwer, und das Schreiben gelingt nur durch höchste Anspannung aller Kräfte.*

Ich weiß nicht, was ich dem Major für einen Unsinn erzählt habe. Er hatte mich nett empfangen und Tee angeboten. Aber ich konnte weder essen noch trinken. Es begann, nachdem ich eine Zigarette geraucht hatte. Als hätte ich tausend Steine im Kopf, und die Gedanken sind alle raus. Ich bin nicht betrunken. Ich fühle mich so dumpf und elend, wie es auch vom Wodka nicht kommen kann. Oh, wann nur wird es Heilung geben? Gibt es einen Chirurgen, einen Neuropathologen oder ich weiß nicht was noch für einen Arzt, der imstande wäre, mein frisches Denken und meinen wißbegierigen Verstand von den Gittern zu befreien, die sie umgeben? Was ist das für eine geheimnisvolle, unerklärliche Krankheit, die mich auf das Niveau des durchschnittlichsten und mittelmäßigsten aller Menschen zwingt? Ich muß Schwäche und Verzweiflung überwinden und mich dir, meinem Tagebuch, mitteilen. Mir ist schwer ums Herz. Warum ist das Schicksal so grausam zu mir? Ein schwerer Nebel bedrängt meinen Kopf und drückt mir aufs Bewußtsein. Ich bin gezwungen, alle Vorhaben aufzuschieben. Muß schlafen. Es ist erst 10 Uhr.

12. 6. 46
Rapport
Vom Vertreter
der Armeeeinheit Feldpost 75207 Sh
Leutnant W. N. Gelfand

An den Militärkommandanten des Bezirks Köpenick von Berlin Oberst […]**

---

* Gelfand erfährt wenige Tage später, daß er an Gonorrhöe erkrankt ist.
** Blaupause. Name fehlt.

Im Zusammenhang mit der Beendigung der meiner Kontrolle anvertrauten Demontagearbeiten und Aufträge im Gebiet des Bezirks Köpenick für die Armeeeinheit 75207 Sh und in Anbetracht meiner Abreise an meinen ständigen Dienstort, ersuche ich Sie, mich vom 20. 6. 46 an von der Gemeinschaftsverpflegung bei der Kommandantur abzumelden und mir eine Vergleichsmitteilung für Verpflegung auszustellen.
Leutnant Gelfand.

17. 6. 1946
In einer Straße wurde ich auf eine größere Menschenmenge vor einem Zaun aufmerksam. Die Leute hatten sich auf die Zehenspitzen gestellt und spähten durch die Ritzen hindurch und über die Köpfe der vor ihnen Stehenden hinweg.

Auch ich wurde neugierig. Als sich schließlich die Pforte ein wenig öffnete, erblickte ich auf der anderen Seite des Zauns zwei verweste menschliche Körper, die ohne die Skelette nur noch unförmige Klumpen gewesen wären. Dem einen war der Helm in den Schädel gedrückt, an ihm hingen Fetzen einer deutschen Soldatenuniform. Von dem anderen war nur noch das Skelett zu sehen. Aus den Gesprächen, die ich belauschte, erfuhr ich, daß man die Leichen aus den Trümmern eines Gebäudes ausgegraben hatte und daß diese, wie man aus dem Zustand der Leichen und den historischen Ereignissen schließen kann, über ein Jahr in der Erde gelegen hatten. Die Deutschen wiegten und schüttelten bekümmert die Köpfe und seufzten: »Wer soll die noch erkennen, die armen ...«

Gestern gab es in der Kommandantur des Bezirks Köpenick ein wirklich außergewöhnliches Vorkommnis: Ein betrunkener Oberfeldwebel, der von dem Offizier, mit dem er getrunken hatte, in einem Zimmer eingeschlossen worden war, stürzte aus dem Fenster im 2. Stock des Gebäudes auf das Pflaster und war tot. Auch das ein Jahr nach dem Krieg ...

23. 6. 1946
Letztendlich haben mich die beiden anständigen Anzüge, von denen ich einen gerade trage, mit allem Drum und Dran 2500

gekostet. Ich hatte für sie einen Radioempfänger eingetauscht, der mit 2000 Mark veranschlagt wurde.

Jetzt habe ich eine neue Idee: einen Photoapparat, Modell »Leica«, für 6000 und ein Miniradio mit 5 Röhren für 4000. Beide Sachen muß ich mir auf jeden Fall anschaffen.

27. 6. 1946
Und wieder schreibe ich im Zug, in Berlin.

Ich habe meine Arbeit längst beendet. Insgesamt bin ich hier mehr als drei Monate gewesen. Und das nur, weil sich niemand für mich interessiert, mir niemand dienstlich Verantwortung übertragen, aber auch niemand mir geholfen hatte.

Die Frauen konnten meinen Eigensinn lange Zeit nicht ins Wanken bringen: Ich habe mich mehr den Papieren und der Lektüre hingegeben als den Frauen (ich las nur Zeitungen, sowohl russische als auch mir halbverständliche deutsche, ab und zu genieße ich Zeitschriften, aber das nur in gesegneten Momenten). Ich wurde mit Briefen überschüttet, mit allen möglichen kleinen Texten, Versen und höherer Prosa. Auf der Straße lächelten sie mich an, in der Straßenbahn, im Zug winkten sie mir aus den Fenstern zu, riefen mir freundlich und einladend mit ganz verschiedenen Gesichtern und Stimmen hinterher, wenn ich mit dem Rad vorbeifuhr. Und wenn ich mal mit einem Lächeln antwortete, dann leuchteten die Augen auf, während meine Unzufriedenheit und meine Trübsal alle zu Tränen rührte. Es war immer wieder vielversprechend, mit einem deutschen Mädchen auf ein paar Worte stehenzubleiben – sie erstrahlten wie ein Stern und erloschen dann durch meine Ernsthaftigkeit, waren ganz mein und vom ersten Gespräch an zu allem bereit. Für die Russinnen interessierte ich mich wenig. Es sind nur wenige hier, und die sind sehr gefragt. Nach Dina, die so unerreichbar ist, trauerte ich der vertanen Zeit aus ganzem Herzen nach. Erst gegen Ende meines Aufenthaltes hier wurde ich nacheinander von dreien verführt, wobei ich aber, von lauter Schönheit verwöhnt, mich nicht verliebte.

Und jetzt, als ich Köpenick eine Visite abstattete, fand ich einen ganzen Stapel Briefe und Zettelchen vor, voller Tränen, Seufzer und Beteuerungen, wie schade es sei. Na, was kann ich da tun? Aber davon ein andermal.

29. 6. 1946 Hennigsdorf
Der mißlichste Tag in meinem Leben – ich habe Gonorrhöe. Schmerz, Qual, Scham und Erniedrigung schnüren meinen Kopf zusammen.

1. 7. 1946 Kremmen, Krankenhaus
Unter dem Eindruck von Tolstois »Krieg und Frieden« und der schwer auf mir lastenden Gedanken an die Krankheit, die ich vergeblich zu vertreiben suche, die aber gleichwohl mein launisches Herz martern. Ich möchte an die Vergangenheit denken, die nicht immer sorglos war, doch irgendwie naiv und einfach, so wie alles auf der Welt zur Frühlingszeit.

Der Krieg war mit großen, ungelenken Schritten in meine Welt getreten, ganz und gar nicht so, wie er am Ende davonzog, allen bekannt und mit müdem Schritt. Er war da, stand vor mir, stark, unermeßlich und voll ungeahnter Geheimnisse und Überraschungen. Es war unmöglich, in seine Tiefen zu blicken, seine Entwicklung und seine Wendungen zu begreifen. So verharrte er unentschlossen und ließ es zu, daß man sich an ihn gewöhnte, offenbarte sich aber mir gegenüber nicht. Die ersten Tage war ich froh, war zuversichtlich und überzeugt, daß alles ein gutes Ende nehmen würde und Deutschland vom ersten Tag an bekäme, was es verdient. Es ist gut, dachte ich, daß es jetzt die Möglichkeit gibt, mit den Deutschen, die stets unsere bösen, mächtigen und arglistigen Feinde waren, abzurechnen. Dann wird Schluß sein mit jener Gefahr, die dieser Aggressor vom ersten Tag an für uns darstellte. Ich war ganz von patriotischen Gefühlen durchdrungen, konnte mir nichts anderes vorstellen als eine Niederlage der Deutschen, ihren Abzug und ihre Zerschlagung. Dies alles schien mir so einfach zu sein, und meiner Vorstellung nach würde der Krieg gewiß bald beendet sein, glücklich und freudig.

Ohne zu zögern, ging ich in die Kolchose. Fast zwei Monate lang arbeitete ich unverdrossen, setzte mich für eine kolossale

Ernte ein. Dann begannen die Evakuierungen, die Bombenangriffe – der Krieg fletschte die Zähne, zeigte sein Gesicht. Angst hatte ich nicht, war aber fassungslos, konnte es nicht glauben.

Gräben ausheben, der nächtliche Alarm, das fürchterliche Stöhnen der Großmutter, das Schreien der Frauen, die Sorge um meine Mutter. Der Wunsch, sie neben mir zu sehen und nicht 30 Kilometer entfernt, dort, wo die Fabriken und die Luftangriffe waren. Angstvoll verabschiedete ich sie zur Arbeit und empfing sie abends voller Freude. Das Leben wurde aber nicht besser, der Kummer brachte uns nicht zusammen; die Not zwang uns nicht zur Versöhnung, Zwist und lauter Streit in der Familie, an dem die griesgrämige böse Großmutter keinen unwesentlichen Anteil hatte, hörten nicht auf. Ich war schadenfroh. Und einerseits konnte ich die Leute mit meinem Lachen und meinem Gehabe reizen, war aber andererseits mitfühlend und unterschiedslos allen zugetan, bei denen ich Verständnis und Teilnahme erfuhr.

Mama war gereizt und bedrückt. Sie konnte mich nur selten mit jener Zärtlichkeit behandeln, die ich früher so genossen hatte, sie schimpfte fast unentwegt und war kühl. Im Herzen spürte ich ihre innige und zärtliche Liebe, doch mein Verstand konnte dies nicht mit ihrem Verhalten mir gegenüber in Einklang bringen. In meiner Kindheit war ich zwar mit wahrer, inniger Wärme nicht gerade verwöhnt worden, doch hatte ich damals noch nicht die grausame Kälte meiner Mutter erfahren – Gefühle der Liebe waren noch stärker als alle anderen Gefühle, und so waren die heftigen Schläge und Stöße (manchmal mit dem Kopf gegen die Wand), die bösartigen Vorwürfe und die Ächtung mit allen Mitteln immer schnell vergessen.

Nacht. Schlaflosigkeit hat mich gepackt. Zu den Gedanken über den Tripper hat sich ein weiterer gesellt, den mir die Broschüren über Syphilis, die ich gelesen habe, eingeflößt haben. Kann ich denn wirklich so ein Unglücksmensch sein, daß das Leben mit mir kein Erbarmen hat und mich mit einer noch gemeineren Waffe vernichtet?! Kann das denn wirklich sein?! Die kleine Geschwulst paßt zu der Beschreibung. Ich bin ganz außer mir. Der Doktor ist den ganzen Tag nicht gekommen, und bis zum Morgen ist es noch lang. Die Ungewißheit ist schlimmer als die Tatsache selbst. Aber diese grausame Ungewißheit ist immer noch besser als eine noch schrecklichere Klarheit. Oh, wie schwer ist es doch, in dieser Welt zu denken und zu leben ...

[2. 7. 1946] Dannenwalde
Sitze beim Arzt in der Warteschlange. Damals hatte ich Julko hierhergebracht. Jetzt bin ich selbst hierhergeraten. Gott, gib, daß es keine Syphilis ist, bete ich mit bebendem Herzen und schmerzendem Zittern der Muskeln.

Was werde ich jetzt vernünftig und vorsichtig sein! Wenn das Schicksal doch bloß gnädig wäre. [...]*

In beiden Krankenhäusern haben sie bei mir keine Syphilis festgestellt, aber ich bedaure die verlorene, schlaflose Nacht keineswegs. Es ist besser, das Gefühl dieser Angst zu durchleben als das eigentliche Schrecknis. Auch die Zugfahrt hierher bedaure ich aus zwei Gründen nicht: Ich werde jetzt in ein Krankenhaus eingewiesen und einer richtigen Behandlung unterzogen. Und die Analyse der Ärzte hat mich halbwegs beruhigt.

Ich fahre mit dem Zug. Von Neustrelitz nach Berlin sind es 106 Kilometer. Aber ich bin schon hinter Fürstenberg, so daß es bereits zwei Dutzend Kilometer weniger sind.

Jetzt kommt wieder Dannenwalde. Wohin es nun weitergeht, weiß ich nicht. Vielleicht sollte ich hierbleiben? Oder ... nein, ich fahre weiter! Ein Fluß, Wälder, Sumpf, und durch den Wald schimmert hell eine Landstraße. Wie schön es hier ist!

Neustrelitz ist eine große, schöne Stadt. Im Zentrum steht jetzt eine herrliche Bronzestatue, ein Denkmal für die Soldaten der Roten Armee. In dem umzäunten Park rund um das Denkmal gibt es viele Gräber, Einzelgräber und Sammelgräber, gut die Hälfte von ihnen bergen namenlose Helden: »Hier liegen Rotarmisten begraben, die im Kampf für die sowjetische Erde als Helden gefallen sind«, oder »Hier ruht ein Soldat, gefallen im Kampf mit den deutschen Faschisten«. Die große Statue in der Mitte stellt

---

* Es folgen sechs unleserliche Zeilen.

einen Soldaten mit erhobenem Banner mit Stern und Maschinengewehr dar. Sie ist nach dem Vorbild der deutschen Siegessäule in Berlin gestaltet, allerdings wesentlich kleiner.

Gerade haben sie am Bahnhof eine alte Frau aus dem Waggon getragen. Sie lag wohl im Sterben, das Gestoße und Gedränge im Zug waren wohl eine zu große Qual für sie gewesen. Niemand kam herbei, niemand half ihr, man hatte sie auf den Boden gelegt und war weggegangen. Aus den Waggonfenstern schauten die Leute zu, wie sie schwer und stockend atmete. Die Leute schauten ohne Anteilnahme, ohne Mitgefühl hin. Nur so ein häßliches, buckliges Mädchen kam herbei, bückte sich, und als sich der Zug in Bewegung setzte, sah ich, daß das Mädchen der Alten Wasser zu trinken gab.

Bahnhof Gransee. Irgendwo in der Nähe muß Kremmen liegen, doch ich kann mich jetzt noch nicht entschließen auszusteigen.

Der Schmerz treibt trübe Gedanken herbei, den Wunsch nach Ablenkung, doch womit? Mit Büchern? Ich habe in den zwei Tagen Krankheit und unterwegs bereits den 4. Band einer kommentierten Ausgabe von »Krieg und Frieden«[106] durchgelesen und die Kurzgeschichten »Liebe zum Leben« von Jack London, die Lenin so geschätzt hat.[107]

Eine wunderbare Aussicht auf die Felder beim Bahnhof Buberow, schade, daß ich keinen Film drin hatte. Jetzt lege ich einen Film ein, während der Zug sich bewegt, das ist auch eine Beschäftigung und lenkt ab.

Frauen stoßen mich jetzt ab. Ich kann ihre Gegenwart nicht ertragen und fürchte mich vor ihnen. Verhalte mich gerade äußerst egoistisch, da ich das gesamte Abteil mit 7 bis 8 Plätzen allein belege und die Deutschen nicht hineinlasse – es ist schließlich ein Militärwaggon.

Gutengermendorf. Hier gibt es Wald und Felder mit einzelnen Häuschen und Dörfchen, die sich hinter Büschen verbergen. Mein Bart wuchert nun schon seit fünf Tagen. Die Deutschen schauen mich, der ich kaum die Beine bewege, jung und zugleich alt erscheine, verwundert an, und ich wende mich ab und ärgere mich aus ganzem Herzen über mich selbst und die Leute, über das deutsche Land, das jetzt von Geschlechtskrankheiten überschwemmt wird.

Doktor Solomonnik aus dem Krankenhaus versuchte mich aufzumuntern: »Was bläst du solch eine Trübsal? Wer keinen Tripper hatte, ist kein richtiger Mann. Ist doch alles halb so schlimm! Du bist ganz eingeknickt, läßt dich hängen, rasierst dich nicht mehr – wie ein alter Knacker. Der Tripper ist die Krankheit des Soldaten. Und du bist ein Mann und Offizier!«

Die Krankenschwester drohte, sie werde mich auf keinen Fall unrasiert ins Krankenhaus lassen. Das sind einfühlsame und hilfsbereite Leute hier. Von denen sollte ich mich behandeln lassen und nicht im Brigadelazarett, wo selbst die Sanitäterinnen durch Soldaten ausgetauscht worden sind, die noch seltener in den Krankenzimmern vorbeischauen.

Der altbekannte Bahnhof Grüneberg. Hierher war ich mal mit dem Pendelgüterzug gefahren, hatte Holz transportiert. Bis Oranienburg sind es jetzt 20 Kilometer.

Ich muß etwas trinken. Trotz des Durstes und der dringenden Ratschläge der Doktoren, kann ich meinen Wunsch auf der ganzen Strecke nicht erfüllen; Wasser, Wasser – dieser naive Gedanke blitzt auf allen Stationen auf, aber die Augen suchen und die Lippen träumen vergeblich … Kein Wasser.

Noch ein Flüßchen kurz vor Oranienburg. Wie sehr beneide ich jenen Mann, der, gesund und munter, dort gerade gebadet hat und nun aus dem Wasser steigt, und die Kinder, die noch so klein sind und noch nicht wissen, wie grausam und erbarmungslos das Leben ist.

3. 7. 1946 Berlin-Tegel
So fuhr ich dann bis Oranienburg, ganz von Gedanken über mein Unglück gepeinigt. Ich mußte noch nach Kremmen, um meine Bescheinigung rechtzeitig abzuholen und dann zurück ins Krankenhaus zu fahren. Aber das Schicksal war entschieden anderer Ansicht – der Zug nach Kremmen fuhr nicht, und es war schwer, ein Auto auf der Landstraße anzuhalten.

Ein Deutscher riet mir, mit der S-Bahn nach Schönholz zu fahren, da man von dort wohl leicht mit dem Zug nach Hennigsdorf weiterkäme. Noch ist nicht alles verloren, entschied ich. Immerhin ist es besser, zu Hause zu übernachten als auf der Straße.

Doch auch diese Hoffnung trog. Ich war erst um 11 Uhr in Schöneweide, mein Zug hatte ein wenig Verspätung, und der andere, der vom Stettiner Bahnhof nach Heiligensee, hatte nicht gewartet, war schon abgefahren. Es blieben zwei extreme Möglichkeiten, die meinen unerfüllten Träumen auch nichts Gutes mehr hinzufügen konnten: 1. Richtung Berlin fahren, oder 2. in Schöneweide bleiben —

5. 7. 1946 Neustrelitz
Krankenhauszimmer

Nach acht Tagen Krankheit werde ich heute zum erstenmal behandelt. Ich habe schon viele Geschichten gehört, daß das Terpentin verdorben oder nicht ausreichend verarbeitet sein könnte und daß die Infusionsstelle aufgeschnitten werde und wie fürchterlich schmerzhaft das sei und wie häufig so etwas geschehen würde. Ich muß gestehen, mir war reichlich bange.

Gerade haben sie die Stelle ausgebrannt. Das hinterließ bei mir, der ich keine Erfahrung mit diesen Krankheiten habe und diese Behandlung zum erstenmal erlebe, einen gehörigen Eindruck. Doch das ist erst der Anfang. Heute kommt dann noch eine Injektion. Das sei das Schlimmste, sagt man: Ich werde nicht schlafen können, werde mich selber beißen – es sind Terpentininjektionen.

So, ich habe heute eine Spülung mit 50prozentiger Silbernitratlösung bekommen. Jetzt bleiben laut Plan noch 40prozentiges Terpentin, 1,0 Gramm, und dann 20,0 Gramm Peremel.[108] So hat es der Arzt verordnet.

7 Uhr abends. Habe Terpentin bekommen. Die anderen sagen, daß man herumgehen soll, damit es abschwillt. Die Spritze tut weh, und ich spüre, daß bereits Fieber im Anmarsch ist.

Es wird zum Abendessen gerufen. Jetzt ist es 7.30. Ich kann noch gehen und halte mich auf den Beinen, und um mich herum Gedränge und Geplapper. Durch das Fenster weht es kühl herein, es hat geregnet, der See ist grau geworden und hat sich in seiner Farbe dem finster dreinblickenden Himmel angeglichen.

Heute habe ich nur vier Briefe geschrieben.

8. 7. 1946
Es geht mir besser. Meine Temperatur fällt und steigt und fällt dann erneut, unregelmäßig und auf seltsame Weise. Gestern abend stieg sie auf 39,6°, heute waren es 38,7°, 37,9° und 37,2°, und jetzt um 6 Uhr abends 38,3°. Sitzen kann ich nicht, liegen fällt mir schwer. Als ob ich gelähmt wäre, liege ich auf dem Bauch, benutze zwei Kissen für ein nahezu unerreichbares Ziel – die Gelenkschmerzen nach der Spritze zu lindern. Drei Tage habe ich nichts gegessen, heute hatte ich zum erstenmal Appetit. Fünf Tage hatte ich keinen Stuhl, selbst das Klistier half nicht. Heute habe ich mich erstmals auch von diesen Problemen befreit. Seit gestern nehme ich [Kalomel]: gestern 12 Stück, heute bis 12 Uhr 10 Stück (11 Gramm), und insgesamt sollen es 20 Gramm sein. Morgen ist also der letzte Behandlungstag, dann kommen verschiedene Nachuntersuchungen, Tests, die sich lange hinziehen können.

Das Schreiben fällt mir schwer, ich laß es bis [...]*.

10. 7. 1946
11 Uhr abends. Meine Krankheit ist im letzten Heilungsstadium. Um 12 Uhr nehme ich die letzte Tablette, und dann werde ich nur noch Untersuchungen und Tests über mich ergehen lassen müssen. Den sechsten Tag im Bett. Die ersten vier Tage war meine ganze Seite gelähmt. Das Fieber war hingegen nicht allzu hoch – 37,8°, dann 38–39°, manchmal 39,6°. Ich weiß nicht, wie sich das auf die Heilung auswirken wird, es heißt, es sei schlecht, wenn das Fieber nicht hoch ist. Gestern und heute ist es abrupt auf 38,3° gesunken, es geht mir etwas besser. Der Ausfluß hat seit der ersten Spritze aufgehört. Allerdings kam er vorgestern früh, als ich noch nicht wieder ganz bei Kräften war, bei leichter Berührung der Eichel wieder. Auch heute hatte ich kein Stechen, nach dem Drücken begannen jedoch wieder die Absonderungen.

Im Behandlungszimmer passierte etwas Unangenehmes: Das Silbernitrat, das zum Ausbrennen dient, ging nicht sofort wieder raus und blieb in der Harnblase. Erst zwei Tage später war ich es los.

* Ein Wort unleserlich.

13. 7. 1946 Reizprobe.
Ein Katheter. Ausbrennen mit einprozentiger Silbernitratlösung, nachmittags eine Milchspritze – das sind jene Untersuchungen, von denen ich einen Teil schon durchgemacht habe. Bleibt die Spritze. Und dann kommen übermorgen die Ergebnisse der sogenannten »ersten Reizprobe«.

6.30 Uhr. Habe gerade die Spritze bekommen. Noch tut es nicht weh, es wurde nur ein wenig taub. Dafür läßt mir die Terpentinspritze überhaupt keine Ruhe. Ich schreibe, auf die Knie und mit den Ellenbogen auf die Kopfunterlage gestützt, im Bett. Schmerz und Stechen scheinen einen Wettkampf miteinander zu veranstalten. Von Zeit zu Zeit fährt die schwere, drückende Kraft des Schmerzes, die an der Einstichstelle abnimmt, als dumpfes Stechen in die Beine und rechts in das Becken, martert meine Knochen und walkt sie dort unerbittlich.

Es fällt schwer zu liegen – meine rechte Seite und der Bauch sind durch die achttägige Behandlung mit Terpentin nicht weniger empfindlich als die erkrankten Körperteile. Lange stehen kann ich auch nicht. Gehen fällt schwer: Schwächeanfälle und fürchterlicher Durst, und der Schmerz verschwindet nicht. Habe 5 bis 6 Tage fast nichts gegessen, nur Wasser getrunken. Habe deswegen abgenommen, vermutlich 10 bis 15 Kilogramm. Im Spiegel habe mich kaum erkannt: Die Augen liegen noch tiefer als früher, das Gesicht ist schmaler, der Kopf ist kleiner geworden, und die Haare fallen mir büschelweise aus. Außerdem habe ich Ausschlag bekommen.

Die kleine Geschwulst am Glied hat mir viele Qualen verursacht. Ich dachte, es ist Syphilis. Sie war plötzlich aufgetaucht (war schmerzlos), lange vor dem letzten und verhängnisvollen Kontakt mit einer Frau. Ich hatte die Geschwulst zuerst im Brigadelazarett gemeldet. Der Sanitätsarzt, ein dicker älterer Oberleutnant mit langjähriger Berufserfahrung, schaute sie sich an und meinte, daß das wahrscheinlich etwas anderes sei, bestand aber nicht auf seiner Diagnose und schickte mich zur Untersuchung in ein Spezialkrankenhaus in Dannenwalde. Dort hielten sie Gonorrhöe zwar für möglich, doch der Doktor wies direkt darauf hin, daß zum gegenwärtigen Zeitpunkt die Krankheit (die er auf

Latein bezeichnete) nicht festgestellt werden könne. Ich bekam eine Überweisung ins hiesige Krankenhaus. Von Dannenwalde sind es 32 Kilometer. Eine Rückkehr nach Kremmen ist an jenem — Doch wollte ich es nicht aufschieben, denn es war viel zu hören von der schlechten Behandlung im Lazarett und von vielem Unangenehmen —

16. 7. 1946
Die Fahrt nach Kremmen und zurück war sehr unangenehm. Ich kam per Anhalter und mit dem Zug erst gegen Abend in Oranienburg an, und dort erwartete mich eine schlechte Nachricht: Der Zug nach Kremmen fuhr nicht. Ich beschloß, per Anhalter weiterzufahren, und erlebte auch damit ein Fiasko. Und als man mir sagte, daß vom Bahnhof ein Zug in Richtung Berlin fährt, beschloß ich, bis Schöneweide zu fahren, von dort konnte ich den Zug nach Heiligensee nehmen. Aber auch das gelang nicht wie geplant. Ich kam spät in Schöneweide an. Der letzte Zug fuhr zum Stettiner Bahnhof. Ich fuhr also dorthin, um zu übernachten. Aber all die Hotels und Gästehäuser, von denen so viel geredet wurde, waren weit weg, und man bekam dort nur über die Kommandantur einen Platz.

Ich mußte mir auf dem Bahnhof einen Platz suchen. Die Deutschen schliefen auf den Treppen, auf den Stufen am U-Bahneingang[109] und direkt auf dem kalten Steinboden, kauerten sich zusammen und drückten sich aneinander, Körper an Körper. Ich war über eine solche Aussicht überhaupt nicht erfreut. Ich ging hinunter auf den Bahnsteig. Aber die Züge waren schon ins Depot gefahren. Die deutschen Eisenbahner rieten mir zu warten, da in einer Stunde der letzte Zug ankommen sollte, der bis um 5 Uhr hier stehen würde. Als ich auf den Bahnsteig kam, war es schon 12 Uhr, ich beschloß, trotzdem zu warten, einen anderen Ausweg gab es nicht. Ich rollte mich auf einer Bank zusammen. Ich konnte nicht schlafen: Ein Gedanke nach dem anderen ging mir durch den Kopf, und dann kam der Zug. Ich stieg in ein Abteil der ersten Klasse und schlief sofort auf den gepolsterten Sitzen ein.

Ich wurde durch Betriebsamkeit, Bewegung und Türenschlagen geweckt. Es war 4 Uhr, und der Zug füllte sich bereits mit

Leuten. Ich ging raus und legte mich wieder auf eine Bank, aber man ließ mich nicht schlafen. Mal legte jemand seine Sachen auf mir ab, mal setzte sich jemand auf mich, weil er mich in dem Dämmerlicht nicht gesehen hatte oder womöglich, wenn man die Rüpelhaftigkeit der Deutschen bedenkt, auch mit Absicht.

Morgens wollte ich dann mit dem ersten Zug nach Heiligensee. Aber der Schlaf übermannte mich zur falschen Zeit, und ich verpaßte den Bahnhof, kam erst zu mir, als ich schon wieder fast beim Stettiner war. Da fuhr ich erneut nach Heiligensee, ärgerte mich, daß ich anderthalb Stunden verloren hatte.

Beim Stützpunkt freuten sie sich: Ein zusätzlicher Offizier bedeutet einer mehr, der den Dienst übernehmen kann. Die Leute, die unter dem Nichtstun litten, sich ihm im Cabaret oder in der Kneipe ergaben, die wollen jetzt nicht einmal mehr Dienst schieben. Und ich erinnere mich – Dremow (Oberleutnant) empfing mich mit einer roten Binde. Die anderen wollten mit Freuden ihre Arbeit auf mich abwälzen, sie freuten sich über mich nicht meiner Person wegen, sondern als Mitglied des Offizierskorps. Gleich zu Beginn trübte ich ihre Freude – ohne zu zögern verkündete ich, daß alle es hören konnten, daß ich wegen der Bescheinigung nach Kremmen fahre und von dort endgültig ins Krankenhaus.

Im Lazarett hielt mich der dickbäuchige Leiter zurück und versuchte mich zu überreden, aber ich war fest entschlossen und wollte nicht aufgeben. Er ordnete dann selber an, daß mir eine Vergleichsmitteilung ausgestellt wird.

Meine Vergleichsmitteilung haben sie dort und auch hier für allerlei grobe Experimente mißbraucht. Dort schrieben sie zum Beispiel folgendes: »Von der Verpflegung ausgeschlossen bis zum 4., hat Lebensmittel bis zum 3. erhalten«, und weigerten sich, mir wenigstens die Trockenration der mir für einen Tag zustehenden Lebensmittel zu geben. Zucker und Seife für vier Tage wurden mir vorenthalten.

18. 7. 1946 Neustrelitz. Krankenhaus
Gestern war ich zum letzten Mal beim Arzt. Die zweite Reizprobe ergab, genau wie die erste, keine Anzeichen von Gonor-

rhöe, und der Arzt versprach, mich am Freitag, d. h. morgen, zu entlassen.

Die Terpentinspritze hat meine Gesundheit ziemlich beeinträchtigt und mir in den Tagen, als sie Wirkung zeigte, große Schmerzen bereitet. Zehn Tage konnte ich nicht gehen, und fast ebenso viele mußte ich im Bett bleiben. Fünf Tage habe ich keine Nahrung zu mir genommen und hatte keinen Stuhlgang. Nach der Einnahme von [Kalomel] verschwand die Krankheit, aber ich bekam Bläschen, die nach allen Anzeichen auf die Diagnose »Krätze« paßten. Der Doktor lachte jedoch nur über meine Einbildungskraft und nannte es eine schlichte Reizung, ohne etwas zur Abhilfe zu verschreiben. Jetzt juckt es am ganzen Körper, besonders an der Stelle, die erkrankt war.

Während meiner Zeit hier als Patient habe ich viele Briefe geschrieben. Fast alles kurze, die im Grunde aus Photographien bestanden, die ich plötzlich loswerden wollte.

Mein Denken ist schwach geworden, der Verstand schwerfällig, und ehrlich gesagt, habe ich nichts Rechtes ersonnen. Habe viel gelesen und meine Augen geschwächt.

Gerade erst habe ich an der Stelle, wo ich die Terpentinspritze bekommen habe, viele Knötchen ertastet. Ich habe die Hose heruntergezogen und nachgeschaut – Ausschlag, die Anzeichen von Syphilis. Ich bin am Boden zerstört, warte auf den Morgen, um das zu klären. Ist es wirklich Syphilis? Was bin ich doch für ein Unglücksrabe! Schon wieder!

19. 7. 1946 Neustrelitz
Ich werde nach dem Mittag entlassen, so gegen 3 oder 4 Uhr. Der Arzt hat wieder gelacht, mir aber eine Salbe zur Heilung verschrieben. Meint, es sei eine einfache Reizung, die viele Ursachen haben kann: von der Wärmflasche, der Kompresse oder anderem. Er hatte nicht gedacht, daß ich einen so empfindsamen Körper habe ...

21. 7. 1946 Hennigsdorf
Im Zug, unterwegs in Richtung Berlin.

Vorgestern, als ich noch im Krankenhauskittel war, besuchte mich Kuskow. Es stellte sich heraus, daß sie mit Berlin noch nicht abgerechnet haben und durch meine vollständig ausgefüllten Unterlagen nicht durchfanden – sachkundige Leute, was soll man da noch sagen – und nun beschlossen hatten, mich im Krankenhaus aufzusuchen.

Das war zufällig am Tag der Entlassung. Spät abends kam ich zu Hause an, es gab nur wenige Briefe, drei von Mama, drei von Schura mit Photographien und je einer von Papa, Sofa Rabina und A. Korotkina. Dann noch von Nina K., dabei sind doch etliche Tage vergangen, fast ein Monat!

Von 12 bis 2 Uhr nachts schrieb ich Antwortbriefe an die ersten drei. Ich will jetzt regelmäßig und ausführlich antworten, mich aber nicht erniedrigen und der erstgenannten keinen Verdruß bereiten.

Bei meiner Rückkehr kursierten im Stützpunkt Gerüchte, ich hätte eine doppelte Neigung und andere Schreckensgeschichten, durch die mir noch schwerer ums Herz wurde. Die Gerüchte stammen offenbar von Hauptmann Jarzew, unserem Leiter – nach einhelliger Einschätzung der Offiziere eine zuverlässige Quelle. Man grüßt mich nicht mehr, man meidet mich in der Kantine und erzählt soviel über mich, daß ich manchmal schon selbst an mir zweifle und mich vor mir selbst fürchte. Denn das wurde nicht im Scherz gesagt, sondern ganz offiziell, bei einer »Vorlesung« über Geschlechtskrankheiten, um das Thema auszumalen und ihm mehr Gewicht zu verleihen – und um mich bei lebendigem Leibe zu vernichten.

Heute morgen hielt ich es nicht mehr aus und ging zu Jarzews Frau, einer Sanitätsärztin, verlangte, daß sie mich zur Blutuntersuchung ins Olympische Dorf überweist. Der Hauptmann empfing mich abweisend: »Was du dir eingebrockt hast, mußt du auch auslöffeln!« Zynischer kann man es nicht sagen. Doch wozu werden Gerüchte darüber gestreut? Ich habe genug durchgemacht, bin nach der Behandlung halbtot im Stützpunkt angekommen, und man fürchtet mich wie einen Pestkranken.

24. 7. 1946 Berlin Ostkreuz
Die Deutschen nehmen die in Deutschland erscheinenden Zeitungen nicht als ihre eigenen wahr, sie teilen sie ein in russische, englische, amerikanische, französische und Parteizeitungen (kom-

munistische, sozialistische, christdemokratische, liberale und andere).

Berlin-Reinickendorf. Fahre zurück nach Hennigsdorf. Habe Lebensmittel eingekauft, man kann sie an einer Hand abzählen – 700 Mark sind draufgegangen. Jetzt wird auch deutsches Geld, das unter Hitler im Umlauf war, angenommen, das ist gut. Davon hatte ich noch fast 500, die bin ich losgeworden.

Durch die frischen Kirschen ist ein Briefumschlag naßgeworden und zerrissen. Die Kirschen mußten weg, und ich habe sie trotz all meiner Pingeligkeit, die ich nach der Krankheit besonders gepflegt habe, direkt auf dem Bahnhof gegessen, ohne sie oder meine Hände zu waschen.

Es kam ein verhutzelter Wicht dazu, so ein elendiger fieser Deutscher, der schaute erst von der einen Seite, dann von der anderen, stellte sich auf die Zehenspitzen (er war so groß wie ein Zwerg), lächelte untertänig und fragte, was ich denn da essen würde. Als ich ärgerlich fragte: »Was wollen Sie denn?«, wandte er sich ab. Er entfernte sich ein wenig, lächelte unverändert, fragte <Schmeckt gut?> und schnupperte und schnüffelte herum, spähte mit seinen elenden Äuglein, die selbst durch die Brille klein wirkten, umher, so daß mir übel wurde in seiner Gegenwart. Ich spuckte die ganze Zeit Kirschkerne, die einzige Beruhigung angesichts dieses widerwärtigen Männleins. Aber dann kam der Zug, und ich konnte aufatmen, ihn vergessen.

Es waren so viele Kirschen, daß ich nicht alle schaffte. Glücklicherweise waren in dem Waggon zwei Mädchen, beide so um die sieben Jahre alt. Sie spielten fröhlich ein Ratespiel, bei dem es auch um Erwachsenenfragen ging, etwa: »Ist dein Herz noch frei?« und andere, so daß man unwillkürlich lachen mußte und es einen fröhlich stimmte. Ich gab ihnen die Kirschen. Die haben sich vielleicht gefreut!

Neben mir sitzen Franzosen, sehr bescheidene und rücksichtsvolle Leute. Sie kamen rein, grüßten, einer plapperte ein gutes Deutsch. Ich bot ihnen Süßigkeiten an. Sie freuten sich. Hätten so etwas lange nicht mehr gegessen, sagten sie.

Ich habe mich gewogen: 62 Kilogramm – habe genau vier Kilo abgenommen. Ziemlich viel, aber bedeutend weniger, als ich dachte.

Ich habe mir einen Vollbart wachsen lassen und sehe jetzt völlig verändert und erheblich älter aus. Der Friseur, bei dem ich mich in Berlin rasieren ließ, schätzte mich auf 30–35 Jahre! Sehr witzig!

Der Stützpunktleiter läßt sich einiges einfallen. Er hat mir einen Auftrag gegeben, 6 Hochbordwaggons. Ich bringe Bretter von Kremmen nach Hennigsdorf. Tagesfuhrmann und Wache dabei, da kann man wirklich nicht meckern, eine richtige Offizierssache! Ich fahre.

Und zu Hause habe ich ein lustiges siebzehnjähriges Mädchen. Die sorgt sich um die Zukunft, fragt, ob ich sie heiraten werde. Ich schlafe die dritte Nacht mit ihr. Sie ist bescheiden, schüchtern. Sie gibt sich unschuldig und rein. Weiß Gott, vielleicht stimmt das sogar, und es steckt ein ganzes Stück Wahrheit dahinter.

Habe schon den dritten Tag keine Briefe geschrieben. Kopfschmerzen, Unruhe, fieberhafte Angst vor Syphilis. Jeden Tag suche ich auf meinem Körper nach Ausschlag und Knötchen, finde aber bislang nichts, verspüre jedoch keinen Trost – schlimme Gedanken. In Kremmen habe ich eine Überweisung für eine Untersuchung in Neuruppin bekommen.

26. 7. 1946 Hennigsdorf
Sollen mich die Leute ruhig schlecht behandeln, ich bin damit zufrieden, daß mich die Natur nicht benachteiligt hat (Thema für ein Gedicht).

27. 7. 1946
Major Koroljow hat mich gebeten, nach Berlin zu fahren, um Zigaretten zu beschaffen (während der Arbeit!), er übernahm die Verantwortung für meine Abwesenheit von der Einheit. Ich muß ja ohnehin noch einiges in Berlin erledigen, und obwohl ich müde bin und gern einmal eine Zeitlang an einem Ort geblieben wäre, willigte ich ein.

Jetzt ist es kurz nach 4 Uhr. Ich möchte es noch nach Weißensee ins Feinkostgeschäft und wegen des Radioempfängers in die zentrale Kommandantur schaffen, wo die sich befindet, habe ich noch gar nicht genau herausgefunden, dann zu einer anderen Adresse wegen der Photoapparate und schließlich nach Treptow wegen der Photographien und nach Köpenick, meine Stiefel vom Schuster abholen. Wenn ich alles rechtzeitig schaffe, schaue ich noch bei Dina vorbei, die wird sich wundern, mich mit Bart zu sehen!

Ich gehöre jetzt zu den Alten: Mein Bart ist schwarz, hebt sich ab und springt sofort ins Auge. Man kann sehen, daß ich nicht alt bin, doch hält man mich jetzt auch nicht mehr für jung. Die Leute schauen und lächeln, und für mich ist es amüsant: Es gibt also doch etwas, womit man Europa in Erstaunen versetzen kann, denn es schien ja, als sei es allem gegenüber gleichgültig und durch nichts mehr zu beeindrucken.

Meine jüngste Liebe ist eine kleine Deutsche. Rosa will, daß ich mich rasiere: »Man schaut dich an wie eine Rarität, diese Mode mit Vollbart und Schnurrbart gehört bei uns schon lange der Vergangenheit an.« »Tatsächlich? Gut! Dann werden sie halt keinen Gefallen mehr daran finden und mich nicht mehr belästigen!«

28. 7. 1946 Ein freier Tag. Hennigsdorf
Der Tag hat mir zugelächelt, und jetzt ist es kurz nach 11 Uhr, und ich habe noch viel zu erledigen.

Draußen ist es trübe und naß, es regnet, und auch meine Stimmung ist gedrückt, die Perspektivlosigkeit – unheilvoll türmt sich ihre Gestalt vor mir auf.

29. 7. 1946 Hennigsdorf
Ich habe nun schon vier, fünf Tage ständig leichte Kopfschmerzen. Woher kommen sie bloß? Ich habe jetzt die Neigung, alles zum Schlechtesten auszulegen. Meine Befürchtungen sind gewachsen.

Ich fahre gerade wieder nach Kremmen. Ein Waggon ist entgleist, und ich warte, daß man ihn wieder in Ordnung bringt.

Ich habe einen Urlaubsantrag geschrieben,[*] war ganz niedergeschlagen. Wie hilflos bin ich doch, und wie gleichgültig behandeln mich alle.

---

[*] Gemeint ist der am 30. Juli noch einmal neu formulierte Antrag. Siehe Notiz vom 30. 7. 1946.

Rosa ist zu mir gekommen. Sie sitzt mir gegenüber, schaut mich unentwegt an, und ich ärgere mich. Es ist zu dumm: Weder Liebe noch Freude sind meinem Herzen geblieben. Der Kummer, erbarmungslose Schwermut und Wut haben alles vertrieben. Und mein Kopf tut weh, zerspringt, quält mich, der ich so sehr zur Unzeit die Welt erfahren mußte.

Abend. Rosa ist den ganzen Tag bei mir, und ich bin weg. Die Arbeit ist Kinderkram, ich weiß nicht, warum ich sie bekommen habe, aber sie nimmt viel Zeit weg. Jetzt findet hier eine Parteiversammlung statt – merkwürdig, man hat mir nicht Bescheid gesagt, und ich bin ganz zufällig hierhergelangt.

30. 7. 1946
Rapport [Entwurf]
Der Gehilfe des Leiters der Transportabteilung,
Stützpunkt für Material und Ausrüstung,
Leutnant W. N. Gelfand

An den Stabschef
Es ist dringend notwendig, daß ich meine Eltern wiedersehe und ihren Lebensabend erleichtere (sie haben sich 1938 scheiden lassen und leben in unterschiedlichen Städten, leiden materielle Not und unter der Trennung von mir).

Sämtliche Geschwister sowie die Mutter und die Nichte meines Vaters sind von den deutschen Okkupanten in einem Gaswagen umgebracht worden, so daß er völlig allein steht; meine Mutter benötigt einen Kuraufenthalt und beste fachärztliche Begleitung, da sie mit dem Tode ringt.

Ich bitte Sie also um die Möglichkeit, in die Heimat fahren zu können, und sei es auf eigene Kosten und wenigstens für eine oder zwei Wochen.

Diesem Schreiben lege ich einen Brief meiner Mutter bei. Bei Bedarf reiche ich eine ärztliche Bescheinigung über ihren Gesundheitszustand nach.

Leutnant Gelfand

5. 8. 1946

Im Zug herrscht Gedränge. Auf dem Bahnhof hatten sich viele Leute versammelt, alle wollen fahren, und es gibt nicht genug Plätze. Die Deutschen sind beharrlich, aber ängstlich. Sie klettern durch die Fenster, drängen sich in die Mitte, enger noch als Heringe in die Fässer gestopft werden, aber dennoch passen nicht alle hinein. Es gibt nur einen Zug mit wenigen Waggons, und so bleiben Leute zurück. Für Angehörige der Besatzungsstreitkräfte ist ein eigener Bereich abgetrennt worden – für die Deutschen ist das eine verbotene Zone. Sie schauen, angelockt von den vielen leeren Plätzen, langen nach den Türen, schauen durch die Fenster hinein und gehen weg.

Plötzlich aber geht ein Wagemutiger zur Mitte durch und läßt sich schnell in einer Ecke des Waggons direkt auf dem Boden nieder. Diese Handlung bleibt nicht unbemerkt: Sofort strebt die Menge zur offenen Tür, und es wird eng. Alle bleiben stehen und trauen sich nicht, die freien Sitzplätze anzurühren. So geht es lange. Der Zug passiert eine Reihe von Bahnhöfen, und auch jetzt braucht es erst einen Wagehals: Dann stürzen sich alle wie auf Kommando auf die Sitzbänke. Frauen machen Männern die Plätze streitig, Argumente werden vorgebracht; die einen wie die anderen verweisen auf ihre Arbeit, daß sie erschöpft sind, argumentieren, holen Ausweise hervor ... Ein junger Deutscher mit Sonnenbrille, der mir gegenübersitzt, sagt zu mir:

»Deutscher Humor. Verstehen Sie, worüber die streiten?«

»Ein wenig«, antworte ich und schreibe weiter.

Plötzlich erscheint ein französischer Soldat und räumt in wenigen Augenblicken den Waggon.

Bin um 12 Uhr mittags aufgestanden. Bis 4 Uhr nachts hatte ich geschrieben. Ich eilte zur Arbeit, ohne mich zu waschen, dachte, daß sie wegen meiner Verspätung schimpfen würden, doch nichts da! Kein einziger Offizier war im Stützpunkt. Die Soldaten streunten herum, jeder, wohin er wollte. Selbst der diensthabende Unterfeldwebel und die mittlere Kommandoebene der Einheit waren anderweitig beschäftigt, ihnen war nicht nach Arbeit zumute.

Ich lief geschäftig im Stab herum. Hatte ein schlechtes Gewissen, meinetwegen und wegen der anderen, ging dann aber zu mir, nachdem ich es mir überlegt hatte. Wie wär's, dachte ich, wenn ich nach Berlin fahre. Ich ging zum Vorgesetzten, um mir die Erlaubnis zu holen. Der war betrunken, und zwar so schlimm, daß es mir peinlich wurde. Er freute sich über mein Erscheinen, kam auf mich zu, wollte mir um den Hals fallen.

»Mein Gehilfe! Shinka, schau nur, mein Gehilfe ist gekommen!«

Er konnte sich kaum auf den Beinen halten. Sein Gesicht nahm einen stumpfsinnigen, beinahe wilden und gleichzeitig dümmlich-gutmütigen Ausdruck an. Ich hatte den Major noch nie so gesehen.

»Nach Berlin willst du? Fahr ruhig. Aber ein Gläschen trinkst du doch!« Ich lehnte ab, jedoch vergebens.

»Nun trink schon!« sagte er fast schon fordernd.

Die Versuchung war da. Ein Gläschen trinke ich, aber auf keinen Fall mehr! Ich mußte nüchtern bleiben. Unterdessen lief die Zeit davon, ich hatte es eilig und mußte unauffällig verschwinden. Ich machte einige Photographien von ihm, seiner Frau und seinem Kind. Zwei Filme verbrauchte ich dabei. Schließlich fand ich einen guten Moment, um mich zu verabschieden. Der Major ging mit mir hinaus, führte mich in die Küche und fing an, über Patrioten und Arbeitseifrige wie ihn zu reden, darüber, wie solche Leute, die »wahren Kommunisten«, trotzdem nicht gewürdigt und wie sie übergangen werden.

10. 8. 1946 Berlin. Im U-Bahnzug. Von Pankow zum Potsdamer Bahnhof.[110]

Wegen der Transportmittel zum Verladen der Transformatoren aus dem Kraftwerk war ich beim leitenden Dispatcher des Bezirks.

Ich fahre gerade. Habe mich zwar an alles mögliche gewöhnt, bin aber erstaunt: Die U-Bahn hier in Berlin wird ihrem Namen nicht ganz gerecht. Der Zug taucht oft aus dem Untergrund auf, klettert manchmal sogar auf Brücken, wo immer wieder Bahnhöfe auf ihn warten, die mit einem großen Hängedach ausgestattet sind, das den gesamten Bahnsteig verdunkelt, und schon eilt der Elektrozug hinunter, gleitet in einen Tunnel und sucht unter der Erde eine Reihe von Haltestellen auf. Die Züge wechseln zwischen Aufenthalten über und unter der Erde, lösen sich immer wieder ab in ihren Rollen und Bestimmungen.

Die Deutschen sind geizig, und so sehr dies hier auch üblich sein mag, es ist befremdlich, und es fällt mir schwer, mich an ihre Knauserigkeit zu gewöhnen. Ein Deutscher läßt niemals einen Pfennig (weniger als eine Kopeke, in Rubeln gerechnet) fallen, ohne ihn dann wieder aufzuheben, schenkt niemals etwas, nicht einmal geringste und nichtigste Kleinigkeiten, ohne einen doppelten Nutzen für sich selbst. Niemals gibt er einem Bettler mehr als zehn Pfennig und verläßt nie den Ladentisch, ohne auf den Heller genau nachzuzählen.

[Anfang August 1946]
Beobachtungen über meine Gesundheit:
1. Tägliche Kopfschmerzen. Im Liegen nicht so sehr spürbar.
2. Reißen in den Gelenken und an der Injektionsstelle; Schwierigkeiten beim Gehen, allgemeine Schwäche und Fieber.
3. Haarausfall auf dem Kopf, obgleich ich meine Haare kurz geschnitten habe.
4. In der ersten Zeit Jucken und Pusteln am ganzen Körper. Schwellungen, Reizungen, besonders nach dem Rasieren.
5. Schmerzen in der Brust.
6. Rötungen in den Augen und der Haut, abends.

17. 8. 1946
Hauptmann M[...]* wird demobilisiert und veranstaltete ein Fest. Er hatte auch mich versehentlich eingeladen, oder doch nicht versehentlich, wie sich anschließend herausstellte. Er wollte mir danken.

Unsere Rabauken Mokri und Soboljew hätten sich fast wegen eines verlorenen Knopfes geprügelt. Einer der Offiziere beleidigte das deutsche Volk. Eine Frau, die ab und zu bei Moissejew ist, eine deutsche Kommunistin, die gut Polnisch spricht, hatte das verstanden, war beleidigt und ging. Ich regelte die beiden Konflikte, und es kehrte wieder Frieden ein. Ich ging früher als die anderen. Der Hauptmann dankte mir und küßte mich sogar.

* Name unleserlich.

Auf dem Nachhauseweg begegnete ich meinem Vorgesetzten, Major Kostjakin: Er wollte unbedingt schießen. Er war als erster gegangen, nachdem er vorsorglich ein paar Gläser Wein vernichtet hatte. Ich wollte ihn nach Hause bringen, doch er legte die Pistole auf mich an und schoß. Ich verstand, daß er nicht […]* würde, und ging, da ich seine Sünden nur verschlimmern konnte. Zum Abschied schickte er mir einige Schüsse hinterher.

Ich war angetrunken, hatte aber meinen Verstand noch beisammen. Wohlbehalten kam ich zu Hause an und gehe jetzt schlafen, sollen sich diese Schweine doch zum Teufel scheren. Sollen sie sich doch prügeln, sich umbringen, das bringt weder Schaden noch Nutzen. Das Schlimme ist, daß ich permanent Kopfschmerzen habe.

23. 8. 1946
BESCHEINIGUNG**
für Leutnant Wladimir Natanowitsch Gelfand über den Erwerb eines Radioempfängers auf eigene Kosten, gemäß Erlaß des Staatskomitees für Verteidigung Nr. 9035 vom 9. Juni 1945.
Der Betrag von 400 Mark wurde in die Finanzabteilung der Militäreinheit Feldpost Nr. 75207-Sh eingezahlt.
Eingangsorder Nr. 1983 vom 23. August 1946
Der Kommandant der Militäreinheit
Feldpost Nr. 75207-Sh
Hauptmann Jarzew

Leiter der Verwaltungs- und Wirtschaftsabteilung
der Einheit
Hauptmann Kurbatow

24. 08. 1946
Liebe Mama!
Meine Anträge und Gesuche haben zum entgegengesetzten Ergebnis geführt. Anstelle eines Urlaubs, für den ich mich so hartnäckig

---

*   Ein Wort unleserlich.
** Original, maschinenschr. Vordruck, handschr. Unterschrift, Stempel

eingesetzt hatte, haben sie sich jetzt eine lange Dienstreise zum Hafen Pillau an der Ostsee für mich ausgedacht. Meine Reise wird sich über rund einen Monat erstrecken.

Deine Bescheinigung habe ich zusammen mit einem Rapport an den Stabschef unseres Verbandes geschickt, vielleicht wird das ja von Nutzen sein, denn bislang sind die Ergebnisse negativ; und wenn das eintritt, was wir Offiziere erwarten, nämlich Personalaufstockung, Neuformierung der Einheit und ähnliches, dann wird es mir selbst im Winter kaum gelingen, in die Heimat zu fahren.

Ich bin müde, deshalb ist meine Handschrift schlaff.

Ich habe Dir ein Päckchen geschickt und die Bescheinigung erhalten. Warte jetzt. Ich schicke eine weitere, nein, zwei Photographien, erschrick nicht, ich habe mich wieder rasiert und sehe jung aus. In den nächsten Tagen werde ich Dir einige der jüngsten Photographien schicken.

Und Du? Weichst Du immer noch einer Antwort aus?

Gruß, Wowa.

26. 8. 1946 Berlin

Fahre nach Pillau, einem Hafen an der Ostsee, nicht weit von Kaliningrad-Königsberg, Ostpreußen. Eine ausgedehnte Dienstreise, die Fahrt wird lang.[111] Und ich habe drei Soldaten dabei, die schon im Stützpunkt nur auf der faulen Haut gelegen hatten. Und das Ergebnis: Während der zwei Tage Halt in Pankow hat jemand rund zwei Kubikmeter Bretter abgezweigt.

Wir passierten die Schönhauser und die Prenzlauer Allee, halten jetzt am Bahnhof Weißensee. Halb neun. Dunkelheit liegt über dem Tisch.

Fahre über Küstrin. Ich habe 37 Waggons einschließlich heizbaren Begleitwaggon und über 900 Kubikmeter Bretter. Der Soldat, den ich mit der Bewachung der Bretter beauftragt habe und der während der Wache in den Begleitwaggon gegangen war, bekommt jetzt seine Schuld bei dem Diebstahl zu spüren – er sitzt auf den Brettern. Der Regen nieselt, macht einem zu schaffen. Nebel. Wut und Verzweiflung nagen an meiner Seele.

Die anderen beiden Soldaten schlafen. Sie sind ganz sorglos. Einer hat sich mit Obst vollgefressen und hat Magenbeschwerden.

Der andere ist ein stiller, kräftiger Kerl mit einer sanften Stimme. Sie schlagen sich gern den Bauch voll, und auch ich habe einen Mordshunger.

Von allen Seiten eilen S-Bahnen herbei. Lebe wohl, Berlin! Ich verlasse dich, das du ganz vom Licht der Lampen überflutet bist. Grenzenlose Wehmut. Der Kopf tut weh. Wann hört das endlich auf?

27. 8. 1946

Die ganze Nacht haben wir in Pankow gestanden. Berlin will uns nicht entlassen – aus Liebe? Oder schlicht und einfach aus Ärger? Der Regen ist unerträglich, schmierig wie eine Schnecke.

Es ist kurz nach zehn. Habe es geschafft, mit dem Fahrrad schnell zu »Agfa« zu fahren, und mir zehn Filme, Entwickler und Fixierer besorgt.

Jetzt versprechen sie, daß wir nach Rummelsburg gebracht werden, und dort folgt dann wieder ein Halt, der wohl lang und freudlos werden wird. Mach schnell, Berlin, entlasse uns aus deiner festen und weit ausholenden Umarmung. Oder willst du in deiner Anhänglichkeit mit der kleinen Rosa wetteifern, die mir so sehr mit ihren Liebeserklärungen, Beschwörungen, Lebensplanungen, Vorwürfen und ihrer Naivität zugesetzt hat?

Übrigens, zu Rosa. Am Sonntag, als ich frei hatte, erwartete ich sie bei mir, aber es regnete, und sie ließ mich lange warten. Am Mittag verließen wir Hennigsdorf. Ich wußte, daß wir über Pankow–Schönhauser [Allee] fahren würden, und sagte das der Vermieterin, in der Hoffnung, daß sie es Rosa ausrichten würde. So war es dann auch.

Als es schon ganz dunkel war, erschien auf den Gleisen die kleine Blonde in dem roten ausgebeulten Mantel, der ihre Figur so sehr verdirbt, und ich freute mich, war erstaunt und freute mich wieder, freute mich wie nie zuvor, sie zu sehen. Sie bereitete mir tatsächlich besondere Minuten des Genusses und der Wärme. Sie schlief mit mir, ohne sich auszuziehen, zerknüllte ihr Kleid, liebkoste mich und nannte mich {mein Engel} und {meine Sonne} und anderes mehr. Aber bis zum Morgen brachte sie es soweit, daß sie mich langweilte. Und unter dem Vorwand der

Fahrt nach Treptow nahm ich sie mit und verabschiedete mich schnell von ihr.

Was für ein erstaunliches Geschöpf. Wie lieb und angenehm ist sie doch, wenn sie nicht da ist, und wie unerträglich, wenn ihre Gegenwart spürbar ist. Sie hat Mundgeruch und einen fürchterlichen Mantel, ihre Worte sind nicht aufrichtig, und was sie sagt, ist falsch, und alles an ihr ist nicht nach meinem Geschmack, wenn sie bei mir ist.

Aber wenn ich allein bin, dann ist mir langweilig, und ich verspüre ein unglaubliches Bedürfnis nach ihren Liebkosungen und nach Liebe. So auch jetzt ...

Ein feindseliger, unsteter Wind klopft und heult gegen das kleine Fenster. Er wird vom Regen bedrängt, der gleichmütig auf das Dach meines Wohnwaggons pladdert – plopp, plopp, plopp. Ich mag sie beide nicht, aber sie drängen herein. Kein Wunder, denn hier brennt der Ofen, und hier ist es sehr viel wärmer und trockener.

29. 8. 1946 Küstrin-Kietz
Abends. Seit dem ersten Morgengrauen stehen wir an der Grenze, weil die Polen es überhaupt nicht eilig haben, uns durchzulassen. Die Deutschen sind machtlos, können nichts tun: Die Polen sind anmaßend und böse zu ihnen, und die Eisenbahner von Kietz fletschen die Zähne wie angekettete Welpen und schimpfen im Gespräch vergeblich auf die Eisenbahner aus Küstrin. Die Russische Kommandantur ihrerseits thront auf ihrem hohen Podest und wahrt meist eine gönnerhaft herablassende Neutralität: Polen sei ja ein souveränes Land, und es könne also bei sich alles machen, was es wolle.

30. 8. 1946 Werbig*
Hier steht uns ein langer Aufenthalt bevor. Die Dampflok ist weggefahren. Lichtenberg antwortet im Kanzleiton und legt oft den Hörer einfach auf.

---

* Ort und Datum wurden von Gelfand nachgetragen.

31. 8. 1946 Werbig
In Kietz habe ich zwei Eisenbahner-Mädchen kennengelernt, hatte ein sehr unterhaltsames Gespräch mit ihnen und machte zum Schluß mehrere Photographien von beiden. Die Mädchen sind aus den zentralen Gebieten der Sowjetunion. Die eine heißt Olja, die andere Mascha. Ein Adressenaustausch mußte sein, obwohl ich die Eisenbahnerinnen erst ganz kurz kenne.

Nach einem zweitägigen Halt ist endlich die Antwort aus Warschau gekommen, auf die Anfrage der Kommandantur wegen der Übernahme meines Transportes. Sie lassen uns bei Stettin durch. Hier haben sie den Zug aber aufgehalten, und als ich per Telephon nach Eberswalde meldete, daß ich keinen Kommandanten für den Pendelzug habe, weigerten sie sich dort, meinen Transport zu übernehmen. Ich telephonierte dann nach Lichtenberg. Der Kommandant versprach, in der Nacht einen Offizier zu schicken, der für die Waggons verantwortlich sein würde.

Doch der Morgen brach an, dann der Mittag, und er war immer noch nicht da. Die Deutschen waren nervös, baten, [die Lok] nach ... zu schicken, zum Bunkern von Kohle und Wasser. Ich spürte, daß sich hinter ihrer Bitte ein anderer Grund verbarg, konnte es ihnen aber nicht verwehren, da die Kohle wirklich aufgebraucht war. Die ganze Brigade fuhr mit, und das verstärkte nur meine Beführchtungen, daß die Dampflok nicht zurückkehren würde.

[3. 9. 1946]
So geschah es dann auch. Die Lok kam erst am nächsten Tag zurück, sollte aber einen anderen Zug holen. Erst am 3. [September] sind wir dann abgefahren.

4. 9. 1946 Eberswalde
Ein größeres Städtchen, umgeben von buschigen Anhöhen. Nicht ohne Schönheit. Wir werden uns hier nicht lange aufhalten – werden gleich losgeschickt, so daß ich es nicht geschafft habe, in die Stadt zu fahren. Habe eine Leutnantin photographiert, sie ist Dispatcher bei der Eisenbahn, und mir ihre Adresse aufgeschrieben. Knipste mehrfach die Stadt und die Leute, die in die Wag-

gons stiegen. »Jetzt kommen wir in die Zeitung«, sagten die Deutschen und grinsten.

Zum ersten Mal seit drei Tagen habe ich eine russische Post gesehen.

5. 9. 1946 Wolgast
In Werbig standen wir nicht lange.

Ich hatte wieder Rosa bei mir. Unterwegs hatten deutsche Polizisten sie verhaften wollen – sie war bis zu meiner Abreise bei mir.

Wolgast ist eine hübsche Stadt. Saubere, gepflegte Gassen, im Zentrum mit glänzendem Asphalt bedeckt. Weiße, saubere zwei- bis dreistöckige Häuschen, ein hoher Turm inmitten der Gebäude, ein dunkler Wald, eine Chaussee, eine Kirche, ein Kraftwerk und ein Kino.

6. 9. 1946 Wolgast – am Meer
Mein Traum beginnt in Erfüllung zu gehen. Das Endziel ist für mich ein Bild der Phantasie – so viele Hindernisse und ein so weiter Weg, daß ich an einen glücklichen Ausgang noch nicht glauben kann.

Sind noch nicht auf dem offenen Meer. Auf beiden Seiten hügelige, vom Wald bedrängte Ufer. Und am Horizont noch immer die Silhouette von Wolgast, mit den hohen Schornsteinen des Kraftwerks und den Türmen im Stadtzentrum.

Meine beiden Männer habe ich dagelassen – als Gruppe darf man nicht fahren. Sie bleiben bei dem Güterwagen, ich habe ihnen eingeschärft, ihn nicht herzugeben. Die Lebensmittel habe ich alle dagelassen.

Mit mir fährt der Soldat Melkin aus Kamenez-Podolski, das ist nicht weit, ich werde ihn zu Hause vorbeibringen.[112] Wir haben nur Brot und Wurst mitgenommen, aber wir werden nicht verhungern. Bis Swinemünde sind es 40 Kilometer. Der Dampfer ist winzig und zieht drei Schleppkähne. Wir werden also erst abends ankommen. Bis Pillau sind es noch 700 Kilometer. Eine schreckliche Vorstellung! Wie und womit soll ich da hinkommen? Und danach wird es nicht leichter! Bis nach Riga ist es noch einmal so weit und dann noch einmal mindestens 1000 Kilometer auf dem Landweg. Das wird eine Reise!

Habe viele Filme mitgenommen und halte unermüdlich fest, was ich sehe. Sie werden kaum reichen bis nach Hause, ich muß aber damit auskommen.

Der Kapitän ist ein ulkiger alter Deutscher. Er hat viel gesehen, war in verschiedenen Ländern und spricht fließend Französisch und Englisch. Von Japan hat er mir erzählt, die Sprache der Völker dort spricht er auch. Er war auch in Wladiwostok, im ersten Krieg 1914. Hat dort in der Marineinfanterie gekämpft. Ein weises, verschmitztes Lächeln hat er und lustige Falten. Hat Wodka dabei, den er in Polen umsetzen will, wo Geld jetzt nichts bedeutet. Von den Polen spricht er mit Haß: Sie hätten ihm einiges eingebrockt. Die Russen, sagt er, haben Polen die Freiheit, das Land und die Unabhängigkeit erkämpft, aber die Polen hätten das schnell vergessen, denn sie tragen die Nase hoch und bringen immer wieder Angehörige der Roten Armee und der Roten Flotte um. Wenn es noch einen Krieg gibt, dann werden die Deutschen es den Polen zeigen! Die Russen werden sie nicht länger in Schutz nehmen! Dann werden wir sie bis an den Rand der Welt jagen und Polen von der Landkarte tilgen.

So denken alle Deutschen, die von den Polen aus Gebieten östlich der Oder ausgesiedelt worden sind. Vergebliche Träume! Daraus wird nichts!

Es gibt hier drei junge Burschen, die als Maschinisten arbeiten. Sie kommen aus unterschiedlichen Gegenden der UdSSR. Die übrige Besatzung sind alles Deutsche. Die Jungs sind Jahrgang 1929, aber schon überall gewesen. Sehr flink und lustig. Sie rauchen, sind über und über tätowiert und beherrschen den Seemannsjargon und die Bräuche auf See perfekt. Ich übersetze ihnen, was die Deutschen sagen, und umgekehrt, und sie weichen mir nicht von der Seite.

Es sind auch drei deutsche Mädchen hier, Töchter der Besatzung. Sie sind nicht hübsch, aber behende wie die Ziegen. Mit ihnen treiben die Jungs den ganzen Tag Schabernack.

In der Ferne ist das Hafentor von Swinemünde zu sehen. Wir fahren einen Umweg, und wenn wir am Tor sind, ist es nicht mehr weit bis zur Stadt. Etwas weiter am Horizont das Stettiner Tor. Die Zeit: 20 Minuten nach 5.

7. 9. 1946 Swinemünde
Hier ist alles widerwärtig: Die Polen, die Stunden des Wartens und die Waren in der Stadt. Die Stadt selbst ist klein, auf allen Seiten von Meer, Schiffen und Uferstraßen umgeben. Das Zentrum besteht aus einem Platz und einer Reihe von kleinen Häusern, die verschiedene hübsche, grüne, enge Straßen säumen.

Überall laufen unsere Patrouillen in Uniformen der Marineinfanterie auf und ab und polnische, die sehen aus wie Gockel. Sie kontrollieren die Papiere und passen genau auf. Es wird frei verkauft [...]*.

Auf der Straße rief mich ein freundlicher Pole zu sich, grüßte und forderte mich auf, zum Ladentisch durchzutreten. Ich kam seiner Bitte nach.

»\Bitte, mein Herr, was möchten Sie kaufen, prozę Pana!\«

Ich fragte nach dem Preis für die Weintrauben. Die Verkäuferin, die Frau des dienstfertigen Polen, hielt zwei Trauben hoch und begann sie anzupreisen. Ich schwieg erst, doch dann ging es mir auf die Nerven, und ich fragte zweimal, wieviel sie kosten.

»Diese Trauben, diese wundervollen Trauben, sind wirklich besonders günstig – 20 Złoty!«

Um mich loszumachen und fortzukommen, sagte ich, die Trauben seien wohl sauer. Sie ließ mich probieren, und ich konnte mich davon überzeugen, daß die Trauben tatsächlich noch unreif waren. Ich ging und hatte einen sauren Geschmack im Mund, aber nicht von den Weintrauben, sondern von allem Polnischen. Hier verlangte es mich nach gar nichts mehr.

Ich fuhr aus der Stadt raus, einen Waldweg entlang, wo keine Leute sind (so dachte ich), wo nicht gehandelt, nichts verkauft wird, wo die frische Luft und der Geruch des Meeres leicht und umsonst zu haben sind. Doch auch hier gab es Stacheldrahtsperren, Kontrollposten, Wachen, Kanonen am Ufer und Patrouillen. An einer Stelle gelangte ich dann über einen schmalen Pfad bis

---

* Vier Worte unleserlich.

zum Wasser und konnte sogar das offene, glatte, unendliche Meer photographieren. Zum erstenmal sah ich kein anderes Ufer von Swinemünde aus. Doch plötzlich bemerkte ich die Küstenartillerie und Geschützbesatzungen, die sich bei den Kanonen zu schaffen machten, und ich drehte schnell um und fuhr zurück in die Stadt.

Habe ein Stück khakifarbenen Stoff für 2000 Mark verkauft.

8. 9. 1946 Stettiner Haff
Um 8 Uhr morgens aus Swinemünde abgefahren. Traum und Wirklichkeit haben wenig gemein. Nun also wieder zurück nach ... Wolgast. Meine Hoffnung war trügerisch.

11. 9. 1946
Meine liebe, unvergeßliche Mamotschka!
Sei gegrüßt. Ich schreibe von unterwegs. Ich kehre gerade von der Dienstreise zurück, die ich anstelle des Urlaubs bekam, für den ich mich so hartnäckig, doch vergebens eingesetzt hatte. Jetzt hoffe ich weiterhin. Weißt Du, was für eine verrückte Idee mir in den Kopf gefahren ist, als ich ans Meer kam? Die Zeit der Dienstreise (bis zum 25. September) für eine Pilgerfahrt in die Heimat zu nutzen. Ich habe sogar versucht, sie in die Tat umzusetzen (ich ging an Bord eines Schiffes, fuhr bis zu einer polnischen Hafenstadt, doch dann überlegte ich es mir anders und kehrte um, denn es war zu weit und zu riskant).

Hier in Berlin habe ich die Bekanntschaft einer gebildeten Familie gemacht. Die Mutter ist Lehrerin, der Vater Jurist, die Tochter ist ein äußerst belesenes und wohlerzogenes Mädchen, sie liebt Musik. Sie alle sind von den Deutschen hierher nach Deutschland verschleppt worden, als die westlichen Gebiete unseres Landes besetzt waren. Jetzt wollen sie nach Rußland zurückkehren. Die Photographie hat der Vater des Mädchens, sie heißt Dina, mit meinem Apparat gemacht. Ich habe mich jedoch entschlossen, sie jetzt nicht mehr zu sehen, da sie mich einmal taktlos behandelt hat, obgleich ich zu ihren Eltern eine gute Beziehung habe und sie besuche, wenn das Mädchen nicht da ist – ich mag es nicht, unter der Fuchtel zu stehen.

Und wie stehen die Dinge bei Dir? Hast Du mein Päckchen erhalten? Ich habe schon die Bescheinigung dafür.
Ich küsse Dich. Gruß an die Familie. Dein Wowa.

14. 9. 1946 Hennigsdorf
Nach meiner Dienstreise erwartete mich eine finstere Neuigkeit: Ich war entlassen. Mehrere Tage Grübeln, Mutmaßungen, Befürchtungen und Sorge. Heute haben meine Gedanken einen Höhepunkt erreicht – ich habe eine halbe Schachtel Zigaretten weggeraucht. Hätte schreien mögen, so schwer und einsam war mir zumute. Es gab keinen Ausweg aus diesem erzwungenen Kerker, durch zwei Grenzen getrennt von meiner geliebten Heimaterde.

Und abends dann die unerwartete Neuigkeit: Ich fahre nach Hause. Werde demobilisiert.

Ich dachte erst, sie machen sich über mich lustig. Wollte niemandem glauben, solange Major Schachmetow es mir nicht offiziell mitgeteilt hatte.

18. 9. 1946
Gestern Besorgungen. Habe mehrere Paar Handschuhe und Socken gekauft, diverse Hüte und Mützen in verschiedenen Farben – Anzüge werden folgen, wo doch eine Kopfbedeckung bereits da ist. Einen Radioempfänger habe ich nicht bekommen. Jetzt muß ich noch die Schreibmaschine und Fahrradreifen besorgen.

Rosa ist ermüdend, weinerlich. Sie liebt mich mit einer leidenschaftlichen, aber sehr eigentümlichen Liebe. Mein Geld zum Beispiel schont sie nicht und ist egoistisch; wenn es ein Glas Seltserswasser oder überhaupt irgend etwas Leckeres gibt, putzt sie alles weg bis auf den letzten Rest, solang ich es ihr anbiete, natürlich.

In Berlin, im Zug. Die Deutschen kauen sowohl in den Waggons als auch auf den Bahnhöfen – sie sind eine Art Familie von Wiederkäuern. Anständig gekleidete, seriös wirkende Menschen wickeln langsam sorgfältig in Zeitung eingeschlagene Brote aus und genieren sich nicht, sie vor aller Augen zum Mund zu führen. Man kann sie mit einem Stück Brot zwischen den Zähnen auf der Straße und auf der Toilette antreffen, im Zug und in der Straßenbahn, in der Warteschlange und am Ladentisch, auf öffentlichen Plätzen, während der Arbeitszeit in den Amtsstuben oder auf der Straße, wenn Ziegelsteine, Kohle oder Bretter verladen werden. Und das nicht etwa, weil sie Hunger hätten, sondern einfach infolge des hier üblichen Prinzips, daß man sich unentwegt um seinen Magen kümmert.

19. 9. 1946 Berlin
Jetzt hat sich alles entschieden. Nicht ohne den Eifer des ehrwürdigen Jarzew hat man beschlossen, mich zu beschuldigen – der Formalität halber, d. h. man verwies auf meine Leichtgläubigkeit und Weichherzigkeit (diese Schwäche kann ich nicht verhehlen, aber in diesem Fall werde ich dessen zu Unrecht bezichtigt).[113] Es wird jedoch bei niemandem Abzüge geben, denn es wurde beschlossen, die Fehlmenge als Verpackung für den Zug mit den Transformatoren zu berechnen, der am Tag zuvor losgeschickt wurde.

Habe jede Menge Lebensmittel und zwei Flaschen Wodka gekauft. Ich will feiern. Etwa tausend Mark sind draufgegangen. Alles ist da: ein paar schöne Kleinigkeiten, Schmalz und Zwiebeln. Nur Brot habe ich vergessen, ich weiß nicht, was ich jetzt machen soll.

Die Deutschen haben ausgeholfen: habe einen Laib Brot für eine Schachtel Zigaretten eingetauscht. Aber beruhigt bin ich trotzdem nicht, es werden viele Leute da sein, es wird nicht für alle reichen, und ich habe sonst nur noch etwas angerosteten Zwieback.

Und noch eine unangenehme Sache: Mir sind die Knöpfe von den Hosenträgern abgerissen, und meine Hosen sind mir zu weit, sie rutschen merklich nach unten. Wie komme ich jetzt nach Hennigsdorf? Und in Heiligensee habe ich noch das Fahrrad stehen, das wird doppelte Schinderei und Plackerei.

Ein Mantel kostet fünfeinhalbtausend. Ein guter, großer, neuer, aus rotem Leder. Den hätte ich so gern, mir läuft schon das Wasser im Munde zusammen, aber ich habe nur noch ein paar magere Groschen. Eine Schreibmaschine habe ich besorgt, eine ganz elegante ... Mama wird sich freuen, und mir wird sie nützlich sein. Ich kann dann meine Sachen darauf tippen. Sie ist klein und in einer Hülle, so daß ich sie in einem meiner Koffer unterbringen konnte. Ich habe jetzt sieben Koffer – der achte ist ganz klein – sowie zwei Mäntel, ein Fahrrad und einen Radioempfänger, und einige Plackerei und Sorgen, die noch vor mir liegen.

Deutschland, ich bin deiner nicht überdrüssig, doch ich verlasse dich mit Vergnügen. Du bist verdorben und leer. Du birgst nichts Erstaunliches, hast nichts Fröhliches in dir. Das Leben hier ist einfach nur lustig, sorglos und billig, viel Getöse und Geschwätz. Und Rußland? Ich weiß schon nicht mehr, wie es aussieht, wie man dort lebt und was es dort jetzt Interessantes gibt. Teuer ist mir seine von Blut und Tränen gewaschene Erde, die ich nun bald, wie es scheint, wie Schokolade mit meinen gierigen Zähnen ohne Ende knabbern, mit meiner deutsch verrenkten Zunge lecken und mit meinen rauhen Lippen küssen werde. Es wird schwer werden, das weiß ich. Arbeit und Gesundheit werde ich zum Opfer bringen; Verstand und Ausdauer und meine Freiheit. Aber ich werde es schaffen! Ich will es, und ich brauche es so sehr!

Das Leben hat mir wieder sein Gesicht zugewendet.

20. 9. 1946 Berlin
Manche Gedanken stimmen mich froh, manche traurig. »Mach dich bereit, warte auf mich, ich komme!« möchte ich Mama schreiben, so knapp und so aufgeregt! Ich habe wirklich Glück gehabt, und im Stützpunkt nennt man mich jetzt einen »Glückspilz«.

Heute jede Menge Lebensmittel erhalten ... Jeder 30 Zusatzrationen. Geschenkt: Mehl, Zucker, verschiedenes Gebäck, Süßigkeiten und eine Trockenration für den Weg. Jetzt habe ich ganz schön was zu schleppen! Es heißt, es gibt einen Befehl, daß bei den Demobilisierten unterwegs die Sachen nicht kontrolliert werden. Ich denke vor allem an die Schreibmaschine, daß sie mir die nicht zu guter Letzt noch wegnehmen.

26. 9. 1946 Berlin Gesundbrunnen
Gestern haben sie uns hereingelegt. Der Wagen, der für die 4 demobilisierten Offiziere zugeteilt war, fuhr infolge eines hinterhältigen Streiches nur mit …, einem von uns, ab, und zudem noch von der 25. Brigade. Es war sehr ärgerlich, daß wir nach dem ganzen Kraftakt zurückblieben und den Zug verpaßten. Nun heißt es, mindestens zwei Tage auf gepackten Koffern sitzen. Der Zug kommt nach dem Wochenende in Frankfurt an.

Ich schreibe hinter einer Zementplatte auf dem Bahnhof, einer Art Stütze für die unruhigen Füße. Die Deutschen haben sich auch angelehnt, haben sich aufgestützt und lesen. Ich bin mit meinem jetzigen Reisegefährten Kuskow hier. Wir haben noch viel Zeit vor uns. Man muß auf die Koffer und die verschiedenen Anschaffungen aufpassen. Ich habe zehn Koffer, klein, aber schwer. Zwei Säcke mit meinem Krempel, aber man kann die Sachen nirgends verstauen. Ich hätte gerne weniger und dafür größere Koffer, habe auch versucht, welche zu bekommen, jedoch vergeblich.

Es ist schnell dunkel geworden, und die Zeit ist jetzt knapp. Ich muß nach Kremmen, und dort kann man die Sachen nicht über Nacht lassen. Ich eilte zum Bahnhof.

Der Zug war abgefahren, kurz bevor ich ankam. Jetzt heißt es 45 Minuten warten. Ausdauer habe ich, und ich habe eine Beschäftigung für mich gefunden, die mir die Langeweile vertreibt, bloß nicht den Zug nach Kremmen verpassen!

Irgendwo hatten sie mir ein Grammophon angeboten. Es sollte nicht teuer sein – 700 Mark, aber kaufen konnte ich es nicht, ich hatte kein deutsches Geld mehr. Den Stoff für den Mantel und das Futter für den Anzug habe ich gegen Zigarren eingetauscht. 150 Stück habe ich bekommen für den Gegenwert von 45 Schachteln Zigaretten. Mit mehr kann ich mich nicht rühmen.

Ich hätte gerne Dina noch einmal besucht, überlegte es mir aber anders. Ich werde keine Dummheiten machen. Fahre ich halt, ohne mich zu verabschieden, das macht nichts, obwohl ich es ihnen versprochen hatte. Sie sind es nicht wert.

Von Kuskow habe ich mich heute vormittag getrennt. Er ist nach Potsdam gefahren. Wir sind uns die Hacken abgelaufen, aber umsonst. Koffer waren nicht zu kriegen. Es gab billige für 16

Mark, aber auf Karten. Und teure für 500 Mark, doch die waren Schund, nicht zu gebrauchen. Ich werde kein Geld mehr hinauswerfen.

27. 9. 1946 Berlin.
Heute wieder zum Berliner Markt. Muß noch etwas kaufen. Es kann sein, daß ich Deutschland nie wiedersehe.

Im Zug sitzt mir eine Französin gegenüber. Ich biete ihr Bonbons an.

Elke Scherstjanoi
Ein Rotarmist in Deutschland

Wladimir Natanowitsch Gelfand wurde am 1. März 1923 in Nowo-Archangelsk, einem kleinen Ort im Gebiet Kirowograd in der Ostukraine, geboren. Die jüdische Familie lebte sehr bescheiden. Wladimirs Mutter Nadeschda Wladimirowna Gorodynskaja (1902–1982) kam aus ärmlichen Verhältnissen, sie war eines von acht Kindern. Als junge Frau verdiente sie mit Privatunterricht etwas Geld. Der Vater Natan Solomonowitsch Gelfand (1894–1974) hatte zunächst in einer Zementfabrik in Dneprodserschinsk gearbeitet und nach der Revolution berufsbildende Kurse besucht. Wladimir bezeichnete in Fragebögen seine soziale Stellung mit Arbeiter und Glaser. Während der Vater parteilos blieb, gehörte die Mutter seit 1917, also schon in sehr jungen Jahren, zu den Bolschewiki. Parteifunktionen übte sie offenbar nicht aus, doch Wladimir hielt es in einem Lebenslauf für erwähnenswert, daß sie am Bürgerkrieg teilgenommen hatte. Allem Anschein nach erlosch ihre Parteimitgliedschaft im Zuge einer Neuregistrierung in den fünfziger Jahren, denn er nannte die Mutter in einer Kurzbiographie aus dieser Zeit »parteilos«.

Wladimirs Eltern lebten also in einem ganz typischen Milieu des in den dreißiger Jahren zunehmend industrialisierten Südens der Sowjetunion: in dem der proletarisierten jüdischen Minderheit, die Anschluß an die kommunistische Bewegung gefunden hatte. Letzterem lag eher ein politisch-weltanschaulicher Konsens zugrunde, weniger eine politisch-organisatorische Bindung; zum »Kaderreservoir« gehörten Wladimirs Eltern nicht.

Auf der Suche nach einträglicher Arbeit und familiärer Unterstützung gelangte die junge Familie in die Region um Kislowodsk im Kaukasus. 1926 wohnte sie in Jessentuki, wo die Eltern des Vaters lebten, kehrte aber schon 1928 wieder ins ukrainische Industriegebiet zurück. Hier arbeitete der Vater in einem Metallbetrieb als Brigadier und wurde – den Angaben des Sohnes zufolge – als »Stoßarbeiter« ausgezeichnet. Die Mutter war als Erzieherin in einem Betriebskindergarten beschäftigt, in dem auch Wladimir betreut wurde. Nach seiner Einschulung im Jahr 1932 übernahm sie eine Stelle in der Personalverwaltung eines großen Industriebetriebes. 1933 zog die Familie in die nahegelegene Industriemetropole Dnepropetrowsk.

Die Eltern trennten sich, als Wladimir noch zur Schule ging. Der Vater blieb aber mit ihm in Verbindung. Wladimirs Aufzeichnungen bieten keine hinreichende Erklärung für die Trennung. Er blickte ungern auf seine Kindheit zurück. Verhalten deutete er an, daß es oft Streit gegeben hatte. Seiner Erinnerung nach schenkte die Mutter ihm nur wenig Zärtlichkeit. Indes, die Briefe der Eltern an den Soldaten Wladimir Gelfand sprechen eine andere Sprache. Vater wie Mutter müssen ihren einzigen Sohn abgöttisch geliebt haben, und auch die Tanten und Onkel mütterlicherseits brachten dem Jungen viel Zuneigung entgegen. Wie er später, als Student, von einer früheren Mitschülerin erfuhr, hielten die Mädchen seiner Altersgruppe den zarten Knaben für ein Muttersöhnchen.

An Kleidung und Nahrung konnten die Eltern nichts Besonderes bieten, doch sie förderten Wladimirs Bildung nach Kräften. In den oberen Klassen war er ein belesener Schüler, der sich für Philosophie, Geschichte, Politik und vor allem für Poesie interessierte. Wladimir teilte diese geistigen Vorlieben mit vielen. Er war ein typischer Vertreter der »sowjetischen Oberprima« der dreißiger Jahre: überzeugter Komsomolze, Wandzeitungsredakteur, glühender Agitator und Organisator von künstlerischen Rezitationswettbewerben. In einer Zeit, da der Wortkunst eine außerordentliche Bedeutung beim Aufbau der sozialistischen Gesellschaft und der Entwicklung des »neuen Menschen« zugesprochen wurde, meinte auch er, den geistig anspruchsvollen, zugleich politischen »Beruf« eines Schriftstellers ergreifen zu müssen.[1] Daß das Land vom Stalinistischen Terror erschüttert wurde, registrierte der Schüler Gelfand kaum, denn es tangierte ihn und seine Familie nicht, und Schule wie Presse schienen die richtige Erklärung für den Kampf gegen »Verräter« und »Klassenfeinde« zu liefern.

Wladimir war von seinem dichterischen Talent überzeugt, er war zielstrebig und ausdauernd und hatte Freude am Formulieren. Warum er 1940 oder 1941 von der Mittelschule in die Abiturklasse der Dnepropetrowsker »Arbeiterfakultät für Industrie« überwechselte, ist nicht ganz klar. An der neuen Ausbildungsstätte mit zusätzlicher Berufsausbildung absolvierte er »drei Kurse«.

Der Überfall Deutschlands auf die Sowjetunion verhinderte Wladimirs Schulabschluß. Als im August 1941 Betriebe und öffentliche Einrichtungen der Heimatstadt evakuiert wurden, schlugen seine Mutter und er sich nach Jessentuki durch. Wladimir fand Unterkunft bei einer Tante, die Mutter konnte nicht in seiner Nähe bleiben. Auch der Vater verließ die Ukraine. Er zog zu einem Bruder nach Derbent, einer Kleinstadt am westlichen Ufer des Kaspischen Meeres. Dort verbrachte er, eingespannt in die harte Produktionsmaschinerie des sowjetischen Hinterlandes, die ersten Kriegsjahre, bis er schließlich für die »Arbeitsarmee« in Schachty im Donbaß dienstverpflichtet wurde.

Wladimir Gelfand wurde in Jessentuki und dessen Umgebung zunächst bei einfachen Reparaturarbeiten eingesetzt. Im April 1942 meldete er sich an die Front, am 6. Mai 1942 wurde er einberufen. Die Grundausbildung erhielt der Neunzehnjährige in einer kleinen Artillerie-Einheit in der Nähe von Majkop im westlichen Kaukasus. Wladimir wurde der Rang eines Sergeanten zuerkannt, er übernahm das Kommando über eine Granatwerferbesatzung. Als die Ölfelder bei Majkop im August 1942 direktes Ziel deutscher Angriffe wurden und die Wehrmacht in den Kaukasus vordrang, war Wladimir bereits nicht mehr dort. Er kämpfte seit Juni an der südlichen Flanke der Charkower Front, die den mächtigen Attacken des Gegners allerdings nicht gewachsen war.

Gelfand erlebte einen chaotischen Rückzug im Raum Rostow. Mitte Juli 1942 wurde seine Einheit umzingelt und teilweise aufgerieben. Mit einer kleinen Gruppe gelang es Wladimir, aus dem Kessel auszubrechen und erneut Anschluß an die Truppe zu finden. Anfang August wies man ihn einer Eliteeinheit zu, der 15. Garde-Schützendivision, die nahe Stalingrad kämpfte. In seinem Zug wurde Garde-Sergeant Gelfand zum Stellvertreter des Zugführers für politische Arbeit ernannt. Er stellte den Antrag, in die

Kommunistische Partei aufgenommen zu werden, und erhielt ein Kandidaten-Parteibuch. »Ich will als Kommunist in den Kampf ziehen«, hatte er sich schon im Mai 1942 vorgenommen.

Die Rote Armee führte opferreiche Verteidigungs- und Rückzugskämpfe. Zum Jahresende konzentrierten sich die Kampfhandlungen bei Stalingrad. Eine Verwundung rettete Wladimir vor dem schlimmsten Gemetzel, er kam im Dezember 1942 in ein Lazarett in der Nähe von Saratow, östlich der Wolga. Seine frühere Einheit kämpfte bald danach im nördlichen Kaukasus und befreite seine »zweite Heimat«. Im Januar 1943 nahm die Rote Armee Jessentuki wieder ein.

Die Verletzung an der Hand heilte schwer. Erst im Februar 1943 wurde Wladimir gesundgeschrieben und in ein Reserve-Schützen-Regiment bei Rostow eingewiesen. Sein Weg dorthin führte durch das zerstörte Stalingrad. Vom Schicksal seiner Mutter wußte er lange nichts. Erst im Sommer 1943 erreichte ihn die Nachricht, daß sie in Mittelasien lebte, und Wladimir nahm den Briefkontakt zu ihr wieder auf. Er erfuhr, daß fast alle Verwandten väterlicherseits im besetzten Jessentuki bei Judenvernichtungsaktionen umgekommen waren. Überlebt hatten nur der Vater und dessen Bruder im nicht besetzten Derbent.

Eine dreimonatige Schulung in Offizierskursen beendete Wladimir als Unterleutnant. Ende August 1943 wurde er in die 248. Schützendivision versetzt, wo er nach kurzem Aufenthalt in der Reserve das Kommando über einen Granatwerferzug übernahm. So kam er nach acht Monaten Hinterland wieder ins unmittelbare Kampfgeschehen.

Die 248. Schützendivision hatte bereits eine wechselvolle Geschichte hinter sich. Zweimal völlig aufgerieben und wieder neu formiert, erhielt sie mit der dritten Aufstellung 1942 gut ausgebildete Kräfte aus verschiedenen Infanterie-Unteroffiziersschulen und Frontlazaretten. Die hochmotivierte Truppe machte sich innerhalb der Verbände der Südfront sehr verdient. Gelfand stieß zu ihr, als die Südukraine befreit wurde. Die Rote Armee schnitt die noch von den Deutschen besetzte Krim ab und attackierte die restlichen deutschen Verteidigungslinien. Gelfands Granatwerferzug wurde südlich von Melitopol eingesetzt. – 150 Kilometer

entfernt lag zur selben Zeit auf einem Sonnenblumenfeld in einem
»sehr engen und feuchten Loch in der schwarzen russischen Erde«
ein Soldat namens Heinrich Böll und schrieb seiner Mutter einen
Brief »aus dem traurigen Entsetzen des Krieges«.[2]

Als die 248. Schützendivision im Herbst 1943 in eine Garde-
Armee der 3. Ukrainischen Front eingegliedert wurde, erwartete
Wladimir voller Stolz, daß sie Garde-Division würde. Die Anerkennung als Elitetruppe bedeutete neben hohem Ansehen auch
eine vergleichsweise strenge Auswahl des Personals bei Auffüllungen der Mannschaften und Offiziersreihen, bedeutete gute
Ausbildung, anständige Ausstattung und vorbildliche Disziplin.
Dem jungen Unterleutnant war die Aussicht auf gebildetere Kameraden und auf einen etwas zivilisierteren Umgang sehr willkommen. Allein, die Hoffnung erfüllte sich nicht, die Einheit
kämpfte als reguläre Division weiter. Ende Januar 1944 erhielt
Wladimir Gelfand den Rang eines Leutnants. Seit November 1943
war er Vollmitglied der KPdSU(B).

Während all der Monate an der Front, im Lazarett und in der
Ausbildung führte er sein Tagebuch weiter. In den Ruhepausen
zwischen den Attacken und den Bombardements des Gegners,
auf Märschen, bei Befestigungsarbeiten und Angriffsvorbereitungen suchte er geistige Beschäftigung. In Ortschaften, die seine
Einheit passierte, durchstöberte er Bibliotheken und fragte in
Wohnungen nach Büchern. Er schrieb Gedichte und bot sie diversen Frontzeitungen an. Er studierte, soweit das möglich war,
zentrale Zeitungen, er fertigte Wandzeitungen an und verfaßte
Front-Flugblätter. Wladimir trat in Komsomol- und Parteiversammlungen auf, referierte im Parteilehrjahr, debattierte mit anderen über Stalin-Reden und Direktiven des Oberkommandos.
Er wollte sich in politischen Funktionen nützlich machen. Kritisch hielt er in seinem Tagebuch fest, wie trocken und langweilig
viele Front-Lektoren in den Versammlungen und Bildungsveranstaltungen referierten. In seinem Wirken als stellvertretender
Komsomolsekretär und Mitglied des Komsomol-, später auch des
Parteibüros im Bataillon, schließlich als Parteigruppenorganisator
einer Kompanie erfuhr der Zwanzigjährige eine starke innere Befriedigung.

Anfang 1944 war Gelfands Einheit in Kämpfe am südlichen Dnepr verwickelt. Wladimir durchlebte sie abwechselnd an der Kampflinie und in der Reserve. Vielleicht waren Gesundheitsgründe ausschlaggebend (die alte Verwundung an der Hand machte ihm zu schaffen und mußte behandelt werden), vielleicht blieb er aus technischen Gründen mehrmals zurück.[3] In die vordere Linie zurückgekehrt, übernahm er kurzzeitig einen Schützenzug. Anfang Mai 1944 überschritt seine Einheit den Dnestr nahe Grigoriopol. Eine neue Offensive am Südabschnitt der Front führte Wladimir im August 1944 nach Bessarabien. Immer häufiger waren Kolonnen von Kriegsgefangenen zu beobachten, von »verhaßten Fritzen« und Verrätern aus den eigenen Reihen, Kollaborateuren. In seinem Tagebuch schilderte er Haßausbrüche der Rotarmisten den Gefangenen gegenüber. Von Tiraspol aus ging es in nordwestlicher Richtung weiter.

Nach zweieinhalb Jahren Soldatsein, von denen er weniger als die Hälfte im aktiven Kampfeinsatz verbracht hatte, ließ Wladimir Gelfands Pflichtbewußtsein merklich nach. Er hatte, wie die meisten, kein Verlangen nach der vordersten Linie. Da er häufig ohne Verantwortung für ein Kampfkommando war, oblagen ihm Aufgaben der allgemeinen Sicherheit, der Verbindung und des Nachschubs. Bei Verlegungen gelang es ihm, wie vielen anderen »Etappenkriegern«, außerhalb des Trosses bequemere Wege, Transportmittel und Zwischenquartiere zu finden. Er pendelte zwischen Einheit, Stab und Versorgungsstützpunkt, wich Patrouillen aus und sah sich um. Im Herbst 1944 befand sich seine Division im Raum östlich von Warschau. Sein Tagebuch füllte sich mit Notizen über Begegnungen mit der polnischen Zivilbevölkerung. Ende November 1944 war er bereits über zwei Monate außerhalb der Kampfhandlungen.

Seine Bummeleien erregten bei Vorgesetzten wiederholt Mißfallen. Sogar dem Divisionskommandeur Nikolai Sacharowitsch Galai fiel er auf. Als Wladimir auch noch dessen Frontgeliebte anzuhimmeln begann und sie – auf freundschaftlichen Rat nichts gebend – in Briefen und Gedichten bedrängte, zog er Galais persönlichen Grimm auf sich. Im Dezember 1944 mußte er dem Militärstaatsanwalt sein unerlaubtes Entfernen von der Truppe erklären. Das alles ging zu seinem Glück glimpflich aus, und noch vor Jahresende kehrte Wladimir Gelfand zu den Granatwerfern der 248. Division zurück.

Anfang 1945 bereitete sich die Rote Armee auf zwei gewaltige Angriffsoperationen vor, die Weichsel-Oder-Offensive und die Ostpreußen-Offensive. Einheiten mit insgesamt mehr als drei Millionen sowjetischer Soldaten wurden zu diesem Zweck neu formiert, ausgerüstet und in Stellung gebracht. Den erfolgreichen Offensiven sollte die Schlacht um Berlin folgen. Der Roten Armee stand ein noch immer mächtiger Feind entgegen, der an den Grenzen des eigenen Siedlungsraumes zu hartnäckigem Widerstand bereit war. Am 12. und 13. Januar begannen die sowjetischen Angriffe. Sie führten zu einem dynamischen Kampfgeschehen.

Wladimir Gelfand wurde Anfang Januar 1945 in das 1052. Schützenregiment der 301. Schützendivision eingewiesen, das in Vorbereitung der Offensive Übungen absolvierte. Die 301. Division gehörte seit Oktober 1944 zur 5. Stoßarmee von Generaloberst Nikolai Erastowitsch Bersarin innerhalb der 1. Belorussischen Front unter Armeegeneral Georgi Konstantinowitsch Shukow. Wladimir Gelfand bekam im 3. Schützenbataillon wieder das Kommando über einen Granatwerferzug, und diesmal ging es wirklich an die vorderste Kampflinie. Vielleicht war es für ihn eine Art Strafversetzung zum Zweck der Bewährung, denn Gelfands alte Division (ebenfalls in der 5. Stoßarmee) besetzte den Aufmarschraum hinter der 301.

Am Morgen des 14. Januar 1945 kam südlich von Warschau am Fluß Pilica nach 25minütiger Artillerievorbereitung der Befehl zum Angriff in nordwestlicher Richtung. Das 1052. Schützenregiment stieß auf deutsche Infanterie und Panzer, dennoch kamen die sowjetischen Truppen in diesem Abschnitt nach einigen Tagen Stellungskampf unerwartet schnell voran. Binnen zwei Wochen erreichten sie die 1939 von der Wehrmacht überrollte Reichsgrenze.

Gelfands Tagebucheinträge zeugen von Erschöpfung, aber auch von Stolz und Siegeserwartung. Hatte er Ende 1944 bereits bekannt, daß es für ihn und andere erstrebenswert sei, bei der Einnahme Berlins dabei zu sein, so rückte dieses Ziel nun rasch näher.

Anfang Februar 1945 besetzte seine Einheit von Norden kommend bei Neuendorf einen Brückenkopf am westlichen Ufer der Oder. In den Erinnerungen des Divisionskommandeurs Oberst Wladimir Semjonowitsch Antonow heißt es, das 3. Bataillon im 1052. Schützenregiment hatte besonders harte Gegenangriffe abzuwehren.[4] Die Verluste waren um vieles höher als in den Wochen des Kampfes zwischen Pilica und Oder.

Noch mehr als die körperliche Belastung trübten Reibereien mit anderen Offizieren Gelfands Siegerstimmung. Er stieß in dem eingespielten Offiziers-Ensemble auf vierschrötige Männer, die seinem Naturell so ganz und gar nicht entsprachen. Auch mit einigen der ihm unterstellten Soldaten am Granatwerfer war er unzufrieden. Er spürte Mißachtung, sah sich Protzerei und derben Späßen ausgesetzt. Gelfand meinte, den Anfeindungen mit einem antiquierten Ehrenkodex begegnen zu können, und erkannte zu spät, wie lächerlich er sich machte. Schwierigkeiten, die der Schöngeist Gelfand mit Frontkameraden auch zuvor schon hatte, wurden jetzt dadurch verschärft, daß der siegreiche Vormarsch der Truppe auch kriminelle Energie freisetzte. Immer öfter wurde er zur Zielscheibe von Anfeindungen bis hin zu Handgreiflichkeiten. Schließlich unternahm er mehrere Versuche, das despektierliche Benehmen einzelner Offiziere und den allgemein rohen Umgangston in dieser Truppe als Disziplinverstöße, die die Kampfmoral beeinträchtigten, ahnden zu lassen. Er reichte Beschwerde ein.

Für Gelfand war die Situation auch deshalb so deprimierend, weil er bei Auszeichnungen für die erfolgreichen Vorstöße an der Oder übergangen wurde. Im Tagebuch finden sich schon für die Jahre zuvor zahlreiche Hinweise auf Niedertracht und Arroganz von Seiten einiger Vorgesetzter ihm persönlich und anderen gegenüber. Wladimir hatte wiederholt empfunden, daß er als Jude nicht gemocht wurde. Dünkel und Feindseligkeit führte er aber nicht nur auf »Judophobie«, wie er sich ausdrückte, zurück, sondern auch auf Rohheit, Dummheit, Ehrlosigkeit und Intellektuellenfeindlichkeit bis hinein in die Offiziersreihen. Nach den Erlebnissen vom Februar 1945 ließ ihn der Gedanke, absichtlich zurückgesetzt zu werden, fast schon verzweifeln. Er sah in seinen Widersachern »Raufbolde und anderes anarchistisch gesonnenes

Pack« (Notiz vom 9. August 1945), die in der Abschlußphase des Krieges bei ausschweifenden Gelagen an Einfluß gewannen und sich mit den heimlichen Machthabern, den Bürokraten in den Stäben, über die Ordensverleihungen verständigten.

Es ist schwer zu sagen, ob Gelfand die Streitereien heil überstanden hätte. Nicht nur einmal wurde ihm von eigenen Leuten angedroht: Dich erschieß ich bei der nächsten Gelegenheit! So gesehen war es ein Glück, daß er Ende März 1945 in den Stab der 301. Division gerufen wurde, um das »Tagebuch der Kampfhandlungen« [Shurnal bojewych dejstwii] zu führen.

Traditionsgemäß wurden in allen größeren Einheiten bedeutsame Schlachten sofort »protokollarisch« festgehalten. Kurzmeldungen von den Frontabschnitten und diversen Stellungen wurden zusammengetragen, ausgewertet und in einer Art Dokumentation zusammengefaßt. Im Vorfeld der Berliner Operation hatte man sich in Antonows Divisionsstab dafür einen neuen Schreiber ausgesucht – Wladimir Gelfand. So saß er also, während die 301. Schützendivision Mitte April bei Küstrin zum Angriff auf Berlin überging, zuerst in Küstrin, dann westlich der Stadt und schließlich in einem östlichen Vorort von Berlin und verfaßte das Divisionstagebuch.

Die eingehenden Meldungen waren dürftig und »trocken«. Wladimir mußte, wie er zugab, »sich einiges dazudenken«. Eigentlich lag ihm die Arbeit, und er bekam einen guten Überblick über die Ereignisse. Aber die unter anderen Umständen begehrte Auftrags-Schreiberei befriedigte ihn nicht, denn die letzte Schlacht in Berlin als »richtiger Etappenkrieger« zu erleben, war ihm ganz und gar nicht recht. »Es zieht mich dorthin, wo es donnert, kracht und lodert«, vertraute er dem Tagebuch am 14. April 1945 an. Zum Glück bot ihm sein Auftrag Freiraum für Erkundungen. Er suchte selbständig Stellungen auf, durchlief gerade erst eroberte Abschnitte. Ende April betrat er endlich Berlin. Am 2. Mai 1945 kapitulierte die deutsche Hauptstadt.

Für Tagebuchnotizen und Briefe fehlte Gelfand plötzlich die Zeit. Und so erklärt sich wohl, daß die von sowjetischen Kriegsveteranen so intensiv erinnerten Siegesfeiern in seinen Aufzeichnungen fehlen. Die historische Tragweite des Augenblicks hielt der politisch geschulte Offizier erst später fest. – Noch im April erfuhr er, daß »seine« Granatwerfer-Kameraden, die hartgesottenen Kerle seines Bataillons, in den letzten Kämpfen starke Verluste hatten hinnehmen müssen. Ihm war es vergönnt, zu überleben. Und wie viele andere Soldaten der 5. Stoßarmee empfand er es als höchst angemessen, daß »sein« Armeekommandeur Bersarin am 24. April 1945 zum Stadtkommandanten von Berlin und Chef der Berliner Garnison ernannt wurde.

Die ersten Friedenswochen erlebte Gelfand als Stabsoffizier in diversen Einsätzen in und bei Berlin: Truppenbewegungen, Neuformierungen, Entlassungen, technische Runderneuerung sowie politische und allgemeine Grundausbildung der Mannschaften bestimmten den Alltag der noch nicht endgültig stationierten Schützendivision, einen Alltag, der den Offizieren immer wieder auch eigenständige Ausflüge erlaubte. Bis Juni 1945 hielt die »unbeständige Lage« (Notiz vom 3. Juni 1945) für Gelfand an, dann sollte er wieder in die Truppe eingegliedert werden. Doch er übernahm den ihm zugewiesenen Zug nur widerstrebend. Gelfand wollte nach Hause, »völlige Apathie, Gleichgültigkeit« erfaßte ihn (Notiz vom 12. Juni 1945). Den ganzen Sommer über hoffte er auf Entlassung aus dem Kriegdienst. Jetzt, im Frieden, wurde es ihm noch deutlicher bewußt, und der Mutter gegenüber bekannte er freimütig, daß ihm »das Militärleben […] überhaupt nicht gefällt – alles quält und bedrückt mich hier« (Brief vom 23. Juni 1945). Da aber die Entlassungskriterien auf Wladimir Gelfand nicht zutrafen, wurde er weder von der ersten Demobilisierungswelle entsprechend dem Gesetz vom 23. Juni 1945, noch von der zweiten laut Erlaß vom 25. September 1945 erfaßt.

Ohne bestimmte Aufgabe, verbrachte er den Juni in labilen Unterstellungsverhältnissen. Als eine wissenschaftliche Bibliothek geplündert werden sollte, hielt er das für eine »schändliche Barbarei« (Notiz vom 16. oder 17. Juni.). Gleichwohl (oder eben deshalb) landeten neben einigen russischsprachigen Klassikern mit Stempeln sowjetischer Bibliotheken auch ein, zwei hübsche deutsche Bildbände in Wladimirs privatem Gepäck. Anfang Juli 1945 kam er in ein Reserve-Offiziersregiment nahe Rüdersdorf, wo er sich weiterhin viele Freiheiten nahm. Die rechtfertigte er weniger mit seinem Offiziersstatus als vielmehr mit seiner unbändigen Neugier und Lebenslust. Er war empört, als im August der persönliche Kontakt mit den Deutschen verboten wurde. Auf eigene Faust unternahm er weiterhin Fahrten nach Berlin.

Nachdem Bersarin am 16. Juni 1945 in Berlin bei einem Verkehrsunfall ums Leben gekommen war, wurde die 5. Stoßarmee aus Berlin herausgeführt. Zugleich rüsteten die Truppen um. Auch für Gelfand mußte ein neuer Einsatzort gefunden werden, und er hoffte auf interessante Einsatz- und Qualifizierungsmöglichkeiten. So bemühte er sich um eine Stelle als Politoffizier und malte sich aus, nach Sprachkursen in der Aufklärung eingesetzt zu werden, etwa bei Gefangenenverhören. Mit Aussicht auf eine Politoffiziers-Karriere – und nur so – schien ihm im August 1945 sogar ein Einsatz im fernen Osten vorstellbar, nachdem die UdSSR Japan den Krieg erklärt hatte.

Die Personalbewegungen verliefen jedoch wenig koordiniert, was Ausdruck des unzulänglich vorbereiteten Übergangs der Roten Armee zu ihren Besatzungsaufgaben war. Im August 1945 erfuhren die Offiziere des Rüdersdorfer Regiments, daß sie versetzt würden, Ende September wußte sie noch immer nicht wohin. Aber Gelfands Versetzung hatte noch einen besonders unangenehmen Grund. Die Politoffiziere im Regiment bauschten seine Disziplinverstöße, die unerlaubten Reisen nach Berlin und seine Kontakte zu deutschen Frauen, zu einem »Fall« auf. Erklärtermaßen zu erzieherischen Zwecken (aber vielleicht auch, um Beflissenheit beweisen zu können), stellten sie Gelfands »Freigänge« als abschreckendes Beispiel heraus. Das trieb ihn dazu, schnell Abschied von diesem Regiment zu nehmen.

Im Oktober 1945 bewarb er sich erfolglos für den Dienst in einer Einheit südöstlich von Berlin, dann als Schriftführer in Kremmen, schließlich schien irgendwo eine Stelle als Komsomol-Funktionär in Aussicht. Gelfand wurde hin und her geschoben, auch weil seine Personalakte, wie er selbst feststellen konnte, schlechte Zeugnisse enthielt. Einzelheiten vertraute er dem Tagebuch nicht an, vielmehr zitierte er sich selbst mit der Antwort an einen potentiellen neuen Vorgesetzten: Die schlechte Beurteilung hätte wohl mit seiner Weigerung zu tun, die Plünderung der deutschen Bibliothek aus Kräften zu unterstützen. Als sich im Oktober 1945 eine Stelle in einem Materialstützpunkt bot, die mit 700 bis 750 Rubel Grundgehalt hinlänglich attraktiv war, willigte er ein.

Es war ein knapp über dem heimatlichen Durchschnittsgehalt besoldeter Posten in der Besatzungsarmee. Obgleich er mit allen Zuschlägen gut auf das Doppelte kam, konnte Wladimir zu Hause, wo Ende 1945 auf dem zugelassenen Markt das Kilo Zucker 250 Rubel, das Kilo Roggenbrot im Durchschnitt 24 Rubel kosteten, mit seinen Geldüberweisungen gewiß nur ein schwacher Helfer sein. Doch er wußte die Vorteile des neuen Postens zu schätzen: Er hatte wenig mit militärischer Ordnung zu tun, bot Zeit, musischen Neigungen nachzugehen, und Gelegenheit für Fahrten durchs Land. Wladimirs Stützpunk war eine technische Versorgungsbasis [Basa materialow i oborudowanija] bei Kremmen, nordwestlich von Berlin, die der 21. selbständigen Trophäenbrigade unterstellt war. Dort diente er bis zu seiner Demobilisierung im September 1946.

Wie groß diese Versorgungsbasis war, entzieht sich unserer Kenntnis. Ihre Transportabteilung beschäftigte zunächst drei, Anfang 1946 dann sechs Offiziere sowie technisches Personal aus den unteren Rängen. Leutnant Wladimir Gelfand stellte Waren- und Materiallieferungen an sowjetische Einheiten zusammen und begleitete sie, organisierte den Transport von Demontage- und Reparationsgut. Bei seiner Arbeit pendelte er ständig zwischen Nauen, Potsdam, Velten, Kremmen, Hennigsdorf, Schönwalde, Fürstenberg und immer wieder Berlin. Kurzzeitig setzte man ihn Anfang 1946 in einem Kremmener Sägewerk als Produktionsleiter ein, wo ihm sechs Soldaten und zwei Pferdegespanne unterstanden. Im Stützpunkt hatte er stets auch Wachdienste zu übernehmen. Im Frühjahr 1946 wurde Gelfand für drei Monate gänzlich nach Berlin abkommandiert.

Mit Hilfe von Soldatinnen einer in Thüringen stationierten Einheit unternahm er von hier aus heimlich einen privaten Ausflug nach Weimar.

Auf den Dienstreisen war Wladimir Gelfand meist allein unterwegs, mit Stadt- und Eisenbahn, mit Fahrrad oder per Anhalter.

Erstaunlich weite Strecken bewältigte er zu Fuß – und er verlief sich auch. Er wohnte in Hotels, fand – nicht nur in unvorhergesehenen Situationen – private Nachtlager, besuchte Kinos, Theater, Bierstuben und Cafés. Er ging zum Friseur, bestellte beim Schneider, kaufte und verkaufte auf dem Schwarzmarkt. Zu seinen wichtigsten Errungenschaften gehörte ein Fotoapparat. Bei Deutschen lernte er ihn handhaben, und Fotografieren wurde zu einem spannenden neuen Hobby. Er knipste Erinnerungsfotos zum Verschenken und ließ sich selbst in verschiedenen Kostümen und Posen draußen und im Atelier ablichten. Unkonventionelles privates Fotografieren – eine Entdeckung in Deutschland! Zahlreiche Aufnahmen hielten die schönen und witzigen Momente seiner Dienstzeit, Straßen, Gebäude und Sehenswürdigkeiten fest.

Wladimir war, wie es das Tagebuch belegt, auch nach dem Krieg in seiner Parteigruppe aktiv. Er las Zeitungen (auch deutsche), studierte Stalin-Reden und referierte gelegentlich zu tagespolitischen Themen.

Gelfand kam mit vielen Leuten ins Gespräch und schloß zahlreiche Bekanntschaften. Vor allem aber war der Kontakt zu den Deutschen auch erotischer Natur und höchst abwechslungsreich, was Wladimir Gelfand eine der meist gefürchteten Krankheiten der Besatzer einbrachte, eine Gonorrhöe. Körperlich und seelisch mitgenommen, heilte er die Krankheit im Juli 1946 in einem Krankenhaus in Neustrelitz aus.

An Gelfands Begegnungen mit Frauen fällt besonders auf, daß offenkundig keine Gewalt im Spiel war. Der Leser mag vielleicht geneigt sein, die Aufzeichnungen für unvollständig zu halten, oder Zugeständnisse an eine äußere oder innere Zensur vermuten. Doch dafür besteht kein Anlaß, die Bekenntnisse sind offen genug.

Gewiß wurde die Beziehung des jungen Schöngeists zum weiblichen Geschlecht auch durch seine jüdische Herkunft geprägt. In jüdischen Familien galt und gilt ein respektvolles Miteinander der Geschlechter als erstrebenswert. Die Frau soll dem Mann Gefährtin sein, nicht Untergebene. Auch in Familien ohne religiöses Selbstverständnis, in denen das Kulturell-Ethnische, nicht das Glaubensbekenntnis, im bewußten Anderssein der Minderheit in den Vordergrund rückt, hat sich das hohe Ansehen der Frau, auch der geschiedenen, erhalten. Zur Kindheitswelt Wladimirs gehörten zupackende Frauen. Poesie und Belletristik mögen sein Frauenbild zusätzlich verschönt haben. Bereits an seinen Schulkameradinnen schätzte er vor allem Sanftheit und Klugheit.

Als Soldat hatte Wladimir mit vielen Mädchen brieflich in Kontakt gestanden. Daß der Krieg sie ihm zahlreich über den Weg führte, gefiel ihm. Unablässig schrieb er Liebesgedichte. Aus seinem Tagebuch spricht der Drang nach romantischen Mädchenbekanntschaften und harmonischen Bindungen. Dabei machte er zum Verdruß des Vaters, der die jüdischen Bindungen erhalten wollte (wir erfahren aus Briefen davon), keinerlei Unterschied zwischen den Mädchen verschiedener Nationalitäten. Schließlich war er Komsomolze und »Internationalist«! Und so reizten sie ihn zunächst einmal alle, was natürlich auch Folge einer undefinierbaren Anziehungskraft war, solange noch keine intimen Bekanntschaften gemacht worden waren.

Schließlich bot sich – bald nach Kriegsende – die Gelegenheit, mit einer deutschen Straßenbekanntschaft das erste Mal zu »sündigen«. Dieses erste intime Zusammensein verlief und endete für Wladimir so wie für Millionen Gleichaltrige. Es ließ ihn weiterhin die Nähe deutscher wie russischer Mädchen und Frauen suchen. Anfangs sollten sie noch klug, hübsch und reinlich sein und – dies vor allem – ihn »treu lieben« (Notiz vom 3. Juni 1945). Schon bald war Wladimir nicht mehr ganz so wählerisch. Für den liebeshungrigen Leutnant waren die gegebenen Umstände nicht etwa deshalb günstig, weil er sich als Sieger in der Fremde erlauben konnte, seinen Sexualtrieb hinter Rachebedürfnissen versteckt auszuleben,[5] sondern schlicht, weil die familiäre und die gesellschaftliche Kontrolle fehlten. Im übrigen wirft sein Tagebuch ein bezeichnendes Licht auch auf die deutsche Zusammenbruchsgesellschaft, in der sich infolge von Militarisierung und Krieg schon vor 1945 Promiskuität stark ausgebreitet hatte und der nazistische Verhaltenskodex »der deutschen Frau« am Kriegsende vollends in Frage gestellt wurde.

Wladimir wurde zu Hause sehr vermißt. Die Mutter erkundigte sich bei seinen Vorgesetzten nach ihm, als einmal lange Zeit Post ausblieb. Im Juli 1946 beantragte er Urlaub, bekam ihn aber nicht. Gemeinsam mit den Eltern griff er trotz aller moralischer Bedenken zu einer Finte: Ärztliche Atteste über den schlechten Gesundheitszustand der Mutter wurden besorgt, Notlagen dramatisiert. Die Mutter wandte sich sogar – Wladimir war völlig entsetzt – an Stalin! Doch Urlaub wurde ihm nicht gewährt. Statt dessen kündigte sich eine größere Dienstreise nach Pillau nahe Königsberg an, und Wladimir freute sich darauf, der Heimat um einige hundert Kilometer näher zu sein. Er rechnete sogar damit, den Gütertransport bis weit in die UdSSR hinein begleiten zu dürfen und auf einen Sprung nach Hause zu kommen. Die Fahrt endete schließlich in Swinemünde bzw. Stettin. Doch bei seiner Rückkehr nach Berlin erfuhr Wladimir von der bevorstehenden Entlassung in die Reserve und der Demobilisierung. Der Demobilisierungsbefehl trägt das Datum vom 10. September 1946. Mit Koffern voller teurer Geschenke verließ Wladimir Gelfand Ende September 1946 Deutschland. Er verließ es freudig und mit großartigen Plänen für seine Zukunft. Zu Hause konnte er den Orden »Roter Stern« und die Medaillen für die Befreiung Warschaus, für die Einnahme Berlins und für den Sieg über Deutschland vorweisen.

Wladimir Gelfand kehrte nach Dnepropetrowsk zurück, wo sich seine Mutter mit viel Mühe – und auch mit seiner Unterstützung – ein Zimmer zur Miete erkämpft hatte. In einem Vorbereitungskurs des Instituts für Transportwesen erwarb Wladimir die Hochschulreife. Im September 1947 begann er ein Studium an der Staatlichen Universität Dnepropetrowsk. Er strebte in die große Schriftstellerei, belegte Kurse in russischer Sprache und Literatur. 1949 heiratete er eine junge Frau, die er schon aus der Schulzeit kannte und die während des Krieges mit ihm im Briefwechsel gestanden hatte. Berta Dawidowna, geborene Koifman, war die Tochter eines angesehenen Hochschullehrers und studierte Medizin. Ihre Eltern zogen bald nach Molotow (heu-te Perm), eine Großstadt im östlichen Uralgebirge. Berta und Wladimir folgten ihnen und lebten mit in der Wohnung der begüterten Schwiegereltern. Beide wechselten sie die Hochschule. Im April 1950 wurde der Sohn Alexander geboren. Indes, die Ehe stand von Anfang an unter einem schlechten Zeichen.

1952 schloß Wladimir Gelfand sein Studium an der Molotower Universität ab. Er schrieb eine Diplomarbeit über Ilja Ehrenburgs Roman »Sturm« von 1947. Wladimir wurde von Ehrenburg in Moskau zu einem Gespräch empfangen. Doch dann mußte Geld verdient werden. Ab August 1952 arbeitete Wladimir als Lehrer für Geschichte sowie russische Sprache und Literatur an der Eisenbahner-Fachschule Nr. 2 in Molotow. Die Ehe mit Berta geriet bald in eine Krise. 1954 verließ Wladimir Frau und Sohn und kehrte nach Dnepropetrowsk zurück. Er nahm eine Stellung als Lehrer an einer städtischen Technischen Fachschule an.

1957 lernte er die um 10 Jahre jüngere Absolventin des Lehrerbildungsinstituts von Machatschkala, Bella Jefimowna Schulman, kennen. Sie absolvierte nahe Derbent ihre ersten Berufsjahre als Lehrerin der oberen Klassen. Wenig später verschlug es sie auf die Krim, wo Wladimir sie zu finden wußte. Er trug ihr an, mit nach Dnepropetrowsk zu gehen. Bella willigte ein und fand in der Einraumwohnung von Wladimirs Mutter Aufnahme, wo neben Wladimir mittlerweile auch dessen Vater wieder wohnte. Nach einem Jahr wurde an die gemeinsam bewohnte Stube eine weitere für das junge Paar angebaut. Wladimir ließ sich von seiner ersten Frau scheiden.

Aus der glücklichen Ehe mit Bella gingen zwei Söhne hervor. 1959 wurde Gennadi, 1963 Vitali geboren. Die Eltern arbeiteten hart, eine Lehrerstelle in der Zehnklassenschule bekamen beide aber nicht. Bella führt das heute auf latenten, teilweise sogar offenen Antisemitismus zurück. »Solange ich hier Kreisschulrat bin«, soll einer gesagt haben, »wird kein Jude in einer Mittelschule eingestellt.« So arbeitete Bella mit ihrem Hochschulabschluß in einem Kindergarten, und Wladimir blieb zeitlebens Lehrer in Berufsschulen, zuerst in der 12., ab 1977 in der 21. Technischen Fachschule der Stadt Dnepropetrowsk.

Obgleich das Interesse für Literatur und Geschichte bei Schülern solcher Schulen gering ist, gelang es Gelfand, einigen Appetit auf diese »Seelennahrung« zu machen. Er gründete einen Geschichtszirkel, lud Zeitzeugen ein und baute mit Schülern ein kleines Museum aus Erinnerungsstücken von Kriegsveteranen der Region auf. Zu seinen Unterrichtsfächern gehörten Ethik und Politökonomie. Für einen Zusatzverdienst übernahm er gelegentlich in den Schulferien Vorlesungen im Auftrag eines Bildungsvereins.

Gelfand blieb aktives Parteimitglied, übernahm auch Funktionen in der Parteigruppe der Schule. Dort fanden zeitweise harte Auseinandersetzungen statt. Antisemitische Schmähungen im Lehrerkollektiv und sogar von Seiten der Geschichtslehrer-Kollegen waren keine Seltenheit. Museums- und Zirkelarbeit wurden ihm daher – neben der Ehe mit Bella – zu einem Refugium.

Gelfand las viel. Und er schrieb unentwegt. Gelfand bot der örtlichen Presse nicht nur Berichte über den Schulalltag und die Ergebnisse der Zirkelarbeit an, sondern auch Erinnerungen aus seiner Zeit an der Front. Die späten siebziger Jahre waren seine produktivsten. Die selbst angelegte Artikelsammlung umfaßt sieben Beiträge aus dem Jahr 1968, 20 aus dem Jahr 1976, 30 aus dem Jahr 1978. Sie erschienen in ukrainischer und russischer Sprache in den lokalen Partei- und Komsomolzeitungen sowie in Zeitungen für Bauarbeiter.

Die Lebensumstände blieben hart, bis eine Erbschaft aus Übersee erstmals eine kleine finanzielle Sicherheit mit sich brachte. Ende der sechziger Jahre erstritt Bella mit Eingaben und Anträgen eine Mietwohnung für die Familie des Kriegsteilnehmers und Lehrers. Nach über zehn Jahren kamen die vier Gelfands endlich aus ihren zehn Quadratmetern Wohnraum heraus. Da der Neubau erhebliche Schäden aufwies, setzten sie Anfang der siebziger Jahre die Einweisung in ein besseres Haus durch. Wladimirs alte Mutter nahmen sie in die Dreiraumwohnung mit, sein Vater lebte damals schon nicht mehr.

Das letzte Lebensjahrzehnt verbrachte Wladimir Gelfand in bescheidenem Wohlstand, von vielen Schülern wegen seines weichen Naturells geliebt, im engen Freundeskreis als Gesprächspartner geschätzt. Die Familie bot seelischen Rückhalt im Alltag. Mit seiner Gesundheit stand es nicht zum besten, und zu den mit Schuldienst angefüllten Arbeitstagen entwickelte Gelfand kaum einen körperlichen Ausgleich. 1982 starb die Mutter. Wladimir Gelfand überlebte sie nur um ein Jahr.

Im Zuge der deutschen Beschäftigung mit dem Zweiten Weltkrieg hat die Entdeckung außergewöhnlicher persönlicher Zeugnisse schon mehrmals für Aufsehen gesorgt. Aus dem großen, mittlerweile gut erschlossenen Fundus individueller Hinterlassenschaften wie privater und halböffentlicher Korrespondenzen oder Fotosammlungen fanden einige Äußerungen zu Erlebnissen an der deutschen Ostfront besondere Aufmerksamkeit. So die Gedichte in Briefen von Hermann Kükelhaus[6] und das »Bekenntnis aus dem großen Krieg« von Willy Peter Reese[7]. Wladimir Gelfands Aufzeichnungen dokumentieren nun zum ersten Mal eine Haltung auf der anderen Seite der Front.

Als Stefan Schmitz 2003 die überlieferten Texte des Wehrmachtssoldaten Reese vorstellte sowie dessen Erlebnisse an der Ostfront rekonstruierte und kommentierte, kam er zu dem Schluß: »Willy Reese ist nicht der typische ›kleine Mann‹. Er ist hoch gebildet, ein fanatischer Leser. Sich selbst sieht er als Dichter und träumt vom Leben in einem freien Deutschland.«[8]

In einem gewissen Sinne haben wir es beim Zeitzeugen Gelfand mit einem sowjetischen Willy Reese zu tun. Um zwei Jahre jünger als dieser, war auch Gelfand ein sensibler Junge, kein Muskelprotz und nicht für Kampfspiele zu haben. Er erwarb sich überdurchschnittliches Wissen, er las viel und übte sich in verschiedenen literarischen Ausdrucksformen. Beide Männer sahen im Schreiben an der Front auch ein Mittel, um über das Grauen hinwegzukommen. Die seelischen Schäden, die ein Krieg bewirkt, sah Gelfand weniger deutlich, er war und blieb als Soldat naiver als sein deutscher Leidensgefährte. In der Wiedergabe der Geschehnisse war Gelfand weniger lebensklug, weniger gedankengründlich, dafür aber unmittelbarer. Reese löste sich deutlicher vom bloßen Beobachten, und das, so Schmitz, bereits in seinen Tagebuchnotizen. Gelfand führte nur für sich allein das Tagebuch und unternahm nicht einmal den Versuch, seine Erfahrungen zusammenzufassen. Die literarisch ambitionierten unter seinen Tagebucheintragungen dienten eher der Übung. Gelfands Blick war trotz großen Interesses für Politik kaum für gesellschaftliche Zusammenhänge geschärft, er war vor allem mit sich selbst beschäftigt. Die Friedenszeit ließ ihn reifer und erwachsen werden. Seine Deutschland-Notizen aus dem Jahr 1946 zeugen schon von verarbeiteter Erfahrung und größerem Weitblick.

Über diese mehr oder weniger formelle Gegenüberstellung hinaus lassen sich die Haltungen dieser beiden Kriegsteilnehmer aber nur punktuell miteinander vergleichen. Reese und Gelfand führten verschiedene Kriege, und eine Bewertung ihrer Sichten auf das Soldatsein, auf das Töten und das Sterben an der Front müßte die unterschiedlichen gesellschaftlichen Zusammenhänge berücksichtigen, in denen sie aufwuchsen und als Soldaten agierten. Außerdem sind im Unterschied zu den Haltungen in der Wehrmacht die in der Roten Armee bislang so gut wie gar nicht untersucht. Der Leser des Gelfand-Tagebuches kann also nur ahnen, nicht aber wissen, worin genau sich dieser Rotarmist von anderen unterschied.

Am Ende des Krieges war Gelfand das, was die Gefallenen Reese und Kükelhaus gar nicht mehr hatten sein wollen: Sieger. Seine Aufzeichnungen belegen, daß zumindest er diese Rolle nicht auslebte. Er sprach nicht herablassend von und mit den Besiegten. Das Tagebuch läßt sein wachsendes Interesse an dem fremden Land erkennen: an Landschaft, Sitten und Gebräuchen. Der gebildete Gelfand befaßte sich mit Zeugnissen klassischer deutscher Kultur. Für die aktuellen sozialen und politischen Probleme der Deutschen interessierte er sich hingegen nicht. Gelfand entwickelte kein Gespür für ihre Nachkriegssorgen. Das ist um so erstaunlicher, als er die internationalen Geschehnisse doch recht aufmerksam verfolgte und als Parteimitglied bewußt bewertete. Zur politischen Entwicklung im Besatzungsgebiet nahm er kein einziges Mal Stellung. Man kann das als ein Indiz dafür ansehen, daß die Besatzungssoldaten und selbst Offiziere 1945/46 kaum mit politischer Bildung behelligt wurden, wie sie einem Auftrag zur »Sowjetisierung« der Besatzungszone entsprochen hätte.

Für einen Besatzer mit intensivem Kontakt zu den Deutschen zeigte Gelfand andererseits wenig Mitgefühl. Er dürfte gewußt haben, wie stark zum Beispiel das durch Demontagen dezimierte

Schienennetz, der Waggonpark und der gesamte Eisenbahnverkehr von Reparationsleistungen beansprucht wurden. Dennoch konstatierte er kühl amüsiert, daß sich die Deutschen wie Heringe in den Zügen drängten, sich um Plätze schlugen und die leeren, für Angehörige der Besatzungsmächte reservierten Abteile gierig beäugten. Aus der Perspektive des gut versorgten Besatzungsoffiziers, der für ein kleines Geburtstagsbankett bedenkenlos einen Betrag in Höhe von zwei, drei Monatsgehältern eines deutschen Metallfacharbeiters ausgeben konnte, waren die ständig kauenden, aufs Essen versessenen Deutschen unkultiviert. »Anständig gekleidete, seriös wirkende Menschen wickeln langsam sorgfältig in Zeitung eingeschlagene Brote aus und genieren sich nicht, sie vor aller Augen zum Mund zu führen«, hielt er fest (Notiz vom 18. September 1946). Schnell war er mit dem Pauschalurteil bei der Hand: »Ein Deutscher läßt niemals einen Pfennig (weniger als eine Kopeke, in Rubeln gerechnet) fallen, ohne ihn dann wieder aufzuheben, schenkt niemals etwas, nicht einmal geringste und nichtigste Kleinigkeiten, ohne einen doppelten Nutzen für sich selbst. Niemals gibt er einem Bettler mehr als zehn Pfennig und verläßt nie den Ladentisch, ohne auf den Heller genau nachzuzählen.« (Notiz vom 10. August 1946)

Die Lebensverhältnisse seiner deutschen Geliebten scheinen Wladimir Gelfand nicht sonderlich interessiert zu haben. Ihre politischen Ansichten brachten ihn nur ein einziges Mal kurz zum Nachdenken. Er stellte erstaunt fest, daß ein deutsches Mädchen, das er begehrte, rassistischen Vorstellungen anhing. Aber dies war weder Anlaß für tiefere Überlegungen noch ein Grund, von ihr abzulassen.

Wladimir reflektierte auch die alltägliche Not der »Besetzten« mit den Besatzern fast nicht. Gewalt anderer sowjetischer Armeeangehöriger gegenüber deutschen Frauen kommt in seinem Tagebuch kaum vor. Er nahm entsetzt einen solchen Fall noch während der Kämpfe in Berlin zur Kenntnis und bekundete starkes Mitleid. Aber es scheint, daß er derlei – wie die Gemeinheiten im Umgang zwischen Kampfgefährten – als verabscheuungswürdig einordnete, ohne nach Dimensionen, Ursachen und Folgen zu fragen. Seine Sicht auf die Dinge war 1945 eher einfach. Gelfands

Zurückhaltung bezeugt zugleich, daß Vergewaltigungen damals auf seiten der Siegermacht kein Thema von Analysen waren, in der alltäglichen Kommunikation verharmlost und strafrechtlich kaum behandelt wurden. Andernfalls hätte der politisch aktive Gelfand dieses Thema gewiß aufgegriffen. Wir erfahren aber, daß ihm – umgekehrt – seine gewaltfreien Kontakte beinahe zum Verhängnis geworden wären. Als im September 1945 an ihm ein disziplinarisches Exempel statuiert werden sollte, warf man ihm vor, daß er sich mit deutschen Frauen eingelassen hatte. »Gelfand, dem die Deutschen die eigene Familie umgebracht haben, läßt sich jetzt mit deutschen Mädchen photographieren, bewahrt ihre Photos bei sich auf und amüsiert sich mit ihnen«, hieß es (Notiz vom 6. Oktober 1945).

Der aufgeschlossene Wladimir Gelfand war mit seinen 23 Jahren nicht reif für Beobachtungen und Stellungnahmen, wie wir sie heute von ihm gern lesen würden. Er hatte bislang nur gelernt, die politische Welt durch das Raster sowjetischer Zeitungsartikel zu betrachten. So gesehen war er der Masse seiner Kameraden doch wieder näher als Reese den seinen.

Gelfands literarisches Talent zu bewerten dürfte schwerfallen. Auch Lew Kopelew benötigte ja zeitliche Distanz, um die Fronterlebnisse in einer Dokumentation mit künstlerischem Wert auswerten zu können. Daß die Frontzeitungen seine Gedichte nicht veröffentlicht hatten, erklärte sich Gelfand vor allem mit den widrigen Umständen. Zugleich gestand er sich selbst mangelnde Übung ein. Während des Studiums wurde er immer häufiger dessen gewahr, daß seinen literarischen Versuchen die erwartete Anerkennung versagt blieb. Eine Mitstudentin bemerkte, er wäre ein sehr guter Kritiker, kein guter Schreiber. Doch das focht ihn nicht an. Gelfands Willen, die handwerklichen Grundlagen der Dichtkunst zu erlernen, war übergroß. Wenn schon nicht als Lyriker, dann wollte er als Prosaist unbedingt erfolgreich sein. Er bemühte sich um ein kundiges Forum und besuchte einen literarischen Studentenzirkel. Und er fand immer wieder auch Bestätigung, sogar bei namhaften Leuten. Wenn er schreiben wolle, so hatte Ehrenburg ihn ermuntert, dann solle er das auch unbedingt tun.

Gelfands Literaturinteresse war von den schriftstellerischen Größen der Sowjetunion der dreißiger Jahre geprägt. Er liebte noch aus Schulzeiten Demjan Bedni, Janka Kupala, Jossif Utkin, Alexej Tolstoi und Weressajew. Er schätzte Maxim Gorki, Nikolaj Tichonow und Wsewolod Wischnewski. Das waren keinesfalls Vertreter einer hurra-patriotischen Massenkultur. Gelfand weist sich mit seiner Lektüre vielmehr als Liebhaber traditioneller romantischer Stoffe und als Humanist aus, der zugleich für gekonnte Satire und Agitpropkultur zu haben war. Im Krieg las er in Frontzeitungen viel von Ilja Ehrenburg, bei Gelegenheit griff er sich – laut Tagebuch – Romane von Lion Feuchtwanger und Mark Twain. Während des Studiums interessierte er sich für Wera Inber, die seit langem verehrte Leningrader Poetin. Selbstbewußt stellte er fest, daß die um dreißig Jahre Ältere fast zur gleichen Zeit in die kommunistische Partei eingetreten war wie er. »Ich habe viel mehr im Krieg erlebt als sie«, schrieb er 1947 nach der Lektüre von Inbers Blockade-Aufzeichnungen in sein Tagebuch. »Ich müßte schon deshalb viel ergreifender schreiben können als sie ...« – An vielen Darstellungen über den Krieg störten ihn Ende der fünfziger Jahre vor allem die verzerrte Sicht auf die Ursachen des Rückzugs und die beschönigende Beschreibung der »inneren Verbundenheit« an der Front. Aus eigener Erfahrung wollte er gegen die Verklärung des »rauhen Kerns« in der russischen Soldatenseele anschreiben, so wie sie Michail Scholochow betrieb.

Doch die Zeit arbeitete gegen ihn, und das gesellschaftliche Umfeld bot immer weniger Raum für kritische Rückschau. Als er in den siebziger Jahren endlich Gelegenheit bekam, Fragmente seiner Kriegserinnerungen zu veröffentlichen, konnte sich Gelfand zudem der Schere im eigenen Kopf nicht erwehren. So zitierte er die Verse, die er 1945 am Reichstag und 1946 an der Siegessäule hinterließ (Notizen vom 24. August und 18. Oktober 1945, Brief vom 6. August 1945 an die Mutter), nie wieder im Original. Statt ihrer findet sich in seinem ganzseitigen Artikel »Der Sieg in Berlin« im »Sowetskij Stroitel« vom 25. April 1975 ein angeblich in Berlin hinterlassener Vers, in welchem die ursprünglichen Zeilen »Und schaue und spucke auf Deutschland/Auf Berlin, das besiegte, spuck' ich« ersetzt waren durch die harmlosen

»Schaut her, hier bin ich, Sieger über Deutschland/In Berlin habe ich gesiegt.«

Dies wird man als künstlerische Bearbeitung eines eigenen Gedichtes akzeptieren müssen. Auch daß Gelfand in dem Artikel den Eindruck erweckte, im April 1945 als Angehöriger des 1052. Schützenregiments kämpfend in Berlin eingezogen zu sein (er beschrieb Kampfszenen, die er allenfalls als Schreiber des Fronttagebuches miterlebt haben konnte, als er auf eigene Faust die Stellungen aufsuchte), kann man ihm nicht übelnehmen. In der Sowjetunion der fünfziger bis siebziger Jahre hielt sich, unterschiedlich stark artikuliert, das Gerücht, die Juden des Landes hätten – analog zu den Sowjetbürgern deutscher Nationalität – an der Front nicht gekämpft. In seinem eigenen Lehrerkollegium war Gelfand wiederholt mit verleumderischen Andeutungen dieser Art konfrontiert.

Die Geschichte um das deutsche Frauenbataillon ist indes ein besonderes Beispiel von Selbstzensur durch den späteren Gelfand. Die Begebenheit soll sich im Februar 1945 östlich der Oder zugetragen haben. Wladimir Gelfand kannte sie nur aus zweiter Hand. Schon 1945 beschäftigte sie ihn so sehr, daß er innerhalb eines Monats zweimal im Tagebuch auf sie einging (siehe Notizen vom 21. Februar und 20. März 1945). Es gibt keinen Anhaltspunkt dafür, daß irgendwann einmal im Krieg ein deutsches »Frauenbataillon« zum Einsatz kam, es gibt – umgekehrt – Grund für erhebliche Zweifel daran. Die im Tagebuch referierte Erzählung eines anderen Rotarmisten deutet eher auf männliche Sexualphantasien hin. Nicht aus zweiter, sondern aus erster Hand erfahren wir aus Gelfands Tagebuch allerdings, zu welchen Racheakten die Rotarmisten in seiner Einheit und er selbst in der Lage gewesen wären, hätten sie diese Frauen erwischt. Die grausigsten Erlebnisberichte geschändeter weiblicher Zivilisten und Gefangener scheinen auf.

Die Frauenbataillons-Geschichte, die Gelfand Ende der siebziger Jahre für einen Sammelband von Kriegsteilnehmer-Erinnerungen anbot,[9] enthielt keine Hinweise auf Rache und sexuelle Gewalt mehr. Die Experimente an den gefangenen Frauen, »die auf Papier nicht wiederzugeben sind«, und die Erschießung der meisten (Notiz vom 20. März 1945), ließ Gelfand weg. Im Zuge künstlerischer Verarbeitung, die ihn selbst zum Augenzeugen machte, ordnete er das Ereignis in der Phase der Abschlußkämpfe um Berlin ein, und die noch weniger skrupulöse Redaktion verlegte die Szene schließlich in den Treptower Park. Gelfand bereicherte die Geschichte zudem um weitere Details. Die konnten ihm seinerzeit durchaus erzählt worden sein (im Tagebuch fehlen sie), doch die Ergänzungen vertragen sich schlecht mit der Schilderung im Tagebuch. Gelfand erfand vermutlich auch die SS-Leute im Hintergrund. Er ließ die Frauen am Ende seines Berichtes alle unversehrt in Gefangenschaft kommen, und die Redakteure machten daraus das kurze Fazit: »Das Bataillon überlebte.«

Für diesen Umgang mit der eigenen Geschichte eine Erklärung zu finden fällt schwer. Keiner hatte Gelfand genötigt, ausgerechnet diese Episode aufzugreifen und auszuschmücken und damit von schriftstellerischer Freiheit in einer Weise Gebrauch zu machen, die seiner Verantwortung als Zeitzeuge entgegenstand. Denn solche Texte gingen als wahrhaftige Erinnerungen in den sowjetischen Geschichtsdiskurs ein. Gelfand veröffentlichte auch andere Fragmente seiner Kriegserinnerungen, die in Kenntnis des angeführten Beispiels kritisch zu betrachten wären. Von der distanzierten Haltung, die Gelfand gegenüber schöngefärbter Kriegsliteratur noch Ende der fünfziger Jahre eingenommen hatte, lassen diese Texte nichts mehr erkennen. Seine späten Reflexionen, die, wie erwähnt, nun auffällig oft veröffentlicht wurden, sind als Teil der öffentlichen Kultur der Breschnew-Ära zu bewerten, in der der gesellschaftliche Diskurs die relative Offenheit der sechziger Jahre eingebüßt hatte und Erinnerungen manipuliert wurden. Der Lehrer und Kommunist Gelfand muß sich mit den patriotisch-didaktischen, letzten Endes politischen Zwecksetzungen einer solchen Erinnerung derart identifiziert haben, daß das schriftstellerische Gewissen seiner jungen Jahre verstummte.

Das Tagebuch des Rotarmisten Gelfand gewinnt vor diesem Hintergrund in seiner Authentizität noch größeren Wert, die hinzugefügten Briefe spiegeln die Situationsgebundenheit seiner Wahrnehmungen wider. Es sind sehr private, unzensierte Zeugnisse der Erlebnisse und Stimmungen eines Rotarmisten und Besatzers in Deutschland.

Gewiß, Gelfands Verhalten, seine Empfindungen und Wertungen können nicht verallgemeinert werden. Und so sind auch die Aussagen des Wladimir Gelfand über die Deutschen und Deutschland zunächst einmal als seine ganz persönlichen zu verstehen. Gleichwohl ist es aufschlußreich, wie der junge Rotarmist das Kriegsende und die deutsche Zusammenbruchsgesellschaft sah. Wir bekommen gänzlich neuartige Einblicke in die Kampfgemeinschaft der Roten Armee und ihre moralische Verfaßtheit, die in sowjetischen Darstellungen allzu oft glorifiziert worden ist. Die Gelfand-Tagebücher (insbesondere die aus den hier nicht behandelten ersten Kriegsjahren) stehen zudem der häufig vertretenen These entgegen, die militärischen Erfolge der Roten Armee seien vorrangig auf systemische Repression zurückzuführen. Des weiteren wird anschaulich, was unter dem gewachsenen Selbstbewußtsein der Frontkämpfer-Generation zu verstehen ist, das Stalin so fürchtete. Gelfand steht für eine bestimmte Gruppe unter den Siegern, für junge Offiziere, die aus ihrer Bewährung an der Front das Recht ableiteten, einen langweiligen Referenten lächerlich zu machen, Denunziationen abzuwehren, einem hochgestellten Parteifunktionär ohne Umschweife zu widersprechen – und im besetzten Deutschland auch »eigene Wege« zu gehen. An den Frauenerlebnissen Gelfands ist zu erkennen, daß es 1945/46 liebevolle Beziehungen zwischen männlichen Siegern und weiblichen Besiegten auch im Osten geben konnte. Der Leser bekommt glaubwürdig vorgeführt, daß deutsche Frauen den Kontakt zu Sowjetsoldaten suchten – und dies nicht etwa nur aus materiellen Gründen oder aus einem Schutzbedürfnis heraus.

Über das Verhältnis »der Russen« zu »den Deutschen« am Ende des Zweiten Weltkrieges wird also weiter nachzudenken sein.

Anmerkungen

1 Panzerabwehrkanonen M 37 mit 45-mm-Munition.
2 »Katjuscha« – Raketenwerfer der sowjetischen Artillerie, bei den Deutschen als »Stalinorgel« gefürchtet. Die Geschosse wurden als Salve mit geringer Zielgenauigkeit abgefeuert. Die Geschoßwerfer standen auf Schienen, die auf einen LKW aufmontiert waren.
3 »Luka Mudischtschew« oder nur »Mudischtschew« war ein verbreiteter soldatischer Ausdruck (in Anlehnung an ein volkstümliches Poem) für verschiedene sowjetische Waffen und Waffenteile mit auffallend phallischer Form: Granat- oder Raketenwerfer und Luftwaffengeschosse mit besonders länglicher Munition oder Kanonen und Haubitzen mit sehr langem Rohr. Hier muß es sich um einen großen Granatwerfer handeln, für den sich in der Literatur auch die Bezeichnung »Iwan der Schreckliche« findet.
4 Die von Deutschland von 1939 bis 1945 besetzten und verwalteten, aber nicht ins Reichsgebiet eingegliederten Gebiete wurden im sogenannten Generalgouvernement zusammengefaßt. Gelfand bezieht sich auf die Vertreibung von Polen aus den von Deutschland annektierten Gebieten, die das »Reichsgau Wartheland« bildeten, in das Generalgouvernement.
5 Sowohl das »Warthegau« als auch das »Generalgouvernement« waren unter der Naziherrschaft einer rigorosen Germanisierungspolitik ausgesetzt: Amtssprache war Deutsch, polnische Kultur- und Bildungseinrichtungen wurden systematisch aufgelöst, die Eliten vernichtet.
6 Wlassow-Zeitung – Zeitung oder Flugblatt, herausgegeben von der Armee des Generalleutnants A. A. Wlassow. Wlassow, der 1942 in deutsche Gefangenschaft geraten war, stellte 1944 eine auf deutscher Seite kämpfende Truppe aus sowjetischen Kriegsgefangenen, Überläufern und Hilfswilligen auf, die seit 1941 zum Teil von der Wehrmacht in Dienst genommen worden waren. Im Januar 1945 bestand sie aus zwei Divisionen mit Reservebrigaden, Fliegerstaffeln und einem Fallschirmjägerbataillon. Anfang Februar 1945 wurden Teile dieser »Russischen Befreiungsarmee«

erstmals gegen einen sowjetischen Brückenkopf an der Oder eingesetzt. Im Mai 1945 gerieten Wlassow und Angehörige seiner Armee in amerikanische Kriegsgefangenschaft. Sie wurden an die Sowjetunion ausgeliefert und als Verräter verurteilt.

7   Aufzählung von unlängst passierten Ortschaften und ein polnischer Name, vermutlich der des Gastgebers.

8   Gelfand erinnert sich an eine Kurzgeschichte von Ilja Ehrenburg. Der damals als Kriegskorrespondent bekannte Schriftsteller beschreibt darin die Beutezüge deutscher Soldaten in besetzten Gebieten und karikiert ihre habgierigen Frauen, die sich sogar solch gewöhnliche Dinge wie Gamaschenhosen schicken oder mitbringen ließen.

9   Gemeint ist die Grenze von 1939. Sie verlief in dem von Gelfand beschriebenen Abschnitt etwa 70 Kilometer westlich von Posen.

10 Gelfand hat den Namen des Flusses nicht nachgetragen, gemeint ist die Warthe.

11 Vermutlich haben sich die Soldaten mit Benzin eingerieben, um die Läuse zu bekämpfen.

12 Um nicht für Deutsche gehalten zu werden und Plünderungen und Gewalttaten zu entgehen, wiesen sich einige Polen weithin sichtbar als solche aus. Auch polnische Lokalverwaltungen ordneten mitunter an, daß sich ihre Vertreter auf diese Weise kennzeichneten.

13 Um die linke Flanke seiner 5. Stoßarmee bei Landsberg zu sichern und den Anschluß an die südlich vorstoßende 8. Gardearmee nicht zu verlieren, befahl Generaloberst Bersarin den raschen Vorstoß einiger Einheiten, darunter der 301. Schützendivision, in Richtung Neudamm/Groß-Neuendorf/Kienitz. Die zugefrorene Oder war relativ leicht zu überqueren, so daß die Rote Armee am 31.1.1945 bei Kienitz einen Brückenkopf am westlichen Ufer errichten konnte. Am 1. und 2.2. wurde er auf 4 km Länge ausgebaut, Artillerie verschanzte sich. Der Brückenkopf war harten deutschen Verteidigungsschlägen zu Lande und aus der Luft ausgesetzt. Die 301. Schützendivision mit Gelfands 1052. Schützenregiment sicherte die Forcierung der Oder zunächst vom östlichen Ufer aus.

14 Am 3./4.2.1945 überquerte das 1052. Schützenregiment nördlich von Kienitz die Oder, am 4. kämpfte es bei Letschin, um den von den deutschen Truppen teilweise zurückeroberten Brückenkopf wieder einzunehmen. Im Zuge erbitterter Gegenangriffe gelang

es der Wehrmacht, am 13.2. die sowjetischen Truppen im Abschnitt Letschin-Kienitz erneut hinter die Oder zurückzuwerfen. Während des erzwungenen Rückzugs setzte auf der Oder die Eisschmelze ein.
15 Vermutlich 45-mm-Panzerabwehrkanonen M 37.
16 »Wanjuscha« – unter den Rotarmisten geläufige Bezeichnung für einen deutschen sechsläufigen Granatwerfer, ein Salvengeschütz, deutsche Bezeichnung: Do-Werfer.
17 Nagant – ein in Belgien entworfener russischer Revolver Nagant M 1895, Kaliber 7,62 mm.
18 Alexej Tolstoi (29.12.1883–23.2.1945), sowjetischer Schriftsteller.
19 Romain Rolland (29.1.1866–30.12.1944), französischer Schriftsteller.
20 Für den Angriff in Richtung Oder und für den Brückenkopf bei Küstrin wurde die 301. Schützendivision am 6.3.1945 mit dem Suworow-Orden zweiter Klasse ausgezeichnet, 21 Soldaten und Offiziere wurden mit dem Titel »Held der Sowjetunion« geehrt.
21 Nördlich des Verbandes der 1. Belorussischen Front kämpften Einheiten der 2. Belorussischen Front, die am »Keil in Richtung Berlin« allerdings nicht beteiligt waren. Die Baltische Front drang nicht so weit nach Westen vor. Die aus Richtung Breslau vorstoßenden Truppen der 1. Ukrainischen Front formierten sich im Raum Guben-Görlitz zum Angriff auf Berlin.
22 Die Türkei wurde im Zweiten Weltkrieg von den Achsenmächten ebenso umworben wie von Großbritannien und Frankreich. 1941 hatte die türkische Regierung einen Friedensvertrag mit Deutschland geschlossen. Als die Niederlage Hitlers offenkundig war und die Ausgrenzung aus dem Konsolidierungsprozeß der Vereinten Nationen drohte, erklärte die Türkei Deutschland am 23.2.1945 den Krieg.
23 Der tschechoslowakische Staatspräsident Edvard Beneš reiste Ende Februar 1945 aus dem Londoner Exil nach Moskau und von dort nach Košice in der Slowakei, um Vorbereitungen für die Bildung einer »Regierung der nationalen Front« zu treffen. Im April wurde das Košicer Regierungsprogramm verabschiedet.
24 US-Präsident Roosevelt hatte den Chef der Provisorischen Regierung Frankreichs, General de Gaulle, zu einem Treffen in Algier eingeladen, wo er ihn über die Ergebnisse der Krimkonferenz

[siehe Anm. 31] unterrichten wollte. De Gaulle lehnte wegen einer Parlamentsentscheidung ab, lud aber nach Paris ein. Infolge einer Indiskretion wurde die Absage publik, was die französische Seite wiederum zu einem »Vertrauensbruch« aufbauschte.

25 Am 24.10.1944 trat Tomasz Arciszewski in London die Nachfolge des polnischen Exilpremiers Stanisław Mikołajczyk an. Er sprach sich vehement gegen Kontakte mit der Lubliner Regierung aus, die mit sowjetischer Unterstützung die Verwaltung in den von der Roten Armee befreiten polnischen Gebieten übernommen hatte. Auf der Krimkonferenz gelang es Churchill nicht, eine Arciszewski genehme Lösung in der Frage der polnischen Regierung herbeizuführen.

26 So wörtlich eine Zeile aus einem alten, bekannten Lied. In ihm wurde auf die Schüler einer Petersburger Lehranstalt angespielt, die bunte Uniformen trugen und völlig zerzaust von nächtlichen Ausflügen zurückkehrten. »Krasnaja Swesda« – Zentrale Tageszeitung der Roten Armee.

27 Die 5. Stoßarmee Generaloberst Bersarins bereitete sich im März 1945 gemeinsam mit der 8. Gardearmee unter Generaloberst Tschuikow (beide gehörten zur 1. Belorussischen Front) auf die Erstürmung Berlins vor. Dafür wurden im Raum zwischen Warthe und Oder die Truppen aufgefüllt und Aufmarschräume geschaffen. Ende März waren die letzten bei Küstrin eingekesselten deutschen Truppen geschlagen. Anfang April 1945 fanden bei Neudamm eine Stabsübung und bei Trossin Kampfübungen der 5. Stoßarmee statt. Diese sollte in der Berliner Operation den Vormarsch von Nordosten her übernehmen.

28 Das 1052. Schützenregiment und andere Einheiten der 301. Schützendivision setzten vom westlichen aufs östliche Oderufer über.

29 Nach den Worten des zitierten A. haben entsetzte deutsche Frauen geschrien: »Oh kutje, kutje, kutje!« Gemeint ist: Oh Gott, oh Gott, oh Gott! – Gelfand, der diese Begebenheit aus zweiter Hand wiedergibt, korrigiert den nach dem Gehör festgehaltenen Ausruf mehrmals. Der geschilderte Vorfall, den Gelfand bereits am 21.2. erwähnt, ist mit großer Wahrscheinlichkeit pure Phantasie. Vgl. das Nachwort, S. 337f.

30 »Frejlin« war bei sowjetischen wie amerikanischen und britischen Soldaten ein verbreiteter Ausdruck für deutsche Mädchen und junge Frauen. Er wurde zunächst respektvoll, später auch abschätzig gebraucht.

31 Während der Konferenz von Jalta auf der Krim (4.–11.2.1945) berieten die höchsten Repräsentanten der drei alliierten Mächte UdSSR, USA und Großbritannien über die europäische Nachkriegsordnung, die Besetzung Deutschlands, seine Grenzen und Besatzungszonen, den Eintritt der Sowjetunion in den Krieg gegen Japan und Fragen zur Gründung der Vereinten Nationen.

32 In Bärwalde befand sich zeitweise der Stab der 301. Schützendivision.

33 »März, April« – sowjetischer Spielfilm von 1944, Regie Wassili Pronin.

34 Kubanka – zylinderförmige Mütze mit einem Rand aus Fell.

35 Gelfand hatte den Eintrag an einer Stelle begonnen, die für Ergänzungen vorgesehen war. Dadurch plazierte er ihn versehentlich zwischen zwei alte Notizen und brach ab.

36 Kriegstagebuch der Division oder Divisionstagebuch - näheres im Nachwort, S. 323 f.

37 Am 15.4. schuf die 301. Schützendivision bei Golzow einen Aufmarschraum für die bevorstehende Berliner Angriffsoperation. Am 16.4. drang sie nach Gusow vor und durchschlug die deutschen Verteidigungslinien bei Werbig an den Seelower Höhen.

38 Der Stab der 301. Schützendivision befand sich am 18.4.1945 in Wulkow, danach kurzzeitig in Hermersdorf.

39 Von Buckow (19.4.) über Strausberg (20.4.) und Mahlsdorf, Biesdorf, Hoppegarten und Karlshorst (22.4.) aus vorrückend, forcierte die 301. Schützendivision am Abend des 23.4.1945 die Spree am Treptower Park und erreichte den Bahnhof Baumschulenweg. Von dort aus eroberte sie in den Folgetagen Alt Treptow und den nordöstlich vom Landwehrkanal gelegenen Teil Neuköllns, um schließlich vom Süden (Belle-Alliance-Platz) her in Richtung Leipziger Straße, Luftfahrtministerium und Reichskanzlei vorzustoßen.

40 Der 1943 im Douglas-Werk von El Segundo/Kalifornien gebaute Bomber »Douglas A-20 Havoc« wurde in Großbritannien und in der Sowjetunion (sie erhielt fast die Hälfte der hergestellten 7000 Stück als Kriegshilfsleistung) unter dem Namen »Boston« bekannt. Es gab verschiedene Ausführungen dieses Flugzeugs, das in der UdSSR noch technische Umbauten erfuhr. Die Rote Armee erhielt im Krieg aus den USA auch »Bostons« vom Typ DB-7B sowie weitere Luftwaffentechnik.

41 Generaloberst Nikolaj Erastowitsch Bersarin wurde am 24.4.1945 zum Stadtkommandanten von Berlin und Chef der Berliner Garnison ernannt. Mit seinem »Befehl des Chefs der Besatzung der Stadt Berlin (Nr. 1)« vom 28.4.1945 übernahm er die Befehlsgewalt in Berlin. NS-Organisationen wurden aufgelöst, Wehrmachts-, SS- und SA-Angehörige zur Meldung verpflichtet. Alle Kommunalbetriebe, staatlichen Lebensmittellager und privaten Geschäfte sollten ihre Arbeit wieder aufnehmen. Banken wurden versiegelt und Druckereien unter Aufsicht gestellt. Neben Waffen und Munition sollten alle Radioempfänger, Fotoapparate, Kraftfahrzeuge und sämtlicher Treibstoff abgeliefert werden. Es galt nächtliche Ausgangssperre. Kirchen, Gaststätten, Theater und Kinos durften öffnen.

42 Am 25.4.1945 trafen sich bei Torgau an der Elbe Vorausverbände der 69. Infanterie-Division der US-Army, von Leipzig kommend, und der 58. Schützendivision der Roten Armee, die aus östlicher Richtung vordrang. Es folgte ein offizielles feierliches Treffen der Truppenführungen. Das historische Ereignis wurde von Churchill, Truman und Stalin am 27.4. in offiziellen Erklärungen gewürdigt.

43 Bei dieser Notiz handelt es sich möglicherweise um eine Nachricht, die Gelfand als Schreiber des Kriegstagebuches der Division erhielt. Die Aussage trifft nicht in allen Details zu. Wenig bekannt, doch in der Literatur (W. S. Antonow, Put k Berlinu. Moskwa 1975, S. 337) belegt ist, daß bereits am 30.4. gegen Mittag eine erste Delegation von Parlamentären, bestehend aus einem Referenten Goebbels', einem Obersten und zwei weiteren Offizieren, am Frontabschnitt der 301. Schützendivision um Verhandlungen bat. Da sie keine schriftlichen Vollmachten vorweisen konnte, befahl Bersarin, sie zurückzuschicken und die Angriffe fortzusetzen. Eine andere Delegation aus der Reichskanzlei (faktisch die zweite) traf unter Leitung von General Hans Krebs, Chef des Generalstabes des Heeres, am 1.5. gegen 3 Uhr morgens in Kampfstellungen der 8. Gardearmee (und nicht der 5. Stoßarmee) ein, um mit Generaloberst Tschuikow für das Deutsche Reich Friedensverhandlungen mit der UdSSR aufzunehmen. Krebs informierte Tschuikow über Hitlers Tod am Vortag. Nach telefonischer Rücksprache mit Stalin wurde den Parlamentären erklärt, daß nur eine sofortige und bedingungslose Kapitulation der Berliner Garnision akzeptiert würde. Krebs wies dies zurück und kehrte gegen 14 Uhr in den Bunker der Reichskanzlei zurück. Am Nachmittag über-

brachte ein Oberstleutnant der Waffen-SS eine Absage von Krebs, Goebbels und Bormann. In der Nacht zum 2. 5. begab sich der Befehlshaber des Berliner Verteidigungsbereiches General Helmuth Weidling in Begleitung hoher Offiziere (faktisch die dritte Delegation) in Tschuikows Kommandostelle. Weidling formulierte und unterschrieb dort den mit 2. 5. datierten Kapitulationsbefehl an die Berliner Garnison (Stefan Doernberg, Fronteinsatz, Berlin 2004, S. 79–87). Mehr als 87 000 deutsche Soldaten und Offiziere, darunter 13 Generale, kapitulierten in Berlin, wenig später weitere 30 000 Armeeangehörige bei Spandau.

44 Die Unterzeichnung der Kapitulation erfolgte am 8. 5. 1945 kurz vor Mitternacht Berliner Zeit, somit also in den ersten Stunden des 9. 5. 1945 Moskauer Zeit. Die 301. Schützendivision räumte in dieser Nacht ihre Positionen in Berlin-Mitte. Sie feierte den Tag des Sieges auf dem Gelände des Flughafens Berlin-Tempelhof.

45 Gelfand spielt hier auf die vorangegangenen Eintragungen an, die er ergänzen wollte.

46 Dshambul Dshambajew (28. 2. 1846–22. 6. 1945), kasachischer Volkssänger, ein großer Teil seiner Lieder und Hymnen war Stalin gewidmet.

47 Von den Genannten fiel nur der jüdische Lyriker, Publizist und Kriegskorrespondent Iosif Pawlowitsch Utkin (15. 5. 1903 bis 13. 11. 1944) an der Front. Janka Kupala (7. 7. 1882–28. 6. 1942), belorussischer Lyriker, Übersetzer und Publizist; Demjan Bedny (13. 4. 1883–25. 5. 1945), Lyriker und Satiriker; Weressajew, eigentlich Wikenti Wikentjewitsch Smidowitsch (16. 1. 1867–3. 6. 1945), Historiker, Arzt, Schriftsteller.

48 Der Unfall ereignete sich am 16. 6. 1945.

49 Poluschkin und Timofejew – Offiziere aus den allgemeinen Abteilungen der Einheiten, in denen Gelfand 1943 und 1945 kämpfte. Aus Gelfands Sicht vergaben sie verantwortungslos Medaillen und Orden.

50 Abkürzung unklar. Vielleicht die verbreitete Abkürzung PPSh für »Feldgattin«, eine Bezeichnung für die Geliebten von Offizieren und Generalen. Weibliche Armeeangehörige hatten an der Front nicht selten feste Bindungen als Schutz vor Nachstellungen gesucht.

51 Gelfand wird in das 27. Selbständige Reserve-Offiziersregiment versetzt, das in Rüdersdorf stationiert ist. Das Regiment wird Ende 1945 in das Olympische Dorf nordwestlich von Berlin umquartiert.

52 Absprachen mit den Alliierten folgend, erklärte die UdSSR am 8.8.1945 Japan den Krieg. Sie kam damit auch den USA entgegen, die eine Entsendung von Bodentruppen vermeiden wollten. Großbritannien und die USA würdigten den Schritt als Beweis für die Solidarität in der Koalition.

53 Der bisher nicht dokumentierte Befehl Shukows lief auf ein strenges Fraternisierungsverbot hinaus und erlaubte ausschließlich dienstliche Kontakte mit der deutschen Bevölkerung und dienstliche Reisen in der Besatzungszone.

54 Deutsche Erstausgabe: W. Wolossewitsch, Kurze Geschichte der KP(B)SU. Moskau 1927.

55 Dieser Text auf einem losen Blatt wurde vermutlich für eine öffentliche Stellungnahme, etwa schriftlich an einer Wandzeitung oder mündlich in einer Parteiversammlung, entworfen.

56 »Um 6 Uhr abends nach dem Krieg« – sowjetischer Spielfilm von 1944, Regie Iwan A. Purjew, Staatspreis 1946.

57 Nachdem US-amerikanische Bomber am 6. und 9.8.1945 auf die japanischen Städte Hiroshima und Nagasaki Atombomben abgeworfen hatten, war der Krieg für Japan verloren. Als die Siegermächte die Respektierung des Tenno Hirohito zugesagt hatten, erfüllte die Regierung Japans am 2.9.1945 die Forderung der Alliierten nach bedingungsloser Kapitulation. In der UdSSR wurde der Tag als Abschluß des Zweiten Weltkrieges gefeiert.

58 Sowjetischer Schriftsteller (1863–1949).

59 Gemeint ist eine militärische Ausbildung, ein Lehrgang.

60 »Pantöffelchen« ist eine Erzählung aus dem Zyklus »Abende auf dem Vorwerk bei Dikanka« (1831/32) von Nikolai Gogol (1809 bis 1852). Gogol zeichnet darin mit teils phantastischen Elementen ein lebensprühendes Bild des ukrainischen Dorfes. Peter Tschaikowskis gleichnamige Oper (Uraufführung 1887) wurde 1944 verfilmt, Regie Michail Schapiro und Nadeshda Koschewerowa, in Hauptrollen Lilija Grizenko und Alexej Iwanow.

61 Ein solcher »Ukas« konnte nicht nachgewiesen werden. Möglicherweise ging es um eine Verordnung des Obersten Sowjets vom 9.1.1943, die den Hinterbliebenen von Gefallenen Steuererleichterungen zusprach.

62 »Unter den Dächern von Paris», früher französischer Tonfilm, Liebesdrama von 1930, Regie René Clair, Musik Raoul Moretti, R. Nazelles.

63 In den ersten Monaten nach Kriegsende galt nicht nur für die sowjetische Armee und die sowjetischen Besatzungsbehörden, sondern generell im öffentlichen Leben der sowjetischen Besatzungszone Moskauer Zeit, in Berlin seit dem Befehl Bersarins vom 20.5.1945. Die Siegermacht wollte mit dieser Regelung ihre Aufgaben in allen eroberten und besetzten Gebieten besser aufeinander abstimmen. Wie lange dies beibehalten wurde, ist noch nicht zweifelsfrei belegt. Am 23.10. legte das Koordinationskomitee des Alliierten Kontrollrates fest, daß ab 18.11.1945 in ganz Deutschland eine Einheitszeit gelten soll: »Greenwich + 1«.

64 Der Stettiner Bahnhof in Berlin war, als Kopfbahnhof an der Invalidenstraße gelegen, Ausgangspunkt der Bahnverbindungen nach Rostock, Stettin und Eberswalde. Heute existiert nur noch eine S-Bahn-Tunnelstation mit dem Namen »Nordbahnhof«.

65 Gelfand zitiert hier den Marschbefehl.

66 Leninzimmer – Größere Einheiten unterhielten für politische Schulungen, Partei- und Komsomolversammlungen sowie kleinere Ehrenveranstaltungen spezielle Räume, damals Leninzimmer genannt. In der Regel waren sie mit Büsten und Portraits von Vertretern der Partei- oder Armeeführung, Spruchbändern und Fahnen, gegebenenfalls dem Ehrenbanner der Einheit, ausgeschmückt. An Wandzeitungen wurden Persönlichkeiten geehrt und historische Ereignisse gewürdigt, Selbstverpflichtungen kundgetan und Wettbewerbsergebnisse ausgewertet.

67 Gemeint ist der Staatsfeiertag »Tag der Oktoberrevolution« am 7. November, der mit zahlreichen Feiern begangen wurde.

68 Bevor die Einheit bei der militärischen Handelsorganisation angemeldet war, versorgte sie sich durch Requirieren feindlicher Bestände, Tauschgeschäfte und gegebenenfalls Eigenanbau. Diese Art der Selbstversorgung konnte nur eine kurze Übergangslösung sein.

69 »Prawda« – Zentrale Tageszeitung des ZK der KPdSU(B). Der erwähnte Artikel fand sich im zeitlichen Umfeld weder in der »Prawda« noch in der »Krasnaja Swesda«.

70 Der sowjetische Spielfilm von 1943, Regie Herbert Rappaport, trug den Titel »Wosduschny iswoschtschik« – Fuhrmann der Lüfte. Als deutscher Titel wurde angegeben: »Luftfuhrmann«. Der Streifen war nicht synchronisiert und lief mit deutschen Untertiteln.

71 Vermutlich wurden zu den Verladearbeiten auch vormalige »Ostarbeiter« und sowjetische Kriegsgefangene herangezogen, die vorübergehend in Repatriierungslagern untergebracht waren.

72 Pantelejmon Markowitsch Norzow (1900–1993): 1925–1954 Solist am Moskauer Bolschoi-Theater, einer der berühmtesten Interpreten der Rolle des Eugen Onegin in der UdSSR.
73 Alexander Sergejewitsch Puschkin (1799–1837) zeichnete in seinem Gedicht »Der geizige Ritter« das Bild eines Mannes, der krankhaft Geld anhäuft.
74 Sowjetischer Spielfilm von 1940, Regie Alexander Iwanowski und Herbert Rappaport; erzählt wird die Geschichte eines sangesfreudigen Chauffeurs, der zum Opernstar wird. In der Hauptrolle S. Lemeschew.
75 Otto Schrank war Besitzer von Sägewerken in Kremmen, in denen Gelfand die Produktion beaufsichtigte; er war auch dort untergebracht.
76 Michail Jewgrafowitsch Saltykow-Schtschedrin (1826–1889), russischer Schriftsteller, einer der bedeutendsten Satiriker seiner Zeit.
77 Sowjetischer Spielfilm »Peter der Erste« nach Alexej Tolstois gleichnamigem Roman, 1. Teil 1937, 2. Teil 1938, Regie W. Petrow, Hauptdarsteller Nikolai Simonow, in weiteren Rollen Nikolai Tscherkassow, Michail Sharow, Alla Tarassowa.
78 Die im folgenden geschilderte Irrfahrt von Spandau in das Olympische Dorf und von dort über Berlin nach Kremmen ereignete sich aller Wahrscheinlichkeit nach von Samstag, dem 19.1., bis Montag, dem 21.1.1946. Gelfand begann sie am 21. auf halbem Weg in Schönwalde aufzuzeichnen und ergänzte die Notiz nach seiner Rückkehr. Zweck der Dienstreise war es, bei dem mittlerweile im Olympischen Dorf stationierten 27. Selbständigen Reserve-Offiziersregiment, dem Gelfand im Herbst 1945 angehört hatte, wichtige Papiere abzuholen.
79 Gemeint ist wohl der Leningrader Spielfilm »Marinebataillon« von 1944, Regie Adolf Minkin.
80 Zitiert nach Tägliche Rundschau, 10.2.1946, S. 1–2.
81 Ebenda.
82 »Eine musikalische Geschichte« siehe Anm. 74. »Tachir und Schura« – sowjetischer Spielfilm und Musikdrama nach usbekischen Motiven von 1945, Regie Nabi Dassijew; in den Hauptrollen G. Alojew und Ju. Risajewa. »Der große Walzer« – Hollywood-Film von 1938 über den Wiener Walzerkönig Johann Strauß, Regie Julien Duvivier, Kamera Joseph Ruttenberg (erhielt dafür 1939 einen Oscar).

83 Fjodor Iwanowitsch Schaljapin (1873–1938) – international erfolgreicher russischer Sänger und Schauspieler, lebte seit 1922 im Ausland.

84 Andrej Januarjewitsch Wyschinski (1883–1954), 1925–1928 Rektor der Moskauer Universität, 1935–1939 Generalstaatsanwalt der UdSSR und Chefankläger in den Moskauer Schauprozessen von 1936–1938, 1940–1949 Stellvertretender und 1949–1953 Außenminister der UdSSR.

85 Die Vereinten Nationen (UNO) – eine Weltorganisation zur Sicherung von Frieden und Menschenrechten, wurde 1945 als Nachfolgerin des Völkerbunds auf der Grundlage der Anti-Hitler-Koalition geschaffen. Die von 50 Staaten unterzeichnete UN-Charta (26.6.1945) bestimmte eine General- bzw. Vollversammlung zum höchsten beratenden und abstimmenden Organ. Die erste Tagung der Vollversammlung fand vom 10.1. bis 14.2.1946 in London und vom 23.10. bis 15.12.1946 in New York statt.

86 Maxim Maximowitsch Litwinow (1876–1951), 1921–1930 Stellvertretender, 1930 bis Mai 1939 Volkskommissar für Auswärtige Angelegenheiten, 1941–1946 wiederum Stellvertretender Volkskommissar, zugleich 1941–1943 sowjetischer Botschafter in den USA.

87 Die Zeitschrift »Ogonjok« erschien von 1899 bis zur Revolution in Petersburg, seit 1923 wieder aufgelegt, wurde sie zur wichtigsten sowjetischen illustrierten Wochenzeitschrift.

88 Erster, häufig allein gebrauchter Teil eines russischen Sprichwortes: Moskau glaubt den Tränen nicht, es urteilt nach Fakten.

89 Ernst Bevin (1881–1951), vormals führender britischer Gewerkschafter, 1940–1945 Minister für Arbeit und nationalen Dienst, übernahm im Labourkabinett von Regierungschef Attlee im Sommer 1945 das Außenministerium. Er wurde einer der Väter der NATO.

90 Das amerikanische Außenministerium hatte am 22.2.1946 dem bulgarischen Vertreter in Washington und am 27.2.1946 dem sowjetischen Volkskommissariat für Auswärtige Angelegenheiten seine Auslegung der auf der Außenministerkonferenz in Moskau (Dezember 1945) getroffenen Vereinbarungen zur Aufnahme von zwei Vertretern der Opposition in die neu zu wählende bulgarische Regierung mitgeteilt. Das sowjetische Außenministerium hatte einer Regierungserweiterung zugestimmt, allerdings darauf bestanden, daß es Vertreter einer »regierungsloyalen« Opposition

sein sollten. Die US-Vertreter wollten die Einschränkung nachträglich nicht mehr akzeptieren und äußerten sich gegenüber der bulgarischen Regierung in diesem Sinne. Die UdSSR legte in einer Note Protest ein.

91 James Francis Byrnes (1879–1972), Demokratische Partei, 1931 bis 1941 US-amerikanischer Senator, 1945–1947 Außenminister, Vertreter einer Deutschlandpolitik, die zunächst auf Verständigung und Kooperation mit der UdSSR setzte, zunehmend aber die Integration der deutschen Westzonen in ein westliches Bündnis favorisierte.

92 Veltag – Veltener Ofen und Keramik AG, Zentrale in Velten bei Berlin, Fabrikniederlassungen vor 1945 in Berlin, Bitterfeld, Breslau, Hamburg u. a.

93 Der bis Sommer 1945 amtierende britische Premier Winston S. Churchill sprach sich am 5.3.1946 in Fulton (Missouri) im Beisein von US-Präsident Truman für einen engen Zusammenschluß und militärischen Schutz der von der Sowjetunion angeblich bedrohten »westlichen Welt« aus. Er sprach von einem »Eisernen Vorhang«, der über Europa »von Stettin an der Ostsee bis nach Triest an der Adria« niedergegangen sei. Hinter diesem Vorhang wolle die UdSSR ihren Einfluß im Osten und auf dem Balkan sichern. Diese Rede gilt als Zeichen des beginnenden Kalten Krieges, sie sollte u. a. den US-Kongreß zur Bewilligung von hohen Krediten für Großbritannien bewegen. Stalin bezeichnete die Rede in einem »Prawda«-Interview (13.3.1946) als Störversuch und Herausforderung für die um gute Beziehung zur UdSSR bemühten europäischen Staaten.

94 »Die Schauspielerin« – sowjetischer Spielfilm von 1943, Regie Leonid Trauberg, Melodrama, Hauptrolle Galina Sergejewa. Er erzählt von einer Operettenschauspielerin, die beschließt, an der Front vor Soldaten zu singen. »Tachir und Suchra« siehe Anm. 82. »Eine musikalische Geschichte« siehe Anm. 74.

95 Die Singer-Nähmaschinenfabrik in Wittenberge, 1903/04 als preußische Niederlassung der Singer AG (deutsche Generaldirektion in Berlin) entstanden, entwickelte sich mit ihren Filialfabriken zur wichtigsten Produktionsstätte der Region. Bereits 1938 wurde die Herstellung von Haushaltsnähmaschinen zugunsten der von Spezialnähmaschinen für Uniformen und Fallschirme gedrosselt. Mit Kriegsbeginn forcierten Betriebs- und Konzernleitung die Produktion diverser Rüstungsgüter, darunter Munitions-

teile, und im Jahr 1944 stellte die Wittenberger Singer-Fabrik nur noch Rüstungsgüter her. Neben regulären und dienstverpflichteten deutschen Arbeitskräften wurden ab 1940 zunehmend Ostarbeiter und Kriegsgefangene beschäftigt. Die Anlagen wurden 1945/46 als Reparationsgut für die UdSSR demontiert. Im April 1946 ließ die Besatzungsbehörde die verbliebene Bausubstanz beschlagnahmen und übergab die Liegenschaft der Stadt. Der Standort wurde in der DDR als volkseigener Hersteller von Veritas-Nähmaschinen wieder aufgebaut.

96 Die »Kurmärkischen Zellwolle und Zellulose AG« (Aufbau 1937, Firmensitz in Wittenberge seit 1938) beschäftigte bis Kriegsende auch Zwangsarbeiter und KZ-Häftlinge, auf dem Betriebsgelände bestand ein Außenlager vom KZ Neuengamme. Nach 1945 unterlagen die Anlagen des Produzenten kriegswichtiger Güter der Demontage für die UdSSR.

97 »Ferne Jahre« – erster Teil der dreibändigen Autobiographie »Erzählung über das Leben« des russisch-sowjetischen Schriftstellers Konstantin Georgijewitsch Paustowski (1892–1968).

98 Die C. J. Vogel Draht- und Kabelwerke AG in Berlin Köpenick produzierte im Krieg rüstungsrelevante Güter. 1945 ursprünglich zur Demontage vorgesehen, ging die arbeitsfähige Produktionsstätte 1946 in sowjetisches Eigentum innerhalb der Sowjetischen Besatzungszone über und wurde Betrieb der Sowjetischen Aktiengesellschaft (SAG).

99 Oper von Guiseppe Verdi, 1851 entstanden nach einem Libretto von Victor Hugo.

100 Thüringen war ein Land, keine Provinz, Weimar mit 66 000 Einwohnern die viertgrößte Stadt und Landeshauptstadt. Die im Juli 1945 eingesetzte Besatzungsbehörde nannte sich »Verwaltung der Sowjetischen Militäradministration für das Land Thüringen«.

101 Schriftsteller Nikitin – näheres konnte nicht ermittelt werden.

102 »Snamja« – eine der bekanntesten russischen Literaturzeitschriften, 1931/32 zunächst unter dem Titel »Literaturnoje objedinenije Krasnoi Armii i Flota« veröffentlicht, erscheint monatlich in Moskau.

103 Die von der französischen Besatzungsmacht am 12. November 1945 lizenzierte Tageszeitung erschien anfänglich als Abend-, später als Mittagsblatt. Sie enthielt einen umfänglichen Wirtschaftsteil, der wie das Feuilleton sehr angesehen war. Politisch stand sie der CDU nahe.

104 Gelfand spielt auf die Gebietserweiterungen der UdSSR von 1939 bis 1940 an, die infolge des geheimen Zusatzprotokolls zum »Hitler-Stalin-Pakt« von 1939 (das Gelfand natürlich nicht kannte), des politischen Drucks auf die Regierungen der baltischen Länder und Rumäniens sowie im Ergebnis des sowjetisch-finnischen Winterkrieges 1939–1940 zustande kamen.

105 Im 19. Jahrhundert Streitobjekt russisch-zaristischer und türkisch-osmanischer Interessen, blieb Armenien im 20. Jahrhundert geteilt. Durch Deportationen, Massaker und Schlachten kamen zwischen 1909 und 1922 in der Türkei rund eine Millionen Armenier ums Leben. Türkisch-Armenien blieb im türkischen Staatsverband, Ostarmenien war 1922–1936 Teil der Transkaukasischen Föderativen Sowjetrepublik. Danach wurden die Armenische, Georgische und Aserbaidshanische Sowjetrepublik Republiken im Verband der UdSSR.

106 Lew Tolstois Hauptwerk, das Roman-Epos »Krieg und Frieden«.

107 Der todkranke Lenin ließ sich Jack Londons Erzählung »Liebe zum Leben« noch auf dem Sterbebett vorlesen.

108 Vermutlich Kalomel, eine Monochlorid-Quecksilber-Verbindung, die früher – mit zweifelhaftem Erfolg – in Tablettenform u. a. als harntreibendes, desinfizierendes Mittel und bei der Verhütung von Geschlechtskrankheiten Anwendung fand.

109 Gemeint ist die unterirdische S-Bahnstation.

110 Der Potsdamer Bahnhof in der heutigen Stresemannstraße war Ausgangspunkt der ersten preußischen Eisenbahnlinie, die seit 1838 nach Potsdam führte. Das imposante, 1872 errichtete und im Zweiten Weltkrieg stark zerstörte Bahnhofsgebäude wurde 1951 abgerissen.

111 Gelfand sollte einen Transport aus 36 Waggonladungen Bretter in die UdSSR begleiten. Solche Lieferungen gingen »auf Reparationskonto«, d. h. es waren deutsche Wiedergutmachungsleistungen für im Krieg entstandene Zerstörungen und andere Schäden.

112 Gelfand ging davon aus, daß er den Transport bis in die sowjetische Zentralregion begleiten würde. In Stettin/Swinemünde zerschlug sich seine Hoffnung, der Transport kam in die Verantwortung anderer.

113 Gelfand wurden vermutlich Fehlmengen an Brettern beim Transport nach Swinemünde zur Last gelegt.

Anmerkungen zum Nachwort

1 Ähnliche Pläne hatte beispielsweise Stepan Podlubnyj (Jahrgang 1914), dessen Tagebuch bekannt wurde: Tagebuch aus Moskau 1931–1939. Aus dem Russischen übersetzt und herausgegeben von Jochen Hellbeck, München 1996.
2 Heinrich Böll. Briefe aus dem Krieg 1939–1945, herausgegeben und kommentiert von Jochen Schubert, 2 Bände, Köln 2001, hier Bd. 2, S. 950, Brief vom 19.11.1943.
3 Gelfands Tagebuch und andere echte Tagebücher belegen, daß es in allen Phasen des Krieges auf sowjetischer Seite eine Unmenge von Soldaten und Offizieren gab, die zeitweise von ihrem Truppenteil getrennt waren und sich hinter der Front selbständig bewegten. Dienstaufträge wurden unter Hinweis auf angebliche und tatsächliche Transportprobleme von den Betreffenden räumlich und zeitlich sehr freizügig ausgelegt, Disziplinverstöße oft nachsichtig behandelt.
4 Siehe W. S. Antonow, Put k Berlinu, Moskwa 1975, S. 239.
5 Daß die Rotarmisten ihren Begierden in Feindesland unter dem Vorwand der Vergeltung endlich freien Lauf lassen konnten, behauptet beispielsweise Antony Beevor in seinem Buch »Berlin 1945. Das Ende« (München 2002): Die sexuell verklemmten Rotarmisten wären Opfer stalinistischer Erziehung gewesen, die »nahezu alles Sexuelle aus der sowjetischen Gesellschaft verbannt [hatte], weil Liebe und Sex nicht zu den Dogmen paßten. [...] Menschliche Gefühle und Bedürfnisse hatten darin keinen Platz.« (S. 45)
6 Hermann Kükelhaus, »... ein Narr der Held«. Gedichte in Briefen, herausgegeben und mit einem Vorwort von Elizabeth Gilbert. Zürich 1964 (1985 u. a.). Die Erstausgabe erschien 1947 im Potsdamer Verlag Eduard Stichnote.
7 Willy Peter Reese, Mir selber seltsam fremd. Die Unmenschlichkeit des Krieges, Russland 1941–44. Hrsg. von Stefan Schmitz. München 2003.
8 Ebenda, Vorwort von Stefan Schmitz, S. 17.
9 Im Nachlaß Gelfands existieren ein Manuskript und ein Typoskript dieser Geschichte. Verkürzt und »redigiert« erschien sie in: Nam dorogi eti posabyt nelsja. Wospominanija frontowikow Welikoi Otetschestwennoi [Wir dürfen diese Wege nie vergessen. Erinnerungen von Frontkämpfern des Großen Vaterländischen Krieges], Verlag Politisdat Ukraine, Kiew 1980, S. 365–366.

Dank

Wenn ich in der Kindheit nachts aufwachte, stand ich aus meinem Bett auf und ging zu dem meines Vaters. Dann erzählte er mir von Prinzessinnen, unsterblicher Liebe und von jenem Krieg.

»Wie viele Deutsche hast du getötet, Vater?«

Eine genaue Antwort habe ich weder damals noch später bekommen, aber ich habe verstanden, daß die Deutschen im Krieg Feinde waren und dennoch Menschen – die umgebrachten und die nicht umgebrachten. Für ein Kind ist jedes elterliche Wort ein Gebot. Als ich acht Jahre alt war, sagte mir mein Vater: »Iß die Schalen der Wassermelone nicht, sonst wirst du grunzen wie ein Ferkel.« Ich hoffe, auch die deutschen Väter geben dies ihren Kindern mit auf den Weg.

Wladimir Gelfand, der kein gesundes Herz hatte, starb an den Folgen einer im Krieg erlittenen Kontusion. So hat der Krieg letztlich das Leben meines Vaters zerstört, doch er ist nicht vergessen. Sein Tagebuch hält die Erinnerung an ihn lebendig. Er wäre gewiß einverstanden mit der Veröffentlichung dieser persönlichen Aufzeichnungen, die uns helfen, die Ereignisse jener Jahre und ihn selbst zu verstehen.

Allen, die zum Gelingen der deutschen Ausgabe beigetragen haben, möchte ich danken. Besondere Anerkennung und herzlicher Respekt gilt Frau Dr. Elke Scherstjanoi, Mitarbeiterin des Institutes für Zeitgeschichte, Abteilung Berlin. Ohne ihre umfassende Hilfe und Unterstützung wäre diese Edition nicht zustande gekommen. Olga Glok danke ich für ihre Liebe und Zuwendung.

Vitaly Gelfand
Berlin, Januar 2005

Zur Edition

Alle hier veröffentlichten Texte wurden am Original überprüft. Datumsangaben zu Beginn eines Eintrages wurden vereinheitlicht, Ortsangaben übernommen, von Gelfand abgekürzte Worte ausgeschrieben. Rekonstruierte Datums- und Ortsangaben sowie weitere Hinzufügungen stehen in eckigen Klammern, Hinweise auf den Charakter des Dokumentes finden sich in den Fußnoten. Ukrainische Worte und Wendungen sind durch #...# markiert, polnische durch \...\ Deutsche Worte in lateinischen Buchstaben stehen in < > und deutsche Worte in kyrillischen Buchstaben in {}. — zeigt an, daß der Eintrag im Satz abbricht. Einige von Gelfand gestrichene Worte sind der Verständlichkeit halber übernommen worden, sie stehen in (( )).

Eindeutige Schreibfehler in geographischen Namen sowie offensichtliche Verschreibungen oder grammatische Fehler wurden stillschweigend korrigiert.

Alle im Tagebuch erwähnten Personennamen (Vor- und/oder Nachname) sind außer bei den erwähnten Personen der Zeitgeschichte zum Schutz der Persönlichkeitsrechte vom Verlag geändert worden. Nicht geändert wurden die Namen der noch lebenden Verwandten Gelfands, die sich mit der Namensnennung einverstanden erklärt haben.

»Man muß sich die
Kunden des Aufbau-
Verlages als glückliche
Menschen vorstellen.«
SÜDDEUTSCHE ZEITUNG

Das Kundenmagazin der Aufbau Verlagsgruppe erhalten
Sie kostenlos in Ihrer Buchhandlung und als Download
unter www.aufbauverlagsgruppe.de. Abonnieren Sie
auch online unseren kostenlosen Newsletter.

Bernhard Bayerlein
»Der Verräter, Stalin, bist Du!«
Vom Ende der linken Solidarität.
Komintern und kommunist. Parteien
im Zweiten Weltkrieg 1939-1941
360 Seiten. Gebunden
ISBN 3-351-02623-4

Das zwiespältige Verhältnis der Sowjetunion zum Antifaschismus

Die durch Pakt und Vertrag besiegelte offizielle Freundschaft zwischen Hitlerdeutschland und der Sowjetunion zwang die kommunistische Bewegung zu einem unmöglichen Spagat zwischen Anpassung und Antifaschismus. Erst der Angriff der Wehrmacht auf die Sowjetunion führte zu einem offensiven Kampf gegen die Nationalsozialisten. Als die Komintern 1939 den »französisch-englischen Imperialismus« und nicht Hitlerdeutschland zum Hauptfeind erklärte, waren nicht nur Kommunisten geschockt. In Deutschland weitgehend unbekannte Dokumente, eine Chronik und Kommentare der Herausgeber belegen die Perversion von Denken und Handeln, die Absage an Internationalismus und Solidarität.

Mit einem Kommentar von Wolfgang Leonhard.

Weitere Informationen erhalten Sie unter
www.aufbau-verlag.de oder in Ihrer Buchhandlung

Verbrechen im Namen der Idee
Terror im Kommunismus 1936-1938
Herausgegeben von Hermann Weber
und Ulrich Mählert
342 Seiten. Broschur
ISBN 978-3-7466-8152-8

Gewalt im Zeichen Stalins

Der »Große Terror« ist ein Synonym für das System von Repressionen und Massenmorden, die in der Sowjetunion der 1930er Jahre von der Staatsmacht organisiert wurden. Die »Säuberungen« betrafen zwei Millionen Menschen von der obersten Führung bis hin zu Bauern und Arbeitern, darunter eine Million Mitglieder der KPdSU. Über zwei Millionen Menschen wurden auf Grund politischer Anklagen verhaftet, 700.000 von ihnen hingerichtet.
Die hier versammelten zehn Studien zeichnen ein erschütterndes Bild der damaligen Ereignisse. Konkreter als im »Schwarzbuch des Kommunismus« möglich, untersuchen die Autoren die Folgen des »Großen Terrors« für die Sowjetgesellschaft und die kommunistische Bewegung insgesamt. Thesen der Menschenrechtsorganisation Memorial fordern auf, diese furchtbaren Verbrechen nicht zu verdrängen.

Mehr Informationen erhalten Sie unter
www.aufbauverlagsgruppe.de oder in Ihrer Buchhandlung

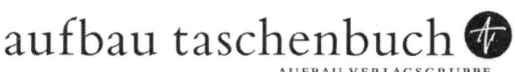

Richard Wagner
Der deutsche Horizont
Vom Schicksal eines guten Landes
399 Seiten. Gebunden
ISBN 3-351-02628-5

Was ist deutsch?

In seinem fundierten wie geistreichen Buch schreitet Richard Wagner den deutschen Horizont ab. Als brillanter Literat und messerscharfer Analytiker führt er uns vor Augen, wer wir sind und was wir können. Sein Buch ist ein leidenschaftliches wie hochaktuelles Plädoyer für eine tabufreie, selbstbewußte Nation. Seit 1989, als alle Werte plötzlich untauglich wurden, herrscht große Verunsicherung. Mit der Wiedervereinigung wurden alle Kategorien auf einen Schlag ungültig – Gleichheitsdoktrin des Ostens wie der Individualismus des Westens. Richard Wagner unterzieht in diesem Buch Deutschland und die Deutschen einer konsequenten Diagnose.

»Der Autor bewegt sich virtuos zwischen Fakten und Mentalitäten, Ideologien und Mythologien.«
NEUE ZÜRCHER ZEITUNG

Weitere Informationen erhalten Sie unter
www.aufbau-verlag.de oder in Ihrer Buchhandlung

Adam Soboczynski
Polski Tango
Eine Reise durch Deutschland und Polen
207 Seiten. Gebunden
ISBN 978-3-378-00675-1

»Das beste der Heimat- und Reisebücher« LITERATUREN

Als Kind verliebt sich Adam Soboczynski in die BRD. Bald darauf siedeln der junge Pole und seine Familie nach Koblenz über. Doch was geschah mit dem zurückgebliebenen Leben? Nach über 20 Jahren begibt sich der Journalist auf Reisen, um das Land seiner Kindheit neu zu entdecken. Mit Charme, Witz und Schärfe hinterfragt Adam Soboczynski die Polenklischees der Deutschen und erklärt, warum die polnische Putzfrau inzwischen eine Russin ist. Seine Reise führt ebenso durch die DDR wie durch die alte und die neue Bundesrepublik, und sie endet im Herzen Europas. Ein bedeutsames Buch über uns und unsere Nachbarn.

»Soboczynski stellt Klischee gegen Klischee, Selbstbild gegen Fremdbild, ergänzt um Beobachtungen, Bruchstücke der Realität, die auf diese Weise - wie in einem Spiegelkabinett - deutlich und scharf konturiert erscheint.« SÜDDEUTSCHE ZEITUNG

Mehr Informationen erhalten Sie unter
www.aufbauverlagsgruppe.de oder in Ihrer Buchhandlung

Aliza Olmert
Ein Stück vom Meer
Roman
Aus dem Hebräischen von
Mirjam Pressler und Eldad Stobezki
367 Seiten. Gebunden
ISBN 978-3-351-03219-7

Zart und aufwühlend wie das Meer

Alusia ist fünf, als sie mit ihren Eltern ein Schiff besteigt. Krieg, Verfolgung und das Wunder, überlebt zu haben, liegen hinter der Familie, die nun das Gelobte Land ansteuert. Für das Mädchen ist die Welt der Erwachsenen ein Buch mit sieben Siegeln. Ihre melancholische Mutter fürchtet die Lebensumstände und sehnt sich nach Europa, wo sie den geliebten Toten näher wäre. Der tatkräftige Vater träumt von einem Neuanfang im jüdischen Staat. Aber in Palästina liegt das Glück nicht auf der Straße und die Schatten der Vergangenheit sind lang. Doch Alusia weiß: »Wer ein Stück vom Meer sehen kann, muss glücklich sein.«
Aliza Olmert, renommierte Künstlerin, verheiratet mit Ehud Olmert, dem amtierenden israelischen Ministerpräsidenten, erzählt warmherzig und bewegend vom Traum eines besseren Lebens, von Aufbruch und Ankommen, von der Liebe eines Mädchens zum Meer. Es ist die Geschichte ihrer Familie im jungen Israel.

»**Ein persönliches Buch über Sehnsucht und Erwachsenwerden – wie ein Fenster zu den Nachbarn, durch das ich in deren unglaubliche Geschichte schaue.**« Lizzie Doron

Mehr Informationen erhalten Sie unter
www.aufbauverlagsgruppe.de oder in Ihrer Buchhandlung

Annelies Laschitza
Die Liebknechts
Karl und Sophie – Politik und Familie
Biographie
Mit 53 Abbildungen
511 Seiten. Gebunden
ISBN 978-3-351-02652-3

Die Liebknechts – Schicksal einer Familie

Karl Liebknecht (1871-1919) faszinierte durch Lebenslust, revolutionären Geist und Charisma. Fesselnd schildert Annelies Laschitza das Schicksal seiner großen Familie, deren Lebensglück und -kampf mehr als hundert Jahre deutscher Geschichte spiegeln.

Die Historikerin charakterisiert seine Träume, Leidenschaften, privaten Krisen und politischen Auseinandersetzungen. Ihre Interpretation von Schriften des großen Humanisten sowie die Porträts seiner Mitstreiter und Widersacher in Partei und Parlament, Justiz und Militär werfen ein neues Licht auf Schlüsselereignisse von der Gründung bis zum Zusammenbruch des Wilhelminischen Reiches. Laschitza stützt sich auf bisher unbekannte Dokumente – darunter Briefe, die Sophie Liebknecht nach der Ermordung ihres Mannes an die Mutter schrieb.

»**Die lesenswerte Biografie eines großen Humanisten und eines umtriebigen Denkers.**« BÜCHER

Mehr von Annelies Laschitza im Taschenbuch:
Rosa Luxemburg. Im Lebensrausch, trotz alledem. Biographie. AtV 1648

Mehr Informationen erhalten Sie unter
www.aufbauverlagsgruppe.de oder in Ihrer Buchhandlung

Ich bin ein unheilbarer Europäer
Briefe aus dem Exil
Herausgegeben von Heike Klapdor
Mit einem Vorwort von Guy Stern
Mit 30 Abbildungen
510 Seiten. Gebunden
ISBN 978-3-351-02655-4

Sensationell: Unveröffentlichte Briefe aus dem Exil

Das Büro des berühmten Filmagenten Paul Kohner am Sunset Boulevard 9169 war nach 1938 eine der wichtigsten Drehscheiben der deutschsprachigen Emigration in Hollywood. Hier gaben sich Stars wie Vicki Baum, Max Reinhardt, Fritz Lang, Paul Dessau oder Kurt Weill die Klinke in die Hand. In jahrelanger akribischer Editionsarbeit wurde aus dem riesigen Nachlass Kohners die vorliegende Briefauswahl getroffen. Sie offenbart die Umstände des Exils auf ergreifende Weise: Es geht um Geld, Visa und Bürgschaften, Erfolg und Scheitern, Fremde und Heimat. Kohner tröstete über geplatzte Vertragsverhandlungen hinweg und rückte die Illusionen der europäischen Stars über Hollywood zurecht, denn nicht alle sahen es so realistisch wie Alfred Polgar, der sarkastisch schrieb: Begabung und Fleiß seien dort kein Übel, »Arschkriecherei zweckdienlich«.
Das dramatische Porträt einer Epoche: Erstmals veröffentlichte Briefe aus dem Exil von Thomas und Heinrich Mann, Alfred Polgar, Carl Zuckmayer, Max Ophüls u. v. a.

Mehr Informationen erhalten Sie unter
www.aufbauverlagsgruppe.de oder in Ihrer Buchhandlung